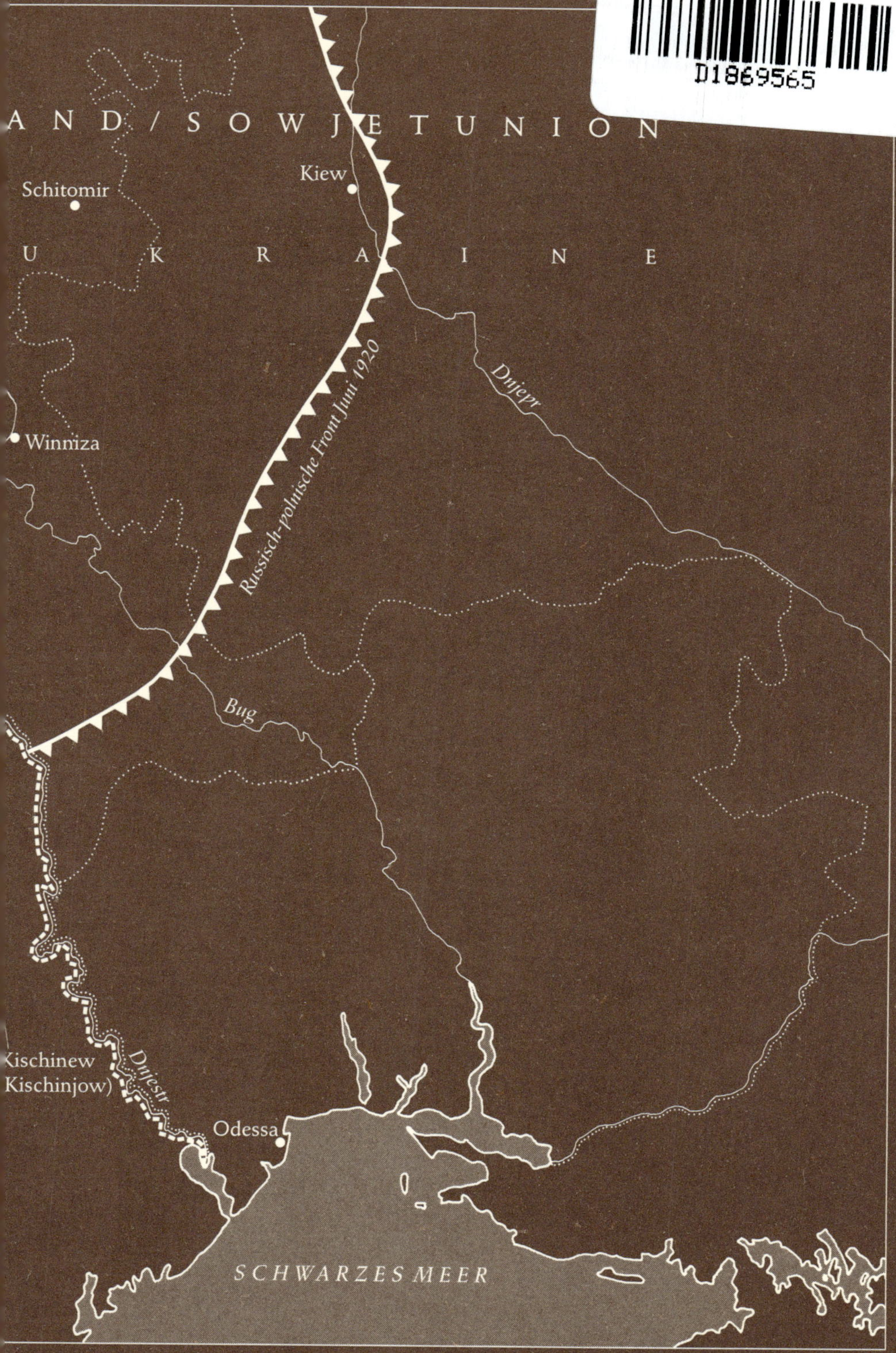
AND / SOWJETUNION
Kiew
Schitomir
UKRAINE
Russisch-polnische Front Juni 1920
Dnjepr
Winniza
Bug
Kischinew
(Kischinjow)
Dnjestr
Odessa
SCHWARZES MEER

Marie Fürstin Gagarin

# Blond war der Weizen der Ukraine

Marie Fürstin Gagarin

# Blond war der Weizen der Ukraine

Erinnerungen

Geleitwort von Macha Méril

Gustav Lübbe Verlag

*In dankbarer Erinnerung an meine Eltern*

Bildnachweis:
Roger Viollet: 14
Marie Fürstin Gagarin: alle übrigen Abbildungen


Titel der Originalausgabe: »Blonds étaient les blés d'Ukraine«


Übersetzung: Brigitte Luithlen-Neumann, Bonn, und
Christiane Müller, Wuppertal
Redaktion: Kurt-Jürgen Heering, Bonn
Schutzumschlag: Roland Winkler, Bergisch Gladbach
Satz: Kremerdruck GmbH, Lindlar
Gesetzt aus der Stempel Schneidler von Linotype
Druck und Einband: Franz Spiegel Buch GmbH, Ulm



Printed in Germany
ISBN 3-7857-0600-6

# Inhalt

Groß ist nur die Wahrheit,
und jede Wahrheit ist groß.
*Johann Wolfgang von Goethe*

Ehrliche Worte sind nicht gefällig –
Gefällige Worte sind nicht ehrlich
*Chinesisches Sprichwort*

## Macha Méril:
## Meine Mutter, Marie Fürstin Gagarin

Meine ganze Kindheit war eingebettet in ihre Geschichten aus dem alten Rußland, fremd und wundervoll – für uns Kinder fast Märchen aus einer anderen Welt. Erst als die Zeit kam, in der Mütter und Töchter sich trennen müssen, haben wir alle gemerkt, was diese Erzählungen in Wahrheit für uns bedeuteten: Sie stellten eine Art »Brücke« dar, eine Fangleine, die uns mit unserem Ursprung verband und unsere Identität sicherte. Nun, da so viele von der Familie nicht mehr leben, konnte nur sie allein uns noch vermitteln, was wir aus eigener Anschauung nie kennengelernt hatten.

Die Jahre vergingen, und die tausenderlei Forderungen des Alltags hatten in unseren Gesprächen Vorrang – bis zu jenem Tag, an dem ich völlig unerwartet dieses Manuskript erhielt. Wie groß war meine Überraschung! Sie hatte wahrhaftig einen Lebensbericht geschrieben, anschaulich und lebendig wie ein Roman.

Meine Mutter war und ist eine außerordentliche Persönlichkeit. Das Leben der russischen Frauen war in früheren Zeiten – und ist wohl noch heute – hart und entbehrungsreich, doch für eine Aristokratin, die das Leben auf ein so bewegtes Schicksal nicht vorbereitet hatte, bewies meine Mutter in außergewöhnlichem Maße Kraft, Phantasie und Humor. Selbst als unter drückender Armut unser unbeschwertes Kinderlachen sich in Galgenhumor verwandelte, war sie noch in der Lage, die Dinge mit spöttischer Distanz zu sehen, wodurch noch die trostlosesten Situationen unseres Heimatlosenschicksals erträglich wurden. Allein mit ihren drei Töchtern, kämpfte sie in dem Land, in dem sie Aufnahme gefunden und dessen Nationalität sie angenommen hatte, wie eine Löwin, um uns einen angemessenen Stand zu schaffen. Keine Wehmut und keine Klagen, bitte schön! Wir müssen nach vorn schauen!

In ihrem Buch habe ich diesen unbändigen Optimismus und diese Neugier wiedergefunden. Schon mit sechzehn Jahren hat sie sich für die Zukunft ihrer Schwestern und Eltern genauso abgerakkert, wie sie es später für ihre Töchter tat. Von unbeschwertem und kampflustigem Wesen, voller Lebenslust, entschlossen, die Welt zu erleben und sich nicht einsperren zu lassen – das waren die Beweggründe all ihren Handelns, bis hin zur Niederschrift ihrer Erinnerungen.

Meine Mutter ist eine Frau des Hier und Jetzt. Sie ist tatkräftig, scharfsinnig und realistisch in ihren Urteilen. Mit glühendem Interesse für die Geschichte der ganzen Welt hat sie nie aufgehört, Rußland zu beobachten und mit einer Strenge zu beurteilen, zu der allein die Liebe berechtigt. Sie bewundert Frankreich und verteidigt voller Leidenschaft die Ideale des Abendlandes, und sie hat dieses Buch auf französisch geschrieben. Nichtsdestoweniger hat sie bis ins kleinste Detail die Bilder und Namen ihrer Kindheit im Gedächtnis behalten, diese verlorene Welt, die ihr ganzes Dasein prägte – und das unsere nicht minder.

Und so haben wir unter den verschiedenartigsten klimatischen Bedingungen, in den Wintern an der Côte d'Azur ebenso wie in denen von Marokko, Weihnachten immer vierzehn Tage später als alle anderen gefeiert, mit einem verschneiten Tannenbaum, bekränzt mit Girlanden, die wir nach Art des russischen Weihnachtsschmuckes anfertigten. An Ostern haben wir »Kulitsch« und »Pascha« gegessen, und wenn wir die ersten Veilchen im Wald pflückten, legten wir ein Gelübde ab! Jede Erdbeere, die wir uns munden ließen, »schmeckte trotz allem nicht wie die Erdbeeren der Ukraine«, und kein Mann, der einer von uns den Hof machte, war so vornehm wie die Männer unserer Familie ...

Heute verbindet mich ein zusätzliches Interesse mit diesem Buch. Ich bin glücklich, daß es erscheint, nicht nur, weil seine Veröffentlichung eine Huldigung an die mutige und geistvolle Wesensart meiner Mutter darstellt, sondern auch, weil ich mich meinen Wurzeln so nahe fühle wie nie zuvor; und das hilft mir, wenn ich Bilanz über dieses Jahrhundert ziehen will.

Die tragischen Wirrnisse, die unsere Familie geteilt haben – ein Teil lebt im Westen, der andere in der Sowjetunion –, veranlassen mich, über all die Deutungsversuche nachzudenken, mit denen man unser und das Schicksal vieler Russen erklären wollte. Die Sowjetunion Michail Gorbatschows öffnet sich, so scheint es jedenfalls, und läßt uns an eine Welt glauben, die um all die Menschen erweitert wird, die dort die Folgen der Ereignisse durchlebt haben, die meine Mutter in ihrem Buch beschreibt.

Der Bericht meiner Mutter endet mit dem Bürgerkrieg in den zwanziger Jahren, mit ihrem endgültigen Abschied vom alten Rußland. Aber die Geschichte geht weiter. Nach vierzig Jahren des Schweigens hat Mutter wie durch ein Wunder erfahren, daß ihre Schwestern die Verschleppung nach Sibirien, den Krieg und den Stalinismus überlebt haben. Eine von ihnen lebt noch heute. Sie wohnt in einer kleinen Stadt auf der Krim. Ich habe sie getroffen und von ihr selbst erfahren, wie sie die schrecklichen Jahre überstanden hat. Der Augenblick ist gekommen, die Geschichte der Leben, die meine Mutter und ihre Schwestern bis auf den heutigen Tag parallel gelebt haben, ganz freimütig zu erzählen. Diese Aufgabe muß ich erfüllen, bevor auch die letzten Zeugen sterben.

Ich glaube, kein Leser wird sich dem Zauber dieser liebevoll geschriebenen authentischen Lebensgeschichte der Marie Gagarin entziehen können. Fünfzig Jahre später hat sie sich glaubwürdig in das junge Mädchen und die junge Frau zurückversetzt, die sie einst war – mit einer Frische und Lebendigkeit, die man einem Erstlingswerk nicht zugetraut hätte. Doch der Leser möge keine Tragödien erwarten: In unserer Familie trägt man den Kopf hoch, egal, welche Katastrophen sich auch immer ereignen. An der Seite einer furchtlosen und humorvollen jungen Frau erleben wir die Revolution von 1917 mit den Augen einer großen russischen Familie, die die Geschichte mit einem Schlag auf die Seite der Opfer verwiesen hat. Und wir erhalten das Porträt einer Gesellschaft, die verschwunden ist und deren Spuren heute selbst die Sowjetrussen suchen. Für mich ist dieses Buch ein kostbares Stück meiner selbst. Danke, Mama!

# Teil I

# Erinnerungen an eine versunkene Welt

## Die Wurzeln

Blicke ich auf den Dnjestr mit seinen stürmischen und tosenden Wassern, dann erscheint er mir wie der Lauf meines Lebens. Dieser bizarre Fluß entspringt in den polnischen Karpaten und bahnt sich mühsam seinen Weg durchs Gebirge, um sich in die Ebene von Podolien zu ergießen. Er braust in Stromschnellen auf dem Grunde tiefer Schluchten, er schlängelt sich die Grenze Bessarabiens entlang bis zur Meeresebene, wo er anschwillt und sich in ausgedehnte Nehrungen auffächert, um nach einer Strecke von 1500 Kilometern ins Schwarze Meer zu münden. Er durchschneidet Provinzen und markiert Grenzen. Seit Urväter Zeiten ist er Zeuge von gewaltigen Erschütterungen, blutigen Eroberungskriegen und Umstürzen. Im Lauf der Geschichte war er polnisch, russisch, österreichisch, ukrainisch, türkisch, rumänisch. Als Naturhindernis sowie als Staatsgrenze und Trennungslinie zwischen rivalisierenden Völkern, wurde er abwechselnd begehrt, umkämpft, erobert.

An einem Wendepunkt meines Lebens hat dieser Fluß auch für mich zwei Welten voneinander getrennt, indem er mit scharfer Klinge alle Bande der Vergangenheit kappte.

Der Lauf des Dnjestr ist voller Überraschungen, nichts ist sicher, alles unerwartet, nichts ist einfach, alles birgt Fallen. Das Gewicht der Berge lastet auf seinen Fluten und durchsetzt sie mit Strudeln und Gegenströmungen. Die Schneeschmelze macht ihn am Ende des Winters gänzlich unpassierbar. Die Eisschollen lösen sich, bersten und versperren, sich übereinanderschiebend, den Durchlauf. Das Frühjahrshochwasser überschwemmt die Dörfer am Ufer, verwüstet den Anbau und hinterläßt nichts als Geröll und Treibholz. Das Flußbett ist voll von scharfen Steinen und quirlenden Kalkkieseln. Fische sind rar und von nur mäßiger Qualität. Schiffahrt ist nur im unteren Lauf möglich, und selbst dort ist sie abenteuerlich und mühsam. Die Fähren, die die Ufer verbinden, funktionieren nur in günstigen Augenblicken; getrieben von der Strömung, überqueren sie den Fluß in langen, schrägen Bahnen.

Die Uferlandschaft des Dnjestr ist abwechslungsreich und malerisch, mal steil abfallend und schroff, mal weit und ausgedehnt; hier bewaldet, dort kahl und unfruchtbar, starrend von Kalkfelsen, gesprenkelt mit Flint und durchzogen von Graphitschiefer.

Etwa ab Mitte seines langen Laufes, der vom heutigen Grenzgebiet zu Polen und der Tschechoslowakei bis zum Schwarzen Meer reicht, teilt der Dnjestr die Gegend in zwei deutlich voneinander getrennte Provinzen: Podolien und Bessarabien. Zur Zeit meiner Kindheit gehörten beide zu Rußland. Bessarabien, heute ein Teil der Moldauischen Sowjetrepublik, wurde 1812 an Rußland angeschlossen, bewahrte aber seine Eigenart, seine Sprache, seine Sitten und Gebräuche. Podolien war ukrainisch, trug aber noch die Spuren seiner polnischen Vergangenheit. Unsere Familie war mit beiden Provinzen gleichermaßen verbunden, da unsere Ländereien sich auf beiden Seiten des Dnjestr befanden.

Raschkow, das Gut meiner Großmutter, erstreckte sich über den äußersten Norden Bessarabiens, und seine Eichenwälder reichten bis zum Fluß hinab. Am jenseitigen Ufer begann Österreich-Ungarn.

Kapljowka, ein Besitz, den Großmutter von ihrer moldauischen Mutter, Marie Sturdza, geerbt hatte, lag 20 Kilometer von Raschkow entfernt, ganz in der Nähe der Provinzhauptstadt Chotin. Das Schloß von Kapljowka war in Papas Kindheit die Sommerresidenz der Familie. Später ließ Großmama sich in Raschkow nieder, vermachte Kapljowka an Onkel Rostislaw und kaufte für Papa das Gut Wassilki.

Wassilki, was auf russisch soviel wie Kornblumen heißt, lag in Podolien, etwa zehn Kilometer vom Dnjestr entfernt. Zu dem Anwesen gehörten 1500 Hektar fruchtbares Land und etwa 200 Hektar Wald, die sich an der Hangseite einer tiefen Schlucht erstreckten, und ein kahler und zerklüfteter Höhenzug, der sich über dem Fluß Uschiza erhob.

Der Boden der Ukraine ist fruchtbar und ergiebig, das Klima gesund und nicht zu streng, das Land dichter besiedelt, und die Zivilisation war damals weiter entwickelt als im Norden. Die Bauern waren wohlhabend und unabhängig. Leibeigenschaft hatten sie nie gekannt.

Als unsere Eltern sich auf Wassilki niederließen, war ich drei Jahre alt. Wir alle sind dort aufgewachsen, mein Bruder Emmanuel, unsere Zwillingsschwestern Madeleine und Angeline sowie Ella, das Nesthäkchen. All unsere Kindheitserinnerungen sind mit diesem Gut verwoben.

Bei der Ankunft war die erste Sorge unserer Eltern, ein Palais zu bauen. Das Anwesen besaß kein Herrschaftshaus. Wir richteten uns vorläufig auf dem Gehöft in einem Gebäude ein, das von Obstgärten umgeben war und später dem Verwalter als Wohnung diente.

Für Mama zählte nichts so sehr wie eine schöne Aussicht, und so wählte man als Bauplatz eine Anhöhe, die die Gegend beherrschte, abseits von Straße, Gehöft und Dorf. Unsere Eltern hatten keine genauen Vorstellungen hinsichtlich ihres künftigen Wohnsitzes und wandten sich an verschiedene Unternehmen, um Erkundigungen einzuholen. Man legte ihnen zahlreiche Entwürfe mit Zeichnungen, Plänen und Fotografien vor, die sie mit kritischem Blick prüften, um sie dann einen um den anderen zu verwerfen; sie fanden alle entweder zu aufwendig oder zu geschmacklos. Kein Vorschlag fand Gnade vor ihren Augen. Nichtsdestotrotz mußte eine Entscheidung gefällt werden.

Die Erleuchtung kam dank Emmanuel, der damals gerade fünf Jahre alt war. Intelligent und ernsthaft, wie er war, verbrachte er viel Zeit mit Zeichnen. Da nun ständig von Häusern gesprochen wurde, zeichnete er mit Vorliebe eben Häuser. Sein Lieblingsmotiv war ein großes Gebäude mit zwei Flügeln, gekrönt von einem Halbgeschoß mit einem riesigen Balkon, der auf einer Säulenreihe ruhte, die die gesamte Breite der Fassade einnahm. Dieser Entwurf entzückte Mama, und Emmanuels Zeichnung gewann den Wettbewerb.

Papa arbeitete die Idee aus, studierte die Einzelheiten und fertigte einen Plan an. Anstatt die Bauausführung einem Architekten anzuvertrauen, der, so meinten meine Eltern, bestimmt versuchen würde, irgendwelche vorgefertigten Meinungen und Ansprüche durchzusetzen, beauftragte man einen Bauunternehmer der Gegend; es handelte sich um einen einfachen, aber erfahrenen Mann, der in der Lage war, Papas Angaben zu folgen und sich von Emmanuels Zeichnung anregen zu lassen. Ich glaube, unsere Eltern waren sehr zufrieden mit dem Ergebnis, während ich nie ganz sicher war, ob unser Haus nun wirklich schön genannt werden durfte.

An unser Leben auf dem Gut vor der Fertigstellung des Herrenhauses habe ich nur wenige Erinnerungen. Die Zeit hat die Einzelheiten fast vollständig verwischt. Nur ein undeutliches Bild ist in mir haftengeblieben: der Tag, an dem der Grundstein unseres künftigen Wohnsitzes gelegt wurde. Fundament und Grundmauern müssen schon fertig gewesen sein, denn wir befanden uns auf einer riesigen Plattform inmitten einer gewaltigen Baustelle. Der alte Pope Ioannis hatte seine goldbestickte Stola angelegt und schwenkte mit ausladenden Bewegungen das Weihrauchfaß über der Ostecke des Bauwerks, besprengte sie mit Weihwasser und sprach die Gebete. Dann ging Papa, mit dieser halb feierlichen, halb amüsierten Miene, die wir so gut an ihm kannten, nach vorne, beugte sich, eine Kelle in der Hand, über den geweihten Winkel, legte feierlich einen Stein dorthin und bedeckte ihn mit Mörtel. Nach ihm wiederholte Mama diese symbolische Geste. Auch wir durften mit der Kelle auf den Eckstein unserer künftigen Bleibe klopfen, vermutlich wollte man uns so an dem Ereignis teilhaben lassen. Zu jener Zeit hatte Papa erst knapp die Dreißig überschritten, nahm aber eine ernste, würdige Haltung an, wie sie seinem Stand und seiner Stellung zukam.

Ein anderes Bild, das sich im Nebel meiner Erinnerung abzeichnet, betrifft etwa zwei Jahre später liegende Ereignisse. Ein riesiges Eßzimmer taucht auf, ganz weiß und kahl, eine unabsehbar lange Tafel, zahlreiche Gäste und ein Kommen und Gehen der Dienerschaft während eines schier endlosen Essens. Das muß die Einweihung unseres Hauses gewesen sein.

Der Küchenbereich und die Nebengebäude waren noch nicht fertiggestellt, und das Diner war auf dem Bauernhof, der immerhin einen halben Kilometer entfernt lag, zubereitet worden. Der Pendelverkehr zwischen Tafel und Herd war derart lang und aufwendig, daß die Mahlzeit sich über endlose Stunden hinzog. Glücklicherweise entließ man uns Kinder, bevor sie beendet war; die unglücklichen Gäste aber hatten am Ende eingeschlafene Beine.

Der alte Vater Ioannis, der es nicht mehr aushielt, stand mehr als einmal auf, um sich in den kahlen Gängen die Beine zu vertreten.

Auch das Haus selbst konnte man wahrhaftig noch nicht fertig nennen. Die Treppe zur Terrasse zum Beispiel bestand aus einem Haufen Lehm, der Balkon hatte kein Geländer, und in mehreren Zimmern fehlten noch die Türen. Wir konnten aber mit dem Umzug nicht mehr warten, da Ellas Geburt unmittelbar bevorstand.

Abgesehen vom Allernotwendigsten, war noch kein Möbel ausgepackt; die Zimmer standen mit Kisten vollgepfropft, übersät mit Stroh und Holzspänen.

Papa und Mama haßten den Lärm, das Gewusele des Personals, die Küchengerüche. Um sich vor diesen Unannehmlichkeiten zu schützen, baute man die Wirtschaftsräume hinter das Herrenhaus, getrennt durch eine dichte Fliederhecke.

Wenn ich so zurückschaue und mich auf dem Gut Wassilki sehe, kommt mir eine Frage in den Sinn, die sich zu jener Zeit vermutlich niemand stellte: Wie stand es um den Komfort? Auch wenn viel darüber gesprochen wurde, ob die Aussicht schön, die unzähligen Zimmer groß genug, die Dienerschaft zahlreich und der Park bemerkenswert seien, gab es doch nicht den geringsten Komfort. Man könnte meinen, man hätte ihn schlicht vergessen.

Natürlich muß man sich in das damalige Rußland zurückversetzen. Zu jener Zeit hielt man die Weitläufigkeit eines Wohnsitzes und ein ganzes Heer von Dienern für unerläßlich, während fließendes Wasser, Elektrizität und ein funktionstüchtiges Heizungssystem selten waren. Wir hatten keine dieser Annehmlichkeiten und wußten noch nicht einmal, daß sie uns fehlten.

Licht spendeten Petroleumlampen, die von einem eigens hierfür betrauten Zimmermädchen versorgt wurden. Dieses Mädchen sah man unablässig in der Lampenkammer herumhantieren, verrauchte Gläser blank putzen, Petroleum nachfüllen und Dochte richten. Eine Petroleumlampe hat so ihre Mucken, und um sie zu bändigen, bedarf es eines ständig wachsamen Auges. Wenn man nicht aufpaßte, und das kam oft genug vor, saugte sich der Docht voll und vergrößerte die Flamme; dann zog schwarzer Qualm spiralenförmig durch das ganze Zimmer.

Jedesmal, wenn ich an Petroleumlampen denke, habe ich unwillkürlich einen beißenden und unerträglichen Geruch in der Nase. Wie oft kam es vor, daß man ins Zimmer trat, jäh zurückschrak und rief: Die Lampe qualmt!

Dann liefen die Zimmermädchen herbei, um die Fenster aufzureißen, vor allem im Winter eine höchst unerfreuliche Maßnahme zur Verminderung des Qualms. Die ekelhaften, fettigen Rauchflöckchen aber hingen noch lange in der Luft und setzten sich überall fest. Ich erinnere mich noch, wie schwierig es war, sie zu beseitigen, denn sie waren schmierig und hinterließen schwarze Streifen.

Doch auch, wenn die Lampen ordnungsgemäß funktionierten, reichte das schwache und fahle Licht nie bis in die hintersten Ekken eines Zimmers. Das steigerte zwar die Spannung bei unseren Versteckspielen, vereinfachte aber beileibe nicht die alltäglichen Beschäftigungen im Haus.

Da es keine Kanalisation gab, bekamen wir das Wasser in Kübeln. Nikita, der Hausmeister, war mit dem Wasserdienst betraut, unterstützt von einem jungen Burschen. Täglich wurde eine einäugige Stute vor ein großes Faß mit Rädern gespannt und pendelte zwischen Brunnen und Wirtschaftshof hin und her. Jeweils am Ziel angelangt, senkte das Tier den Kopf, spreizte die Beine und schlief ein. Nikita hingegen wachte jetzt auf und mußte das Bänkchen verlassen, auf dem er vor sich hingedöst hatte. Er stellte einen Eimer unter den Wasserausfluß und zog den Stöpsel heraus. Eimer um Eimer schleppte er nun das Wasser in den Vorraum der Küche und füllte es in das große geteerte Faß, das als Vorratsbehälter diente. Dann waren die Zimmermädchen an der Reihe: Sie schöpften das Wasser aus dem Faß und gossen es in Krüge, die sie in die Porzellanschüsseln unserer Waschtische stellten. Jeder von uns hatte einen eigenen Waschtisch, der vom Schreiner nach Maß angefertigt worden war. Aber während wir allmählich wuchsen, blieben die Waschtische klein und wurden immer unbequemer. Unsere Kindermädchen hatten alle Mühe, uns dazu zu bringen, sie überhaupt noch zu benutzen. Auch war das Wasser im Winter oft voller Eisstückchen, was unseren Widerwillen zusätzlich steigerte.

Glücklicherweise gab es noch eine andere Möglichkeit, der Forderung nach Sauberkeit zu entsprechen, und die war angenehm und gründlich dazu. Mama hatte im Wirtschaftstrakt ein türkisches Bad einbauen lassen, das jeden Samstag in Betrieb gesetzt wurde. Das war jedesmal ein großes Ereignis, und die Vorbereitungen dauerten den ganzen Tag. Man ließ einen zusätzlichen Kübel vom Hof kommen, karrte bis zum Abend Wasser herbei und heizte die Bottiche an. Wenn die riesigen Behälter allmählich zu dampfen begannen und das Bad ordentlich heiß geworden war, schickte Nikita ein Zimmermädchen ins Haus, um zu melden, daß das Bad fertig sei. Mama gab nun die Anweisung, daß wir uns ankleiden sollten. Eingemummelt in unsere dicken Mäntel, Mützen und Stiefelchen, zogen wir dann in Begleitung unserer Kindermädchen zum Nebenhaus.

Diese Dampfbäder sind mir noch heute in bester Erinnerung, denn wir hatten immer einen Riesenspaß. Wir entwischten unseren Kindermädchen, wenn sie uns einseifen wollten, und kletterten auf die oberen Bänke, wo der Dampf so dicht war, daß man kaum mehr etwas erkennen konnte; ausgelassen spritzten wir mit dem warmen Wasser und plantschten im Waschzuber herum. Es bedurfte schon eines Befehls »von oben«, damit wir aufhörten herumzutollen; anders als gebieterisch konnten die Mädchen unserer Plantscherei kein Ende setzen. Schließlich mußten wir denen Platz machen, die schon lange darauf warteten, ihrerseits ins behagliche Bad zu kommen.

Wie ich bereits gesagt habe, konnten meine Eltern Küchengerüche nicht ausstehen. Deshalb wurde auch alles vermieden, was irgendwie an Küchenarbeiten hätte erinnern können. In vielerlei Hinsicht war das äußerst unbequem, da man selbst für die Zubereitung einer Tasse Tee einen Bediensteten in die Küche schicken mußte. Es gab zwar eine Klingelanlage, die Papa konstruiert hatte und die mit Hilfe eines Akkumulators funktionierte; aber aus unerfindlichen Gründen arbeitete dieses System nicht. Außerdem war die Klingel ohnehin nie zu finden. So kam es, daß Mama ständig eine der Türen, die auf den großen Flur führten, öffnete und mit ihrer schönen, klaren Stimme »Manja! Wera! Olga!« rief, bis endlich eines der Zimmermädchen auf der Bildfläche erschien.

War die Anordnung gegeben, mußte man warten. Der Tee kam, oder er kam nicht, denn das war alles gar nicht so einfach. Das Gelände hinter dem Herrenhaus stieg bergan, und so lagen die Nebengebäude oberhalb einer Böschung. Dort hatte man anfangs eine provisorische Holztreppe angebracht, die jedoch nie durch eine bessere ersetzt worden war. Dieses Treppchen war sehr schmal, verlor alsbald sein Geländer und wurde mit der Zeit immer wackeliger. Wenn es regnete, war es rutschig, im Winter war es vereist. Mit einem Tablett heil herunterzukommen war also wirklich ein Kunststück. Wie oft haben die Diener den Weg auf ihrem Allerwertesten zurückgelegt! Manchmal kam ein Braten auf den Tisch, befremdlich mit Strohhalmen oder Kieselsteinen verziert, die unmöglich aus der Küche stammen konnten.

Die riesigen Kachelöfen des Herrschaftshauses wärmten kaum. Sie wurden mit Reisig, Strohbüscheln und Holz vollgestopft, jedoch vergeblich: Sie verschlangen alles und gaben nichts zurück. Schlimmer noch: Je mehr die beiden Heizer die Flammen schürten, desto unerquicklicher war das Ergebnis. Die wenig feuerfesten Kacheln barsten, und dann drang ätzender Rauch nach außen. Und obwohl alle ständig über diese widerspenstigen Öfen, die Kälte und den Gestank jammerten, blieb doch alles beim alten.

Jeder Winter war für uns eine lange Heimsuchung, und wenn ich heute so zurückdenke, wundere ich mich, wie wenig Aufhebens unsere Eltern um unsere Krankheiten machten. Bellende Husten, gräßliche Erkältungen, Frostbeulen an Händen und Zehen, das alles schien sie nicht weiter zu beunruhigen. Bei einer Angina mit Fieber rief man den Doktor Pistermann aus Alt-Uschiza, und manchmal wurden sogar ein paar Medikamente gekauft. Aber ohne Fieber ...

Für Spaziergänge mußten wir uns anziehen, als ginge es zum Nordpol; wenn jedoch im Haus Temperaturen von sechs Grad oder weniger herrschten, dann beunruhigte das niemanden.

Kaum weniger verwunderlich ist, daß die eisigen Winter der Kindheit auch mich im Grunde recht wenig beeindruckten: Lediglich die Frostbeulen haben schlimme Erinnerungen und sogar einige Narben auf meinen Fingern hinterlassen. Wenn ich mir allerdings die Freude vergegenwärtige, die wir bei Frühlingsbeginn empfanden, wird mir deutlich, wie schwer erträglich die Winter für uns dennoch gewesen sein müssen.

Papa widmete sich vom ersten Tag an mit Hingabe der Gestaltung des Parks und der Anlage von Obstgärten und Baumschulen, vermutlich, weil ihn diese Verschönerungen stärker interessierten als der landwirtschaftliche Anbau auf dem Gut. In meinen Kindheitserinnerungen erscheint er immer von Pflanzen umgeben. Die gab es nämlich überall, in der Halle, in den Salons, in seinem Arbeitszimmer. Das riesige Eßzimmer mit seinen Palmen, Aloe Verae und Lorbeerbäumen, von denen manche bis zur Decke reichten, mutete geradezu wie ein Garten an. Unzählige exotische Pflanzen in Übertöpfen und Blumenständern überwucherten die Fensternischen, einige rankten am Mauerwerk empor.

Eine besondere Vorliebe zeigte Papa für Kakteen. Im Laufe der Jahre hatte er sich eine eindrucksvolle Sammlung angelegt. Auf hierfür eigens mit Gestellen versehenen Tischen türmten sich pyramidenförmig die seltsamsten Exemplare: große und kleine, kugelige und längliche, kahle und stachelige. Je bizarrer ein Kaktus war, desto mehr Spaß hatte Papa an ihm. »Schaut euch bloß dieses Ungetüm an!« rief er dann mit sichtlicher Genugtuung aus.

Auf dem Gut arbeiteten viele Menschen, doch Papa hatte schnell eine besondere Zuneigung zu Stepan gefaßt, mit dem er viel Zeit gemeinsam verbrachte. Stepan war jung, unverbildet und aufgeweckt. Papa gab sich viel Mühe, ihm Kenntnisse und Fertigkeiten zu vermitteln, und so entwickelte sich Stepan zu einem wirklich guten Gärtner. Unterstützt wurde der junge Mann von zwei Gehilfen und zahlreichen Tagelöhnern, die je nach anfallender Arbeit eingestellt wurden. Wenn im Frühjahr alles üppig zu wachsen und zu sprießen begann, gab es rund vierzig Hilfskräfte zum Umgraben, Jäten, Hacken und Pflanzen. Die Mädchen sangen meist bei der Arbeit, und einige dieser ukrainischen Lieder sind mir bis heute unvergessen im Gedächtnis haftengeblieben.

Anfang März wurden die Frühbeete für das Gemüse vorbereitet. Für Stepan war es eine Ehrensache, zur Ostertafel eine Salatgurke beitragen zu können. Papa gab ihm dann einen Silberrubel, selbst, wenn die Gurke von sehr bescheidener Größe war und eher einem Gewürzgürkchen glich.

Wir Kinder liebten es, Papa in den Gemüsegarten zu begleiten, um gemeinsam mit ihm fachmännisch das Wachstum der Pflanzen zu beurteilen. Stepan hob dann das Fenster hoch, mit dem der Kasten abgedeckt war, und uns schlug eine Welle warmer, nach feuchter Erde duftender Luft entgegen. Jetzt spreizte Stepan die zarten Blättchen, um uns zu zeigen, wie weit die Gemüsepflänzchen bereits gediehen waren.

Sämtliche Gewächshäuser waren voller Töpfe und Kisten mit Stecklingen, Sämlingen und Pflanzenzwiebeln. Jedes Frühjahr wurden strohverpackte junge Bäume geliefert, entweder aus den Baumschulen »Rotte« in Odessa und »Ramm« in Rostow oder aber aus denen von Onkel Anatol Gagarin, der in Cherson lebte. Und so vergrößerten sich mit jedem Jahr Reichtum und Vielfalt der Nutz- und Ziergewächse auf unserem Anwesen.

Papa verstand sich auf die Kunst des Baumschnitts und hatte sie Stepan beigebracht. Noch heute sehe ich ihn vor mir, wie er einen Strauch oder einen jungen Baum beschneidet, und ebenso lebhaft habe ich noch das trockene Geräusch seiner Baumschere im Ohr.

Um auch uns das Gärtnern nahezubringen, ließ Papa einen Miniaturgarten anlegen. Er war von einer lebenden Hecke eingefaßt, und jeder von uns besaß dort ein eigenes Beet. Unter seiner Anleitung bauten wir Gemüse und Blumen an. Während meines ganzen Lebens habe ich aus diesen Gartenbaustunden Nutzen ziehen können.

Papa war ein großer Liebhaber und Kenner der Botanik; er gab den Pflanzen vor den Tieren den Vorzug, vielleicht, weil er die Stille liebte. Auch Bücher liebte er. Seine gut sortierte Bibliothek vergrößerte er kontinuierlich mit Werken in vier Sprachen. Er las viel, und sein ungewöhnlich gutes Gedächtnis gestattete ihm, eine ungeheure Menge Wissen anzusammeln. Vom Studium der Jurisprudenz hatte er eine Art juristischen Denkens beibehalten, das, in Verbindung mit seinem Sinn für Ausgewogenheit, Ordnung und Gerechtigkeit, einen klarsichtigen und unparteiischen Mann aus ihm machte.

Wir Kinder erbten von ihm auch die Liebe zum Sternenhimmel. Während der dunklen Nächte in den ukrainischen Sommern beobachteten wir die Himmelskonstellationen, den Mond und die Sternschnuppen. Papa stellte sein Fernrohr auf dem Balkon auf und gab uns fachkundig Unterricht in Astronomie. So bekamen wir eine lebendige Vorstellung von den Sternenbildern und den Bewegungen am Himmel.

Schreinern und Basteln gehörten zu Papas weiteren Lieblingsbeschäftigungen. Gleich neben seinem Arbeitszimmer hatte er eine richtige kleine Werkstatt eingerichtet, mit einer Werkbank aus massiver Eiche, ausgestattet mit Schraubzwingen und Klemmen. Hier lernten wir, wie man sägt, nagelt, fachgerecht verleimt, hobelt und schleift.

In späteren Jahren konnte ich oft davon profitieren, in diesen Lehrstunden eine große Geschicklichkeit im Umgang mit Werkzeug erworben zu haben. Damals jedoch war es weit wichtiger, daß Papa eine Menge Spielzeug für uns anfertigte, zum Beispiel diese lustigen Handwagen, die wir mit großem Gepolter und Hallo quer durch die Zimmer zogen. Dazu gab es Wippen, Schaukeln, Spielzeugkisten und Käfige für unsere Tiere; und selbstverständlich reparierte er auch unsere Spielsachen.

Papa liebte das ruhige Leben auf dem Lande; er haßte Lärm, Gedränge und Aufregung. Regelmäßige Fahrten nach Neu-Uschiza, wo er als Schöffe fungierte oder an Adelstreffen teilnahm, gaben ihm hinreichend Gelegenheit, Freunde wiederzusehen – und das reichte ihm als gesellschaftlicher Kontakt. Er behauptete immer, eine Schwäche für die Eleganz, den Charme und die Reize des schönen Geschlechtes zu haben. Eine schöne Frau, so sagte er, müsse unbedingt blond sein. Und doch hatte er sich in Mama verliebt, die dunkelhaarig war und überhaupt keinen Sinn für Eleganz besaß. Überdies habe ich nie jemanden kennengelernt, der weniger kokett gewesen wäre als gerade meine Mutter.

Deren Grundwesenszüge waren eine außergewöhnliche moralische Kraft und eine erstaunliche Vitalität. Würde ich all ihre guten Eigenschaften hier aufzählen – ihren Mut, ihre Opferbereitschaft, ihren unerschütterlichen Glauben an Gott oder ihre Lebensfreude –, so wäre ihre Persönlichkeit damit dennoch nicht hinreichend beschrieben. Die Liebe unserer Mutter war so stark, daß ihr eine Kraft entströmte, die uns Kinder schützend wie eine Rüstung umgab. Wir sagten manchmal im Spaß, daß ihre Beziehungen zu unserem Herrgott so gut seien, daß wir allein schon ihretwegen immer unter seinem besonderen Schutz stünden.

Für Mama zählte nur das Wesentliche, Oberflächlichkeiten maß sie überhaupt keine Bedeutung bei. Sie hatte weder Zeit noch Lust, sich ausführlich mit ihrer Toilette zu beschäftigen, und wenn sie morgens erst einmal angezogen war, dachte sie überhaupt nicht mehr an ihre Kleidung. Mehrfach widerfuhr es ihr, daß sie ihren Hut verkehrt herum aufsetzte, weil sie einfach vergaß, noch einen Blick in den Spiegel zu werfen. Dennoch ließ sie sich Modehefte kommen, aus denen sie für sich und uns Modelle auswählte, die unsere Schneiderin dann anfertigte. Man muß allerdings zugeben, daß es unserer Garderobe an Chic fehlte.

Mama konnte keine Minute untätig bleiben, und doch wuchs ihr die Arbeit fortwährend über den Kopf. Papa bemängelte, das Haus sei schlecht geführt, die Mahlzeiten würden niemals pünktlich serviert und bei der Dienerschaft herrsche keine rechte Ordnung. Das war ohne Zweifel alles richtig, aber Papa, der sich mit dem bloßen Kritisieren begnügte, ohne seinerseits einzugreifen, hätte vermutlich nicht mehr Erfolg gehabt. Mama ertrug die Sticheleien meines Vaters im übrigen mit Geduld, denn sie wußte, daß das für ihn ein Zeitvertreib war, der seine schlechte Laune verscheuchte.

Was das Organisieren betraf, war Mama in der Tat nicht sonderlich begabt, sie nahm sich immer zuviel vor. Ihre größte Sorge galt unserem Unterricht, denn sie hatte beschlossen, sich selbst um unsere Unterweisung zu kümmern. Wer hätte dies freilich auch sonst tun sollen? Weit und breit gab es niemanden, der fähig gewesen wäre, irgend etwas zu unterrichten. Papa besaß kein pädagogisches Talent, und unsere ausländischen Gouvernanten sprachen nur ihre jeweilige Muttersprache. Deshalb übernahm Mama die am Anfang immer undankbare Rolle des Lehrers. Es machte ihr Spaß, denn sie unterrichtete ausgesprochen gern; und neben Französisch, Englisch und Deutsch lehrte sie uns auch Klavierspielen und Zeichnen.

Nach Gott, ihrem Mann und ihren Kindern, liebte Mama die Musik am meisten. Sie selbst war nicht sonderlich talentiert, besaß aber ein feines musikalisches Empfinden und verstand auch sehr viel von Musik. Ihr Klavier war für sie ein innig vertrauter Freund und gewährte ihr die denkbar größte Entspannung.

Abends, wenn sie ihren Arbeitstag beendet hatte, spielte sie mit Hingabe Stücke von Schumann, Chopin, Schubert, manchmal auch nur Etüden von Czerny. Sie verspielte sich, hielt inne und fing geduldig von vorne an. »Die Musik«, hörte ich sie oft sagen, »ist meine große unerwiderte Liebe.« Dann seufzte sie, aber ohne alle Bitterkeit. Musik war für Mama ein Herzensbedürfnis und eine Quelle des Glücks, obwohl ihr die Unvollkommenheit ihrer eigenen Bemühungen nur zu bewußt war.

Der Chor unserer Kirche wurde von Josef Petrowitsch Krawtschuk, dem Lehrer unserer Dorfschule, dirigiert; einem etwas mürrischen, im Grunde aber gutmütigen Menschen mit einem großen rötlichen Schnurrbart. Krawtschuk war eigentlich kein richtiger Musiker und deshalb für diese Aufgabe wenig geschaffen. Um ihn bei seiner Aufgabe zu unterstützen, kaufte Mama ihm ein Harmonium für die Proben sowie eine Menge von Partitursätzen, vor allem von Stücken, die sie selbst besonders liebte und die man in der Kathedrale von Kiew so schön sang. Beider Pech war nur, daß die Sänger nach Lust und Laune kamen. Oft fehlten bei Beginn der Messe die Tenöre oder Bässe, und Josef Petrowitsch mußte dann die Lücke mit seiner rauhen Stimme füllen. Mama lauschte voll Bangen, Papa lachte heimlich. Um die Sänger zu ermuntern, setzte Mama Prämien für pünktliches und regelmäßiges Erscheinen aus, was sehr dazu beitrug, den Chor wenigstens einigermaßen vollständig zu halten.

Ein anderer kleiner Chor auf unserem Anwesen unterstand ausschließlich meiner Mutter. Alle, die nur irgendwie Stimme besaßen oder gar singen konnten, gehörten diesem Chor an. Wir Kinder nahmen ohne Begeisterung an den Proben teil und gaben nur gleichgültig schwache Töne von uns. Nikita hingegen ließ seine schöne Baßstimme mit offenkundigem Vergnügen erschallen, nur sang er leider meist falsch. Mama, die am Klavier saß, gab sich die größte Mühe, sie ließ sich nicht entmutigen und hörte auch nicht auf Papas spöttische Bemerkungen.

Diese große Liebe zur Musik erbte ich von Mama, doch wie ihr fehlte es auch mir an Talent. Mein Empfinden für Musik reichte bis zum Schmerz, und beim Klang mancher Melodien hätte ich vergehen mögen. Aber meine Finger blieben unbeholfen und meine Reflexe schwerfällig. Alle Schätze dieser Welt hätte ich hergegeben für diesen einen, aber mein Enthusiasmus führte zu keinen nennenswerten Fortschritten. Dennoch lebte ich in der Gewißheit, daß es eine wunderbare Musik geben müßte, in der alles Glück beschlossen wäre und die ich eines Tages auch finden würde.

Aber unser Leben in Wassilki bot hierfür wenig Aussichten – es gab nur Mamas Flügel, der recht weit von den himmlischen Tönen meiner Träume entfernt war. Selbst diese Töne zogen mich jedoch in ihren Bann, und ich setzte mich unter dem Flügel auf den Boden, um nur ja keine Note zu verpassen.

Eine zweite Musikquelle war unser Grammophon mit seinen vierzig perforierten Folien, das nur einen kleinen, piepsigen Ton von sich gab; ich versuchte, ihm mehr Volumen zu geben, indem ich mein Ohr fest auf den Deckel preßte.

Der Leierkasten des Straßenmusikanten, der von Zeit zu Zeit unter den Fenstern des Herrenhauses erschien, war ebenfalls nicht gerade eine Quelle himmlischer Töne. Trotzdem eilte ich immer eiligst herbei, um den quietschenden Walzern zu lauschen, die das jämmerliche Instrument von sich gab.

Als Mama merkte, in welchem Maße die Musik mich aufzuwühlen vermochte, glaubte sie, ich hätte das wunderbare Talent ihrer Mutter geerbt, die eine bekannte Klaviervirtuosin gewesen war. Aber nein, aller heilige Eifer war in dem Augenblick dahin, da ich anfing, meine Übungen herunterzuspielen. Man konnte mich wahrhaftig nicht mit Großmama vergleichen, die schon im Alter von vier Jahren Mozartsonaten gespielt hatte.

Meine Großmutter mütterlicherseits war für mich ein Idol. Manchmal stand ich im Salon und betrachtete in stiller Bewunderung ihr Porträt, fasziniert von ihren Gesichtszügen und von all dem, was ich von ihr wußte. Was hätte ich nicht darum gegeben, sie kennengelernt zu haben. Aber das war ebenso unmöglich wie ihr zu gleichen, denn sie starb, als ich gerade zwei Jahre alt war.

Großmama entstammte einer Petersburger Familie, die eher vornehm als reich war. Ihre Mutter, eine resignierte und strenge Witwe, hatte sie in freudloser Kargheit großgezogen. Ihre außerordentliche Begabung war von Anfang an in Erscheinung getreten, so daß sie im Alter von zwölf Jahren bereits eine fertig ausgebildete Pianistin war. In der Höheren-Töchter-Schule von Smolny, wo sie einige Jahre verbrachte, war sie auf ausdrückliche Anordnung der Kaiserin von allem Unterricht in den Nebenfächern freigestellt worden, um sich ganz dem Klavierstudium widmen zu können. Mit zwölf erhielt sie ihre erste Auszeichnung am Konservatorium, mit vierzehn gab sie ihr erstes öffentliches Konzert. Eine Künstlerkarriere wurde ihr durch eine Mißbildung des Herzens verwehrt – sie schwebte dauernd in Lebensgefahr. Die geringste Aufregung konnte für sie tödlich enden. Ohne Rücksicht auf alle ärztlichen Bedenken gab sie trotzdem drei Konzerte pro Jahr, eines in St. Petersburg, eines in München und eines in Paris. Aber sie spielte immer mit dem Risiko, dabei ihr Leben zu verlieren, und sie mußte sich zuvor jedesmal einer vorbeugenden Behandlung unterziehen.

Großmutters Hochzeit erschien mir immer ungewöhnlich und romantisch, auch wenn Mama betonte, die Ehe sei nicht sehr glücklich gewesen. Das Schicksal nahm eines Abends in der Oper seinen Lauf. Ganz im Banne des Bühnengeschehens, hatte sie den Mann, der allein in der Nachbarloge saß und dessen Augen unablässig auf sie – und keineswegs auf die Bühne – gerichtet waren, gar nicht bemerkt. »Die oder keine«, schwor sich der Mann. Und er hielt Wort. Mama erzählte, ihre Mutter habe später sehr bedauert, daß sie sich überreden ließ, schon mit sechzehn Jahren diesen Mann zu heiraten, der zwar reich und honorig war, den sie aber eigentlich nicht liebte. »Die Goldminen meines Mannes haben mir das Glück nicht kaufen können«, sagte sie später voller Traurigkeit. Goldminen besaß er in der Tat.

Trotzdem glaube ich, daß Großmama ihren Anteil am Glück gehabt hat; dafür spricht ein anderer ihrer Sätze, den sie oft geäußert haben soll: »Glück, das sind die Kinder, die Musik und die Blumen.« Von alledem hat sie jedenfalls reichlich gehabt.

Als Kind lernte Mama bei ihrer Mutter die berühmtesten Künstler der damaligen Zeit kennen: Wagner, Kreisler, Strauss, Rubinstein, der ein ergebener Freund war, und Henzelt, ihren ehemaligen Lehrer.

Mama war zehn Jahre alt, als ihre Eltern sich trennten. Sie hat mir nie gesagt – und sicher konnte sie selbst darüber nur Vermutungen anstellen –, warum Großvater nach Sibirien und Großmama nach München übersiedelten. Mama verbrachte so ihre Kindheit und frühe Jugend in Deutschland und kam erst im Alter von zwanzig Jahren nach Rußland zurück.

Mamas Jugend stand ganz im Zauber des Talentes ihrer Mutter. Über dieser Jugend lag etwas wie eine alles durchdringende Spiritualität, wie sie selbst zu sagen pflegte. Wenn Großmama die Hände auf die Tasten legte, verstummte alles, und man hätte einen Engel hören können …

Zu jener Zeit herrschte in München ein reges Kunstleben. Mama verkehrte in einem internationalen Zirkel ohne eigene Programmatik, sie selbst studierte Malerei, Bildhauerei und Fremdsprachen.

Ich glaube, Mama war auch mit achtzehn Jahren wenig kokett. Die Geschichte, wie sie mit ihrer Freundin, der Ungarin Maria Beassini, die später eine berühmte Malerin wurde, auf einen Maskenball ging, liebte ich sehr. Anstatt sich als Blume oder Prinzessin aus Tausendundeiner Nacht zu verkleiden, erschien Mama in einem Bettlerkostüm. Das war bezeichnend für sie, sie suchte lieber Originalität und Phantasie als Komplimente und Erfolg.

Als Mama in ihre Heimat zurückkehrte, sprach sie zwar tadellos Deutsch, Französisch und Englisch, hatte aber ihre Muttersprache weitgehend verlernt. Sie mußte mit dem Russischen regelrecht von neuem beginnen und geriet immer wieder über seine Deklinationen ins Stolpern.

Was die Goldmine meines Großvaters betrifft, so erlitt sie ein ganz banales Schicksal: Sie erschöpfte sich, und mit ihr auch die Einkünfte der Familie. Mama unternahm eine Reise nach Sibirien, ich glaube, nach Irkutsk, um dort ihrem Vater zur Seite zu stehen und ihn allzubald auch zu beerdigen. Mama, die eine Vorliebe für biblische Bilder zeigte, sagte oft, alle irdischen Güter seien auf Sand gebaut, also vergänglich, selbst, wenn der Sand aus Gold bestünde.

Von unserer Familie mütterlicherseits haben wir Kinder keinen einzigen Verwandten je kennengelernt: Tante Anne, Mamas jüngere Schwester, heiratete einen preußischen Offizier, einen Baron von Schmedel, und blieb in Deutschland. Ihre beiden Brüder lebten in Petersburg und kamen nie in den Süden. Großmutter starb an einem Novembertag in Moskau. Man fand sie, ausgestreckt auf einem Sofa liegend, mit einem Ausdruck ruhigen Glücks auf ihren schönen Zügen, die Hände auf das Herz gedrückt, das so plötzlich aufgehört hatte zu schlagen. Unter allen Schicksalen der Welt wäre mir das ihre das liebste. Aber da dieser Traum unerfüllbar ist, bleibt mir nur, auf einen sanften Tod wie den ihren zu hoffen.

Im Butterblumen-Salon hing ein goldgerahmtes Porträt, das einen schönen jungen Mann in stolzer Haltung darstellte, ein Cape aus Zobel lässig über die Schulter geworfen. Das war Prinz Eugen Gagarin, unser Urgroßvater väterlicherseits, in den ich richtiggehend verliebt war. Einmal, als die Zimmermädchen eine Leiter stehengelassen hatten, nutzte ich die Gelegenheit, um hinaufzuklettern und das Bild zu küssen.

Eugen Gagarin hatte die einzige Tochter von Alexander Sturdza, einem moldauischen Diplomaten auf Posten in Sankt Petersburg, geheiratet. Die Sturdzas waren vornehme Großgrundbesitzer, und der Bruder unseres Ahnen, Michalak Sturdza, war ein moldauischer Fürst. Marie Sturdza brachte als Mitgift große Ländereien in Bessarabien in die Ehe, was unsere Familie dazu bewog, sich im Süden niederzulassen. Großmutter Gagarin war ein Abkömmling dieser Familie und also halb moldauisch. Ohne die Verbindung zur Hauptstadt abreißen zu lassen, begründeten die Nachfahren von Eugen und Marie die südliche Linie der Gagarins, die sich zusehends nach Odessa orientierten. Sie bauten Häuser im Zentrum der Stadt, Villen am Ufer des Schwarzen Meers und errichteten sogar einen Friedhof für die Familie und ein Kloster.

Unsere Großmutter hatte vier Brüder. Mit Anatol, dem ältesten, hatte sie, was Denkart und Interessen betraf, die größten Gemeinsamkeiten, und folglich unterhielt sie zu ihm auch die engsten Beziehungen. Unglücklicherweise heiratete sie ausgerechnet Wladimir Bijelski, einen entfernten Vetter, der Waise war und um den sich ihre Eltern kümmerten. Wladimir war ein außerordentlich erfolgreicher Student der Medizin und obendrein sehr gutaussehend, so daß es ihm ohne große Mühe gelang, ihr Herz zu erobern. Großmamas Eltern waren vermutlich wenig glücklich über diese

Wahl, da der junge Mann den Kopf voller liberaler Ideen hatte und sich unbedingt der Medizin widmen wollte; als Schüler des berühmten Professor Charcot studierte er in Paris. Doch Großmama blieb standhaft und setzte zuletzt ihren Willen durch. Nach der feierlichen Hochzeit zog das junge Paar nach Frankreich, so daß mein Vater und Onkel Rostislaw in Paris geboren wurden.

Wladimir Bijelski war von unabhängigem und stolzem Charakter und zugleich von großer Lauterkeit. Möglicherweise stammte er gar von dem stolzen Bojarden Bijelski ab, der mit einigen anderen Verrückten gewagt hatte, Iwan dem Schrecklichen die Stirn zu bieten und sich seinem Willen nicht unterwerfen zu wollen. Zar Iwan schlug, wie man weiß, kräftig zu und machte kurzen Prozeß mit den widerspenstigen Untertanen. Für den Bojarden Bijelski endete dies böse: Iwan enthob ihn seiner angestammten Rechte und Besitztümer und ließ ihn in Tombow verkommen.

Aber ob Großpapa nun von dieser Person abstammte oder nicht, er konnte einem auch so gut gefallen. Wie lange wohl das Glück unserer Großeltern gewährt hatte? Zur Zeit unserer Kindheit lebte schon jeder für sich, und wir waren derart daran gewöhnt, daß uns das gar nicht mehr seltsam vorkam. In jeder Residenz der Familie gab es ein »Zimmer für Großvater«, das üblicherweise frei blieb. Er kam zwar jeden Sommer für eine oder zwei Wochen zu uns, verbrachte aber die meiste Zeit des Jahres in einem kleinen Haus am Stadtrand von Odessa und kümmerte sich um das städtische Krankenhaus, dessen chirurgische Abteilung er leitete. Er wollte die Stadt nie verlassen, die Besitzungen seiner Frau interessierten ihn genausowenig wie sein eigener Landsitz Tombow. Der wurde übrigens von »guten Freunden« geplündert, die sich seine Gleichgültigkeit gegenüber den Gütern dieser Welt, seine Gutmütigkeit und Arglosigkeit zunutze machten.

Unser Großvater liebte sein Krankenhaus, seine Kollegen, seine Patienten und ... Ja, da war noch etwas, man kommt nicht umhin, es einzugestehen. Lange Zeit, fast bis ich erwachsen war, verstand ich nicht, warum man die Stimme senkte, wenn von Großvater gesprochen wurde, der mir doch so bewundernswert erschien und es tatsächlich auch war. Was hatte er Böses getan? War es eine Schande, Chirurg zu sein und seine Arbeitskraft einem Krankenhaus zu widmen, anstatt sich um seine Güter zu kümmern? Ein wenig von alledem schwang vielleicht bei der Ablehnung mit, die man Großpapa entgegenbrachte. Doch der Hauptanklagepunkt, der unsere Großtanten und Großonkel die Mienen verziehen ließ, wenn von ihm gesprochen wurde, war ein anderer: Eine Krankenschwester, Nonna Iwanowna, hatte sein Herz und seine ganze Person erobert, und das schon vor Jahren. Weit davon entfernt, ihn seiner Familie zurückgeben zu wollen, hatte sie ihm eine andere geschenkt.

Ich war voller Bewunderung für Großpapa und liebte ihn aufrichtig. Er war oft bis zum Starrsinn unnachgiebig, das stimmt, aber dabei von außergewöhnlicher Intelligenz und von bissigem Humor. Bis zum Ende seiner Tage – und er wurde immerhin 84 – blieb er zudem ein wirklich gutaussehender Mann.

Großmama nahm ihr Schicksal an, ohne ihm ihre Liebe aufzukündigen. Tief gläubig, wie sie war, betrachtete sie das Sakrament der Ehe als ein lebenslang unauflösliches Band. In der grenzenlosen Liebe ihrer ältesten Tochter Naja, die mit ihr zusammenlebte und sie auch nie verließ, fand sie ihren Trost.

Tante Naja war gewiß eine bemerkenswerte Person, aber wir fanden sie zu vollkommen, zu fromm und zu streng. Wir fürchteten sie sogar ein bißchen und zogen ihre jüngere Schwester vor. Tante Olga war hübscher, immer vergnügt und unglaublich gütig. Man stellte sie uns immer als Vorbild hin, und in der Tat, man hätte kein besseres finden können. Tante Olga heiratete später einen baltischen Baron, Gregor von Rosen, der seit Ewigkeiten in München Malerei studierte – freilich ohne allzugroße Aussicht auf Erfolg, wie Mama meinte.

Großmama und Tante Naja waren ständig auf Reisen. Den Winter verbrachten sie in Cannes oder Menton, manchmal auch auf der Krim. Während der Karwoche zogen sie sich in ein Moskauer Kloster zurück, wo sie ihre Andacht verrichteten. Den Sommer über lebten sie dann auf Raschkow in Bessarabien; dorthin fuhren wir sie dann besuchen.

Wenige Großgrundbesitzer lebten so wie wir das ganze Jahr über auf dem Lande. Unsere Nachbarn, allesamt Polen, zogen gegen

Ende des Sommers nach Warschau, wo sie Wohnungen oder Häuser hatten und private oder geschäftliche Beziehungen pflegten. Die Männer blieben meist etwas länger auf den Gütern, um die nötigen Arbeiten zu organisieren, aber ihre Frauen und Kinder verbrachten den ganzen Winter in der Stadt.

Unsere Eltern besaßen keinen anderen Wohnsitz als Wassilki und waren der Ansicht, daß sie auch keinen anderen brauchten. Das Stadtleben reizte sie nicht, und sie sprachen nur verächtlich davon. So kam es, daß wir Kinder dachten, die wirklich vornehmen Leute lebten alle auf dem Land. Die große Welt, die bessere Gesellschaft stellten für meine Eltern keine Versuchung dar. Sie liebten sie einfach nicht und kamen zudem auch recht gut ohne die Geschäfte zurecht. Alles wurde per Post bestellt, und von Zeit zu Zeit fuhr Mama nach Neu-Uschiza oder nach Kamenez-Podolski, wo sie in den jüdischen Geschäften alles fand, was sie nur wünschen konnte. Was die sonstige Versorgung betraf, so stammte der Großteil vom Gut selbst, und das Übrige wurde in den Läden von Alt-Uschiza gekauft. Täglich ging einer von den Dienstboten dorthin, um Briefe oder Päckchen abzuholen und Einkäufe zu tätigen. Ansonsten garantierte die Post die Verbindung zur Außenwelt. Unsere Eltern störte diese Abgeschiedenheit nicht, und wir Kinder konnten uns ein anderes Leben gar nicht vorstellen.

Nach gutem Brauch mußten Neuhinzugezogene den Alteingesessenen einen Antrittsbesuch abstatten. Hatte man diese unumgängliche Forderung guten Benehmens erfüllt, stand es einem frei, ob man künftig freundschaftliche oder lediglich gut nachbarschaftliche Beziehungen unterhalten wollte.

An sich hatten meine Eltern gegen diese Pflichtübungen nichts einzuwenden, und doch gerieten sie jedesmal zu regelrechten Quälereien. Man sprach fortwährend von den bevorstehenden Besuchen, legte Namenslisten an und stritt unentwegt darum, zu wem man zuerst gehen sollte. Aber die Jahre vergingen, und man war so weit wie zuvor. Papa erzählte lachend, daß bei den Treffen des Adelszirkels Herr Regulski, unser unmittelbarer Nachbar, ihn mit »mein lieber, wenig entgegenkommender Nachbar« anredete. Als Papa und Mama nach langwierigen Vorbereitungen endlich die Karatschewitschs aufgesucht hatten, statteten diese ihren Gegenbesuch bereits nach drei Tagen ab. Damit wollten sie ohne Zweifel unterstreichen, daß sie sehr wohl wüßten, was sich gehört. Mama fand Frau Karatschewitsch von Beginn an unsympathisch, weil sie ohne jeden Grund schrecklich vornehm tat.

Diese Polinnen waren in der Tat sehr hochmütig und konnten ihren Haß auf die Russen kaum verhehlen. Damals glaubte ich noch, dies sei ein großes Unrecht; alles Russische war für mich gleichbedeutend mit gut und richtig.

Die Konversation wurde auf französisch geführt. »Russisch gehört in die Küche und nicht in den Salon«, sagten die Polen. Damit hatten sie unmißverständlich zu erkennen gegeben, daß sie über die notwendigsten Kenntnisse unserer Sprache verfügten, aber nicht die geringste Neigung aufbrachten, diese zu erweitern. Im Ausland erzählten sie »Wir wohnen in Warschau« oder »Wir haben einen Landsitz in Podolien«, aber sie sagten niemals »in Rußland«. Erst viel später habe ich diese Haltung verstehen können und fand sie sogar nachvollziehbar.

Ich muß wohl nicht eigens betonen, daß die Beziehungen zwischen meinen Eltern und ihren polnischen Nachbarn sich auf reine Höflichkeitsbesuche beschränkten. Von diesen meist ein wenig unangenehmen gesellschaftlichen Verpflichtungen gab es aber auch Ausnahmen: So mochten Papa und Mama die Pattons ausgesprochen gern und besuchten sie mit dem größten Vergnügen. Allerdings war das nicht ganz einfach, weil deren Gut weiter entfernt lag, in der Gegend der Bezirksstadt Neu-Uschiza.

Herr von Patton war der Adelsmarschall unserer Gegend und Präsident der regionalen Adelsunion. In seiner äußeren Erscheinung wie in seinem Auftreten war er der Inbegriff von Stattlichkeit schlechthin: Sein hoher Wuchs und der Stutzbart, mehr noch aber seine majestätische Ruhe, Verschwiegenheit und Charakterstärke erinnerten an eine Festung. Bei alledem war er äußerst liebenswürdig, großmütig und obendrein gar schüchtern.

Wir mußten immer lachen, wenn Papa erzählte, wie seine Begegnungen mit Herrn von Patton verliefen, wenn sie unter vier Augen zusammentrafen. Anscheinend saßen sie sich die ganze Zeit im Sessel gegenüber, ohne ein Wort zu sagen – Herr von Patton, weil ihm nichts Rechtes einfiel, und Papa, weil er zwar durchaus geistreich an einem Gespräch teilnehmen, aber keines in Gang bringen konnte.

Frau von Patton war da ganz anders: Zierlich und ausgesprochen hübsch, kultiviert und gewandt im Umgang, war sie die Güte und Liebenswürdigkeit in Person. Ihr gelang es, uns mit ihrer bloßen Anwesenheit anzulocken – was gar nicht so leicht war, da wir uns sonst bei solchen Gelegenheiten meist verdrückten; ihr aber brachten wir sogar freiwillig Blumen.

Unsere kleine Kindergesellschaft bestand aus drei unterschiedlichen Gruppen: aus Emmanuel und mir, den Zwillingen Madeleine und Angeline sowie Ella mit ihrem Kindermädchen.

Emmanuel und ich verstanden uns blendend, obwohl wir zwei Jahre auseinander waren und zudem völlig gegensätzliche Charaktere hatten. Die Intelligenz und Ausgeglichenheit Emmanuels harmonierten überraschenderweise mit meinem Übermut und meiner Phantasie. Trotzdem bedrückten mich der Altersvorsprung und seine deutliche intellektuelle Überlegenheit auch des öfteren, vor allem während unserer gemeinsamen Unterrichtsstunden in den Fremdsprachen und im Zeichnen. Die Situation war immer dieselbe: Emmanuel konnte es, und ich konnte es eben nicht. Er behielt selbst die absurdesten Grammatikregeln, etwa die der deutschen Sprache, im Kopf und konnte sie ohne Mühe, ja, man hatte den Eindruck, sogar mit Vergnügen hersagen. Im Schriftlichen war er sowohl im Französischen als auch im Englischen und Deutschen perfekt. Und ich dankte dem Himmel, daß ich nicht auch noch in Griechisch und Latein mit ihm verglichen wurde. Als Mädchen war ich glücklicherweise von diesen Sprachen befreit. Doch wie alle sagten, brillierte er auch in ihnen.

Die Unterrichtsstunden, die Mama uns erteilte, habe ich in düsterer Erinnerung, vor allem das Diktateschreiben! Mama unterstrich jedes fehlerhafte Wort und schrieb es verbessert an den Rand. Während dieser Rand nun bei Emmanuel leer blieb, wurde meiner zusehends voller, was mich mit Ärger und Empörung erfüllte. Emmanuel hatte die schöne und seltene Gabe, gut zuhören zu können, die mir leider völlig mangelte. Er war ruhig und regte sich über nichts auf. Wenn er berichtete, was er gesehen hatte, glaubte ihm jeder; denn man wußte, daß es stimmte. Ich hingegen geriet beim Erzählen in Feuer, und je mehr ich sprach, um so mehr glaubte ich selber, was ich angeblich gesehen hatte. Normalerweise redete ich wild drauflos und dachte erst dann nach; bei Emmanuel verhielt es sich genau andersherum. »Du kannst einem leid tun, Kind«, sagte Mama dann, »du bist geschwätzig wie eine Elster.« Nichts auf der Welt hätte mich mehr kränken können. Ich schämte mich sehr wegen dieser Schwäche, schaffte es aber nicht, sie zu überwinden. Oft merkte ich schon im Eifer des Erzählens, daß irgend jemand lachte. Dann hielt ich jäh inne und schwor mir, zu verstummen und nur noch »ja« oder »nein« zu sagen. Ich hüllte mich in ein undurchdringliches Schweigen, das manchmal eine ganze Stunde dauerte.

Oft hänselten mich Papa und Emmanuel, um sich über meine Naivität lustig zu machen. Sie trieben ihr Spielchen mit mir, indem sie mir Rätsel aufgaben, Bauernfängereien wie die folgende: Ein elektrischer Zug fährt in Richtung Süden, der Wind weht von Norden. In welche Richtung geht der Rauch? Unter verzweifelten Anstrengungen versuchte ich herauszufinden, wo denn nun die Falle war – immer ohne Erfolg, und die beiden lachten.

Papa gab oftmals eine Anekdote zum besten, eine wahre Geschichte, die beweist, daß ich bereits im Alter von vier Jahren eine blühende Phantasie besaß. Emmanuel, er war damals sechs Jahre alt, hatte kürzlich von Papa erfahren, daß die Erde rund sei und sich drehe. Wir spielten im Sand, während unsere Eltern auf der Veranda Tee tranken.

»Die Erde«, sagte Emmanuel, »ist eine sehr, sehr große Kugel.« Ich lachte, das war wirklich eine verrückte Idee! »Und sie dreht sich auch«, fügte er hinzu, »guck, wie der Ball da, der zum Teich rollt. Das stimmt.« Ich lachte aus vollem Halse, doch Emmanuel insistierte: »Und doch dreht sie sich; du verstehst das bloß nicht. Papa hat es mir nämlich gesagt. Und wir drehen uns auch.« »Das ist nicht wahr. Ich seh doch, daß du dich nicht drehst.« »Doch, ich drehe mich, und du dich auch. Alle drehen sich.« »So, Papa und Mama drehen sich also auch?« Er wollte sich wohl über mich lustig machen. »Ja«, beharrte Emmanuel, »sie drehen sich.«

Da sprang ich auf und lief zur Veranda, um zu sehen, ob Papa und Mama noch in ihren Sesseln säßen oder ob sie sich wirklich drehten, eine Vorstellung, die mir Furcht einflößte. Papa mußte lachen und sagte, Emmanuel habe nicht gut erklärt, um was es gehe, sei aber im Recht. Ich ging zurück zum Sand, wo Emmanuel, begeistert über seinen Erfolg, von neuem einsetzte: »Das Haus dreht sich, der Garten dreht sich, der Teich dreht sich.« »Und Großmutters Haus«, rief ich außer mir. »Es dreht sich, und Großmama auch.«

Das war zuviel für mich; ich rannte abermals zu den Eltern. »Emmanuel sagt, daß Großmama wie ein Ball in den Teich rollt.« Ich sah das schreckliche Schauspiel deutlich vor Augen, und mich schauderte. Ich verstand einfach nicht, wie Papa und Mama lachen konnten, anstatt Emmanuel für seine abscheulichen Scherze zu bestrafen.

Ich trottete wieder zu Emmanuel zurück, gegen meinen Willen, doch beunruhigt über diese verwirrende und lästerliche Darstellung heiligster Dinge. »Die Kirche dreht sich!« verkündete er jetzt die nächste Sensationsmeldung, »und der Pope auch!« Das war die Höhe. Zitternd vor Empörung stürzte ich auf Papa und Mama zu: »Emmanuel sagt, daß der Pope mit Luftsprüngen aus der Kirche kommt.«

Emmanuel und ich waren unzertrennliche Spielkameraden, insbesondere im Sommer, wenn wir uns, nach Beendigung des Unterrichts, frei und glücklich fühlten wie Fohlen auf der Wiese.

Damit unsere Kenntnisse nicht einrosteten, gab es auch im Sommer einen uns lästigen, allerdings verkürzten Unterricht, den Mama oder eine der ausländischen Gouvernanten uns erteilten: eine Stunde lesen, Diktate schreiben oder auf dem Klavier üben. Wir haßten diese Übungsstunden, die immer ungelegen kamen und unsere Spiele unterbrachen. Man mußte vom Dach oder von einem Baum herabsteigen oder eine wichtige Unternehmung am Bach abbrechen und schleunigst ins Haus kommen, um über irgendeinem Heft zu verschimmeln oder Übungen von Hanon zu klimpern. Doch auf die Idee, uns taub zu stellen oder uns tiefer in den undurchdringlichen Wald zu verziehen, wären wir nie gekommen. Wir ließen alles stehen und liegen und trotteten folgsam, wenn auch verdrießlich, zum Haus – das Hirn abgeschaltet und mit den Gedanken ganz woanders.

Emmanuel und ich hatten für jeden Tag der Woche ein Programm aufgestellt. Ich erinnere mich, daß wir montags eine Sprache erfanden, die wir »Gigon« nannten. Wir arbeiteten an einem Wörterbuch, indem wir, mit dem Buchstaben A beginnend, ein

Wort nach dem anderen erfanden. Wir sind nie weiter als bis zur zweiten Seite gekommen, aber auch das waren schon nicht wenige Wörter.

Der Dienstag war der Jagd auf Insekten, Eidechsen und Frösche gewidmet. Wir tummelten uns auf den blumenübersäten Wiesen, um Schmetterlinge zu erwischen, lauerten im Gras den Eidechsen auf, wateten durchs Schilf und fingen dabei Frösche.

Mittwochs gingen wir auf Schatzsuche. Wie echte Indianer untersuchten wir den Boden und folgten verdächtigen Spuren, mit Vorliebe denen, die uns in die am weitesten entfernten Winkel des Parks führten. Wir waren uns sicher, daß wir eines schönen Tages ein Versteck entdecken würden, in dem türkische Dolche, Schmuck oder zumindest kostbare Münzen verborgen wären. Einmal gruben wir einen Knochen aus – kein Zweifel, daß es sich um das Bein eines Türken handelte. So trugen wir unseren Fund heim ins Herrschaftshaus, um ihn Papa zu zeigen. Der untersuchte ihn sorgfältig, zog ein Handbuch der Anatomie zu Rate und erklärte zu unserer Enttäuschung, daß unser vermeintlicher Türke in Wahrheit nur ein Hund gewesen sei.

Der Donnerstag war der Zauberei vorbehalten. Hinter dem Wohnsitz der Familie lag ein kleiner Hügel aus tonhaltiger Erde, der ganz von Schachtelhalm und wildem Wermut überwuchert war. Dort gruben wir eine Höhle und errichteten darin das getreue Abbild eines kleinen heidnischen Altars mit einem Opferstein, auf dem wir Pinienharz und andere würzige Duftstoffe verbrannten. Der beißende Rauch brannte uns in den Augen und hing in den Haaren. Nach derartigen Séancen rochen wir immer wie geräucherte Heringe.

Freitags befaßten wir uns mit der Abrichtung unserer Hunde und Katzen. Aber wenn Bobik, ein launisches, aber gelehriges Hündchen, am Ende auch lernte – nur gegen Belohnung, versteht sich –, auf den Hinterpfoten zu laufen, durch einen Reifen zu springen und einen Stock zu apportieren, so blieben die Katzen allen erzieherischen Bemühungen gegenüber verschlossen und trugen uns gegenüber nichts als schlechte Laune und tiefe Verachtung zur Schau.

Samstags kletterten wir auf die Bäume. Emmanuel war auch in

dieser Kunst viel besser als ich, so daß ich mich vollständig verausgaben mußte, um mithalten und meine Ehre retten zu können. Weder die schmerzhaftesten Schrammen und die ärgsten Risse in meinen Kleidern noch die handfeste Gefahr, daß ich mir eines Tages den Hals brechen könnte, konnten meinen Eifer bremsen. Ich rackerte mich redlich ab und brach mir dabei die Fingernägel.

Noch heute frage ich mich manchmal, wie wir unsere waghalsigen Spiele überhaupt überleben konnten. Bisweilen sehe ich mich im Traum hoch oben im Wipfel einer dieser riesigen spitzen Pappeln hängen und mich mit Händen und Füßen an den Zweigen festklammern, unter mir nichts als eine gähnende Leere. Wenn Mama unserer zwischen den Schornsteinen des Zwischengeschosses ansichtig wurde, erschauderte sie vor Entsetzen und schloß die Augen. Papa jedoch erklärte entschieden: »Die Kinder dürfen herumklettern, wo sie wollen; wir haben das schließlich auch gemacht, und keiner von uns ist daran gestorben.«

Den Sommer über liefen wir nur mit nackten Füßen herum, da unsere Eltern das für eine hervorragende Methode der Abhärtung und überdies für praktisch hielten. Unsere Füße waren daher ständig voller Schrammen und blauer Flecken. Andauernd kamen wir angelaufen und baten Mama, ein Pflaster auf unsere Wunden zu kleben, oder Papa, uns einen Splitter zu entfernen. Diese kleinen Unpäßlichkeiten schienen uns jedoch gering, gemessen an der Unbequemlichkeit von Schuhen.

Einmal erfand ich ein neues Spiel, bei dem man seinen Mut und seine Ausdauer unter Beweis stellen mußte, und wir spielten fortan regelmäßig: Man mußte mit nackten Füßen durch Brennesselgestrüpp gehen. Die Füße mit Brandblasen übersät und die Beine wie in Flammen, tauchten wir dann zu Hause auf. Um die Verbrennungen ein bißchen zu kühlen, durfte man sie mit einer aufgeschnittenen Gurke abreiben. Einmal ließ sich sogar unser Kindermädchen, Fräulein Paula – man muß freilich sagen, daß sie ziemlich einfältig war –, davon überzeugen, daß Brennesseln gut gegen Rheuma seien. Und so kam es, daß sie unter kleinen, spitzen Schmerzensschreien tapfer das Gebüsch durchquerte. Mama war sehr erbost, wies Fräulein Paula zurecht und untersagte uns fortan diesen männlichen Sport.

Die Zwillingsschwestern waren zwei Jahre jünger als ich. Sie waren eineiige Zwillinge und glichen sich tatsächlich wie ein Ei dem anderen. Selbst Mama verwechselte sie beständig und mußte regelmäßig fragen: »Also, du bist wer?« Madeleine und Angeline waren zierlich, von eher zarter Gesundheit, scheu und ganz und gar unzertrennlich wie ein Papageienpärchen. Sie unternahmen alles gemeinsam, hatten dieselben Vorlieben, lachten und weinten immer zur selben Zeit. Als sie sechs Jahre alt waren, zeigte sich bei beiden zugleich ein unverkennbares Talent zum Zeichnen, was dann auch ihre Hauptbeschäftigung wurde. Erst viel später, als sie beide schon an der Kunstakademie studierten, bildeten sich allmählich auch Unterschiede in Begabung und Temperament heraus.

Die beiden waren von einer außergewöhnlichen Liebenswürdigkeit, daß man fast den Eindruck gewinnen mochte, ihr ganzes Wesen bestünde aus nichts anderem: immer auf die Gefühle der anderen bedacht, stets bereit, gefällig zu sein, zu helfen und zu geben, erfüllt von der Liebe zur leidenden Kreatur, zu den Schwachen und Wehrlosen. Leben zu retten – und sei es das eines Insekts oder eines Pflänzchens –, einem Kranken zu helfen oder den Schmerz und Kummer eines Unglücklichen zu teilen – dies alles geschah bei ihnen nicht eigentlich aus Überlegung oder Tugendhaftigkeit, sondern folgte gewissermaßen aus dem Innersten ihres Wesens. Die großen wilden Hunde, die im Umfeld des Schlosses lebten, die zahllosen Katzen, ja, sogar die Hühner im Hof erkannten die beiden und liefen ihnen nach. Sie besaßen einen treuen Pudel, der von derselben Sanftmut gegenüber allem beseelt war, was klein und schwach wirkte. Oft sah man ihn ruhig ein Gehege Küken beobachten, wenn eines von ihnen sich unbedacht verlaufen hatte, nahm er es sachte ins Maul und trug es zur Glucke zurück.

Es verwundert kaum, daß die Dorfjungen diese Situation ausnutzten und massenweise Getier, das irgendwie in Not geraten war, ins Schloß brachten. Manchmal brachen sie ihnen gar einen Flügel oder ein Bein, nur um Mitleid zu erwecken. Madeleine und Angeline nahmen die kranken Tiere auf und entlohnten die Schlingel noch mit einem Trinkgeld.

Die Zwillinge waren unglaublich scheu und hatten eine geradezu krankhafte Furcht vor der Welt und allem, was nicht zur Familie gehörte und über die Grenzen von Wassilki hinausging. Wann immer ein fremdes Gespann das Tor passiert hatte und sie Glöckchen in der Auffahrt hörten, verkrümelten sie sich sofort in den Park und wurden fortan nicht mehr gesehen. Neue Dienstboten oder Kindermädchen hatten große Mühe, an sie heranzukommen. War die Scheu aber erst einmal überwunden, dann waren beide äußerst anhänglich. Drohte einem der Bediensteten die Kündigung, übernahmen sie seine Verteidigung, als handelte es sich um einen Freund. Madeleine war übrigens zwanzig Minuten vor Angeline geboren und galt mithin als die Ältere.

Wie auf dem Lande üblich, hatten wir immer eine Menge Tiere um uns. Außer den Hunden und Katzen, die gewissermaßen zum Haus gehörten, befand sich noch allerlei anderes Getier in unserer Obhut. Die Feldarbeiter und Dorfbewohner brachten uns Tauben, Schildkröten, Igel, Vögelchen, die aus dem Nest gefallen waren, Rebhühner, die bei der Ernte verletzt worden waren, Kätzchen und junge Hunde, die dem Ersäuftwerden entronnen waren. Klar erkennbar rechneten sie mit einer Belohnung und bekamen sie auch regelmäßig – selbst dann noch, wenn diese Mitbringsel uns entschieden zuviel wurden und wir nicht mehr wußten, wo wir all die Tiere unterbringen sollten. Aber »Adel verpflichtet« – auch zur Barmherzigkeit, und so nahmen wir uns dieser unseligen Kreaturen an und taten alles, sie am Leben zu erhalten.

Als unseren Eltern schließlich klar wurde, daß die Vögelchen keineswegs immer von allein aus ihren Nestern fielen, sondern sich die Dorflümmel mittlerweile einen regelrechten Sport daraus machten, Nester auszuheben, änderten sie ihre Taktik: Statt Belohnungen zu verteilen, belegten sie diese Schandtaten nunmehr mit Bußgeldern. Unsere Menagerie war trotzdem immer voll belegt. Papa baute Käfige für unsere »Patienten« und weich ausgelegte Kisten für die Findlinge, die zunächst mit dem Fläschchen großgezogen werden mußten.

Ich weiß nicht mehr, wie Emmanuel und ich auf die Idee verfielen, Eidechsen zu sammeln. Im Park gab es jedenfalls unheimlich viele von ihnen, graue wie grüne, manche von beachtlicher Größe. Wir belauerten sie, während sie ein Sonnenbad nahmen, und fielen wie der leibhaftige Blitz über sie her, um sie zu packen, ehe sie wieder im Gras verschwinden konnten. Unsere Jagd war nicht jedesmal von Erfolg gekrönt, aber doch erfolgreich genug, daß wir allmählich eine stattliche Sammlung zusammenbekamen. Wir brachten sie so unter, wie wir glaubten, daß es ihnen am ehesten entspräche: Käfige mit Fliegendraht davor, gut ausgelegt mit Moos und duftendem Gras. Unter tausenderlei Vorsichtsmaßnahmen holten wir sie heraus, um sie zu zähmen. Unser Vorgehen war ebenso schlau wie einfach, es bestand darin, ihnen auf Kinderpfeifen Melodien vorzuspielen. Wie wir wußten, lassen sich Reptilien von Musik in Bann schlagen. Nach einiger Zeit flüchteten sie nicht mehr vor uns, und wir waren fest überzeugt, sie wären nunmehr gezähmt. Doch wenn ich heute daran zurückdenke, fürchte ich, daß wir damals einer Illusion erlegen sind; vermutlich hatten die armen Tiere nach einem längeren Aufenthalt in unserem Gehege einfach keine Kraft mehr zum Fliehen.

Unsere Menagerie befand sich in einem abgelegenen Teil des Parks und war mit einer Palisade aus Ästen eingezäunt, die wir selbst angefertigt hatten. Einmal dachten wir uns eine Sensationsnummer aus, die bis zum letzten Moment geheim bleiben sollte. Wir wollten während des Frühstücks mit Eidechsen im Haar und auf den Schultern erscheinen. Die Frösche waren von dieser Vorführung ausgeschlossen, weil sie immer das Weite zu suchen trachteten und man sich demzufolge nicht auf ihr gutes Benehmen verlassen konnte.

Also erschienen Emmanuel und ich eines schönen Tages, über und über bedeckt mit Eidechsen in allen Größen, am Frühstückstisch und bezogen just unseren Eltern gegenüber Stellung, die sich bereits niedergesetzt hatten. Mama, die eine heftige Abneigung gegenüber allen Reptilien besaß, stieß einen schrillen Schrei aus. Papa lachte nur, und die Zwillinge bezichtigten uns der Tierquälerei. Lediglich die kleine Ella war begeistert und sagte mit Kennermiene: »Das sind Schlangen mit Pfoten.« Die ganze Zeit über blinzelten die Echsen unter müden Lidern hervor und schlugen träge mit dem Schwanz auf und ab. Nur diejenigen in unseren Haaren waren ein bißchen weniger phlegmatisch, vielleicht wähnten sie sich im Grase. Schwer enttäuscht von dem geringen Beifall, wollten wir uns gerade zurückziehen, als Papa auf die Idee kam, uns zu fotografieren. Was gäbe ich heute darum, diese Fotos noch einmal in Händen halten zu können!

Am Ende des Sommers schloß unsere Bewahranstalt ihre Pforten, und die Insassen wurden auf freien Fuß gesetzt. Keine unserer Eidechsen kam je zu Tode – allerdings zählt diese Gattung von Reptilien auch zu den besonders widerstandsfähigen.

Wesentlich glücklicher verlief unser Experiment mit einer Dohle, die wir Jakob nannten. Wir stöberten sie in einem Kamin auf, in dem ihre Eltern ein Nest gebaut hatten. Emmanuel ließ eine Jätgabel von oben in den Kamin und hielt sie ganz dicht an das Nest. Es kam so, wie wir gehofft hatten: Eines der Jungen hüpfte darauf, und Emmanuel zog es vorsichtig aus dem Kamin heraus. Das Vögelchen – völlig verdutzt und vom Licht, das es ja noch nie gesehen hatte, geblendet – ließ sich ohne die geringsten Anzeichen von Beunruhigung anfassen und mitnehmen.

Jakob wurde wie ein Kind aufgezogen. Solange er klein war, fraß er in Milch getränktes Brot, das er mit lautem Gekrächze und Flügelschlagen einforderte. Er fügte sich schnell in die neue Lage und benahm sich bald geradezu anmaßend. Unbekümmert hüpfte er über die Möbel und hinterließ dabei, zum Verdruß der Zimmermädchen, reichlich Spuren.

Die Katzen verstanden sehr wohl, daß dieser Vogel nicht zum Verzehr geeignet war, und ließen ihn völlig in Ruhe. Mehr noch: Wenn sie ihr Futter bekamen, wollte Jakob unbedingt daran teilnehmen und pickte dreist aus ihrem Teller. Hin und wieder verteilte er gar mit seinem Schnabel Hiebe nach rechts und links, so daß die Katzen sich zurückzogen und ihm das Feld überließen.

Wenn wir bei Tisch saßen, kam Jakob des öfteren angeflogen, ließ sich jäh auf dem Rand einer Schüssel nieder, schnappte sich ein Stück Fleisch und flog auf einen Fenstersims oder eine Sessellehne, um es dort seelenruhig zu verzehren. Zeitweilig hüpfte er gar aufs Tischtuch und erbeutete einen Brocken von unseren Tellern. Völlig ungeniert trank er aus unseren Gläsern oder ließ sich auf jemandes Schulter nieder, um den Happen, den man grade zum Munde führen wollte, blitzschnell zu ergattern und sich selbst einzuverleiben.

Unsere Eltern erhoben nur halbherzig Widerspruch und hatten selbst ihren Spaß an seiner Gesellschaft. Abends ließ Jakob sich auf dem Kopfbrett meines Bettes nieder, direkt oberhalb des Kopfkissens, das ich allerdings sicherheitshalber mit einer Zeitung abdeckte. Wenn er den Kopf unter den Flügel gesteckt hatte und fest eingeschlafen war, setzte ich ihn für die Nacht in seinen Käfig.

Jakob folgte uns überall hin und zeigte nicht das mindeste Interesse für seine Artgenossen. Er begleitete uns auf unseren Streifzügen, er wohnte unserem Unterricht bei. Wenn wir zur Kirche gingen, mußten wir ihn einsperren, worüber er äußerst ungehalten war. Einmal gelang es ihm auf unerfindliche Weise, seinen Käfig aufzubekommen, und er machte sich flugs an die Verfolgung unserer Kutschen. Mit lautem Gekrächze kam er in die Kirche, drehte ein paar Runden in der Kuppel und ließ sich schwerfällig auf meinem Hut nieder. Das erregte natürlich großes Aufsehen. Vater Alexander unterbrach seine Litanei und brachte nur noch ein verdutztes »Oh« heraus. Einige Gemeindemitglieder brachen in schallendes Gelächter aus.

Emmanuel packte Jakob blitzschnell und brachte ihn aus der Kirche, um ihn den Kutschern zu überantworten, damit sie sich um ihn kümmerten. Die waren begeistert, denn Jakob war unbestreitbar allseits beliebt.

Eine seiner Lieblingsbeschäftigungen war es, in der Mähne von Zinka, der einäugigen Stute, die die Wassertonne zog, herumzustöbern. Er zupfte ihr erbarmungslos die Haare aus und hackte auf ihrem Rücken herum, aber das schien sie alles nicht zu stören. Das brave Tier blieb unbeweglich stehen und versuchte nicht einmal, ihn mit dem Schweif zu verjagen. Jakob war auch beim Küchenpersonal sehr beliebt, wobei er vor allem von Jakim, dem ersten Koch, großzügig verwöhnt wurde.

Mit zunehmendem Alter wurde Jakob immer unabhängiger. Häufiger entfernte er sich vom Haus, und wenn wir ihn riefen, antwortete er zwar noch, kam aber nicht mehr unbedingt zurück. Schließlich gewann der Instinkt die Oberhand – er lernte andere Dohlen kennen, suchte immer häufiger ihre Gesellschaft und flog eines schönen Tages auf Nimmerwiedersehen davon.

Ungeachtet aller Mühen, mit denen wir unsere Schützlinge hegten und pflegten, hatten wir häufig Todesfälle zu beklagen. Also mußten wir einen Friedhof anlegen. Auf den Gräbern unserer lieben Verstorbenen standen Grabsteine und Tafeln, die große Ähnlichkeit mit Kreuzen hatten. Und die Trauergesänge, die wir für die Feierlichkeiten komponierten, erinnerten außerordentlich stark an diejenigen, die in der Kirche gesungen wurden.

Eines Tages fanden wir eine ausrangierte alte Lampe, die noch ihre Kettchen zum Aufhängen hatte. Das brachte uns auf eine Idee: Wir taten Holzkohle und wohlduftende Kräuter hinein und hatten so ein vorschriftsmäßiges Weihrauchfaß. Eines Tages wurde Stepan, der in der Nähe arbeitete, von unseren Gesängen angelockt. Ihm nach kamen auch die Tagelöhner zu unserem Friedhof, was nur unseren Eifer beflügelte. »Was geht hier vor?« fragte Papa, der die Versammlung entdeckt hatte. »Die Kinder lesen die Messe«, antwortete Stepan ganz ernsthaft. Papa mußte wohl lachen, verbot uns aber weiterzumachen und konfiszierte unser Weihrauchfaß.

Seit meiner frühesten Kindheit und auch noch in späteren Jahren wurde unser Gut von Alexander Wladimirowitsch von Nolde verwaltet. Wie schon sein Name besagte, war Nolde baltischen Ursprungs, doch war von dieser Herkunft wirklich nur der Name geblieben. Papa und Mama schätzten Alexander Wladimirowitsch außerordentlich wegen seines vornehmen Wesens und seiner unübertrefflichen Redlichkeit. Leider aber mußte man sagen, daß ungeachtet seiner wunderbaren Eigenschaften die Bewirtschaftung des Gutes viel zu wünschen übrigließ. Unser Anwesen, das man wegen seines reichen und fruchtbaren Bodens geradezu für eine Goldmine halten konnte, brachte keine nennenswerten Erträge ein, und auch der Viehbestand war recht armselig. Vorsichtig ausgedrückt, war es zumindest erstaunlich, daß wir mit dreißig Milchkühen im Stall zu bestimmten Zeiten des Jahres unsere Butter bei Frau Regulski einkaufen mußten, deren Milchwirtschaft die Wechsel der Jahreszeiten offenbar nichts anhaben konnten. Wenn unsere Eltern darüber zu Herrn von Nolde eine Bemerkung machten, taktvoll und wie nebenher, um ihn nicht zu kränken, setzte er eine verzweifelte Miene auf, hob die Arme gen Himmel und verkündete: »Das ist doch gar nicht so schlimm! Gott sei Dank, das läuft doch noch ganz gut. Es gibt Betriebe, wo es viel schlimmer ist.« Das war ohne Zweifel richtig, und so insistierte man nicht.

Papa, der regelmäßig landwirtschaftliche Fachzeitschriften bezog und über die neuesten Anbaumethoden auf dem laufenden war, äußerte sich manchmal zu Fragen der Fruchtfolge und des künstlichen Düngens. Herr Nolde hörte aufmerksam zu, nahm auch wohl an der Auseinandersetzung teil, blieb aber unbeirrt bei seiner Meinung: »Kunstdünger? Also für mich geht nichts über einen guten Misthaufen.«

Was neue Anbaumethoden betraf, so gab er zwar vor, sich dafür zu interessieren, doch war offenkundig, daß er von ganzem Herzen wünschte, diese beunruhigenden Vorhaben würden niemals über Papas Arbeitszimmer hinauskommen. Vorsicht war für ihn der sicherste Garant für Erfolg, da das Bessere ja, wie jeder weiß, des Guten Feind ist. Zum Thema Neuerungen vertrat er einen unangreifbaren Standpunkt: Wer will denn wissen, was dabei herauskommen mochte? Die unbestreitbare Tatsache, daß es Güter gab, um die es schlimmer bestellt war, war für ihn Beweis genug, daß bei uns eigentlich alles zum Besten stand. Und meine Eltern hatten ihrerseits einen überzeugenden Grund, die Dinge so hinzunehmen, wie sie nun einmal waren: Zumindest konnten sie sicher sein, einen durch und durch anständigen Verwalter zu haben; und das war schließlich die Hauptsache.

Herr Nolde kam täglich zu Papa, um mit ihm alle anstehenden Fragen zu besprechen; oft blieb er zum Essen. Noch heute sehe ich sein kummervolles, längliches Gesicht vor mir, mit dem hängenden Schnäuzer, dem spärlichen Kinnbart, dem kahlen Schädel und der gebeugten Haltung. Er aß lustlos vor sich hin, und wenn Mama ihn ermunterte, sich doch etwas mehr zu nehmen, schüttelte er den Kopf und entschuldigte sich mit seinen Verdauungsbeschwerden.

Wenn man ihn sah, mußte man unwillkürlich an einen großen Raben denken, der auf dem Sprung ist fortzufliegen. Wollten wir einer entschiedenen Weigerung Ausdruck verleihen, dann imitierten wir Herrn Noldes Gesten und Stimme, stießen schwere Seufzer aus und sagten in seinem salbungsvollen Tonfall: »Nicht doch, nicht doch.«

Herr Nolde war nicht verheiratet, jedenfalls nicht mit Trauschein. Über Dinge, die nicht ganz nach der Ordnung waren, sprach man nicht mit uns, und gewisse Sachverhalte verstanden wir erst viel später. Als wir Kinder waren, muß er um die Fünfzig gewesen sein und galt als eingefleischter Junggeselle. Doch er war keineswegs allein, denn die wackere Emilie Kulschitzka, eine üppige Polin katholischen Glaubens, wodurch sie sich von der russisch-orthodoxen Mehrheit abhob, teilte augenscheinlich sein Leben. Offiziell galt sie als seine Haushälterin. Herr Nolde, der ihren Namen niemals erwähnte, sprach von ihr nur als »der Frau«. Wenn im Schloß irgend etwas fehlte, zum Beispiel Butter, empfahl er, »die Frau« zu fragen, die mit ihren nur zwei Kühen immer noch Butter zum Verkauf übrig hatte.

Emilie Kulschitzka genoß auf dem Hof hohes Ansehen, und die Bediensteten und Tagelöhner nannten sie sogar »Herrin«. Auch Mama fand, Emilie sei nicht irgendeine, sondern eine überaus vertrauenswürdige Frau. So kam es, daß man die wenigen Male, wenn meine Eltern beide gleichzeitig wegfahren mußten, Frau Kulschitzka ins Schloß bat, um uns zu hüten. »Bei diesen jungen Zimmermädchen kann man nie ganz sicher sein«, meinte Mama.

Emilie Kulschitzka hatte zwei Töchter, vaterlos, wie sie bekümmert feststellte. Die Ältere, Tossja, war kränklich und derart ängstlich, daß sie sich niemals sehen ließ. Mit 15 Jahren starb sie an der Schwindsucht und Alexander Wladimirowitsch beweinte sie wie seine eigene Tochter. Anja war ein dickliches Mädchen mit roten Backen und fettigem Haar, das ihren Kopf wie ein Fransenvorhang umgab. Sie war furchtsam und linkisch, und wir hielten sie für einfältig. Sie hielt sich immer ein zusammengeknülltes Taschentuch vors Gesicht und rieb sich damit die Nase, die übrigens auffallend derjenigen von Herrn Nolde glich.

Anja war stets dabei, was immer wir auch unternahmen. Wir brauchten sie nicht, aber sie störte uns auch nicht. Während Tossja wie ihre Mutter katholisch war, hatte sie seltsamerweise den orthodoxen Glauben. Also nahmen wir sie mit in die Kirche. Sie nahm an unseren Streifzügen teil und an jedem Picknick; sogar im türkischen Bad und auch, wenn wir im Weiher badeten, fehlte sie nie. Die Zelinski-Buben, die Söhne des neuen Priesters, gingen ein wenig grob mit ihr um, wenn sie zu uns zum Spielen kamen, manchmal machten sie sich auch über sie lustig. Anja aber ließ sich durch nichts erschüttern und nahm nichts übel.

In der Belegschaft des Gutes gab es noch einen zweiten Mann, den meine Eltern für besonders vertrauenswürdig hielten: Karpo, den Kutscher. Er stand schon seit Ewigkeiten in Diensten unserer Familie. Ich weiß nicht so recht warum, aber man war zu der Auffassung gelangt, Karpo wäre, anders als die übrigen Bediensteten, redlich und gewissenhaft. Er wirkte ehrerbietig und bescheiden und hatte die besondere Gabe, einem das Gefühl von Sicherheit zu vermitteln. Wenn er eine Katastrophe melden mußte, zum Beispiel wenn ein Pferd einer Krankheit erlegen oder in der Remise ein Diebstahl entdeckt worden war, nahm sein Gesicht einen Ausdruck von Schmerz und Schicksalsergebenheit an; er seufzte dann schwer und sagte: »Das war Gottes Wille! Da konnte man gar nichts machen ... Aber es wird nicht wieder vorkommen.« Was zumindest für das verendete Pferd sehr wahrscheinlich war.

Ich glaube, Karpo hatte Mamas Vertrauen gewonnen, weil er ungemein kinderlieb war. Er hatte selber keine Kinder und war darüber sehr unglücklich. Erst spät, nach zehn Jahren Ehe, schenkte ihm der Herrgott endlich eine kleine Tochter, zu der ihn das ganze Dorf beglückwünschte. Emmanuel und ich wurden die Paten der kleinen Annette. Zu dieser Zeit muß ich so etwa zehn gewesen sein und war mir der Bedeutung dieser Aufgabe wohl bewußt. Unter der Anleitung von Mama und der Schneiderin begann ich eine schier endlose Häkelarbeit, aus der Mützchen und Jäckchen aus rosa Wolle hervorgehen sollten. Als ich endlich fertig war, schenkte ich das Ergebnis meiner Mühen Karpo für mein Patenkind. Unser erstes Zimmermädchen, Manja, das als die Schwester des Dorfschullehrers stets über sämtliche Ereignisse im Dorf und insbesondere über alle sensationellen Neuigkeiten auf dem laufenden war, hinterbrachte uns kurz darauf folgende Nachricht: Die mit so viel Mühe hergestellte rosa Garnitur war bei dem Juden gelandet, der das einzige Geschäft im Dorf besaß. Karpo hatte sie an ihn verkauft! Eigentlich hätte man das vorher wissen können, denn bei uns auf dem Lande trugen die Bauern niemals »deutsche« Kleidung, wie man alles nannte, was nicht ukrainisch war.

Anfangs hatte in unserer Pfarrei noch Vater Ioannis geherrscht, ein gestrenger alter Mann, unnachgiebig in allen Fragen von Glauben, Sitte und Anstand. Er hielt es für seine Pflicht, sich auch in die privaten Angelegenheiten seiner Schäfchen zu mischen, und achtete wachsam auf ihr leibliches und seelisches Wohl. Seine Predigten waren hitzig und eher Strafreden. Er forderte, daß man öfter in die Kirche und dafür weniger in die Wirtschaft ginge, er prangerte an, daß die Bauern ihre Kinder lieber aufs Feld als in die Schule schickten, wetterte gegen den altüberlieferten Brauch, sich jeglichen heruntergekommenen Besitz anzueignen, und wandte sich leidenschaftlich gegen die Prügeleien und Raufereien an Markt- und Festtagen. Einmal spielte er ganz unverblümt auf ein Ereignis der jüngsten Zeit an, indem er verkündete, Sense und Axt seien Arbeitswerkzeuge und keine Waffen, um Rechnungen zu begleichen.

Das Gehabe des Popen ärgerte die Bauern. Nicht nur, daß sie nicht den geringsten Wert auf seine Ratschläge legten, sie zeigten ihm ihre Ablehnung überdeutlich, indem sie überhaupt nicht mehr zur Kirche kamen. Im Zusammenhang mit irgendeinem Zwischenfall, an den ich mich nicht mehr genau erinnern kann, kam es zum Eklat, und das Ganze endete mit einem Drama. Der Rat der Dorfältesten sandte dem Bischof eine Beschwerdeschrift und forderte einen anderen Popen. Vater Ioannis wurde in den Ruhestand versetzt, blieb aber in Wassilki wohnen. In Anbetracht seines hohen Alters und seiner unbestreitbaren Verdienste überließ man ihm den Nießbrauch des Pfarrhauses, wodurch der neue Priester sich um seine Unterkunft gebracht sah. Man mußte also ein weiteres Haus bauen, und diese Aufgabe übernahm Papa. Und so gehörte das neue Pfarrhaus, wie zuvor schon die Schule, zu den Liegenschaften des Gutes. Papa bot dem Dorf die Schenkung beider Gebäude an, doch der Gemeinderat lehnte dankend ab, da er es vorzog, Papa die Instandhaltung zu überlassen.

Der neue Pfarrer, Vater Alexander Zelinski hatte nicht die geringste Ähnlichkeit mit seinem Vorgänger. Er war jung und mit einer großen Familie gesegnet, die sich dauernd noch vergrößerte.

Seine Anliegen und seine lebensnahen Reden verrieten weit eher Besorgtheit um die Probleme dieser Welt als um diejenigen, die uns in der anderen erwarten mochten. Sein frisches Gesicht, der kräftige Körperbau, das dichte Haar und der rötliche Bart standen in krassem Gegensatz zu der strengen Miene und der asketischen Gestalt von Vater Ioannis. Wenn tatsächlich ein Übermaß an Tugendhaftigkeit dessen Fall herbeigeführt haben sollte, so war Vater Alexander dieser Gefährdung ganz sicher nicht ausgesetzt.

Vor der Revolution war es in Rußland nicht üblich, einem Priester den Respekt zu versagen oder ein Mitglied des Klerus offen zu kritisieren. Man sprach also nur in verschleierten Worten über den neuen Popen. Aber schon das Wenige, das wir mitbekamen, hinterließ bei uns den Eindruck, daß er sich der Wertschätzung unserer Eltern gewiß nicht erfreute.

Anläßlich der Andachtsübungen, denen wir jährlich vor der langen Osterfastenzeit unterworfen waren, kam es zum offenen Zerwürfnis. Als Papa gerade beichtete, also kniend, den Kopf mit der Stola bedeckt, seine Sünden bekannte und sich folglich in einer Haltung von Bußfertigkeit und Demut dem Priester gegenüber befand, überschüttete dieser ihn mit Vorwürfen, daß der Schuppen, um den er ihn gebeten habe und dessen er für die kommende Ernte bedürfe, noch nicht gebaut sei. Er fügte noch hinzu, daß Papa erst dann endgültig von seinen Sünden freigesprochen werden könne, wenn besagter Schuppen fertig sei.

Papa fand dieses Vorgehen dann doch zu dreist und die Wahl des Augenblicks höchst unangemessen. Seine Rolle als Beichtkind verbot zwar eine unmittelbare Erwiderung, aber er behielt sich ausdrücklich vor, bei späterer Gelegenheit auf diese Vorwürfe zurückzukommen. Das Ergebnis ließ nicht lange auf sich warten: Nicht nur, daß Papa bezüglich des Schuppens überhaupt nichts mehr unternahm, verlegte er zudem den Ort unserer kirchlichen Andachten ins Nachbardorf, dessen Pope, der ehrwürdige Vater Wladimir Lewitzki, zu Recht allgemein hochgeachtet war.

Vater Alexander fühlte sich deswegen außerordentlich gekränkt und versäumte nicht, Papa bei der erstbesten Gelegenheit Vorhaltungen zu machen, freilich völlig vergebens. »Wenn Sie wollen, daß wir in guter Beziehung bleiben«, sagte Papa zu ihm, »wechseln

Sie das Thema!« Vater Alexander folgte diesem Rat, da er wohl wußte, daß Papas Entscheidungen, wenn er sie erst einmal getroffen hatte, unwiderruflich waren. Das hinderte uns jedoch keineswegs, freundschaftlich mit den Kindern Zelinskis zu verkehren, und an manchem Sommersonntag wurde eine Kutsche losgeschickt, um sie zu uns ins Herrschaftshaus zu holen. Sie waren unsere einzigen Spielkameraden.

Die Einfälle Vater Alexanders, wie das Gemeindeleben verbessert werden könnte, waren meist nicht sonderlich begnadet. Das galt auch für einen Plan, den er Papa vorlegte, um dessen Hilfe zu erbitten. Unser Dorf, so meinte Vater Alexander, liege zu weit von jeglichem Wallfahrtsort entfernt. Der Bevölkerung fehle da etwas Wichtiges, und man müsse hier Abhilfe schaffen. Es gab nun einen alten Brunnen in unseren Wäldern, recht verwunschen in einem abgelegenen Winkel des Tales liegend. Dort, so schlug der Pope vor, könnte man ein Wunder geschehen lassen. Man werde ein Bild der Heiligen Jungfrau auf dem Grund des Brunnens befestigen und die wunderbare Erscheinung während der Messe verkündigen. Anschließend könnte man eine Prozession veranstalten, um den Brunnen zu segnen und ihn anschließend der Jungfrau Maria zu weihen. Fortan sollte man dann jedes Jahr zur selben Zeit eine Wallfahrt an diesen Ort des Wunders unternehmen. Papa lehnte diese geschmacklose Idee ab und untersagte dem Priester jeglichen Zugang zum Brunnen.

Ein anderes Mal erboste ihn Vater Alexander mit einem Benehmen, das Papa schlichtweg unverschämt fand. Unser Vater hatte eine Schreibmaschine erstanden und mühte sich geduldig, wenn auch mit mäßigem Erfolg, darauf tippen zu lernen. Eines Tages brachte ein Bote einen Brief von Vater Alexander, begleitet von einem handschriftlichen Gesuch, das er seinem Bischof senden wollte. Er bat Papa, ihm dieses Gesuch doch bitte auf der Maschine abzuschreiben und schnellstmöglich zurückzusenden. Papa machte sich an die Arbeit, tippte den langen Text sorgfältig ab und schickte ihn zurück ins Dorf. Wie groß war nun sein Erstaunen, als der Bote wenig später mit der Bittschrift zurückkam, versehen mit einer kleinen Notiz, in der Vater Alexander darum bat, Papa möge doch alles noch einmal schreiben, aber zehn Zentimeter nach unten versetzt. Papa nahm seine Feder zur Hand und schrieb quer über den ganzen Text: »Was ich geschrieben habe, das habe ich geschrieben – wie Pontius Pilatus.« Und so schickte er dem Vater Alexander das Schreiben zurück.

Gegen Ende des Sommers, wenn die erste Herbstkühle sich ankündigte, wurden unsere Winterkleider einer Prüfung unterzogen. Dabei stellte man fest, daß wir wieder ein ganzes Stück gewachsen waren. Papa und Mama nahmen jetzt die Kataloge der Moskauer Kaufhäuser Mur und Merilis zur Hand und gaben die jährliche Bestellung auf. In diesen wunderbaren Katalogen war alles genauestens erklärt und beschrieben, man mußte nur noch den entsprechenden Artikel wählen und die Bestellung losschicken.

Umständlich wurde bei uns Maß genommen. Für den Schuhkauf stellten wir den nackten Fuß auf ein Blatt Papier, und Papa zeichnete den Umriß nach. Aber der Bleistift kitzelte uns, wir hüpften und lachten herum und die Zeichnung wurde ungenau. Papa begann verärgert von neuem, und diesmal durften wir nicht mucksen.

Mama zeigte in Kleiderfragen nicht die geringste Phantasie; hatte sie einmal ein Modell für gut befunden, war sie nicht mehr zu bewegen, daran etwas zu verändern. So trugen wir alle die gleiche Kleidung im Marinestil – gerade geschnittene Jacken mit Schillerkragen und Faltenröcke, in marineblauem Wolltuch für den Winter und in weißer Baumwolle für den Sommer. Emmanuel war genauso gekleidet wie wir Mädchen, nur daß sein Aufzug durch eine Hose, je nach Jahreszeit kurz oder lang, vervollständigt wurde.

Den Mädchen wurden die langen Haare im englischen Stil frisiert, das heißt, daß sie auf der linken Seite mit einem zum Kleid passenden Band zusammengehalten wurden. Jede von uns hatte ihr eigenes Kästchen mit einer Auswahl verschiedenfarbiger Bänder. Die herunterhängenden Haare störten uns schrecklich, denn immer ging die Schleife auf, und überdies verloren wir sie ständig. Aber Mama gestattete uns keine andere Frisur. Sie liebte es, uns alle vier gleich angezogen zu sehen, wie kleine Pensionatsmädchen. Bis ich zehn war, störte mich das nicht sonderlich, aber dann – ich war für mein Alter recht groß und überdies schon ein bißchen eitel – wollte ich entschieden nicht mehr dieselben Sachen anziehen wie Ella, die noch keine fünf war. Ich versuchte, für meine Kleidung kleine Abänderungen zu erreichen, indem ich mich bei unserer Schneiderin Maria Ioanikiewna einschmeichelte.

Über Jahre hin verbrachte Maria Ioanikiewna viele Monate im Herrenhaus und kleidete uns ein, so gut sie es eben vermochte. Ohne ihre unbestreitbaren Verdienste im mindesten schmälern zu wollen, muß ich doch gestehen, daß die Anproben unerträglich waren. Maria Ioanikiewna redete, während sie zahlreiche Nadeln mit den Lippen hielt, mit feuchter Aussprache und üblem Mundgeruch.

Unsere Garderobe hatte immer etwas Eigenwilliges und war nicht so, wie man es gemeinhin kannte. Mama schenkte dem, was andere taten, keinerlei Beachtung und ließ sich von der Mode nur in dem Maße beeinflussen, als sie ihr persönlich gefiel. Wenn sie ein Modell ausgesucht hatte, wandelte sie es üblicherweise ein wenig ab – was freilich in der Arbeit, in der Maria Ioanikiewna es dann ausführte, ein Ergebnis zeitigte, das nur noch entfernt an die Vorlage aus dem Modejournal erinnerte.

Auch die Wintermäntel entsprangen der Kunstfertigkeit unserer Schneiderin. Sie waren immer aus marineblauem Tuch und derart üppig wattiert, daß keine Façon hineinzubringen war. Auf dem Kopf trugen wir hohe, spitze Hauben aus demselben Stoff, mit weißem Flanell gefüttert und um das Gesicht mit einem schmalen Fransenbesatz verziert, was Mama sehr kleidsam fand. Wenn es richtig kalt wurde, mußten wir Flanellhosen anziehen, darüber schwarze Gamaschen und Schnürstiefel. So eingemummelt, konnten wir der schlimmsten Wetterunbill trotzen. Im allgemeinen war uns allerdings zu warm, wenn wir nach draußen gingen, und zu kalt, wenn wir nach Hause zurückkehrten.

# Fasten und Feste

Die Religion spielte in unserer Familie eine bedeutende Rolle, wie übrigens in allen Familien des damaligen Rußland. Gott, Zar und Vaterland waren unumstritten, darauf beruhte alles. Mama war von ganzem Herzen Christin, Papa enthielt sich jeder Kritik und wahrte eine untadelige Loyalität. Ich habe aber nie erfahren, was er wirklich dachte.

Wir befolgten treu die Fastenzeiten, und der Himmel weiß, wie streng und häufig sie waren. Die orthodoxe Kirche begnügt sich nicht damit, den Genuß von Fleisch und Geflügel zu untersagen, sondern verbietet auch den von Eiern und Milchprodukten. Gott sei Dank hatten die Kirchenväter den Fisch, der unentbehrlich für die Mönche und das gesamte russische Volk war, von dem Verbot ausgenommen. Aber wenn ich »Fisch« sage, meine ich »Hering«, der, geräuchert oder gesalzen, das allemal karge Mahl der Armen darstellte und wahrlich nicht zur sündhaften Völlerei zu verleiten vermochte.

Diese zugunsten des Fisches, das heißt des Herings, gemachte Ausnahme erklärt sich vielleicht aus der Tatsache, daß die Klöster im Norden des Landes intensiv dem Fischfang nachgingen. Da sie darüber hinaus durch ein strenges Klima, karge Böden und fehlende Transportmöglichkeiten anderen Möglichkeiten der Nahrungsbeschaffung entraten mußten, stellte Fisch die Grundlage ihrer Versorgung dar, und sie verwandten große Sorgfalt darauf, ihn durch Räuchern oder Einlegen haltbar zu machen. Unter diesen Gegebenheiten den Fischverzehr für den größten Teil des Jahres zu untersagen, wäre einfach unmöglich gewesen. So verdanken wir dieses Nationalgericht meiner Meinung nach eigentlich den Mönchen.

Vor der Revolution war das russische Volk sehr fromm, und man maß der Kirche und ihren Anordnungen große Bedeutung bei. Es war ein Nachweis von Achtbarkeit und Charakterstärke, die Fastenzeiten einzuhalten. Wollte man jemandes Verfall und Sittenlosigkeit unmißverständlich zum Ausdruck bringen, brauchte man nur verächtlich zu sagen: Er mißachtet die Fasten! Aber es ist schwierig, der menschlichen Raffinesse beizukommen, und auf dem Gebiet der Völlerei sind selbst unerbittliche Volkserzieher gescheitert. Das Gebot, das den Verzehr von Fisch erlaubt, schließt ja keineswegs zwingend ein, daß dieser nicht schmackhaft sein darf, und es bezieht sich überdies auf alle Meeresfrüchte, gleich welcher Art. Darüber hinaus gibt es keine genauen Anweisungen, welche Zubereitung tunlichst vorzunehmen sei.

Dank dieser Lücken eröffnete sich dem frommen Feinschmekker ein weites Feld von Möglichkeiten, das Fastengebot zu umgehen. Man untersuchte die Frage eingehend, und siehe da: Man machte allerlei Entdeckungen. Die Fasten verloren viel von ihrer Strenge, schienen kürzer und wurden vor allem weit weniger verdrießlich empfunden. Einige Restaurants boten per Aushang »Fastenessen« an, und andere, durchaus renommiert, machten daraus gar ihre Spezialität. Fetter Karpfen, zart und schmackhaft, nach Art der jüdischen Küche gespickt, in feiner Kräuterbrühe pochierte Austern, die köstlichen Makrelen und frittierter Butt vom Schwarzen Meer vermochten aufs angenehmste für die untersagten Fleischgerichte zu entschädigen. Auch der Hering wurde nicht vergessen und behauptete, nachdem er durch raffiniertes Würzen hoffähig gemacht worden war, einen sehr respektablen Platz bei den Vorspeisen.

Die Griechen, unsere Nachbarn und Glaubensgenossen, leisteten einen unschätzbaren Beitrag zur lukullischen Gestaltung der Fasten, indem sie die Gemüse des Südens entdeckten. Auberginen, Paprika, junger Kürbis und Oliven, alles im Norden wenig bekannt, eroberten im Glanz würziger Saucen, gefüllt mit Reis, Zwiebeln oder Kräutern, goldgebräunt und orientalisch aromatisiert unsere Küche. Und erst die Piroggen, die Spezialität Rußlands, serviert mit Krautcreme, Lachs oder gedörrten Champignons! Ganz zu schweigen vom königlichen Kaviar. Das waren schon Dinge, bei denen der ausgemachte Feinschmecker voll auf seine Kosten kam.

Die Fastenzeit konnte in einem gänzlich anderen Licht erscheinen, wenn man es nur geschickt genug anstellte. Ich muß allerdings gestehen, daß die Vielfalt an Möglichkeiten, die ich eben zu veranschaulichen versuchte, in Wassilki auch nicht annähernd ausgeschöpft wurde. Das lag gewiß nicht daran, daß wir übertrieben fromm oder sparsam gewesen wären, sondern an purer Nachlässigkeit – und vielleicht auch an den Schwierigkeiten, all diese Köstlichkeiten zu beschaffen. Der Teich bot nur kümmerliche Karauschen voller Gräten und Rotfedern, die nach nichts schmeckten, höchstens nach Schlick. Man hatte zwar versucht, im Teich einige Karpfen und Hechte auszusetzen, in der Hoffnung, daß die Karpfen sich reichlich vermehren und die Hechte das Kleingetier vertilgen würden – doch die einen wie die anderen wurden nie wieder gesichtet. Der Dnjestr war ebenfalls nicht fischreich, und so wurde auf den Dorfmärkten Fisch überhaupt nicht angeboten.

Unser Koch Jakim war tieffromm und erachtete das Fasten als unerläßlich für das Heil von Leib und Seele. Seine kulinarischen Fähigkeiten erlahmten während der Fastenzeit vollständig, und unsere Mahlzeiten, die schon an sich nichts boten, was einem gehobenen Anspruch hätte genügen können, bekamen einen geradezu klösterlichen Zug: Suppen aus Trockengemüse, dürftiger Borschtsch, Reis mit Champignons, gebackene Kartoffelbällchen, Nudeln mit gebratenen Zwiebeln oder Buchweizengrütze und, zum krönenden Abschluß dieses kümmerlichen Mahls, Pflaumenmus oder Backäpfel. Das Mus wurde mit dunklem, bitterem Sonnenblumenöl gekocht, was die Sache auch nicht besser machte. Es gab einfach nichts, was die geheiligte Flamme der Hohen Schule des Kochens hätte am Leben erhalten können.

Was uns betraf, so straften wir diese Mahlzeiten mit eisiger Verachtung, während unsere Eltern sie keiner besonderen Beachtung würdigten. Sie fanden im Gegenteil, daß diese übertrieben vegetarische Küche außerordentlich gesund sei; außerdem war für sie der Grundsatz, alle Fasten zu befolgen, ohne Wenn und Aber ein für allemal festgelegt.

Alle Fastenzeiten – bis auf eine: Papa war gerne bereit, uns ein Vorbild zu sein, indem er sich sieben Wochen vor Ostern und sechs Wochen vor Weihnachten des guten Essens enthielt – das Fasten vor Mariä Himmelfahrt aber hatte er kurzerhand abgeschafft. »Das ist genau die Zeit, wo wir frisches Gemüse haben«, sagte er, »und es ist einfach lächerlich, Spargel, Erbsen und Schnittbohnen in Sonnenblumenöl zu essen.« – »Mariä Himmelfahrt ist auch weniger bedeutend als die Auferstehung Christi«, bemerkte Mama, als wollte sie die Freiheit, die Papa sich nahm, entschuldigen. »Oh nein! Seien wir ehrlich!« fiel dieser ihr ins Wort. »Das hat nichts mit der Jungfrau Maria zu tun, hier geht es nur ums Gemüse. Ich lasse dieses Fasten unter den Tisch fallen, weil es zu ungünstig liegt, und ich übernehme die volle Verantwortung dafür.«

Anfangs lagen die Geschicke der Küche in den Händen von Filip, einem herrischen alten Koch, der die meiste Zeit recht bärbeißig war. Er war wenig umgänglich und schien immer kurz davor, alle Welt zum Teufel jagen zu wollen, allen voran seine Töpfe. Seine Wutanfälle brachen in regelmäßigen Abständen aus, just an den Tagen, wenn er sich betrank – und die waren zahlreich. Man sah ihm vieles nach wegen seines hohen Alters, seiner unbestreitbaren Kochfähigkeiten und der Umsicht, mit der er die Küche zu organisieren verstand. Manchmal ging Filip in seinen Anfällen allerdings etwas zu weit. Er versetzte die Dienerschaft in Angst und Schrekken und zertrümmerte irgendwelche Gegenstände. Dabei warf er Endoxie, dem Küchenmädchen, die unwahrscheinlichsten Dinge an den Kopf, im wortwörtlichen Sinn: Einmal garnierte er ihn gar mit einem heißen Pfannkuchen. Als man eines Tages einen Braten, der nicht gar war, zurückgehen ließ, steckte er ihn nicht nochmals in den Backofen, sondern warf ihn wutentbrannt aus dem Fenster, wo Hoholusch, einer unserer Hunde, ihn aufschnappte und sich mit seiner Beute in die Büsche verzog.

Es kam auch öfter vor, daß Filip sich in sein Zimmer einschloß und auf Rufe nicht antwortete. Dann entstand eine allgemeine Unruhe, und aus Angst, er könnte krank sein, griff man zu den aufwendigsten Maßnahmen: Man stellte eine Leiter an sein Fenster, um zu sehen, was los sei. Da lag er der Länge nach auf seinem Bett, Arme und Beine weit von sich gestreckt, mit puterrotem Gesicht und schlürfte seinen Wodka. Man wußte genau, daß jedes Eingreifen sinnlos war und nichts anderes übrig blieb, als ihn bis zum nächsten Morgen sich selbst zu überlassen; dann würde er mit dunkler und drohender Miene in der Küche erscheinen, voller Abscheu dem Leben, der Welt und seiner Herrschaft gegenüber.

Ein außergewöhnliches Ereignis setzte der Laufbahn Filips in unserem Haus ein Ende – ein Ereignis, das alle so nachhaltig beeindruckte, daß es für immer Eingang in den Schatz unserer Familienanekdoten fand: An dem besagten Tag erwartete Mama wie jeden Abend Filips Kommen, um Anordnungen fürs Essen zu geben. Aber vergeblich. Man sandte ein Zimmermädchen, ihn zu holen, die aber kam mit der Nachricht zurück, der Koch habe sie zum Teufel geschickt. Papa und Mama begannen sich zu ärgern und beschlossen, den Verwalter zu schicken, der ja über mehr Gewicht und Ansehen verfügte. Nach einer Zeit spannungsvollen Wartens erschien Filip, pflanzte sich vor Mama auf und fuhr sie von oben herab an: »Was haben Sie mir zu sagen?« »Komm, komm, Filip, beruhige dich«, sagte Mama in versöhnlichem Ton, »du weißt doch, wir müssen das Essen besprechen, wie jeden Abend.« Da schrie Filip los: »Sie, ich habe Ihnen auch was zu sagen: Nur Schweine fressen den ganzen Tag!« Er machte auf dem Absatz kehrt und verschwand – für immer.

Jakim war da ganz anders: Er trank nicht, ging regelmäßig zur Kirche, befolgte die Fastengebote und war von ausgesuchter Höflichkeit. Der Verwalter von Baron Hasenbrück hatte ihn Papa empfohlen. Hasenbrück war jüngst verstorben und sein Koch deshalb stellungslos. Jakim war ein Mann in den Fünfzigern, von kleiner Statur, würdevoll und ruhig, sich seines Wertes wohl bewußt, aber ohne jedweden Dünkel. Sein ganzes Leben hatte Jakim auf Schloß Hasenbrück zugebracht, und er hegte für den Baron eine tiefe, unauslöschliche Verehrung. Ihm verdankte er alles, und er wurde nicht müde, das zu betonen. Beim Baron hatte er als Küchenjunge angefangen, um seine Laufbahn als wohlbestellter Koch des Schlosses zu vollenden. In den Diensten des Barons hatte er auch lesen und schreiben gelernt, und dem Baron verdankte er es, daß er die Hohe Schule des Kochens, die Gepflogenheiten der großen Welt und das Leben in einem herrschaftlichen Haus kennengelernt hatte. Jakim hatte den Baron nach Kiew begleitet und so das berühmte Kloster der Heiligen Laura gesehen, das auf einem Felsenriff erbaut worden war. Das Kloster war unterwölbt von Katakomben, innerhalb derer die unverweslichen Gebeine zahlloser Heiliger ruhten.

Der Baron hatte Jakim in allen Angelegenheiten mit Rat und Tat zur Seite gestanden und sich auch um seine Kinder gekümmert.

Sein Tod hatte Jakim ein Gefühl des Verlassenseins bereitet, das durch nichts zu mildern war.

Vor langer Zeit, es mußte in den ersten Jahren seiner Dienstzeit bei Baron Hasenbrück gewesen sein, hatte ihm der Baron zu Weihnachten einen bebilderten Kalender geschenkt und jene unvergeßlichen Worte hinzugefügt, die Jakim so gerne wiederholte: »Lies jeden Abend die Tagessprüche, und du wirst am Ende des Jahres fließend lesen können.« Jakim machte es noch besser: Er las während seines ganzen Lebens in dem Kalender. Und das war sinnvoll, denn dieser umfangreiche Kalender bot eine Fülle unterschiedlichster literarischer Sprüche sowie nützliche Ratschläge für alles und jedes. Die politischen Neuigkeiten waren zwar schon ein wenig veraltet, aber die schöngeistigen Texte und die wissenschaftlichen Informationen behielten ihre Gültigkeit weit über den Tag hinaus.

Mit Hilfe dieses Kalenders bildete sich Jakim also weiter. Er erfreute sich bei der Dienerschaft eines hohen Ansehens, denn er liebte es, in trauter Runde Geschichten vorzulesen, die er selbst längst auswendig kannte, aber nicht müde wurde, stets von neuem vorzutragen. Abends, wenn die Arbeit getan war, nahm er seine Brille und schlug den Kalender auf. Er las immer laut vor, gleich, ob er allein oder von Zuhörern umringt war. Jakim las langsam und konzentriert, um das Gelesene besser verstehen und einordnen zu können. Die russischen Texte waren für einen Ukrainer oft schwer zu entziffern, aber Jakim hatte im Laufe der Zeit alle Schwierigkeiten gemeistert. Ob es sich nun um Kochrezepte oder unterhaltsame Anekdoten, um Äußerungen von Wissenschaftlern, kleine Erzählungen oder Verse handelte – Jakim las alles mit gleichem Interesse. Seine gesamte Bildung beruhte auf diesen Worten, die gedruckt und somit über allen Zweifel erhaben waren.

Um seinen Zuhörern das Verstehen zu erleichtern, übersetzte, erklärte und kommentierte Jakim seine Vorlesungen. Den Kalender in Händen haltend, schaute er über seine Brillengläser hinweg in den Kreis der anderen Bediensteten und verkündete: »In Frankreich gibt es keinen Zar, sondern nur einen Präsidenten. Aber das ist nichts wert, denn ein Präsident ist ein ganz gewöhnlicher Mensch und kein Gesalbter des Herrn.«

Jakim hatte eine Vorliebe für Naturerscheinungen wie Vulkanausbrüche, Erdbeben, Sonnenfinsternisse und Kometen. Er erklärte sie einem begierig aufmerksamen und angstvollen Publikum und genoß sichtlich die Wirkung seiner Worte. Dabei versäumte er nie, einige düstere Vorhersagen für die Zukunft hinzuzufügen, deren Richtigkeit niemand in Zweifel zog.

»Habt ihr die Sternschnuppen gesehen?« fragte er in strengem Ton. »Ich kann euch sagen, woher die kommen: Das ist der Schweif des Kometen von 1912; er hat sich aufgelöst und fällt uns jetzt auf den Kopf. Das ist sehr gefährlich, denn er glüht noch. Wenn wir nicht aufpassen, fällt der nächste Komet bestimmt auf die Erde, und dann geht alles in Flammen auf.«

Alle bibberten vor Angst, schlugen rasch ein Kreuz und starrten aus dem Fenster. »Dies hier ist ein Erdbeben, das ganz Griechenland zerstört hat«, erklärte Jakim, und er versäumte nicht, abermals seine persönlichen Prophezeiungen hinzuzufügen: »Beim nächsten Mal ist Rußland dran, denn das russische Volk wird immer gottloser.«

Jakim verfügte unbestreitbar auch über Heilkräfte, die er allerdings mehr aus Neigung als aus Nächstenliebe ausübte. Er hatte seine eigene Klientel, aber es kam auch vor, daß er Kranke, die in der Küche darauf warteten, zu Mama ins Haupthaus gerufen zu werden, vorher einfach abfing.

Eine seiner Heilmethoden war ein bißchen brutal, aber er hielt sie für unfehlbar in all den unklaren Fällen, in denen der Kranke nichts Genaues über seine Schmerzen anzugeben wußte: Jakim ließ den Patienten in sein Zimmer kommen, brachte ihn in seinem Bett unter, zog die Vorhänge vor und verordnete vollkommene Ruhe. Es dauerte nicht lange, und der Kranke war eingeschlafen. Genau in diesem Augenblick kam Jakim, mit einem Eimer kalten Wassers und einem Stock bewaffnet, wie der Leibhaftige ins Zimmer zurück, leerte den Eimer über dem Schlafenden aus und versetzte ihm eine ordentliche Tracht Prügel. Der Kranke sprang wie von der Tarantel gestochen aus dem Bett, bestürzt und entsetzt, in jedem Fall aber geheilt, wie Jakim glaubhaft versicherte.

Zweimal im Monat entledigte sich Jakim seiner Schürze, faltete sie sorgfältig und legte sie in seinen Schrank. Dann gab er den Küchenmädchen, die ihn die folgenden beiden Tage vertreten mußten, entsprechende Anweisungen und wanderte anschließend nach Barsuki, seinem Heimatdorf, wo ihn sein Haus und seine Frau erwarteten. Es gab auch einen Sohn, von dem Jakim mit einer Mischung aus Stolz und Trauer sprach. Der Baron hatte den Jungen im Alter von zwölf Jahren nach Winniza auf die Realschule geschickt. Der Junge hatte von seinem Vater die Liebe zum Lernen und den Wissensdurst geerbt. Da er sich zudem schnell an das städtische Leben gewöhnte, lernte er Mechaniker, nahm eine Stelle in Winniza an und kehrte nicht mehr heim.

Weihnachten war in unserem Leben ein ganz besonderes Ereignis. Die Vorfreude begann mit den ersten Fastentagen, also bereits 40 Tage vor dem großen Ereignis. Diese langen, trüben Novemberwochen kamen uns vor, als wollten sie nie zu Ende gehen. Aus tiefhängenden, schwarzen Wolken schüttete es eisigen Regen. Trostlosigkeit lastete auf der überschwemmten, leblosen Flur. Die kahlen Bäume erhoben sich wie Gespenster um das Herrenhaus, in dem sich allmählich eine feuchte Kälte ausbreitete.

Die kargen Fastenmahlzeiten entbehrten jeden Reizes, und unsere eintönigen Unterrichtsstunden vervollständigten die Niedergeschlagenheit, die uns Jahr für Jahr in dieser mißlichen Zeitspanne befiel. Es war eine Zeit der Erkältungen, des Eingesperrtseins und der Schwermut. Mama erzählte, ihre Mutter hätte den November geradezu gehaßt und wäre sich seit jeher sicher gewesen, daß sie während dieses Monats sterben würde; und so war es dann tatsächlich auch gekommen.

Für uns gab es nur eine tröstliche Aussicht, die uns befähigte, alle diese Heimsuchungen tapfer zu bestehen: Weihnachten nahte. Ohne diesen Stern, der jeden Tag näherrückte, wären wir wohl gänzlich einer düsteren Stumpfheit verfallen.

Die Aufregungen begannen mit dem Großreinemachen. Ein Zimmer nach dem anderen wurde leergeräumt, gründlich geputzt, manchmal auch frisch gestrichen. Wenn die Reihe an unsere Schlafzimmer kam, zogen wir in die Gästezimmer um. Es war ein Mordsspaß, in Zimmern und Betten zu wohnen, die nicht die unsrigen waren. Alles ging drunter und drüber, und wir nutzten die Verwirrung und das allgemeine Durcheinander für alle möglichen

Streiche. Wir kletterten blitzschnell auf eine Leiter, die die Maler stehengelassen hatten, versteckten uns zwischen den beiseite geräumten Möbeln oder sprangen durchs Fenster auf die schneebedeckte Terrasse.

Während dieser bewegten Zeit fanden unsere Unterrichtsstunden nur unregelmäßig statt, unabhängig davon, wo und wann es gerade möglich war. Die Mahlzeiten wurden mit Verspätung serviert, überdies an unüblicher Stelle, und schienen uns schon deshalb weniger karg.

War endlich die sechste und damit letzte Woche der Fasten angebrochen, begannen wir, die traditionellen Lebkuchen zu backen. Nun lag Weihnachten unleugbar in der Luft. Für mich ist Weihnachten noch heute mit dem Duft von Honig, Zimt und Nelken verbunden.

An diesen wichtigen Vorbereitungen, die im Speisezimmer stattfanden, nahmen wir alle fünf teil. Jeder von uns hatte sein eigenes Tischchen aus gescheuertem Holz, während Mama sich am großen Tisch einrichtete, dessen Oval von Zutaten bedeckt war. Über Stunden hinweg hörte man die schweren Stöße, mit denen in den kupfernen Mörsern Zimtstangen zerkleinert wurden. Der braune, klebrige Teig, der in riesigen Schüsseln geknetet wurde, verbreitete ringsum den Duft von Honig und Gewürzen.

Zu gegebener Zeit erhielt jeder von uns einen Batzen von diesem Teig, und die Arbeit konnte beginnen. Die weißen Schürzen vorgebunden, formten wir Herzen, Kreuze, Halbmonde, kleine Männchen und Tiere. Emmanuel erwies sich als besonders geschickt, und es gelang ihm, seine Hände vor dem klebrigen Teig zu schützen, indem er sie beizeiten mit Mehl einstäubte. Die Zwillinge hingegen hatten innerhalb kürzester Zeit die Finger verklebt und brachen lauthals in Tränen aus. Die kleine Ella thronte auf ihrem Hochstuhl an Mamas Seite und klopfte mit einem Holzlöffel selbstzufrieden auf einem Teigklümpchen herum, das man ihr geopfert hatte. Papa kam, um nachzuschauen, wie die Arbeit lief; er gab uns Ratschläge, hütete sich aber wohlweislich, irgend etwas anzufassen. Natürlich ließ er es sich auch nicht nehmen, Mama zu necken, weil sie Mehl auf der Nase und im Haar hatte.

Die Hauptattraktion aller Erzeugnisse, das berühmte »Kopfsteinpflaster«, behielt Mama sich selbst vor. Es bestand aus kleinen Kugeln, die eng nebeneinandergesetzt wurden. War das ganze dann gebacken und mit Zuckerguß überzogen, dann sah diese große Pfefferkuchenplatte tatsächlich wie ein Kopfsteinpflaster in Kleinformat aus.

Unser Eifer hielt unvermindert an, bis wir gegen Abend allmählich genug hatten. Noch eine letzte Anstrengung, um unsere Geschöpfe mit Eigelb zu bepinseln, dann sahen wir mit einem Seufzer der Erleichterung, wie sie endlich im Backofen verschwanden. Wenn sie zwei Stunden später, heiß und duftend, herausgeholt wurden, waren sie nicht wiederzuerkennen: Kräftig aufgegangen und aus der Form geraten, sahen sie alle gleich aus.

Nach den Pfeffer- und Lebkuchen war der Schmuck für den Weihnachtsbaum an der Reihe. Der große Tisch war übersät mit Seidenpapier, Goldbronze, Leimtöpfen, Silberbändern und Pappe. Wir bastelten Geschenkkästchen und Körbchen aus Papier, die wir mit Schokolade füllten, und wir vergoldeten Nüsse und Tannenzapfen. Bei diesen Arbeiten war Papa mit von der Partie und rettete mehr als einmal ein gefährdetes Werk.

Einige Tage vor dem Fest fuhr Mama, ganz gleich, wie das Wetter war, nach Kamenez-Podolski, um Einkäufe zu erledigen. War die Straße verschneit, nahm sie einen Schlitten, eingemummelt in Pelzdecken und über die Knie ein großes Schaffell gebreitet. 60 Werst, das sind gut 64 Kilometer, im offenen Schlitten und auf kaum befahrbaren Straßen zu bewältigen war ein wahrlich abenteuerliches Unternehmen. Alle erwarteten Mamas Rückkehr voller Ungeduld und lauschten auf jedes Geräusch von draußen. Sobald das fröhliche Gebell der Hunde ihre Ankunft verkündete, stürzten wir in die Eingangshalle. Die Freude, Mama wohlbehalten wiederzusehen, wurde durch den Anblick der zahllosen Pakete, die ausgeladen wurden, noch vergrößert. Ein zweiter Schlitten folgte dem von Mama, und auf dem befand sich ein großer, verschnürter Tannenbaum. Nikita und Karpo trugen ihn in den Salon und richteten ihn mitten in dem riesigen Raum auf. Papa schnitt die Kordeln durch, Schnee rieselte aufs Parkett, und in der Luft verbreitete sich ein wundervoller Duft von Harz und feuchtem Holz. Von diesem Augenblick an war uns der Zugang zum Salon untersagt. Weihnachten mit seinem geheimnisumwitterten Glanz hatte nunmehr unwiderruflich Eingang in unser Haus gefunden.

Die besonders Strenggläubigen – vielleicht wollten sie sich auch nur durch den Beweis vorbildlicher Frömmigkeit besonders hervortun – unterwarfen sich am Tag vor Weihnachten einem vollständigen Fasten, das anhielt, bis der erste Stern am Himmel erschien. Bei uns folgten Jakim und mit ihm nahezu die gesamte Dienerschaft diesem Brauch. Da alles Heroische einen unwiderstehlichen Reiz auf mich ausübte, bat ich Mama, es ihnen gleichtun zu dürfen. Weil sie annahm, ich sei groß genug, diese Probe zu bestehen, erlaubte sie es mir schließlich.

Ich stolzierte den ganzen Tag mit einem Ausdruck von Heiligkeit umher und betrachtete alle, die sich zu Tisch setzten, mit einer Mischung aus Verachtung und Mitleid. Sobald es dämmerte, lief ich ans Fenster, um den Himmel zu erforschen: War der Stern schon aufgegangen? Nun war aber der Himmel mit Wolken bedeckt, und schwerer Nebel verdeckte die Sicht. Was sollte ich tun? Zu früh essen hätte geheißen, alles zu verderben. Jakim entschied die Frage schließlich, indem er kurzerhand erklärte, der Stern sei aufgegangen. Und obwohl niemand ihn gesehen hatte, glaubte man Jakim.

Zu diesem letzten Fastenessen servierte man traditionellerweise eine Kutja, ein symbolisches Gericht aus gekochtem Weizen und Honig, das kaum genießbar war. Jeder tat sich einen Löffel voll auf den Teller, aber außer Mama gelang es niemandem, ihn hinunterzuschlucken. Unweigerlich versicherte sie dann: »Aber ich sage euch, es ist gar nicht so übel.« Da zogen wir unsere Kartoffeln in Sonnenblumenöl doch vor. Und was machte es schon? Um Mitternacht würde die Fastenzeit vorüber sein und morgen ... Ach, morgen!

Man muß schon 40 Tage gefastet haben, um richtig zu verstehen, was eine Tasse Milchkaffee und ein Toast mit Butter bedeuten können. Ach, dieses unvergeßliche Weihnachtsfrühstück! In der Mitte des Tisches dampfte der Samowar, die blauen Tassen des guten Geschirrs standen um ihn herum und glichen Krokussen im Schnee. Und erst die Butter und die Hörnchen!

Aber zunächst einmal ist es Zeit für den Kirchgang. Die Wagen stehen seit einer Stunde bereit, die Pferde scharren voller Ungeduld. Wie üblich ist niemand außer Papa fertig. Langsam wird er ärgerlich: »Wenn wir nicht sofort losfahren, ist die Messe vorbei!« Endlich sind wir auf dem Weg. Die Kirche ist zum Bersten voll, man macht Platz, um uns nach vorne zu lassen. Der Gottesdienst ist bereits ziemlich weit gediehen, aber es bleibt noch genug Zeit, daß wir das Kribbeln in den Beinen spüren. Vater Alexander hat so langsam zelebriert, wie er nur konnte, aber jetzt, wo wir da sind, beschleunigt er den Ritus. Der Chor singt laut und falsch, und Mama wirft Josef Petrowitsch, der ungeachtet ihrer Anstrengungen, ihm ein bißchen Musikalität zu vermitteln, entschieden keine Fortschritte macht, betroffene Blicke zu.

Neugierig betrachten wir die Familie von Vater Alexander. Die Mutter ist, wie nicht anders zu erwarten, wieder einmal schwanger; die ältesten Söhne sind über die Feiertage aus Kamenez-Podolski gekommen, die Mädchen sind seit dem Sommer um einiges gewachsen. Am nächsten Morgen werden sie alle bei uns zu Gast sein, und der Weihnachtsbaum wird ihnen zu Ehren angezündet werden.

Der Rest des Tages vergeht mit unruhigem Warten, selbst der Puter kann uns nicht ablenken. Unfähig, uns mit irgend etwas richtig zu beschäftigen, wandern wir ungeduldig von einem Zimmer ins andere und kehren fortwährend zur Wohnzimmertür zurück, um gespannt das Kommen und Gehen unserer Eltern zu verfolgen. Sie schleppen Kisten und Päckchen mit sich, die uns faszinieren und keine Ruhe lassen.

Endlich ist der feierliche Augenblick gekommen. Wir stellen uns auf Geheiß dem Alter entsprechend hintereinander auf: Ella, klein und kugelrund, steht vorne; die Zwillinge gehen nebeneinander, denn eigentlich sind sie eine Person, nur in doppelter Ausführung; dann komme ich, und zuletzt Emmanuel. Papa sperrt die Tür ganz weit auf, und der mit seinen 200 Kerzen funkelnde Baum wird in seiner ganzen Pracht sichtbar. Wir Kinder müssen jetzt »Deine Geburt, o Herr« singen, das wir die ganze Vorweihnachtszeit hindurch geübt haben. Mama setzt sich an den Flügel, wir nehmen unsere Plätze ein. Doch wir singen unkonzentriert, denn unsere

Augen sind auf den Baum und insbesondere auf die Sofas gerichtet, auf denen unzählige Geschenke ausgebreitet sind.

Am nächsten Tag ist immer noch Weihnachten. Der Baum wird noch einmal angezündet, diesmal für die Kinder Zelinski, die man aus dem Dorf holen läßt. Jedes von ihnen bekommt ein Geschenk und eine Tüte mit Leckereien.

Der dritte Tag ist den Kindern der Schule gewidmet, etwa vierzig Rangen, die, von Josef Petrowitsch geführt, zu uns kommen. Auch sie müssen das Lied singen, und zwar unter der Leitung ihres Meisters, der mit der Stimmgabel herumfuchtelt und wilde Blicke um sich wirft. Die Kinder ziehen neugierig um den leuchtenden Baum herum, aber ihre Aufmerksamkeit wird noch stärker angezogen von seinem Widerschein in dem riesigen Spiegel, der ihm gegenübersteht.

Sonderbarerweise wiederholte sich Jahr für Jahr eine ebenso verblüffende wie belustigende Begebenheit. Die Kinder blieben plötzlich mit offenem Mund stehen und riefen aus: »Wie in der Kirche!« Mama verteilte kleine Beutel mit den Geschenken und Lekkereien, und die Kinder bedankten sich verlegen. Im Laufe der Zeit wurden die Geschenke durch Geld ersetzt; denn es kam heraus, daß sie gleich am nächsten Morgen bei dem Juden landeten, der ihnen ein paar Kopeken dafür gab oder sie gegen nützlichere Dinge wie zum Beispiel Angelhaken, Zündschnüre, Kordeln oder Nägel eintauschte.

Der erste Weihnachtsbaum, den meine Eltern den Schulkindern von Wassilki schenkten, wurde in der Schule aufgestellt. Alles verlief wunderbar, die Kinder schienen ebenso begeistert wie ihre Eltern, die sich mit den Kleinen im Raum drängelten. Als Papa und Mama die Schule verließen, brannten die Kerzen noch. Die beiden waren gerade auf dem Weg zu ihrer Kutsche, als ein furchtbares Getöse und Geschrei sie veranlaßte, eiligst zurückzukehren. Welch ein Anblick! Sie blieben wie angewurzelt stehen: Der Baum lag am Boden, und alle Anwesenden, Eltern und Kinder, wild durcheinander, waren dabei, ihn in Stücke zu reißen. Die Zweige hatten Feuer gefangen, eine Katastrophe stand unmittelbar bevor.

Papa behielt die Nerven und ordnete die Räumung des Saales an. Die Kinder stoben entsetzt dem Ausgang zu, während Papa,

Mama und Josef Petrowitsch das Feuer löschten. Gott sei Dank kam niemand zu Schaden, aber nach dieser Erfahrung stellten unsere Eltern den Baum in Zukunft doch lieber im Herrenhaus auf.

Der Beginn des Neuen Jahres mußte mehr noch als alle übrigen Festtage feierlich eingesegnet werden. In der Silvesternacht gab es folglich im Herrenhaus ein »Te Deum«. Gegen elf Uhr kam Vater Alexander, und alle Bewohner des Schlosses versammelten sich im Wohnzimmer. Auf dem mit einem weißen Tuch bedeckten Tisch stand eine Christusikone, umringt von Kerzen. Mama versammelte den Chor und fingerte nervös an ihrer Stimmgabel.

»Laßt uns zu Gott, unserem Herrn und Vater beten!« hob Vater Alexander an und gab Mama ein Zeichen; denn nun sollte der Chor antworten: »Amen!« Aber der Chor hatte Mühe, so recht in Gang zu kommen, und oft hörte man nichts als ein dünnes schüchternes Amen, das Mama allein gesungen hatte.

Einmal hatte sich Manja, das rangälteste Zimmermädchen, das wirklich keinen Funken Musikalität besaß, unauffällig die Ohren zugestopft, um von den Stimmen der anderen nicht abgelenkt zu werden. Der besseren Konzentration halber hatte sie gar noch die Augen geschlossen. Folglich bemerkte sie überhaupt nicht, daß alle längst mit dem Singen aufgehört hatten und ihre Stimme als einzige noch erscholl, laut und falsch. Papa hatte einen Heidenspaß, und selbst Vater Alexander konnte sich des Lachens nicht enthalten.

Nach dem »Te Deum« wechselten wir ins Speisezimmer, um zum weltlichen Teil der Feierlichkeiten überzugehen. Alle Augen starrten wie gebannt auf die Wanduhr, um nur nicht den Augenblick zu verpassen, in dem der Kuckuck die zwölf Schläge für Mitternacht herunterschnarren würde. Sobald der Vogel erschien, entkorkte Papa den Champagner. Man wünschte sich Glück, man umarmte und küßte sich, und unter allgemeinen Segenswünschen begann man das neue Jahr.

Der Neujahrstag selbst war ein äußerst bedeutsames Ereignis: Offizieller Feiertag und Anlaß zahlreicher Empfänge, bei uns wie im ganzen Land, umgab ihn die Aura des Feierlichen. Die Gratulationskur fing schon morgens an. Wir Kinder mußten allesamt mit antreten, weil die Höflichkeit verlangte, daß die Familie vollständig anwesend war.

Die erste Abordnung stellten die Honoratioren des Dorfes, angeführt vom Bürgermeister, der eine Ansprache hielt, in einem ziemlich miserablen, mit ukrainischen Wörtern vermengten Russisch. Dann rief die ganze Gruppe ein beherztes »Gutes Neues Jahr! Glück und Wohlstand« aus und bestreute uns mit Weizenkörnern.

War der Sitte des Weizenstreuens genüge getan, begann die Begrüßungszeremonie, ein äußerst lästiger Brauch, dem man sich aber nicht entziehen durfte. Sie bestand aus drei Verbeugungen bis zum Boden, gefolgt von einem Handkuß. Emmanuel und ich als die älteren hatten Anspruch auf eine Verbeugung und einen Handkuß, unsere Schwestern bekamen nur einen Handkuß, weil sie noch so jung waren.

Nach Abschluß dieser langwierigen Prozedur wurde ein Kolatsch überreicht, ein Brot in Kranzform, das als Sinnbild der Freundschaft galt. Dann folgte bereits die nächste Gruppe, und alles begann von vorne. Nacheinander erschienen die Abordnungen der Gutsangestellten, der Tagelöhner, nach Männlein und Weiblein getrennt, der Sänger des Kirchenchors, der Frauen des Dorfes, der Belegschaft der Mühlen, der Jagdhüter und so weiter. Papa überreichte jeder Gruppe einen Geldbetrag. Am Ende des Tages glich das Wohnzimmer eher einer Tenne, und die ukrainischen Kolatschbrote türmten sich in Pyramiden auf den Tischen.

Die Verbeugungen bis zur Erde waren eine alte polnische Sitte und Bestandteil einer jeden guten Erziehung. Sie drückten keinesfalls Unterwürfigkeit aus, sondern Freundschaft, Achtung und treue Verbundenheit. Ihre Annahme zu verweigern, wäre einem schweren Verstoß gegen die guten Umgangsformen gleichgekommen. Papa vergaß nie jenen Zwischenfall, von dem man ihm erzählt hatte, als er noch neu in dieser Gegend war. Ein junger Gutsbesitzer aus dem Norden hatte sich geweigert, einem Bauern die Hand zum Kuß zu überlassen. Dieser fühlte sich dadurch in einem solchen Maße gekränkt, daß er mit einer Klage wegen Beleidigung und Ehrverletzung vor Gericht zog.

Als die heiligen Kirchenväter der orthodoxen Kirche die Fastenregeln aufstellten, bewiesen sie eine intime Kenntnis der menschlichen Natur; denn sie verordneten für die Woche, die dem langen Osterfasten vorausging, vollkommene Fleischlosigkeit. Von normalen Mahlzeiten zum Fastenessen zu wechseln ist ja nicht leicht, und es bedurfte dieses Übergangs, bevor man sich in eine siebenwöchige Spanne vegetarischer Ernährung stürzte.

Nicht übertriebene Strenge war also der Grund, weshalb man den Genuß von Fleisch in dieser Übungswoche strikt untersagte, während Eier und Milchprodukte noch erlaubt waren, sondern die Sorge um die leibliche und seelische Gesundheit der Gläubigen. Man konnte sich so innerlich schon auf das langwährende Fasten einstellen. Unseligerweise wurde der tieferliegende Sinn dieser Regel nicht recht verstanden, und die Woche »ohne Fleisch« verwandelte sich im Gegenteil geradezu in eine Zeit der üppigsten Völlerei. Wie jeder weiß, geht es um die Karnevalswoche.

Anstatt sich mit einem Fuß bereits auf dem Pfad der Bußfertigkeit zu bewegen, wie es die Kirche empfahl, hielt man es umgekehrt für sinnvoll und angemessen, auf Teufelkommraus den Abschied vom Wohlleben mit exzessivem Essen zu feiern. Man übertraf sich gegenseitig in gastronomischen Spitzfindigkeiten, wetteiferte in Bereicherungen der Eßkultur und gab sich hemmungslosen Gelagen hin.

Wer fest entschlossen war, das alles in den folgenden sieben Wochen der Enthaltsamkeit abzubüßen, hatte immerhin noch eine Entschuldigung. Der Vielfraß aber, der ohne Bußfertigkeit nur einen Vorwand suchte, um ungehindert seinen Gelüsten zu frönen, verdiente, doppelt getadelt zu werden.

Einfache Crêpes, eigentlich dazu gedacht, das Fleisch zu ersetzen, gerieten unter der Hand zu fürstlichen Blinis. Blinis, eine Art Pfannkuchen, gab es an jedem Tisch in Hülle und Fülle, und die Mengen, die verzehrt wurden, waren schon erstaunlich. Normalerweise wird ein Blini mit zerlassener Butter und Sahne gegessen, meist als Beilage zu Lachs, Kaviar, Nordland-Sardellen, geräucherten Sprotten und anderen erlesenen Vorspeisen.

Nach dieser Lawine üppig belegter Blinis wurde eine Brühe serviert, um das Ganze »besser rutschen zu lassen« und dem nun folgenden Spanferkel oder gefüllten Puter den Weg zu ebnen. Den Abschluß des Essens bildete ein raffinierter Nachtisch. Bisweilen stellte sich die Frage, ob man sich vielleicht mit diesen Schlemmereien absichtlich krank machen wollte, um dann ohne Bedauern dem guten Essen entsagen und sich geradezu erleichtert einem Heilfasten unterziehen zu können.

Wenn der Montag der Karnevalswoche gekommen war, hatte man nichts anderes mehr im Sinn als Feste und Empfänge. Einladungen wurden ausgetauscht, und man bereitete alles für das krönende Bankett vor. Diese Woche war der Inbegriff mondänen Lebens – und nie sah man mehr Leute auf einmal, als gerade in dieser Zeit.

Bei uns war dies, wie bei allen, die Zeit der Empfänge, von denen mehrere aufeinanderfolgten. Da hieß es, mit Fingerspitzengefühl die Liste der Gäste zusammenzustellen. Man mußte den kleinen Unterschieden in Rang und Status Rechnung tragen und genau beachten, welche Art von Beziehungen die Geladenen untereinander pflegten. Es wäre beispielsweise äußerst ungeschickt gewesen, Herrn Duratsch neben Herrn Schtschawinski zu plazieren, weil jeder wußte, daß die beiden gegeneinander prozessierten. Ebensowenig durfte man den Vater Wladimir aus dem Nachbardorf Kurilowtzi neben Vater Alexander aus Wassilki setzen, weil es die Spatzen von den Dächern pfiffen, daß die zwei sich nie über die Grenzziehung einiger Weideflächen hatten verständigen können. Und unser Adelsmarschall, Herr von Patton, und seine reizende Gattin waren viel zu vornehm, um die meist ein wenig lockeren Jagdgeschichten des Landesvermessers Pawlow ertragen zu können. Der übertriebene Patriotismus des russischen Friedensrichters Gansky wiederum konnte auf den seinerseits chauvinistischen Polen Regulski nur verletzend wirken. Also veranstaltete man besser mehrere Feste mit einer jeweils fein ausgewogenen Mischung von Gästen.

Wir Kinder waren zu diesen Festdiners nicht zugelassen. Man deckte für uns in einem anderen Eßzimmer einen »Katzentisch«, was uns aber nicht hinderte, uns über alles auf dem laufenden zu halten, was »drüben« geschah. Wollten wir wissen, was es zu essen gab, kletterten wir an den Küchenfenstern hoch, um zu sehen, was Jakim gerade zubereitete. Und um keinen der Gäste zu verpassen, belauerten wir die Anfahrt der Kutschen in der breiten Allee. Wem von uns es gelungen war, eine Neuigkeit in Erfahrung zu bringen, der überbrachte sie eilends allen anderen. Das Stimmengewirr im Wohnzimmer und der in unserem Haus ungewohnte Duft nach Tabak verliehen dem ganzen Herrenhaus eine Atmosphäre seltener Festlichkeit.

Diese Tage voller Tafelfreuden und ungezügelten Schwelgens ließen uns den Beginn der Fastenzeit als noch unerbittlicher empfinden. Jede Spur genossener Freuden verschwand wie von Zauberhand. Man sprach von nichts anderem mehr als von der Kirche, frommen Büchern und guten Taten. Nunmehr traten der kärgliche Wasserkakao und Toast mit Honig beim Frühstück in ihre Rechte. Ausgelaugt von seinen Heldentaten für den Karneval, wartete Jakim mit abscheulichen Mahlzeiten auf, während derer wir kaum mehr den Mund aufmachten.

Jetzt nahmen wir auch unsere Studien wieder auf, die die ganze Fastenzeit über um die Lektüre von Heiligenbiographien erweitert wurden. Wir lasen mit Andacht diese kleinen Bücher, die unsere Kirchenväter für die Erbauung der Gläubigen zusammengestellt hatten. Nie kamen mir bei der Lektüre irgendwelche Zweifel an der Wahrheit dieser Berichte. Wie glühend wünschte ich mir, jener heiligen Pelagia zu gleichen, die noch auf dem Scheiterhaufen Psalmen gesungen hatte, oder dem seligen Polykarp, der sich lieber die Augen ausstechen und die Zunge herausreißen ließ, als daß er Christus verleugnete. Ich versuchte mir vorzustellen, wie ich mich in einer vergleichbaren Lage gehalten hätte, und ich zweifelte nicht, daß mein Glaube ebenfalls allen Prüfungen und Versuchungen widerstanden hätte.

Eine dieser Geschichten war besonders erbaulich. Es ging darin um eine Seele, die gerade ihre irdische Hülle verlassen hatte und sich durch die Lüfte auf dem Weg in eine bessere Welt befand. Plötzlich tauchte aus dem Nebel ein Schwarm Dämonen auf und versperrte ihr den Weg. Die verängstigte Seele glaubte sich verloren, doch nun eilten die Engel, die über sie wachten, herbei und griffen die Dämonen an. Es entbrannte ein erbitterter Kampf zwischen den Kräften des Guten und denen des Bösen, dem die vor

Angst nahezu erstarrte Seele nur bangend und hoffend zuschauen konnte. In einem für den Ausgang des Kampfes entscheidenden Augenblick fielen aber all die guten Taten, die die Seele auf Erden vollbracht hatte, wie Blitz und Donner über den Feind her und erzwangen, daß er sich mit Schimpf und Schande zurückziehen mußte.

Während Emmanuel diesen Geschichten skeptisch gegenüberstand, glaubte ich fest daran und erzählte sie mit leidenschaftlicher Überzeugung unseren Kindermädchen, in denen ich auch immer eine dankbare Zuhörerschaft fand.

Für Mama war Bescheidenheit das allerwichtigste, und sie zitierte mit Vorliebe die Bußformel: »Ich bin der Welt größter Sünder und befehle mich der Barmherzigkeit des Allerhöchsten.« Papa widersprach heftig: »Das ist doch Heuchelei! Ich weiß genau, daß ich nicht der größte Sünder auf der Welt bin.«

Die erste und die vierte Woche der Fastenzeit wurden als besonders günstig für die Verrichtung unserer Andachtsübungen angesehen. Die Karwoche war überbelegt mit wichtigen Pflichten, etwa den zwölf Evangelienlesungen an Gründonnerstag, der Prozession des Heiligen Schweißtuchs am Freitag, ganz zu schweigen von der Mitternachtsmesse am Samstag.

Papa meinte, während der letzten Tage der Fastenzeit würden die Vorbereitungen für Ostern allzusehr die Gedanken beherrschen; die Menschen wendeten sich in Gedanken bereits dem Ostertisch zu, anstatt sich auf ihre Sünden zu konzentrieren. Und er hatte recht. Der während sieben Wochen Fastens angestaute Hunger konnte leicht zu sündigen Hirngespinsten verleiten, die die Selbstversenkung störten.

Während der Andachtswoche war das ganze Haus in eine Stimmung vertieften Ernstes getaucht. Zu den Heiligenlegenden gesellten sich Tag für Tag Andachten in der Kirche, die um so ermüdender wirkten, als der Chor durch die monotone Stimme des Psalmisten ersetzt war. Nie habe ich auch nur ein einziges Wort dieses endlosen Singsangs verstanden, nicht wegen des slawischen Dialekts, den wir grundsätzlich schon verstanden, sondern weil es einfach unmöglich war, aufmerksam zuzuhören. Anstatt den Geist zu befeuern, hatten diese Gesänge die Gabe, allgemeine Schläfrigkeit zu verbreiten.

Glücklicherweise kamen wir nie rechtzeitig an, und wenn Vater Alexander sonntags auf unser Eintreffen wartete, so zog er den Gottesdienst wochentags nicht in die Länge; denn er wollte selbst rasch fertig werden, um sich der Arbeit auf seinen Feldern widmen zu können. Die Landpfarrer teilten das Los der Bauern.

Die Beichte, die mit jedem Tag bedrohlich näher rückte, versetzte uns immer in Angst und Schrecken. Voll Bangen sahen wir ihr entgegen, als ginge es um eine Prüfung. Samstag nach der Vesper begaben wir uns in die von wenigen Kerzen nur spärlich erleuchtete Kirche. Papa war als erster an der Reihe. Er kniete vor dem mit schwarzem Samt verhangenen Beichtstuhl nieder, und sein Kopf verschwand unter der Stola des Priesters. Mama, ganz erfüllt von Demut und Reue, folgte ihm. Danach waren wir an der Reihe.

Nach jeder Beichte stieß man einen tiefen Seufzer der Erleichterung aus und sagte sich, daß eigentlich gar nichts Schreckliches dabei gewesen wäre. Der Priester hatte gefragt, ob man die heiligen Gebote gehalten und ob man den Eltern gehorcht habe; oder ob man auf sonst eine Weise dem lieben Gott mißfallen haben könnte. Man geriet ins Stammeln, da man schlagartig die für die Beichte sorgsam vorbereitete Liste seiner Sünden vergessen hatte, und verstummte bald. Das schien den Beichtvater nicht weiter zu verwundern. Offensichtlich erwartete er gar keine Antwort. Er gab einem auf, zu Hause ein paar »Vaterunser« und »Gegrüßet seist Du, Maria« zu beten, legte einem die Hände auf den Kopf und erteilte die Absolution. So konnte sich jeder auf der Stelle von allem Bösen befreit und um einige Pfunde erleichtert fühlen.

Es war nicht erlaubt, zwischen der Beichte und der Kommunion am darauffolgenden Morgen etwas zu essen, da der heilige Leib Christi nur nüchtern empfangen werden durfte. Lieber hätte man sich in Stücke reißen lassen, als auch nur einen Schluck Wasser zu trinken. Mit leerem Magen schien die Messe am folgenden Tag länger als gewöhnlich zu dauern. Aber alles hat einmal ein Ende, auch eine Messe nach orthodoxem Ritus, und der Augenblick, wo man sich dem Kelch gegenüber fand, kam trotz allem.

Anschließend verließ man die Kirche mit reiner Seele und weichen Knien – Mama tiefbewegt und voller Seligkeit, Papa froh, daß endlich alles gut überstanden war.

Von den ersten Tagen der Karwoche an ergriff österliche Betriebsamkeit das Herrenhaus, die am Samstag ihren Höhepunkt erreichte. Vor allem in Jakims Reich brodelte es: Kulitsch und Babas wurden in den Backofen geschoben, Jakim briet Spanferkel, Lamm und Geflügel, holte den mächtigen Schinken aus der Räucherkammer und bereitete die Füllungen und Hors d'œuvres vor. Papa und Mama stellten die traditionelle Pascha aus Quark her, und wir malten Ostereier an.

Die Babas waren regelrechte Türme, gut 50 Zentimeter hoch, aber außerordentlich leicht. Dies wird verständlich, wenn man weiß, daß für jede Baba 180 geschlagene Eiweiß benötigt wurden. Ein gelungener Kulitsch, der oval war und an die zwölf Kilo wog, war da schon erheblich kompakter und schließlich auch schmackhafter.

Wenn die gewaltigen Kuchen fertig waren, holten die Dienstmädchen sie aus der Küche und stellten sie unter allerlei Vorsichtsmaßnahmen im Eßzimmer auf. Papa und Mama verzierten sie mit Zuckerguß, und Mama krönte jeden mit einer Papierrose.

Den ganzen Tag über wurden immer neue Köstlichkeiten auf dem ausladenden Tisch untergebracht, dessen weißes Tuch bis zur Erde herabreichte. Papa ordnete die Pflanzen im Halbrund, so daß es aussah, als wäre man im Grünen.

Mir scheint erwähnenswert, daß trotz der verlockenden Düfte, die von Jakims Meisterwerken ausgingen, uns nicht einmal die Idee kam, davon zu naschen. Es war gerade so, als wären all diese Köstlichkeiten aus Pappmaché oder nur Bilder gewesen. Die einzige Wirkung, die dieser Anblick bei uns auslöste, war eine verstärkte Abneigung gegenüber unseren Fastenmahlzeiten, die Jakim noch liebloser zubereitete als gewöhnlich.

Brav saßen wir in einer Ecke des Eßzimmers um einen Tisch herum und malten die Eier an. Wir erfanden alle möglichen Zusammenstellungen von Farben und Motiven und wetteiferten um die besten Ideen. Aber wie sehr wir uns auch anstrengten, die Eier wurden nie so schön wie die unserer Bäuerinnen, die es auf diesem

Gebiet zu vollendeter Kunstfertigkeit gebracht hatten. In ihren in Wachs geritzten Zeichnungen lebte die alte byzantinische Kunst, die sich in den Dörfern so wunderbar erhalten hatte.

Der Ostertisch mußte vor unserer Abfahrt in die Kirche fertiggestellt sein, und alle waren bis zum letzten Augenblick eifrig damit beschäftigt, die Dekoration zu vollenden. Der Tisch sah einfach wundervoll aus, ein wahres Stilleben. Wie eine Burg prangte der Kulitsch im Hintergrund, flankiert von den Babas. In der Mitte waren die farbenfrohen Eier auf Gras gebettet, gerade wie ein Blumenteppich. Die Paschas umrahmten das Ganze wie Pyramiden, und zwischen ihnen sah man die Butter, in Form kleiner Lämmer! Das Spanferkel hatte eine gefaltete Papierkrause um den Hals und eine Rose im Maul. Der große Schinken, wie das Geflügel und die spiralförmigen Würstchen eine ukrainische Spezialität, war mit weißen Papierrüschen verziert. Die Hyazinthen in ihren Töpfchen, eigens zu diesem Zweck im Gewächshaus gezogen, verliehen dem Anblick dieser Köstlichkeiten einen Hauch von Anmut.

Ostern ist bekanntlich ein bewegliches Fest; wenn es spät lag, war der Frühling schon da. Die Bäume standen in Blüte, und die Nachtigallen sangen ohne Unterlaß. Die endlosen Reihen der Kirschbäume hinter dem Herrenhaus umgaben den Park mit einem Schwall von Blütenduft. Alles schien dann wie verzaubert in der Osternacht, ganz so, als wollte die Natur an diesem bedeutsamen Fest der Menschen teilhaben. Die Kirche war mit Girlanden und frischen Zweigen geschmückt, der schwarze Samt war lichtem Brokat gewichen. Das ganze Dorf war in der Kirche oder auf dem Platz davor.

Kurz vor Mitternacht begannen wir, uns für die Prozession aufzustellen: Vater Alexander, mit dem Kreuz in Händen, stand an der Spitze, hinter ihm Papa, der eine große Bibel trug, sowie Herr Nolde mit der Christusikone, gefolgt vom Bürgermeister und den Honoratioren mit Ikonen und Fahnen. Der Chor, der gewissermaßen die Engel darstellte, eröffnete die Prozession. Josef Petrowitsch ging ihm rückwärts voran und dirigierte mit der Stimmgabel. Gemächlich setzte sich der Zug Richtung Ausgang in Bewegung, um anschließend dreimal um die Kirche herumzugehen; dies symbolisierte die drei Tage der Grabesruhe Christi. Unmittelbar nach der Rückkehr zum Portal verkündete Vater Alexander mit triumphierender Stimme die frohe Botschaft: Christus ist auferstanden! Mächtig hob nun der Chor zum sieghaften Jubel der Ostergesänge an, die Türflügel wurden weit geöffnet, für alle und jeden. Der Tod war bezwungen, der Heiland hatte ihn besiegt … und auch das Fasten hatte ein Ende.

Alles strömte jetzt in frohem Durcheinander in die hellerleuchtete Kirche, dicht an dicht drängte sich die Menge bis zur Ikonostase, die Luft war vom Duft des Weihrauchs erfüllt. Gegen Ende der Osterfrühmette umarmte man sich dreimal, wobei man die heiligen Worte sprach: »Christus ist wahrhaft auferstanden.« Dann ging man nach vorne, das Kreuz zu küssen, das Vater Alexander, am Fuße des Alters stehend, in Händen hielt. Das war der unerquicklichste Augenblick dieser festlichen Nacht, denn nach dem Kreuz mußte man auch den Vater Alexander dreimal küssen. Nachdem wir diese Pflicht erfüllt hatten, kehrten wir nach Hause zurück, während der Gottesdienst noch bis zum Morgengrauen weiterging.

Im Herrenhaus angekommen, überfiel uns eine jähe Müdigkeit, wir gingen zu Bett, ohne den Ostertisch, der ja nunmehr freigegeben war, auch nur eines Blickes zu würdigen. Freilich war er genaugenommen auch erst halb freigegeben, weil zuvor noch der Segen gesprochen werden mußte.

Vom frühen Morgen an umstrichen wir den Tisch, wagten aber nicht, irgend etwas anzurühren. Vater Alexander, erschöpft vom nächtlichen Gottesdienst, ließ auf sich warten, doch ohne seinen Segen ging es nicht: Gott nahm in der Tat an allen Ereignissen unseres Lebens teil. Die Bitten und Gesänge, die wir noch frisch im Ohr hatten, hoben erneut an, diesmal vor weniger frommen Symbolen. Und keinen Augenblick früher, als bis Vater Alexander seine Stola ablegte, hatte man das Gefühl, daß die Zeit der Prüfungen endgültig vorüber war.

An diesem Tag aßen wir unmäßig viel. Unsere Eltern erlaubten, daß wir uns nach Herzenslust vollstopften, gerade so, wie sie in den Wochen zuvor geduldet hatten, daß wir die Fastenessen verweigerten. Allerdings hatte das häufig Magenverstimmungen zur Folge, was wir jedoch normal fanden, zumal ganz Rußland dasselbe machte und sich überdies noch betrank. Das heilige Rußland war in der Woche nach Ostern ausnahmslos berauscht, was jedoch nur als Beweis seiner Frömmigkeit galt. Sogar Krawalle und Skandale gehörten zum Fest.

Jakim hatte Urlaub und blieb für zwei Tage in seinem Dorf. Das Buffet war mannigfachem Ansturm gewachsen, und die Küche wurde nur mehr für Tee und Kaffee in Anspruch genommen. Manchmal gab es etwas ernstere Zwischenfälle, wie zum Beispiel, als dem Zimmermädchen Akulina schlecht wurde, nachdem sie, kaum von der Kirche heimgekehrt, zehn hartgekochte Eier auf einmal gegessen hatte. Stundenlang sah man, wie sie sich verzweifelt hinter dem Hühnerstall herumtrieb, und wir waren kurz davor, den Arzt kommen zu lassen. Als Mama schließlich in heller Aufregung in die Küche lief, um nach ihr zu sehen, saß sie bereits wieder mit allen anderen am Tisch, vor einem riesigen Kalbsbraten. So schlimm konnte die Unpäßlichkeit also nicht gewesen sein, wenngleich Akulina erklärte, sie sei nur mit knapper Not dem Tode entronnen. Sie fügte aber hinzu, sie hätte es um keinen Preis, nicht einmal um diesen, ertragen können, daß man den Braten ohne sie verzehrte.

Montag war der Tag, an dem man Besuche machte und die guten Wünsche der Angestellten und Dorfbewohner, die bunt bemalte Eier und Kolatschbrote brachten, entgegennahm. Je länger nun die Osterwoche andauerte, desto mehr nahm der Reiz des guten Essens ab; zuletzt machte man gar kein Aufhebens mehr davon. Andere Dinge traten für uns in den Vordergrund, denn es war Frühling. Die Schwalben kamen zurück und nahmen ihre Nester unter den Balkonen wieder in Besitz. Ställe und Koben bevölkerten sich mit Jungtieren, die Mutterschweine grunzten vor Zufriedenheit, wenn sie, auf der Seite liegend, ihre unzähligen Ferkelchen säugten. Gemächlich watschelten die Entenmütter zum Teich hinunter, gefolgt von ihren winzigen Küken, die ihnen im jungen Gras hinterherpurzelten.

Überall brach neues Leben hervor und zog uns in seinen Bann. Unser Gutsschreiner entfernte die Doppelfenster, und die Winterkleider wurden weggepackt. Mit Erleichterung sahen wir die schweren, unbequemen Sachen, Zeugen so vieler Unannehmlichkeiten, in den großen, luftdichten Kisten verschwinden. Wir hatten zwar weiter Unterricht, aber er kam uns um vieles weniger quälend vor, da sein Ende absehbar war. Am 1. Juni begannen unsere Ferien, und von diesem Tag an änderte sich unser Leben von Grund auf.

# Die Sommer von Raschkow

Jeden Sommer war eine Woche unserer Großmama gewidmet, bei der wir mitsamt unseren beiden Kindermädchen, zwei Kutschern und acht Pferden aufgenommen wurden. Das war ein wichtiges Ereignis, auf das wir uns lange vorbereiteten. Mama fürchtete immer die Kritik ihrer Schwiegermutter und gab sich die denkbar größte Mühe, diese Reise so zu organisieren, daß nichts daran auszusetzen wäre. Die Kleider »für Raschkow« wurden sorgfältig ausgewählt, unser Benehmen wurde genau unter die Lupe genommen, und jede falsche Bemerkung unsererseits endete unweigerlich mit Mamas Warnung: »Aber wenn du bei Großmama bist ...« Die Kindermädchen, die für diesen sagenumwobenen Aufenthalt ausgewählt wurden, erhielten zusätzlich genaueste Anweisungen, was statthaft wäre und was nicht.

Großmama erwies sich uns gegenüber nie anders als gütig, großzügig und liebevoll. Doch ihr Ruf, ihre hervorragenden Eigenschaften und ihr großzügiger Lebensstil wirkten auf alle einschüchternd, das ließ sich nicht abstreiten.

Für diese Reise von 90 Kilometern benötigte man einen ganzen Tag. Der Zustand der Straßen war schlecht, außerdem mußten Schluchten überwunden und der Dnjestr überquert werden. Das alles war für die Reisenden wie für die Pferde äußerst ermüdend, weshalb unsere Eltern es vorzogen, in Kapljowka einen Halt einzulegen und dort zu übernachten.

Die ersten zehn Kilometer ging meist alles gut, wir rollten leicht dahin. Die Straße lief schnurgerade durch die Felder und war bei schönem Wetter gut befahrbar. Allerdings war sie von einer dicken Staubschicht bedeckt, so daß wir inmitten einer dichten Wolke fuhren, die sich mit erbarmungsloser Hartnäckigkeit auf Fahrgäste und Pferde legte und sie zu ersticken drohte. Man hustete, rieb sich die Augen und versuchte, sich mit Taschentüchern gegen diese Unbill zu wappnen. Die Pferde spien schwarzen Seiber aus, und ihre Überwürfe wurden zusehends erdfarben. Und doch war dies alles noch immer angenehmer als eine Reise im Herbst, wo man ständig Gefahr lief, bis zur Achse im Matsch zu versinken.

Die eigentlichen Schwierigkeiten begannen, wenn es hangabwärts zum Dnjestr ging. Hierauf bereitete man sich wie auf einen gefährlichen Sprung vor: Sämtliche Kutschen wurden zum Stehen gebracht, und die Insassen stiegen aus. Die Kutscher zogen die Bremsen an und ermunterten ihre Pferde mit leisen Pfiffen und Zungeschnalzen, noch einmal Wasser zu lassen.

Der Blick von der Felswand herab war überwältigend. Nichts auf der Welt, so schien es mir, konnte erhabener und schöner sein. Aus dieser Entfernung glich Alt-Uschiza einem am Ufer des Flusses ausgebreiteten Teppich. Die Weite und ein leichter Dunst ließen die Einzelheiten verschwimmen und milderten das Häßliche des Panoramas.

Der Abstieg war lang und voller Hindernisse. Die Straße, eng, steil und von Regen und Rädern tief zerfurcht, schlängelte sich in einem unregelmäßigen Zickzack den Steilhang hinab und durchpflügte die Schlucht. Die Räder quietschten und stoben Funken, die Kutscher stießen mit heiserer Stimme Zurufe aus, die Pferde mühten sich ab und scheuten vor dem Gewicht der Fahrzeuge, die ihnen von hinten in die Beine rutschten. Unendlich langsam und mühselig drang man zum Fuße dieses Leidensweges vor. Nun wurde eine Rast eingelegt, um die schweißbedeckten Pferde zu Atem kommen zu lassen.

Alt-Uschiza, die ehemalige Landeshauptstadt, war zur Zeit unserer Kindheit nichts als ein zu groß geratener, schäbiger Marktflecken, ohne jeglichen Reiz. Die breite Landstraße, nur spärlich mit groben, unregelmäßigen Kieselsteinen gepflastert, war die Hauptstraße. Gräben mit Abfall und modrigem Wasser trennten sie von den Bürgersteigen, schlichten Dämmen aus gestampfter Erde, hier und da mit einem Fußgängerüberweg. Die niedrigen, unansehnlichen Häuser paßten farblich nicht zueinander, die Läden wirkten düster, ohne Schaufenster oder Aushängeschilder. Alles war schäbig und schmutzig, nichts erfreute das Auge, abgesehen vielleicht von der gepflegten Front der Apotheke und den Blumentöpfen, die in deren Fenstern standen.

Ich sehe noch heute die Schlachterei vor mir, eine einfache Holzbaracke, immer mit Blut bespritzt und ekelhaft stinkend; die großen Fleischstücke waren den Fliegen und dem Staub ausgesetzt. Dieser Anblick allein hätte einen schon zum Vegetarier werden lassen können. Der Kolonialwarenladen, »En gros und Einzelverkauf«, war mit Säcken und Kisten vollgepfropft und verbreitete einen Dunst, der nach Hering, Petroleum und ranzigem Öl stank. Und die einzige Metzgerei, erst kürzlich von einem Polen eröffnet, verkaufte nichts als ukrainische Würstchen und Pökelspeck.

Nur die Märkte waren farbenprächtig und spiegelten das eigentliche Leben des Landes wider: Hier sah man Töpfereiwaren in lebhaften Farben, handgefertigte Teppiche, sorgsam verarbeitete Stiefel, Korbwaren und die von Kunsthandwerkern in bäuerlich-naiver Kunst hergestellten Holzgegenstände. Die Bäuerinnen mischten sich unter die gewerbsmäßigen Händler und ließen sich auf der Erde nieder; ihre Erzeugnisse boten sie auf einem Teppich zum Kauf an. Sie verbrachten Stunde um Stunde damit, zu verkaufen und zu handeln, während ihre Männer sich in der Kneipe betranken. Unter anderem boten sie an den Füßen zu Bündeln geschnürte Hähnchen feil, Butterkugeln in Kohlblättern und Körbe voller Eier. Man konnte bei ihnen nicht einfach kaufen, sondern mußte feilschen, beanstanden, weggehen, wiederkommen. Der Markt war ein Meer von Farben, beherrscht von lärmendem Leben, das selten ohne Krawalle abging.

Die Honoratioren von Alt-Uschiza – der Bürgermeister, der Friedensrichter, der Erzpatriarch, der Arzt, der Chef der Polizeipräfektur, die Rechtsanwälte und Getreidegroßhändler – wohnten nicht in der schmutzigen, verwahrlosten Stadt, sondern besaßen in geraumem Abstand vom Stadtzentrum stattlichere Häuser, von Gärten umgeben. Die kleinen Straßen in Alt-Uschiza waren weder gepflastert noch des Nachts beleuchtet. Deshalb schien es in diesem Ort geraten, sich stets mit einer Laterne zu rüsten, um nicht in eine Pfütze zu treten oder gar bis zum Knöchel in Jauche zu versinken.

Die Bevölkerung bestand wie in allen kleinen Marktflecken Podoliens aus drei nach Herkunft, Sprache und Kleidung streng voneinander geschiedenen Gruppen. Das Zentrum hatten die Juden bevölkert, deren Häuser eng ineinander verschachtelt waren. Der Arzt, die Rechtsanwälte und sämtliche Händler waren Juden. Sie vermischten sich nicht mit der übrigen Bevölkerung, hatten ihre Synagoge, ihre eigene Schule, ihre koscheren Läden, bis hin zum Bartscherer und Totengräber. Sie sprachen Jiddisch und verstanden nur einige wenige Worte Russisch oder Ukrainisch.

Die Religion, deren Gebote sie gewissenhaft befolgten, regelte ihr Leben bis in die kleinsten Einzelheiten. Die jüdische Gemeinschaft bildete eine in sich geschlossene Gruppe, die den Umgang mit der übrigen Bevölkerung mied, soweit dies irgend möglich war.

So waren durch die Jahrhunderte das charakteristische Äußere, die Sprache und die Sitten der Vorväter bei diesem Bevölkerungsteil lebendig geblieben. Freitagabend erstrahlten in allen Fenstern der Hauptstraße die rituellen Kerzen, und die Türen wurden bis zum Ende des Sabbat geschlossen. Die Männer legten ihren gestreiften Kaftan an, setzten ihre fellbesetzte Kopfbedeckung auf und befestigten auf deren Stirnseite das heilige Schächtelchen mit dem Gesetz Gottes. Im jüdischen Stadtzentrum herrschte von nun an eine gespenstische Stille.

Die ukrainische Bevölkerung hatte keine vergleichbar deutlichen Erkennungsmerkmale, und ihre gehobenen Schichten vermischten sich mit der russischen Oberschicht. Die eigentlichen Ukrainer mit eigener Sprache und Folklore waren die Bauern, die wie so häufig zahlenmäßig stärkste, aber am wenigsten angesehene Bevölkerungsschicht. Es gab auch »Teilzeit-Bauern«, die meist im Umkreis der Städte lebten, meist als Handwerker oder kleine Angestellte, denn sie waren bis auf wenige Ausnahmen für den Handel nicht sonderlich begabt. Diejenigen unter ihnen, die eine Schule besucht hatten, sprachen Russisch oder, um genau zu sein, ein bilderreiches Kauderwelsch, das für Russen aus dem Norden nicht immer ganz leicht zu verstehen war.

Die Bauern auf dem Land trugen die ukrainische Tracht, während die anderen sich »deutsch« kleideten; für die Ukrainer war dies gleichbedeutend mit einer Kleidung ohne nationale Eigenart.

Neben Juden und Ukrainern gab es natürlich noch die Russen. Russe zu sein bedeutete in unserer Gegend verschiedenes. Ganz allgemein hieß es, daß man aus »Rußland« stammte, und paradoxerweise setzte man »russisch« mit »ausländisch« gleich. Als »Russe« war man meist Beamter oder Militär, also jemand, vor dem man sich hüten mußte. Russisch oder »moskalisch« war auch gleichbedeutend mit rechtgläubig. Man wußte, daß es irgendwo Ansiedlungen dieser eigentümlichen Menschen gab, die Bärte trugen und sich moskowitisch kleideten, die Russisch sprachen, Kirchen ohne Kuppeln hatten und das Kreuzzeichen mit zwei Fingern machten. Sie erschienen unregelmäßig da und dort, um sich als Landarbeiter oder Gärtner zu verdingen, aber man mochte sie nicht und ging ihnen möglichst aus dem Weg. Diese Haltung war weit verbreitet. Trotz ihrer Bärte sah man sie nicht als wirkliche Russen an.

Die Oberschicht von Alt-Uschiza bestand aus dem Klerus, den Beamten und den Großhändlern. Die Grundbesitzer hielten sich aus dem städtischen Leben heraus und bildeten eine eigene Clique. Der Doktor Pistermann und die Anwälte Gitiss und Buzgann gehörten als Juden nur bedingt zu den Honoratioren; sie nahmen nie eine Einladung zum Essen an und hielten ihre Frauen von der Öffentlichkeit fern. Zwar waren sie ihren Glaubensbrüdern aufgrund ihrer Bildung überlegen, doch wenn es um Fragen der Religion ging, wahrten sie Solidarität.

Und schließlich gab es auch noch die Katholiken in Alt-Uschiza, und das hieß praktisch: die Polen. Der niedere Adel polnischen Ursprungs hatte sich über die ganze Ukraine verteilt und war mittlerweile weder russisch noch polnisch, dafür aber um so strenger katholisch. Als eine Zwischenschicht zwischen den Bauern und der Intelligenz stellten sie gewissermaßen das Reservoir für alle die Ämter dar, die ein gewisses Minimum an Bildung voraussetzten.

Im allgemeinen bestand die gehobene Gesellschaftsschicht bei uns aus einer Mischung von Ukrainern, russifizierten Polen und in der Ukraine eingebürgerten Russen. Der Richter Gansky zum Beispiel nannte sich russisch, stammte aber aus Poltawa und hatte die Grenzen der Ukraine nie überschritten. Auch der Apotheker Drexler bezeichnete sich als Russen, aber seine deutsche Abstammung machte sich an tausend Kleinigkeiten bemerkbar, auch wenn er nie einen Fuß auf deutschen Boden gesetzt hatte und kein einziges Wort Deutsch sprach. Seinen deutschen Eigenschaften verdankten wir den untadeligen Zustand der Apotheke und die Blumentöpfe seiner Frau. Der Archimandrit Grutschko hielt patriotische Predigten, in denen er das ruhmreiche Rußland verherrlichte, doch sein Akzent und sein Aussehen verrieten ihn als typischen Ukrainer.

Nur der Bäcker bemühte sich nicht um die Ehre, als Russe angesehen zu werden. Er schien rundherum zufrieden, Türke zu sein, ein waschechter Türke, der seinen Akzent aus Smyrna ebenso vollständig beibehalten hatte wie sein verschlagenes, wildes Aussehen und seinen Fez. Er arbeitete hart, buk nachts das Brot, verkaufte es tags darauf und hatte ansonsten mit den Ungläubigen nichts zu schaffen.

Der Schulmeister wußte selbst nicht, ob er nun ukrainischer oder russischer Herkunft war, und es war ihm auch egal. Er unterrichtete auf russisch, wie es die Schulordnung vorschrieb, was freilich in einer Stadt mit jüdischer und ukrainischer Bevölkerung gar nicht so einfach war. Dieser junge Mann mit dem ungenierten und überheblichen Auftreten hatte keinen allzuguten Ruf, und der Archimandrit, der ein wachsames Auge auf die Schule hatte, da sie seiner Diözese unterstand, brachte ihm offenes Mißtrauen entgegen. Er verdächtigte ihn einer revolutionären Einstellung, und das war eine schreckliche Sache, bei der es einem kalt den Rücken herunterlief.

Wie man sieht, war es nicht einfach, die Frage der Nationalität eindeutig zu klären; offiziell waren alle russisch, aber in Wirklichkeit war keiner es voll und ganz.

Der Dnjestr war nun ganz nahe, die letzten Hütten von Alt-Uschiza lagen unmittelbar am Wasser, umgeben von Müllhalden und Schutthaufen, die niemals weggeräumt wurden, es sei denn von den Fluten des Hochwassers.

Die schwerfällige, geradezu steinzeitliche Fähre, die die Verbindung mit Bessarabien sicherstellte, befand sich ein Stück stromaufwärts, an einer Landebrücke aus Rundholz vertäut. Vorsichtig wurden die Kutschen verladen, indem man die Pferde am Zügel führte und anschließend die Räder verkeilte. Die Fährleute stießen die schwere Ladung von der Böschung ab und ergriffen die Ruder. Mama bekreuzigte sich und murmelte: »Gott befohlen …«

Nachdem wir die Schlucht von Uschiza überquert hatten, ging es weiter auf der eintönigen staubigen Straße, vorüber an endlosen

Feldern. Wenn wir bei Einbruch der Dunkelheit die Wälder von Kapljowka erreichten, die zu Onkel Rostislaws Besitz gehörten, waren alle erleichtert, und die Pferde beschleunigten munter ihren Trab.

Das Herrenhaus lag mitten im Wald, am Ende eines Tales, schlicht und vornehm mit einem Spitzdach und Balkonen, die über einem von Kletterpflanzen umrankten Stockwerk zu schweben schienen. Aus einem ovalen Brunnen vor dem Haus stieg eine Fontäne auf, deren nimmermüdes Plätschern der einzige Laut war, der die Ruhe an diesem verzauberten Fleckchen Erde störte. Im Laufe der Jahre waren die Bäume immer dichter ans Haus herangewachsen und reichten inzwischen mit den Ästen bis an die Mauern heran. Efeu und Kletterrosen rankten an den Balkonen entlang bis zum Dach empor. Schwalben nisteten unter den Simsen, und Nachtigallen sangen ganz in der Nähe der Fenster. Nichts konnte sie stören, denn die Läden blieben geschlossen und die Balkone verwaist.

Seit Papas Kindheit versammelte sich die Familie jeden Sommer in Kapljowka, aber seit Großmama das Gut Onkel Rostislaw überlassen hatte, war das Haus den Rest des Jahres weitgehend unbewohnt. Das Herrenhaus war geblieben, wie Großmama es hinterlassen hatte. Die Zimmer unserer Tanten standen noch voller Nippesfiguren, Bücher und Fotografien, ja, es fanden sich sogar noch einige Kleider, alte Hüte und Sonnenschirme.

Onkel Rostislaw benötigte nur zwei Zimmer im Erdgeschoß, sein eigenes Zimmer und einen großen Raum für seine Windhunde. Seine Mahlzeiten wurden ihm im Küchentrakt, der außerhalb des Herrenhauses lag, von Petrina, seiner einzigen Hausangestellten, serviert.

Mit 18 Jahren hatte Onkel Rostislaw eine Reise in den Kaukasus unternommen und war seitdem völlig vernarrt in die Kosaken vom Fluß Kuban und aus Tscherkesk. Er begeisterte sich für ihre Ritterlichkeit und Gebräuche, und um ihnen ähnlich zu sein, übernahm er ihre Tracht und ihre Lebensweise. Er trug fortan nur noch die Tscherkesska (einen enganliegenden weißen Wollmantel) mit angenähter Patronentasche, Pluderhosen, flache Stiefel aus Saffianleder und die typische Kosakenmütze aus Schaffell. Ich habe ihn nie anders gekleidet gesehen. Er war groß und schlank, und dieser malerische Aufzug stand ihm außerordentlich gut.

Petrina beherrschte die tscherkessische Küche und bereitete mit viel Geschick die abenteuerlichsten Mahlzeiten, schauerlich gepfeffert und gewürzt, die dann in kleinen, kaukasischen Terrinen serviert wurden.

Onkel Rostislaw kehrte des öfteren in den Kaukasus zurück und verbrachte dort längere Zeit. Von dort stammten auch seine Kabardinerpferde und die herrlichen Zuchthengste seines Gestüts. Aus dem Kaukasus stammten ebenso die Teppiche und Waffen, überhaupt alle die Dinge aus verziertem Leder, an deren Anblick wir in Kapljowka, aber auch in Raschkow und bei uns zu Hause gewöhnt waren.

Unser Onkel war ein Eigenbrötler, der nichts so machte wie die anderen. Obwohl er alles andere als dumm war, hatte er doch nie eine ordentliche Ausbildung erhalten. Seine Eltern hatten ihn ins Gymnasium schicken wollen, und seine Lehrer hatten ihn sorgfältig darauf vorbereitet. Mit 15 Jahren wurde er für die Aufnahmeprüfung in die dritte Klasse des Gymnasiums in Kiew vorstellig. Was sich bei dieser Prüfung abspielte, hat er uns selbst erzählt: »Nachdem ich zwei Stunden über meiner Aufgabe geschwitzt hatte, wurde mir die Hauptsache klar: daß ich nämlich nie in der Lage sein würde, sie zu lösen. Ich schaute auf, um zu sehen, wie weit die anderen wären, und merkte, daß ich mit dem Lehrer alleine war. Der stand nun auf, kam zu mir und sah meine Arbeit prüfend an. ›Mein Junge‹, sagte er, ›ich glaube, es hat keinen Sinn, es noch weiter zu versuchen. Geh in die sechste Klasse, wo die Jungen gerade in Rechnen geprüft werden. Sag dem Lehrer, ich hätte dich geschickt, und versuche, es besser zu machen.‹ Ich folgte seiner Aufforderung, und man gab mir eine neue Aufgabe, über die ich mich mit demselben Eifer hermachte wie beim erstenmal. Wenn nun auch die Aufgabe anders war, so war doch das Ergebnis das gleiche, und ich fand mich erneut allein mit dem Lehrer vor. Dieser betrachtete seinerseits mein Heft und sagte: ›Junge, kehr nach Hause zurück, und wenn dir der Sinn danach steht, komm nächstes Jahr wieder.‹ Aber ich bin niemals mehr hingegangen, wie ihr euch denken könnt.«

Onkel Rostislaw hatte also nie eine Schule besucht, und nach diesem gescheiterten Versuch war er nur noch von Privatlehrern unterrichtet worden – freilich auch das nur in den Fächern, die ihn interessierten und die er nützlich fand. So verfügte er über ein breitgefächertes Wissen in Naturgeschichte, Botanik, Ackerbau, Seidenraupenzucht, Bienenzucht, Fischzucht und Tierhaltung, und all diese Kenntnisse fanden Anwendung bei der Führung seines Gutes, das er meisterlich betrieb. Die Kabardiner seines Gestüts waren berühmt und gewannen sämtliche Preise bei den Landwirtschaftsausstellungen. Die Spiegelkarpfen seiner Teiche waren die schönsten weit und breit, und der Honig seiner Bienenstöcke fand selbst in Kiew und Odessa Käufer. Seine Seidenraupenzucht ließ sich gut an und war landesweit eine Neuerung. Sein Weizen, schließlich und endlich der Hauptschatz des Gutes, war von erstklassiger Qualität. Überdies war er ein exzellenter Reiter und ritt die jungen Pferde selbst zu.

Tieffromm, versäumte Onkel Rostislaw nie die Messe und widmete dem täglichen Gebet viel Zeit. Er befolgte gewissenhaft und ohne jegliche Ausnahme alle Fastengebote. Bei uns zu Hause übersprangen wir den Mittwoch und Freitag und vergaßen oft auch die Nebenfasten. Wenn der Onkel in Wassilki zu Besuch war, bemerkte Mama bisweilen erst bei Tisch, daß er nichts aß. »Es ist Mittwoch«, erklärte er auf ihre Nachfrage, und Mama schickte nun beschämt ein Dienstmädchen in die Küche, das schleunigst etwas Vegetarisches zubereiten sollte. Doch Onkel Rostislaw protestierte: »Ich esse Brot, das genügt.« »Es wäre besser, du würdest essen, was man dir anbietet«, sagte Papa dann. »Ich bin sicher, daß dem Herrgott etwas mehr Taktgefühl viel lieber wäre als dein Fasten, das so viel Umstände bereitet.« »Das ist eine Frage der Selbstdisziplin. Wenn man dem Teufel den kleinen Finger reicht, nimmt er bald die ganze Hand«, erwiderte Onkel Rostislaw.

Kapljowka wurde von Moses Schilin verwaltet, einem früheren Tischler des Anwesens, der mit Grunja, einer ehemaligen Zofe von Großmama, verheiratet war. Zuverlässig und fleißig wie er war, wurde Moses bald befördert und mit der Verwaltung des Gutes betraut. Man munkelte allerdings, daß in Wahrheit Grunja die Verwalterin sei, was in Anbetracht ihres Charakters auch äußerst wahrscheinlich schien. Wie dem auch sei, man muß sagen: der Hof florierte.

Heutzutage wagt man kaum noch, von den guten Eigenschaften eines Großgrundbesitzers zu sprechen. Der Name allein läßt unweigerlich an Ausbeuter und Blutsauger denken. Ein Gutsherr kann nach heutigen Wertmaßstäben eigentlich nur ein finsterer Tyrann sein. Das ist ein gefestigtes Vorurteil, vor allem bei denen, die nie einen Gutsherrn kennengelernt haben. Man wird mich vermutlich für befangen halten, wenn ich sage, daß Onkel Rostislaw nichts von einem Leuteschinder an sich hatte: Anstatt seine Bauern zu mißhandeln und auszunutzen, wie es die Fama will, war er ihnen von Herzen zugetan. Er half ihnen und ließ ihnen auf alle nur denkbare Weise seinen Schutz angedeihen. Er sprach Moldauisch oder Ukrainisch mit ihnen, kümmerte sich um ihre Kinder, die fast ausnahmslos seine Patenkinder waren, und machte sich mit allen Einzelheiten ihres Lebens vertraut. Statt auf ihre Kosten zu leben, gründete er eine Poliklinik und eine Realschule, verteilte kostenlos Saatgut und junge Bäume, kämpfte um die Verbesserung des Viehbestands, verschenkte alles Mögliche und verlieh Geld.

Man wird vielleicht sagen, das sei zu wenig, um das Verbrechen des Landbesitzes zu sühnen. Aber zu jener Zeit war das kein Verbrechen, sondern ein Recht, an dem die Bauern als erste festhielten. Kolchosen gab es noch nicht ... Die ukrainischen und bessarabischen Bauern waren stolz, die Leibeigenschaft hatten sie nie kennengelernt, von ihr erfuhren sie erst nach der Revolution.

Onkel Rostislaws Haltung war um so verdienstvoller, als nichts und niemand ihn zu Liberalität und Wohltätigkeit verpflichtete. Sein geheimster Wunsch war im übrigen von ganz anderer Art, als man bei seinem aktiven Leben hätte vermuten können. Sein eigentlicher Traum war weder die Schönheit des Kaukasus noch die glückliche Abwicklung seiner Geschäfte, ja nicht einmal das Glück seines Dorfes. Seine geheimste Sehnsucht, über die er nur selten sprach und die ihn doch nie losließ, galt dem Klosterleben.

Das Herrenhaus von Raschkow ähnelte in nichts dem von Kapljowka. Freundlich und sonnenbeschienen, krönte es den Gipfel eines bewaldeten Hügels. Wälder umgaben es wie ein Wall, schlossen sich talabwärts wieder zusammen und erstreckten sich bis zum Dnjestr hinab. Die Vorderfront des Gebäudes erhob sich aus einem Meer von Grün, und jenseits des Flusses dehnte sich die österreichische Tiefebene. So sehr die Landschaft drüben auch der unseren ähnelte, wirkte sie auf uns doch anders, faszinierend allein schon deshalb, weil sie zu Österreich gehörte.

Jedesmal, wenn wir in Kapljowka ankamen, standen Großmama und Tante Naja zu unserem Empfang auf der Freitreppe. Staubbedeckt, wie wir waren, wagten wir kaum, sie richtig zu umarmen. Tante Naja führte uns sogleich in unsere Zimmer, wo wir uns erst einmal waschen mußten.

Tante Naja dachte an alles, kümmerte sich um alles und wachte streng über das Wohlergehen ihrer Mutter. Um Unruhe und Durcheinander im Haus zu vermeiden, schickte sie uns in den Garten, um Obst zu pflücken, Pilze zu sammeln oder zu angeln.

Die gutseigenen Apfelschimmel führten uns oft auf verwunschenen Waldwegen zu endlosen Spaziergängen. Die prachtvollen Wälder von Raschkow erstreckten sich in geschlossener Fläche über 2000 Hektar. Hundertjährige Eichen, die sich nie zu verändern schienen, wirkten wie Sinnbilder des Unvergänglichen. Großmama liebte sie so sehr, daß sie nie erlaubt hätte, auch nur eine von ihnen zu fällen.

Raschkow wurde von Herrn Andreas von Nolde verwaltet, einem Bruder unseres Verwalters. Nach den Gesprächen zu urteilen, die wir bei Tisch mitbekamen, waren die Arbeitsweisen beider Brüder einander sehr ähnlich. Da aber Raschkow wesentlich aus Wäldereien bestand, fiel das nicht so stark ins Gewicht.

Ein Hauptunterschied zwischen den beiden Noldes war, daß der Verwalter von Großmama eine vielköpfige Familie hatte und sie die Patin aller seiner acht Kinder war. Sie konnte also gar nicht allzu streng mit ihm sein, und ihn zu entlassen wäre ihr vollends unmöglich gewesen. Großmamas Patenkind zu sein stellte ein Glück dar, dessen Vorzüge einem von der Taufe an zugute kamen. Die Patin fühlte sich dafür verantwortlich, das Neugeborene mit allem auszustatten, was es benötigte; und später trug sie auch für seine Ausbildung Sorge – mit der Folge, daß alle Angestellten des Gutes ebenso wie zahlreiche Bauern ihr ihre Nachkommenschaft anvertrauten.

Als Großmama erkannte, welch unüberschaubaren Umfang die Zahl ihrer Patenkinder allmählich annahm, beschloß sie, dem ein Ende zu setzen. Aber man fand immer wieder Mittel und Wege, das zu umgehen, beispielsweise indem man sie ohne vorherige Nachfrage einfach zur Patin bestimmte.

Tante Naja hatte ebenfalls ihren Teil Patenkinder, und sie nutzte diese Position, um die Kinder in die Schule zu schicken. Diese Schule, wie die Kirche eine Schenkung von Großmama, war neu und vorbildlich ausgestattet. Über das Schulwesen hinaus ließ Tante Naja sich in unermüdlichem Einsatz die medizinische Versorgung angelegen sein. Selbst diplomierte Krankenschwester und äußerst fachkundig, betreute sie unentgeltlich sämtliche Dorfbewohner und schickte ernstere Fälle auf ihre eigenen Kosten ins Krankenhaus von Chotin.

Aber Großmamas Fürsorglichkeit ging noch weiter, kein Hilfsgesuch blieb je ohne Erfolg. Dies alles hinderte die Bauern jedoch keineswegs, sie zu bestehlen, die Wälder zu plündern und sie übers Ohr zu hauen, wann immer sich Gelegenheit dazu bot.

Die Gutsbesitzer, die ihre Bauern nicht mit Wohltaten überhäuften, sondern sie hart und unnachsichtig behandelten, standen in höherem Ansehen und wurden mit mehr Ehrerbietung behandelt. Großonkel Anatol pflegte zu sagen: Ein Russe verzeiht niemals, wenn man ihn gut behandelt.

Der weitere Verlauf der Ereignisse zeigte, wie Großmama »belohnt« wurde. Sie wunderte sich gar nicht darüber und war fast ein bißchen stolz: War Christus nicht sogar ans Kreuz geschlagen worden, weil er Nächstenliebe gepredigt hatte? Und doch ist es traurig, daß die Menschheit sich in zweitausend Jahren so wenig verändert hat.

Schon seit mehreren Tagen geht es im Schloß drunter und drüber: Die Vorbereitungen für einen zweimonatigen Aufenthalt in Odessa sind in vollem Gange. Jeder ist in Aufregung. Alle wuseln herum, außer Papa, der mit unerschütterlicher Ruhe das Ende der Betriebsamkeit erwartet, an der er selbst kaum beteiligt ist. Mama ist völlig überlastet, denn ohne sie klappt gar nichts – zumindest glaubt sie das, und die Lahmheit der übrigen scheint ihre Auffassung zu bestätigen.

Bei uns geht überhaupt nichts von selbst, je einfacher unser Leben erscheint, desto komplizierter wird jegliche Unternehmung. Man hat immer den Eindruck, als handele es sich darum, Felsblöcke zu stemmen. Aber die Entscheidung ist gefallen, wir werden fahren.

Das Schicksal von Wassilki wird man vertrauensvoll dem Herrgott, Herrn von Nolde, Frau Kulschitzka und Karpo überantworten. Nolde paßt auf das Gut auf, die Kulschitzka auf die Dienerschaft und Karpo auf die Pferde. Man muß auf alle denkbaren Katastrophen, die während unserer Abwesenheit eintreten können, gefaßt sein. Zum Beispiel könnte der Blitz einschlagen und einen Brand im Herrenhaus verursachen; oder Einbrecher könnten die Hunde erschlagen und ins Haus eindringen.

Wenn ich mich heute in die Lage meiner Eltern hineinzuversetzen versuche, kann ich mir schon vorstellen, wie schwierig es sein mußte, eine solche Reise vorzubereiten – mit fünf Kindern, drei Bediensteten und schrecklich viel Gepäck!

Die Sorgen waren unterschiedlicher Art: Als erstes galt es, den Zug nicht zu verpassen. Der nächste Bahnhof, Romankazi, lag in Bessarabien, also jenseits des Dnjestr. Und das bedeutete, daß zu den 23 Kilometern Anfahrt noch die Überfahrt mit der Fähre hinzukam, die immer für Überraschungen gut war. Wenn man auch nie sicher sein konnte, ob der Fluß einem gnädig war, auf eines konnte man sich verlassen: auf die Verspätung des Zuges. Das gewährte eine Gnadenfrist. Aus Vorsicht fuhren wir dennoch sehr zeitig los. Für den Zug um fünf Uhr nachmittags war die Abfahrt auf zehn Uhr morgens festgesetzt. Das hieß, daß unsere Reisegesellschaft sich gegen Mittag in Bewegung setzen und wir unterwegs essen würden. So nahmen wir beträchtliche Mengen an Proviant mit, darunter die unverzichtbaren panierten Hähnchen und die Piroggen aus Hackfleisch.

In Romankazi angekommen, setzten wir uns im Wartesaal nieder, und der Bahnhofsvorsteher ließ uns einen Samowar bringen. Papa mochte es nicht, im Zug zu essen, und Speisewagen waren auf den inländischen Linien selten.

Wir Kinder liebten die Züge und alles, was mit der Eisenbahn zu tun hatte. Die feuerspeienden Lokomotiven, der Rauch und der

Dampf versetzten uns in helle Begeisterung. Und ich muß gestehen, daß ich diese Schwäche für Lokomotiven mein ganzes Leben lang behalten habe.

Die letzten Augenblicke auf dem Bahnsteig verbrachten wir in fieberhafter Erwartung. Plötzlich tauchte der Zug in einem Getöse von Quietschen und Stampfen auf, und dampfend und pfeifend kam er im Bahnhof zum Stehen. Wild stürzten wir auf die Waggons zu, als ob wir sie stürmen müßten. Das war völlig überflüssig, da der Bahnhofsvorsteher stets wartete, bis alle eingestiegen waren, ehe er mit drei Glockenschlägen das Zeichen zur Abfahrt gab.

Wohlbehalten in unserem Abteil angekommen, waren wir nicht mehr vom Fenster fortzubewegen und verschlangen die vorüberfliegende Landschaft mit den Augen. Es wurde Nacht, und Mama legte, unterstützt von einem Zimmermädchen, zuerst die kleine Ella und anschließend auch die Zwillinge in die Kojen. Emmanuel und ich gingen hinaus auf den Gang, und ich lehnte mich, so weit es ging, aus dem offenen Fenster. Die gleichmäßige Bewegung, der Wind in meinem Gesicht, das Funkeln, das hier und dort die Dunkelheit durchbrach, sowie das Gefühl einer Fahrt ins Ungewisse berauschten mich. Diese Augenblicke von großer Erlebnistiefe sollte ich nie vergessen.

Von allen Städten des heiligen Rußland kannten wir nur Kamenez-Podolski und Odessa. Neu-Uschiza konnte man nicht als Stadt bezeichnen, und Alt-Uschiza noch weniger, auch wenn man ihnen offiziell diesen Titel zukommen ließ.

Wir wußten zwar, daß Odessa eine richtige Stadt war, aber wir kannten es kaum. Am Bahnhof nahmen wir Fiaker, die uns bis zum sogenannten Kleinen Brunnen brachten, wo sich unser Landhaus, der sogenannte Leuchtturm befand. Großer, Mittlerer und Kleiner Brunnen hießen die Villenviertel, die sich mit ihren Gärten mehrere Kilometer entlang der Meeresküste erstreckten. Unsere Urgroßeltern besaßen etwa 60 Hektar Land im Kleinen Brunnen und hatten dort Landhäuser für ihre Kinder gebaut. In unserer Kindheit waren nur noch zwei in Familienbesitz, unseres und das von Onkel Anatol, Großmamas Bruder. Die jeweiligen Parkanlagen grenzten aneinander und reichten bis zum Meer hinab, wo sie in den Strand übergingen, der uns gehörte. Der Leuchtturm, früher Eigentum von Onkel Juri, einem anderen Bruder von Großmama, war ein mehrstöckiges weißes Haus am Rande der Steilküste, hoch über dem Meer gelegen. Bis heute dient es den Seeleuten als Orientierungspunkt, wenn sie sich Odessa nähern.

Onkel Juri und Tante Lola hatten keine Kinder und galten als Egoisten. Onkel Juri war berühmt für seine utopischen Vorhaben, von denen keines jemals erfolgreich realisiert wurde, und Tante Lola für ihren schlechten Charakter. Sie hatten das Haus nie dauerhaft bewohnt, sondern dort nur ebenso kostspielige wie unnütze Arbeiten in Angriff genommen, die im übrigen nie zu Ende geführt worden waren. Da gab es zum Beispiel dieses eigenartige Badezimmer, das als Badewanne zwei in den Boden eingelassene Bekken aus grünem Marmor aufwies, die mit Meerwasser gefüllt werden sollten. Die entsprechenden Pumpen waren aber nie installiert worden, und nachdem Onkel Juri sich dadurch, daß er Passagierschiffe auf dem Schwarzen Meer fahren ließ, vollends ruiniert hatte, gab man dieses Vorhaben endgültig auf. Großmutter kaufte das Haus zurück und vermachte es Papa.

Zur Zeit unserer Reise lebte Onkel Juri schon nicht mehr. Tante Lola indes trafen wir bei Onkel Anatol und wurden ihr vorgestellt. Sie verschreckte uns durch ihr abweisendes Benehmen und ihre Gewohnheit, sich nur auf französisch zu äußern. Tante Lola besaß ein Auto, einen eindrucksvollen, roten Ford Cabriolet. Das war das erste Mal, daß wir ein Gefährt dieser Art von nahem sahen, und wir betrachteten es voller Neugier. Der Chauffeur, der sich langweilte, bot uns an, ein Stück mit uns zu fahren, und wir stiegen bereitwillig ein, wenn auch mit gemischten Gefühlen.

Diese kleine Eskapade, gleichsam unsere Einweihung in die Automobil-Ära, hinterließ einen tiefen Eindruck bei uns. Der seltsame Geruch nach Benzin, der an die Stelle des vertrauten Pferdegeruchs trat, die schwindelerregende Geschwindigkeit, die uns den Atem raubte, und das ohrenbetäubende Hupen: Wie aufregend das alles war!

Tante Lolas bissige Bemerkungen waren berühmt. Die folgende wurde oft zitiert, und man kann ihr eine gewisse Lebensnähe nicht absprechen: »Man darf nie jemandem den Tod wünschen, denn nichts hält die Leute länger am Leben!«

Trotz ihrer Heirat mit Onkel Juri war Tante Lola mit unserer Familie nie richtig warm geworden und konnte außer ihrem Mann niemanden leiden. Nach seinem Tod, als es darum ging, die Erbangelegenheiten zu regeln, schien sie nur den einen Gedanken zu haben, ihren Schwager Anatol zu ärgern. Und das, obwohl Onkel Anatol weiß Gott großzügig und hilfsbereit gewesen war und seinem Bruder oft genug aus der Patsche geholfen hatte.

Onkel Juri lag, wie alle unsere Verwandten, auf dem Friedhof Gagarin-Sturdza begraben. Den Ordensleuten der gleichnamigen Bruderschaft, der von unserer Vorfahrin gegründet worden war, oblag die Pflege. Eines Tages gingen wir mit Papa den Friedhof besichtigen, auf dem man sich nach Papas Ansicht ganz wie zu Hause fühlen konnte. Er zeigte uns die Gräber unserer berühmtesten Vorfahren und erzählte ihre Lebensgeschichten. Der von einer halbverfallenen Mauer umgebene Friedhof war still und schattig. Die Bäume neigten sich tief auf die alten Kreuze und die bemoosten Grabplatten herab. Die letzte Ruhestätte von Onkel Juri, ein Mausoleum aus schwarzem Marmor, fiel durch ihr düsteres Aussehen auf. Die Ordensleute, die uns begleiteten, ließen uns in die Grabkammer eintreten, wo auf einem hohen Katafalk ein mit dunkellila Samt verhängter Sarg stand. In einer Ecke standen für Tante Lolas nächtliche Wachen ein kleiner Tisch und ein Stuhl bereit. Die Nonnen erklärten mit gesenkter Stimme, die Fürstin treibe nachts Schwarze Magie an diesem Ort. Wir konnten uns zwar nichts Genaues unter diesem uns fremden Begriff vorstellen, aber allein schon die Vorstellung, daß diese Frau die ganze Nacht eingeschlossen mit einem Sarg hier verbrachte, ließ uns erschaudern.

Wir alle liebten das Meer, Papa vor allem, der sich unvergeßliche Erinnerungen an die Sommer seiner Kindheit bei seinen Großeltern in der Villa Prijut bewahrt hatte. Mit Wehmut sprach er von den vergangenen Zeiten, als es diesen Boulevard noch nicht gab, der jetzt mitten durch unsere Grundstücke führte und ebenso lästiges wie gewöhnliches Publikum anzog; und auch nicht dieses gräßliche, erst jüngst errichtete Strandhotel »Arkadien«, das mit seinen Badekabinen, der Gaststätte, dem Musikpavillon und dem Gartenrestaurant zu allem Überfluß unmittelbar an Onkel Anatols Liegenschaften grenzte. Jetzt konnte man nicht mehr ungestört dem Rauschen der Wellen und der Schiffssirenen lauschen, sondern mußte statt dessen die Kapelle des »Arkadien« ertragen und unseren Strand gegen den Ansturm der Spaziergänger verteidigen.

Der Verwalter der Villa ließ einen Zaun errichten und stellte einen Wächter ein. Aber ungeachtet dieser Maßnahmen war unser Strand dicht bei dicht mit nackten Leibern bedeckt, Männlein und Weiblein bunt durcheinander. Dieser Anblick erfüllte uns mit Ärger und Widerwillen und zwang uns zum Rückzug.

Die Felsen unseres Grundstücks liefen im Meer aus und bildeten einen kleinen Archipel, den wir als unser Eigentum betrachteten. Dort angelten wir, wie einst Papa, dicke Kaulköpfe und junge, silbrig schimmernde Makrelen. Das Schwarze Meer war außerordentlich reich an Fischen, es wimmelte von Krebsen und Garnelen.

Wenn wir nicht gerade am Strand waren, erkundeten wir den Park, der zur Hälfte von Dickicht überwuchert war. Efim, der Gärtner, hielt nur die Blumenbeete an der Vorderfront des Herrenhauses sowie die Allee, die zum Eingang führte, in Ordnung. Alles übrige wurde der Natur überlassen. Unter einer Zypresse entdeckten wir einmal ein winziges Grab, über dem sich ein kleiner Gedenkstein erhob. Die Platte trug die ergreifende Inschrift: »Hier ruht Fiffiche, mein innig geliebtes Hündchen.« Ja, Tante Lola war ihren Verstorbenen wahrhaftig sehr treu.

Die Villa Prijut war einst von dem Comte de Saint-Prix erbaut worden, der vor der Französischen Revolution ans Schwarze Meer geflohen war. Die Fassade mit ihrer Säulenreihe war gänzlich von wildem Wein und Efeu überwuchert, die die Spitzbogenfenster malerisch umrahmten. Ein Pavillon als Speisezimmer, auch er von Kletterpflanzen umrankt, bildete das Gegenstück zum Hauptgebäude. Zwei venezianische Löwen, auf Sockeln von weißem Marmor postiert, schienen das Tor bewachen zu wollen. Der kreisförmige Vorplatz war mit Kieselsteinen bestreut, in seiner Mitte befand sich ein Springbrunnen, aus dessen Rund eine Fontäne emporschoß. Schattige Alleen mit hundertjährigen Bäumen verliefen fächerartig durch die Kiefernwälder und Baumgruppen. Die Hauptallee führte bis zum Rand der Steilküste, mit weitem Blick aufs Meer.

Onkel Anatol und Tante Mary waren für ihre große Gastfreundschaft berühmt. Alle Familienmitglieder waren im vorhinein eingeladen und konnten bleiben, so lange es ihnen beliebte. So kam es, daß die Villa Prijut den ganzen Sommer über mit zum Teil sehr weit entfernten Verwandten voll belegt war. Prijut heißt im Russischen soviel wie Zuflucht, Refugium, und die Villa trug diesen Namen mit vollem Recht.

Onkel Anatol und Großmama waren gewissermaßen die Säulen der Familie, auf die alle anderen sich stützen konnten. Die aufrichtige Zuneigung, die beide verband, schuf ein Gefühl echter verwandtschaftlicher Zusammengehörigkeit, das sich auf ihre Kinder und Enkelkinder übertrug. Wir in der dritten Generation kannten aus diesem Grund eigentlich nur die Vettern und Cousinen von dieser Seite.

Über die familiären Bande hinaus hatte Papa zudem mit seinem Onkel viele gemeinsame Interessen. Onkel Anatol war ein Kenner des Obstanbaus und galt geradezu als eine Autorität auf diesem Gebiet. Vorsitzender mehrerer entsprechender Gesellschaften in Rußland wie im Ausland, war er ständig zu Kongressen und Ausstellungen unterwegs, als Mitglied der Jury. Er hatte sein Universitätsstudium in Deutschland absolviert und sprach nicht nur fließend Deutsch, sondern beherrschte auch die bayerische und die württembergische Mundart. Seit seiner Studienzeit schätzte er den Ordnungssinn, die Tüchtigkeit und das Gemeinschaftsgefühl der Deutschen, und er war zutiefst davon überzeugt, daß Rußland und Deutschland zum größten Vorteil beider Länder enge Beziehungen unterhalten sollten.

Er versuchte, bei uns gewisse Gepflogenheiten aus Deutschland einzuführen. So wollte er zum Beispiel an den Chausseen Obstbäume pflanzen lassen, deren Ernteerträge später unter den Einwohnern der Gemeinden aufgeteilt werden sollten. Entlang der Straßen in der Umgebung seines Gutes unternahm er auch einen entsprechenden Versuch, doch waren nach einer Woche nur ein paar abgehackte Stümpfe übriggeblieben. Die Bauern hatten nicht gezögert, die jungen Bäume zu zerstören, um sich Peitschen daraus zu machen.

»Was soll man mit einem solchen Volk bloß anfangen?« sagte Onkel Anatol bitter. Seiner Ansicht nach tat eine bessere Bildung des Volkes in Rußland am dringendsten not, und das Fehlen von Gemeinsinn und Achtung vor den Mitmenschen galt ihm als das größte Hindernis jeglichen Fortschritts. Ohne die Entscheidungen der Verwaltung abzuwarten, gründete er selbst mehrere Schulen in seiner Gegend, darunter selbstverständlich auch eine Gartenbauschule.

Onkel Anatol reiste jedes Jahr zur Kur nach Karlsbad oder Marienbad. Aber die Kur war nur ein Vorwand, und die Heilung all seiner Leiden erfolgte bereits in dem Augenblick, da er die Grenze überschritt und auf einem Schild erstmals jene Aufschrift wahrnahm, die für ihn geradezu ein Schlüsselwort darstellte: »Verboten!«

Trotz allem aber war Onkel Anatol ein waschechter russischer Patriot, der sein Land von ganzem Herzen liebte. Er teilte durchaus nicht die Auffassung seines Schwagers, des Grafen Sollohub, der da sagte: »Für Rußland sterben – ja, aber leben – lieber im Ausland.« Onkel Anatol wünschte nichts sehnlicher, als sein Land blühend und sein Volk glücklich zu sehen. Er jammerte über die Stumpfheit, Faulheit und Trunksucht des russischen Volkes. »Wenn doch unsere Bauern bloß das Geld, das sie in die Kneipen tragen, darauf verwendeten, die Wirtschaftlichkeit ihrer Betriebe zu erhöhen!« sagte er oft voller Ärger. Wenn er die Klagen hörte, die Juden seien im Handel zu beherrschend, rief er ungehalten: »Na, dann macht es doch wie sie! Wer hindert euch denn daran?«

Seine Lebensmaxime war äußerst simpel: Mehr sein als scheinen! Eine weitere Maxime betraf seinen gesellschaftlichen Stand: Ein Titel ist eine Verpflichtung, kein Privileg! Erstaunlicherweise teilte keines von Onkel Anatols Kindern seine Vorlieben, außer seinem jüngsten Sohn Wladimir, der Wodik genannt wurde.

Jede Geburt ist für die Eltern wie ein Lotteriespiel, und Onkel Anatol und Tante Mary hatten mit Wodik das große Los gezogen. Dieser Sohn war wohlgestaltet, temperamentvoll, liebenswürdig und von sprühender Intelligenz – und er war noch mehr als all dies: ein außergewöhnlicher Mensch, den man nie mehr vergaß, auch wenn man ihm nur einmal begegnet war. »Ein Sonnenstrahl im Leben, an dem die Seele sich wärmen kann«, sagte Mama.

Onkel Wodik hatte von seinem Vater die Liebe zum Boden und den Pflanzen geerbt und von seiner Mutter die Sehnsucht nach dem Meer. Nach Abschluß seines Jurastudiums absolvierte er seinen Militärdienst bei der baltischen Marine. Nachdem er dieser Pflicht genügt hatte, gedachte er, seine Kenntnisse auf dem Gebiet der Landwirtschaftskunde zu vertiefen. Er wollte ins Ausland und schwankte noch zwischen Frankreich und Deutschland.

»Wenn du dich amüsieren willst«, sagte sein Vater, »geh nach Paris. Wenn du aber arbeiten willst, geh nach Bonn.« Nachdem er diese beiden Alternativen wohl erwogen hatte, entschied sich Onkel Wodik für die Landwirtschaftsakademie in Bonn.

Zur Zeit, als wir in Odessa zu Besuch waren, kümmerte er sich um die Besitzungen seiner Eltern. Die Baumschulen von Okna belieferten den ganzen Süden Rußlands mit Obstbäumen. Die Herden der Karakulschafe erbrachten Tausende von Persianerfellen, die man zum Gerben nach Leipzig schickte. Mit dem Weizenanbau, der Aufforstung der Ländereien, den Mühlen und der Viehzucht hatte er keine Mühe, seine Zeit und Energie sinnvoll einzusetzen. Außerdem nahm Onkel Wodik am vielfältigen Leben und Treiben des Gutsbetriebes regen Anteil. Und wenn auch sein ältester Bruder Offizier der kaiserlichen Garde und ein zweiter Bruder Diplomat geworden war, neidete er beiden keineswegs deren glanzvolles Leben, sondern fühlte sich auf dem Lande rundum wohl.

Dessenungeachtet verbrachte er jeden Winter einen Monat mit seinen Eltern in Sankt Petersburg, vor allem, um seiner Mutter eine Freude zu bereiten. Wodik freute sich, Verwandte, Freunde und Kameraden wiederzusehen, doch bald schon begann ihn das Leben in der Großstadt zu langweilen. Überdies wußte er, daß zahlreiche Mütter vornehmer Familien auf seine Ankunft lauerten und sich etliche Zukunftspläne um seine Person drehten. Das ging ihm auf die Nerven, und so war er froh, wenn er endlich wieder seine Koffer packen konnte.

Okna, was auf moldauisch Bergwerk heißt, lag nur 200 Kilometer von Odessa entfernt. So machte Onkel Wodik zur allgemeinen Freude oft Überraschungsbesuche in Prijut. Er war der einzige von den Erwachsenen, dem gegenüber wir uns nicht schüchtern zeigten. Obwohl ein leiblicher Vetter von Papa, war er doch 15 Jahre jünger als er und befand sich altersmäßig zwischen den beiden Generationen.

Der Leuchtturm war äußerst spärlich möbliert, und die Zimmer standen nahezu leer. Meine Eltern hätten es absurd gefunden, ein Vermögen für die Ausstattung einer 20-Zimmer-Villa auszugeben, die man nur alle zwei Jahre für zwei Monate bewohnte. So gab es nur das Notwendigste, und wir hatten bisweilen den Eindruck, ein Lagerleben zu führen. Aber da wir ja wegen des Meeres gekommen waren, hatte alles Übrige keine große Bedeutung. Man gab sich damit zufrieden, die Küche so auszustatten, daß sie Jakims Ansprüchen genügte. Die Wirtschaftsräume befanden sich, wie in Wassilki und Prijut, hinter dem Hause.

Jakim genoß es sehr, in Odessa zu sein. Er machte Spaziergänge am Meer entlang, ging zum »Arkadien«, um sich dort die Musik anzuhören, besichtigte den Friedhof unserer Familie und stieg in die Gruft von Onkel Juri hinab. Unsere beiden Zimmermädchen, Manja und Wera, wurden ebenfalls schnell heimisch, und das »Arkadien« war für sie von besonderer Anziehungskraft. Sie liefen hinüber, sobald sie nur konnten. Die sonntäglich gekleidete Menge, das Orchester im Pavillon, die Fruchtlimonade – das alles waren Herrlichkeiten, die sie nie zuvor gesehen hatten.

Für mich sind die nachdrücklichsten Erinnerungen an unsere Sommer in Odessa mit den festlichen Abendessen bei Tante Mary in der Villa Prijut verbunden. Die lange, von Kandelabern erleuchtete Tafel unter der mächtigen Ulme, die zahlreichen Gäste, die Nachtfalter, die das Licht umschwirrten und die großen mit Obst gefüllten Kristallschalen hoben sich von dem dunklen Hintergrund aus Laub eindrucksvoll ab und ergaben so ein Bild von großer Lebendigkeit. Die Konturen des Hauses verschwammen, und der Springbrunnen, verborgen im Dunkel der Nacht, plätscherte seine Hintergrundmusik.

# Das »schüchterne« Fräulein Alice

Fremdsprachen nahmen innerhalb unserer Ausbildung einen bedeutsamen Platz ein, und wie alle Kinder unserer Gesellschaftsschicht hatten wir, besonders im Sommer, Gouvernanten.

Die Engländerinnen galten als die vornehmsten, wir mußten uns ihre Umgangsformen und ihre Kontenance zum Vorbild nehmen. Die Französinnen wurden weniger hoch eingeschätzt, bei ihnen sollten wir uns im wesentlichen darauf beschränken, ihre Sprache zu übernehmen. Den Deutschen wurde schließlich die Sorge für unser leibliches Wohlergehen übertragen, und man schätzte sie sehr als Kindermädchen.

Wir machten unseren Gouvernanten ihre Aufgabe nicht leicht und entwischten ihnen, so oft es nur ging. Manchmal benahmen wir uns ihnen gegenüber geradezu unverschämt, indem wir, just zum Zeitpunkt unseres Unterrichts, etwa auf die Bäume oder das Dach kletterten. Mama gestand diesen unglücklichen Ausländerinnen nicht das Recht zu, irgendwelchen Druck auszuüben, und so hatten sie das Spiel alsbald verloren.

Marcel Prévosts traurige und sehr eindrucksvolle Geschichte »Die Schutzengel« hatte Mama nachhaltig beeindruckt. In dem Buch wird das Wirken ausländischer Erzieherinnen in allzu gutgläubigen Familien geschildert. Deshalb ergriff sie alle nur denkbaren Vorsichtsmaßnahmen, um uns vor solcherlei Mißbrauch zu schützen. Der Auswahl unserer Gouvernanten gingen immer aufwendige Nachforschungen voraus.

Die Geschichte von Fräulein Alice Mollins Aufenthalt bei uns veranschaulicht den »Erfolg« von Mamas Bemühungen. In diesem Fall wandte sie sich an eine französisch-russische Organisation in Odessa, die einen in jeder Hinsicht einwandfreien Ruf besaß. Um ganz sicherzugehen, beauftragte sie zusätzlich noch eine mit Papa entfernt verwandte Tante, eine Engländerin, die Direktorin des in Frage stehenden Heims aufzusuchen und sie zu bitten, eine gebildete junge Französin aus gutem Hause für uns auszusuchen, eine junge Dame, der man die Kinder ohne irgendwelche Sorgen anvertrauen könnte.

Unverzüglich begab sich Tante Dora zu dem Heim, führte ein Gespräch mit der Direktorin und konnte Mama bald den erfolgreichen Abschluß ihrer Unternehmung melden. Ein junges Mädchen, das allen Anforderungen entsprach und zudem noch hocherfreut war, den Sommer auf dem Lande verbringen zu dürfen, sollte in nächster Zukunft in Wassilki eintreffen. »Liebe Kinder«, sagte Mama zu uns, »Tante Dora schreibt mir, daß Fräulein Alice Mollin sehr schüchtern ist. Empfangt sie recht freundlich, damit sie sich von Anfang an wohl fühlt.«

Wir standen alle auf der Freitreppe, als Karpo mit ihr vom Bahnhof zurückkehrte. Ein hochaufgeschossenes Mädchen von keckem Aussehen sprang behende aus dem Wagen und rief mit munterer Stimme: »Guten Tag allerseits. Da bin ich also! Aber sagt mal, ihr habt vielleicht elende Straßen, das zieht einem ja die Schuhe aus!«

Ich sehe noch genau Mamas fassungslosen Gesichtsausdruck und den belustigten Blick von Papa. Die Frage war nur: Was sollten wir tun? Ganz offensichtlich lag ein Irrtum vor, dies konnte einfach nicht die Person sein, von der die Direktorin des Heims gesprochen hatte. Andererseits konnte man sie jetzt, wo sie nun einmal da war, auch nicht zurückschicken.

Mama beschloß, unsere Kontakte mit Fräulein Alice auf ein Minimum zu beschränken, was sich im übrigen beinahe von selbst ergab, da sie sich für alles interessierte, nur nicht für Kinder.

Seltsamerweise ist uns Fräulein Alice dennoch von all unseren Gouvernanten am lebhaftesten im Gedächtnis geblieben. Sie war von überschäumender Lebenskraft und konnte nicht eine Minute untätig bleiben. Zunächst einmal zog sie los, um alles gründlich zu erforschen und einer kritischen Prüfung zu unterziehen. Alles schaute sie sich neugierig an, die Küche, die Wäscherei, die Molkerei, den Hühnerhof, den Gemüsegarten, ja selbst den Bauernhof – »um zu sehen, wie das bei euch hier so ist«; und sie verglich alles mit dem, was sie vom Landleben in Frankreich kannte.

Bei Tisch redete sie ohne Punkt und Komma, und sie erzählte lockere Geschichten oder von ihrem eigenen Leben in Paris, und das mit einer erstaunlichen Freimütigkeit.

»Wie sind Sie auf die Idee gekommen, nach Rußland zu kommen?« fragte Papa einmal. »Nun ja, eine Freundin von mir ist schon mal hiergewesen und hat mir geraten, es wie sie zu machen. Immerhin ist es noch besser, Gouvernante zu sein als Zimmermädchen, selbst bei Russen.« »Ach ja ...?« »Ja, ich habe in einem Hotel gearbeitet, und wissen Sie, das ist hart, und was habe ich nicht für Ärger gehabt.« »Und Sie dachten, daß es in Rußland ...?« »Meine Freundin hat mir gesagt: Fahr doch einfach hin. Bist ja Pariserin, und die Russen werden begeistert sein.« »Glauben Sie nicht, Fräulein ...« »Ach, Mann, Sie wollen mich ja nur für dumm verkaufen. Aber die Russen sind eben nur Russen, ganz gleich, was Sie sagen mögen. Überhaupt Rußland, wissen Sie ... Frankreich dagegen ... das ist der Himmel auf Erden!«

War auch die Vaterlandsliebe von Fräulein Alice über jeden Zweifel erhaben, so waren es ihre Kenntnisse in Geographie weit weniger. Aber daraus zog sie eher Nutzen, weil es ihr gestattete, sich die Dinge so zurechtzulegen, wie sie wollte.

»Rußland kenne ich, lassen Sie bloß, ich kenne es sogar nur zu gut.« »Aber Sie haben doch lediglich Odessa gesehen«, widersprach Papa, »das ist nicht ganz Rußland. Rußland ist riesengroß.« »So, riesengroß. Jedenfalls nicht so groß wie Frankreich!« »Sachte, sachte, wertes Fräulein, Rußland ist vierzigmal so groß wie Frankreich!« »Hoho! Wie der übertreibt! Sie wollen sich wohl über mich lustig machen?« »Nein, keineswegs. Ich werde Ihnen eine Landkarte zeigen, dann können Sie es ja selbst sehen.« »Also Ihre russischen Landkarten, wissen Sie ... Papier ist ja geduldig.« Da sie aber wohl doch ein unliebsamer Zweifel beschlich, ließ sie diese Frage auf sich beruhen.

»Die Russen«, erklärte sie ein andermal, »essen wirklich alles, egal, was es ist. Zum Beispiel, glauben Sie mir, Ihre berühmte Pascha – so etwas gibt man bei uns den Schweinen.« »Und bei Ihnen ißt man Frösche und Schnecken. Das mögen bei uns nicht einmal die Schweine. Das ist eine Frage der Kultur.«

Jetzt wandte sie sich Mama zu: »Ihr Koch hat übrigens keine Ahnung, wie man ein Apfelsoufflé macht. Ich werde ihm mal zeigen, wie das geht.« »Also, ich bitte Sie, Fräulein Alice, lassen Sie den Koch in Frieden.« Aber Papa war einverstanden: »Laß es Fräulein Alice doch versuchen. Das ist für Jakim doch eine gute Gelegenheit, französische Rezepte kennenzulernen.«

Mama stimmte widerwillig zu und warnte Jakim vor Alices Plänen. Weit davon entfernt, Alices Kritik übelzunehmen, war er ganz entzückt von der Idee. Neugierig auf alles, was aus der großen, weiten Welt kam, hieß er Alice herzlich willkommen. Vermutlich aber waren es wohl nicht die fritierten Kartoffeln, die ihn neugierig machten, sondern Fräulein Alice selbst. Man wußte, daß das französische Dämchen sehr drollig und ihr Russisch zum Totlachen war. Karpo schien, als er sie vor Wochen vom Bahnhof abholte, die ganze Fahrt über gelacht zu haben.

Alice begab sich also mehrfach in die Küche und brachte tatsächlich sehr gelungene Apfelsoufflés zuwege, die Papa außerordentlich lobte. Sie buk überdies ein paar Torten und würzte den Salat. Doch schon nach wenigen Tagen war ihre Begeisterung verflogen. Sie erklärte, die Küche sei unzweckmäßig eingerichtet, das Holz brenne schlecht und Jakims Unsitten säßen zu hartnäckig fest, obwohl er ansonsten ein anständiger Kerl sei. »Ich habe die Nase voll«, sagte sie und verlor fortan kein Wort mehr übers Kochen.

Unsere Einstellung ihr gegenüber hatte sich rasch geändert. Anstatt Alice zu meiden, liefen wir ihr nach, aber nicht, um mit ihr Französisch zu sprechen, sondern um zu hören, wie sie Russisch sprach. Das bei weitem Komischste war, wenn sie den Zimmermädchen ihr ungepflegtes Aussehen vorhielt: »Siehst ja aus wie ein Schmutzfink, dummes Ding!« rief sie, Russisch und Französisch wild durcheinanderwerfend und heftig mit den Händen gestikulierend. »Und wasch dich um Gottes willen ein bißchen öfter! Euer Wasserfaß ist ja einfach widerlich!«

Papa versuchte ihr klarzumachen, daß das Faß so schwarz war, weil man es eingeteert hatte, aber sie wollte davon nichts wissen. Nikita mußte es leeren und in die Mitte des Hofes rollen. Alice bewaffnete sich mit einer Bürste und einem Eimer mit Lauge und krabbelte auf allen Vieren hinein. Der völlig verdutzte Nikita mußte nun das Faß festhalten und ihr einen Eimer mit Wasser anreichen.

Alice war äußerst spärlich bekleidet, nur mit einer Art Morgenmäntelchen, dessen Stoff in der Seifenlauge herumschwamm. Entnervt stieg sie aus dem Faß heraus, entledigte sich ihres Mäntelchens und warf es auf den Boden. Nun trug sie nur noch ein Hemd und lange Unterhosen mit Spitzenvolants, wie sie zu jener Zeit in Mode waren. Nikita stand wie vom Blitz getroffen da und riß die Augen weit auf. Alice schenkte ihm jedoch nicht die geringste Aufmerksamkeit, sie war völlig von ihrer Arbeit in Anspruch genommen. Ihr Hinterteil bewegte sich munter im Takt ihres Schrubbens, und das war alles, was man von ihr noch sehen konnte. Nikita erzählte noch nach Jahren von diesem außerordentlichen Ereignis und fügte jedesmal hinzu: »Man sah nichts als ihren Po! Ehrenwort! Ich habe ihn geradeso gesehen, wie ich euch sehe.«

Die Abneigung, die Alice gegenüber Flöhen empfand, grenzte an Besessenheit. Ich muß gestehen, daß es tatsächlich welche gab. Die Mittel, mit denen diese widerwärtigen Insekten bekämpft wurden, Flohpuder etwa oder Wermutzweige, hinterließen bei ihnen keine nennenswerte Wirkung. Sie krabbelten unter unsere Kleider, machten sich in unseren Betten breit und störten uns alle Augenblicke. Es kam vor, daß wir mitten in der Nacht aus dem Schlaf auffuhren und Mama um Hilfe riefen. Dann stand sie auf, zündete eine Kerze an und kam, den Floh zu suchen. Das Bett aufgeschlagen, harrten wir im Buddha-Sitz auf dem Kopfkissen, während Mama die Kerze an den Leintüchern entlangbewegte, um das garstige Insekt zu fangen, das derweil verzweifelt in alle möglichen Richtungen hüpfte. Oft wurden unsere Unterrichtsstunden unterbrochen, weil wir einen Floh jagen mußten, der uns nicht lernen ließ.

Da wir das Landleben gewohnt waren, hielten wir Flöhe für ein unvermeidliches Übel, kaum unterschieden von Fliegen und Mükken. Aber Alice machte ein Drama daraus. Sie beschuldigte die Dienerschaft, das Übel noch zu vergrößern, und versuchte, der Plagegeister mittels Insektenpulver Herr zu werden. Oft sprang sie wie von der Tarantel gestochen vom Tisch auf, stieß einen Schrei aus, warf ihren Stuhl um und hob ihren Rock hoch: »Autsch, du dreckiges Biest! Bist du mir schon wieder dadurch gewischt! Aber warte, ich krieg' dich am Ende doch.« Wir platzten fast vor Lachen, aber Mama geriet außer sich. »Mein liebes Fräulein, Sie könnten wirklich bis zum Ende der Mahlzeit warten ...!« »Warten? Sie machen wohl Scherze! Im übrigen nimmt mir das jeden Appetit!«

Die Methoden, wie bei uns die Wäsche gewaschen wurde, störten Alice ebenfalls: »Euer Leinen ist ganz grau«, klagte sie und verzog dabei das Gesicht. »Aber in Rußland versteht man davon eben nichts. Lassen Sie mich mal da ran, und Sie werden sich in Kürze wundern!«

Eines schönen Tages also ergriff sie Besitz von der Waschküche und führte dort tiefgreifende Veränderungen durch, die die Wäscherinnen in Angst und Schrecken versetzten. Wiederum wurde Nikita bemüht, Wasser heranzuschleppen und die Bottiche zu heizen. »Die Wäsche im Bach ausspülen«, rief Alice, »das ist der reine Wahnsinn. Das Wasser ist überhaupt nicht sauber, voller Getier, welkem Gras und allen möglichen anderen Schweinereien! Ich hab ja gesehen, daß die Kühe daraus saufen, die Schweine gehen bestimmt auch da rein. Ihr habt keine Ahnung von Hygiene!«

Ihr erklären zu wollen, daß es sich doch um fließendes Wasser handelte, das aus einer sauberen Quelle kam, blieb ein vergebliches Unterfangen: In ihren Augen war es eine Kloake. Das Ergebnis ihrer Bemühungen war allerdings weniger überzeugend, als sie erhofft hatte, und sie wandte sich alsbald von der Wäscherei ab, allerdings nicht, ohne Emilie, der ersten Wäscherin, zu empfehlen, ihre früheren Anweisungen zu befolgen.

In der Folge ereignete sich ein kleines Drama, das sich im Zimmer von Alice abspielte, als Emilie ihr ihre Wäsche brachte, die sie, so glaubte sie jedenfalls, sehr ordentlich gewaschen hatte. Wir bekamen zwei Versionen des Zwischenfalls zu hören, zuerst die von Emilie, die schluchzend zu Mama gelaufen kam: Diese Französin habe ihr die Wäsche ins Gesicht geworfen und sie, Emilie, dann vor die Tür gesetzt. Als Mama Alice zur Rede stellte, zeterte diese los: »Ach Unsinn! Ich habe ihr überhaupt nichts übergeworfen, höchstens ein Hemdchen. Ich habe ihr bloß gesagt: ›Heul nur, Kind! Dann mußt du nicht so viel pinkeln!‹«

Als wir in diesem Sommer die Ankunft von Großmama, Tante Naja und Onkel Rostislaw erwarteten, war Mama verständlicherweise sehr beunruhigt: Welchen Eindruck würde Alice auf die Verwandten machen? Man bat sie, sich möglichst unauffällig zu verhalten und uns aus den Werken der Madame de Ségur vorzulesen, oder besser noch im Garten Marmelade einzukochen; hierfür wollte man eigens für sie eine Kochgelegenheit unter freiem Himmel einrichten. Die Idee mit der Marmelade gefiel ihr außerordentlich, doch da sie außerstande war, irgend etwas ohne viel Aufhebens zu machen, nahm sie Wera zum Beeren-Entstielen mit und Nikita, damit er sich um den Kessel kümmere.

Nachdem wir uns vergewissert hatten, daß das Vorlesen nicht stattfinden würde, blieben wir in der Nähe des Handlungsschauplatzes. »Kommt nicht zu nahe heran, Kinder!« wies Alice uns zurück. »Wenn ich hier schon schufte, soll auch was dabei herauskommen! Ich will meine Arbeit hier ordentlich machen.«

Sobald Großmama angekommen war, setzte man sie von der ein wenig prekären Situation in Kenntnis. Entgegen allen Befürchtungen Mamas erweckte Alices Unbefangenheit jedoch allgemeine Sympathie. Selbst die ernste Tante Naja konnte sich das Lachen nicht verkneifen, als Alice, die kein bißchen eingeschüchtert war, von ihren Zänkereien mit der Dienerschaft zu erzählen begann.

»Wo wohnen Sie in Paris?« fragte Großmama. »In Puteaux, da hat meine Mutter nämlich ihr Bistro.« »Ach ja ...« »Wissen Sie, meine Mama ist von morgens bis abends auf den Beinen. Das einzige, was für sie zählt, ist Geld verdienen. Auf alles andere pfeift sie.« »Ach wirklich?« »Ich habe auch schon mal hinter der Theke gestanden, aber vor allem, um an den Gläsern zu nippen.« »Ist Ihre Mutter froh darüber, daß Sie in Rußland sind?« Alice zuckte die Achseln. »Also, ich weiß nicht, ob sie das interessiert. Es gibt eben Dinge, die sie nicht verstehen kann. Ich habe ihr geschrieben, daß ich gut untergekommen bin und Unterricht gebe. Und da schreibt sie mir doch: ›Was kannst du schon unterrichten?‹« Alice lachte laut auf. »Nicht, daß ich Mama nicht gern hätte. Ich weiß, daß ich ihr oft arg mitgespielt habe! Ich höre sie noch, wie sie mich mit einem ›Du Luder!‹ hinter die Theke schubst.«

Einmal entbrannte zwischen Alice und Onkel Rostislaw ein urkomischer Streit. Alice behauptete, die Russen seien faul und drekkig. »Was wissen Sie denn schon davon«, widersprach Onkel Rostislaw, »Sie haben doch überhaupt keine Ahnung. Wissen Sie, um nur ein Beispiel zu nennen, daß das Dampfbad für russische Bauern etwas ganz Alltägliches ist, während die französischen Bauern sich nicht gerne waschen. ›Wasser beißt‹, sagen die Leute, und das spricht ja wohl Bände. Passen Sie auf«, fügte er hinzu und stand auf, »ich werde jetzt im Teich baden, um Ihnen zu beweisen, daß Wasser nicht beißt.« »Im Teich? In dem stehenden Moderwasser? In der Gesellschaft von Fröschen und Ratten? Ich habe Ihnen ja gesagt, daß die Russen dreckig sind.«

Doch schließlich gewann Alices Neugier die Oberhand, und sie ging unverzüglich zur Lindenallee, die zum Teich führte. Und welche Überraschung, wenig später erschien sie in einem rüschenbesetzten Badeanzug auf dem kleinen Steg des auf Pfählen im Teich gebauten Häuschens, das als Badekabine diente.

Von uns allen mochte Alice Papa am liebsten, denn er ließ sie reden, wie sie mochte, und lachte auch noch gutmütig über ihre Scherze. Sie glaubte, ihn verführt zu haben, und fortan verfolgte sie ihn regelrecht: Sie hielt sich ständig vor der Tür seines Arbeitszimmers auf, ging ihn wegen irgend etwas Unwichtigem um Rat fragen und entdeckte urplötzlich ihre Liebe zu exotischen Pflanzen; oft auch erbat sie von ihm ein Buch, das sie dann meist in der Halle oder im Wohnzimmer liegenließ. Dann kam sie gar, ihm ihre Garderobe vorzuführen, und indem sie sich in Positur brachte, fragte sie ihn: »Bin ich nicht hübsch?« Als sie einmal Papa beim Schneiden junger Bäume zusah, seufzte sie traurig: »Das wird lang dauern mit denen da! Wenn die Äpfel und Birnen tragen, besehe ich mir schon die Kartoffeln von unten.«

Besucher waren bei uns eine Seltenheit, und eine Kutsche, die durchs Parktor hereinfuhr, schlug immer wie eine Bombe ein. Papa war im allgemeinen der erste, der sie bemerkte, da er vom Fenster seines Arbeitszimmers auf den kreisförmigen Platz vor dem Herrenhaus blicken konnte. Seine erste Sorge war dann, Mama seelisch auf die unangemeldeten Gäste vorzubereiten, und die gab sich dann auch größte Mühe, ruhig Blut zu bewahren und dem Ereignis gefaßt entgegenzutreten.

Es kam allerdings auch vor, daß ein Besucher einen Freudentaumel auslöste. Das war regelmäßig bei Überraschungsbesuchen von Onkel Wodik der Fall. Damit beschäftigt, die Apfelbäume in der Nähe des Tores zu beschneiden, sah Papa ihn wieder einmal als erster. Welche Überraschung! Aber warum kam er zu Fuß?

Onkel Wodik erzählte lachend, was geschehen war. Er befand sich gerade in unserer Gegend und wollte das nutzen, um uns zu besuchen. Er mietete also eine Kutsche und fuhr los. Es war ein herrlicher Tag, die Straße in gutem Zustand und das Kabriolett rollte munter dahin. Nur noch eine einzige Schlucht blieb zu nehmen, auf deren Sohle die launische Uschiza dahinfloß, als der Karren im wahrsten Sinne des Wortes in den Dreck fuhr. Nach einem Platzregen war der kleine Fluß plötzlich angeschwollen, und unter der Brücke, die überquert werden mußte, wogten heftige Strudel. Das morsche Gebälk war wohl nicht mehr voll belastbar, denn plötzlich brach alles zusammen. Kutsche, Pferde und Fahrgäste fanden sich allesamt im Flußbett wieder.

Alle kamen ohne nennenswerten Schaden davon, aber der Wagen hatte ein Rad verloren. Onkel Wodik, der solche Dinge nicht tragisch nahm, setzte seine Reise zu Fuß fort.

Unsere Eltern hatten zu ihm seit jeher eine besondere Zuneigung gefaßt, und wir Kinder schwärmten geradezu für ihn. Die Freude war also ganz allgemein.

Jetzt im Juli waren wir mitten beim Dreschen, einem großen Ereignis, das alle Kräfte des Hofes forderte. Zu den fest angestellten Arbeitern kamen die Tagelöhner und die Freiwilligen, die ihre Hilfe nach altem Brauch aus Verbundenheit anboten. Als Gegenleistung spendierte man ihnen ein fürstliches Essen mit Wodka nach Belieben, was diesen Tagen des Gepräge von Festen gab. In das Dröhnen der Maschinen mischten sich Gesang und fröhliches Lachen. Im Dorf machte man es ebenso, indem man von einem Hof zum anderen ging, um sich gegenseitig zu helfen.

Da mein Vater wußte, wie sehr sich sein Vetter für alles Landwirtschaftliche interessierte, schlug er einen Besuch auf dem Hof vor, dem Onkel Wodik freudig zustimmte. Natürlich fuhr die gesamte Familie mit.

Das Lärmen der Dreschmaschine war schon von weitem zu hören. Die schwere Maschine stieß Wolken von Rauch und Dampf aus, schnaubte und pfiff, als wollte sie sich in Bewegung setzen und dem riesigen Treibriemen, der sie an den Drescher fesselte, entfliehen. Eine große Zahl Arbeiter machte sich eifrig auf der Tenne zu schaffen. Die perlgrauen Ochsen von Wassilki, berühmt wegen ihres Wuchses und ihrer riesigen Hörner, zogen gemächlichen Schrittes die turmhoch mit Garben beladenen Fuhrwerke. Einige Männer beförderten die Garben weiter zu den Arbeitern hoch oben auf der Dreschmaschine, die sie dann in den gewaltigen Trichter schoben. Wieder andere fuhren das gedroschene Stroh, das in rasch aufeinanderfolgenden Wellen seitwärts von der Maschine ausgeworfen wurde, in Karren ab.

Der Mechaniker, schwarz von Wagenschmiere und Schweiß, überwachte den regelmäßigen Gang des Motors. Zwei Gehilfen, ebenso schwarz und verschmiert wie er, warfen Holzscheite in die weißglühende Feuerung.

Nachdem wir ausgiebig beim Dreschen zugeschaut hatten, gingen wir hinunter zum Teich, mit dröhnenden Köpfen und die Nasenlöcher voller Staub. Um das Wasser herum herrschten Stille und feuchte Kühle. Mama schlug vor, auf Krebsfang zu gehen, was wir am selben Abend bei einem Holzkohlenfeuer auch taten. Wir fingen eine große Menge, und Onkel Wodik erklärte, daß er noch nie derart kräftige Burschen gesehen habe. Dieses Kompliment war nicht übertrieben, denn unsere Flußkrebse glichen schon kleinen Hummern.

Jakim hatte nunmehr Gelegenheit, sich mit seiner berühmten Krebssuppe hervorzutun, die immer großen Eindruck machte. Am nächsten Morgen bettelten wir Onkel Wodik im Chor an, er möge seinen Aufenthalt in Wassilki doch verlängern. Um ihn zu locken, schlug Mama ihm nacheinander ein Picknick im Wald, einen Ausritt sowie das Angeln mit dem Netz vor. Doch alles war vergebens, denn er war mit einem Freund verabredet, einem Grundbesitzer aus Mohilew am Dnjestr. Aus Abenteuerlust hatte er beschlossen, die Reise per Schiff zu machen. Diese Art der Beförderung war von einem Handelsunternehmer aus Alt-Uschiza eingeführt worden und damals noch ganz unüblich. Die Schiffahrt auf dem Dnjestr war beschwerlich und langwierig und die beiden in Betrieb genommenen Boote noch wenig erprobt. Dasjenige, welches an dem besagten Tag ablegte, nannte sich »Slawa Bogu«, was soviel heißt wie »Gott sei Dank«, das zweite, das am nächsten Morgen fuhr, hieß »S nami Bog«, »Gott ist mit uns«.

Die Boote fuhren den Fluß nur langsam hinab, denn der Dnjestr verlief in seinem nicht enden wollenden Zickzack; sie legten schließlich in Ackermann am Schwarzen Meer an. Diese Reise machte Mama neugierig, und sie beschloß, schon bei unserer nächsten Fahrt nach Odessa Onkel Wodiks Beispiel zu folgen. Es mußte einfach herrlich sein, 1000 Kilometer mit einem Raddampfer dahinzugleiten. Natürlich begleitete die ganze Familie Onkel Wodik nach Alt-Uschiza, um bei seiner Abfahrt dabeizusein.

Zu den Personen, die von Papas jungem Vetter besonders beeindruckt waren, gehörte auch Fräulein Paula, unsere deutsche Erzieherin. Die mögliche Erschütterung, die ihre Schwärmerei für Onkel Wodik ihr hätte bereiten können, blieb glücklicherweise aus. Im Gegenteil, sein Erscheinen erwies sich als heilsam für diese schwermütige Seele, die überdies noch von einer unglücklichen Liebe niedergedrückt war.

Fräulein Paula war 24 Jahre alt und kam aus München. Mit ihrem ebenmäßigen, blassen, traurigen Gesicht war sie wunderschön anzusehen. Zu ihrem Liebeskummer kam noch heftiges Heimweh, das wir für eine Art schleichender und unheilbarer Krankheit hielten, der Ausländer ganz allgemein zum Opfer fielen. Schwermut und Traurigkeit schienen mir etwas sehr Poetisches zu sein, und ich stellte mir vor, auch ich wäre sicher melancholisch und traurig. Ich hatte Fräulein Paula sehr gern und verbrachte viel Zeit mit ihr. Die Geschichte ihrer Romanze hörte ich mir mit Teilnahme und Rührung an.

Fräulein Paula war in einen jungen Bulgaren verliebt gewesen, den sie auch zu heiraten gehofft hatte. Er besaß alle guten Eigenschaften, außer einer: der Treue. Einmal aus München abgereist, gab er kein Lebenszeichen mehr von sich, und je mehr Zeit verstrich, desto weniger wahrscheinlich wurde es, daß er noch jemals von sich würde hören lassen. Paulas Mutter verurteilte das Betragen des jungen Mannes aufs schärfste und gab ihrer Tochter den Rat, ihn zu vergessen. Um sie auf andere Gedanken zu bringen, schickte sie Paula ins Ausland, nach Rußland. Die Wahl fiel wahrscheinlich deshalb auf Rußland, weil das ein bewährtes Mittel war, jemanden bis auf den Grund durchzurütteln. In dieser Hinsicht war die Unternehmung meiner Ansicht nach auch ein voller Erfolg gewesen.

Der Kummer indes verflüchtigte sich nicht, eher im Gegenteil: Er wurde zum Dauerzustand. »Das Herz ist gestorben, die Welt ist leer ...« Schillers Verse beschreiben Fräulein Paulas Seelenzustand vortrefflich.

Nun aber erscheint urplötzlich, wie vom Himmel gefallen, Onkel Wodik, dieser junge Mann, strahlend und verführerisch. Mit seiner üblichen Liebenswürdigkeit und ohne zu ahnen, welche Wirkung er damit erzielte, bezauberte er sie innerhalb von wenigen Minuten. Mit seinem gebrochenen Deutsch, über die Deklinationen stolpernd und »der«, »die«, »das« verwechselnd, erzählte er von seinem Studium in Bonn, sprach von Bayern und von München.

Fräulein Paulas Gesichtsausdruck war auf einen Schlag wie umgewandelt, sie machte sich eine gefälligere Frisur und zog statt ihres vertrauten, düsteren Aufzugs ein hübsches Kleid an, das ihre Mutter für entsprechende Gelegenheiten genäht hatte. Man konnte meinen, sie habe die Trauer abgelegt. Würde sie vom Regen in die Traufe kommen und in Herzensdingen einen neuen Leidensweg antreten müssen? Zum Glück nein, denn die Zeit war zu kurz, um den Funken in ein loderndes Feuer zu verwandeln. Aber die Erschütterung reichte aus, um die Kümmernisse der Vergangenheit vergessen zu machen.

Wir fuhren also alle zusammen in drei Wagen nach Alt-Uschiza, um zu sehen, wie Onkel Wodik sich einschiffte. Wir kamen auch ohne nennenswerte Verspätung an der Landungsbrücke an, aber die »Slawa Bogu« schwamm bereits mitten auf dem Fluß. Alle riefen lauthals und winkten mit den Armen, in der Hoffnung, das Schiff würde noch einmal anhalten und ein Beiboot schicken. Aber nein, der Kapitän legte die Hände an den Mund und brüllte mehrere Male: »Morgen! Morgen! S nami Bog!« Das hieß, daß den Nachzüglern nichts anderes übrigblieb, als das Schiff am folgenden Tag zu nehmen. Wir waren entzückt von diesem Zwischenfall, und Onkel Wodik machte gute Miene zum bösen Spiel. Da Papa wußte, daß er sich für Juristerei interessierte, schlug er vor, zum Gerichtshof zu gehen, wo gerade Sitzung war. Gerichtstermine waren bei uns immer lebendig und voller Überraschungen.

Der Platz war versperrt von Fuhrwerken und verschiedenen

Gruppen von stehenden und sitzenden Menschen. Kläger, Beklagte und Zeugen warteten darauf, zur Anhörung ihrer Streitsache vorgelassen zu werden. Zwei gutmütige Gendarme schlenderten wie absichtslos herum und sicherten die öffentliche Ordnung.

Bei unserem Eintreten hob der Richter Andrjewski erstaunt die Augen, wandte sich aber sofort wieder den auf seinem Tisch herumliegenden Akten zu und sagte nichts. Der Saaldiener wies uns Stühle zu, und wir setzten uns leise nieder.

Rechtsanwalt Buzgann war gerade dabei, sein Plädoyer zu halten. Buzgann war ein Männlein mit gelocktem Haar und einer großen Brille auf der Nase. Er war kein richtiger Anwalt und hatte somit eigentlich nicht das Recht, vor Gericht zu plädieren. Aber wegen des Mangels an hinreichend qualifizierten Männern auf diesem Gebiet und dem gleichzeitigen großen Bedarf drückten die zuständigen Behörden bei derartigen kleinen Unregelmäßigkeiten beide Augen zu. War es auch mit Buzganns Sachkenntnissen nicht sonderlich weit her, so war dafür sein Russisch um so bildkräftiger. Seine fachlichen Mängel überspielte er durch leidenschaftliche Beredsamkeit und ausdrucksvolle Gesten. Die Bauern fanden ihn sehr überzeugend, und es fehlte ihm nicht an Klienten.

Seltsamerweise hatten die Juden in unserer Gegend große Mühe, ordentlich Russisch zu sprechen, vor allem jene, die keine Schule besucht hatten. In Odessa konnte man an allen Ecken Aushängeschilder folgender Art finden: »Küche nach dem Kopf eines fähigen Kochs«; »Hier schneidet und rasiert man ohne Unterschied«; »Schneider, im besten Geschmack erfahren«.

Buzgann war also mitten in seinem Plädoyer und ließ, als er zum Schlußantrag vorgedrungen war, seine Stimme gefühlvoll erbeben: »Ich fordere Recht! Ich beantrage die gerechte Strafe für den Verbrecher, der meinen Klienten um die Früchte seiner Existenz gebracht hat!« Buzganns Augen sprühten wie der Blitz. »Aber die Hand der Gerechtigkeit wird länger sein als das Verbrechen, und sie allein wird das letzte Wort zu sagen haben.«

Ich bemerkte, daß Onkel Wodik belustigt lächelte, aber ich verstand nicht, warum. Die Rede Buzganns hatte mich sehr beeindruckt. Während der Zeugenaussagen, es waren unter ihnen einige Frauen, die nur Ukrainisch sprachen, fragte er mich nach der Bedeutung dieses oder jenes mundartlichen Ausdrucks, und ich platzte beinahe vor Stolz, ihm helfen zu können.

Mama war nicht mit zum Gericht gekommen, sondern hatte die Gelegenheit genutzt, mit meinen Schwestern und Fräulein Paula auf den Markt zu gehen. Ich weiß noch genau, daß ich zwischen der Verlockung, auf den Markt zu gehen und der Möglichkeit, in Onkel Wodiks Gesellschaft zu bleiben, lange geschwankt hatte. Denn ich zeigte mich gern vor Leuten, wenn ich mir chic vorkam. Man wird es kaum glauben, aber ich erinnere mich noch genau an das Kleid, das ich an diesem Tag trug: weiß mit roten Punkten, schlicht und mit einem Faltenrock, ganz und gar »kleines Fräulein«. Fräulein Paulas neue Frisur hatte ich sofort bemerkt, und es war mir gelungen, auch die meinige zu ändern, indem ich mir Zöpfe flocht, die von roten Schleifen gehalten wurden. Mama hatte in dem Durcheinander des Aufbruchs nicht richtig aufpassen können.

Am nächsten Tag bestand Papa ausdrücklich darauf, Onkel Wodik allein zum Schiff zu bringen, damit er nicht auch noch die »S nami Bog« verpaßte. Die Abfahrt verlief diesmal glatt. In der darauffolgenden Zeit sprachen wir viel über Onkel Wodik, und das Lob war einhellig.

Und plötzlich rief ich in einem Anfall von Verzückung: »Ich werde ihn heiraten!« Die anderen wollten sich ausschütten vor Lachen, aber sie irrten: Zwölf Jahre später heiratete ich ihn tatsächlich.

Das Problem eines angemessenen Unterrichts für uns stellte sich von Jahr zu Jahr mit größerem Nachdruck, vor allem, was Emmanuel betraf. Die Mädchen, das stand außer Frage, würde man weiterhin zu Hause erziehen, so wie das bei unseren Großmüttern, unseren Tanten und auch bei Mama der Fall gewesen war. Schon der Gedanke an einen Schulbesuch von Mädchen galt als abgeschmackt. Mutter brachte die Dinge mit einem Merkspruch auf den Punkt: »Ich will nicht, daß meine Töchter sich auf der Straße herumtreiben.« Schon die bloße Tatsache, ein Gymnasium zu besuchen, selbst in Begleitung eines Kindermädchens, war für sie gleichbedeutend mit Leichtfertigkeit und Gefahr.

Aber mit Emmanuel war das etwas anderes: Er mußte endlich aufs Gymnasium. Aber wer sollte ihn darauf vorbereiten? Der erste, an den man hätte denken können, wäre eigentlich der Schulmeister des Dorfes gewesen. Konnte man nicht voraussetzen, daß er über ein gewisses Mindestmaß an Bildung verfügen mußte, um seine Rolle überhaupt ausfüllen zu können? Aber zu jener Zeit gab es nur wenige gut ausgebildete Lehrer, und die meisten Stellen waren mit Männern besetzt, deren geistiges Rüstzeug eher bescheiden war. So lagen die Dinge leider auch bei Josef Petrowitsch. Das Russisch, dessen er sich bediente, war schmucklos und durchsetzt mit mundartlichen Ausdrücken. Seine Briefe bewiesen eine nur oberflächliche Kenntnis der Grammatik. Nicht nur, daß die Phonetik zu oft die Oberhand über die Orthographie gewann, gab es auch zu wenige große Anfangsbuchstaben in seinen Schreiben, so daß uns gar der Verdacht kam, er wäre vielleicht des Schreibens gar nicht mächtig. Diese Vermutung ging denn freilich doch ein bißchen zu weit. Auf jeden Fall aber reichte sein Bildungsniveau offenkundig nicht, um einen Jungen auf die Aufnahmeprüfung für die vierte Klasse vorzubereiten. Josef Petrowitsch war selbst nie bis dorthin gelangt.

In einem Sommer hatten wir auf die Hilfe von Georgi Zelinski zurückgegriffen, dem ältesten Sohn von Vater Alexander, der gerade im Begriff war, seinen Abschluß am Seminar von Kamenez-Podolski zu machen. Aber diese Stunden konnten nur im Sommer stattfinden, wenn Georgi selbst Ferien hatte.

Angesichts der Unmöglichkeit, eine andere Lösung zu finden, erklärte Papa, er selbst werde sich zumindest vorläufig um Emmanuels Unterricht kümmern, solange zumindest, bis man einen geeigneten Hauslehrer gefunden habe.

Emmanuel nahm seine Stunden mit einer gewissen Bangigkeit auf, und Mama spitzte beunruhigt die Ohren, weil Papas Stimme, die normalerweise leise und wenig klangvoll war, sich zu ungewohnter Lautstärke erhob, während von Emmanuel kein Ton mehr zu hören war.

Ich habe selbst einmal kurze Bekanntschaft mit Papas Unterrichtsmethode gemacht. Mama hatte ihn dazu überredet, mir einige Stunden in Russisch und im Rechnen zu geben, da sie in diesen Fächern selbst nicht so sicher war. Ich weiß nicht mehr, über welchen Zeitraum sich diese Stunden erstreckten, und erinnere mich auch nur noch an eine einzige … an die allerdings sehr nachdrücklich.

Es ging um russische Grammatik, also ein besonders kniffliges Fach. Mir gegenüber Papa, mit einer geöffneten Grammatik in der Hand: »Ich lese«, sagte er, »du …« Ich saß ganz verwirrt da: Was meinte Papa damit? »Du …«, wiederholte Papa zunehmend ungeduldiger. Ich schwieg immer noch, und in meinem Kopf begann sich alles zu drehen. »Du …!« schrie er immer ärgerlicher. Ich verstand nichts mehr. »Ich lese, du … Schwachkopf!«

Mir dämmerte es: Papa wollte sagen, daß, während er las, ich ein Schwachkopf blieb. Aber ich hatte keine Ahnung, was ich dem noch hinzufügen sollte. »Nun, willst du vielleicht mal ein bißchen nachdenken? Meine Güte, Herrgott, bist du blöd? Das ist vergebliche Liebesmüh! Du wirst nie im Leben zu etwas anderem fähig sein als zum Gänsehüten!«

Damit warf er die Grammatik hin, stand auf und setzte sich an seinen Schreibtisch, während ich völlig verwirrt zurückblieb. Ich hätte natürlich das Verb »lesen« konjugieren sollen, aber das fiel mir erst ein, als ich allein in meinem Zimmer war.

Man kann im nachhinein nur von Glück sagen, daß Papa sich gleich am Anfang derart aufregte, daß wir bis zu den Rechenaufgaben gar nicht mehr vordrangen. Ich habe in meinem ganzen Leben keine dieser Aufgaben lösen können, und seine Methode hätte mich ganz bestimmt am allerwenigsten vorangebracht.

Emmanuels Gemüt war da widerstandsfähiger, aber besonders gut schlug Papas Unterricht wohl auch bei ihm nicht an; denn man sprach immer häufiger von dem Lehrer, der aus Kiew kommen sollte. Endlich war er da.

Sergei Iwanowitsch Smirnow studierte an der Universität von Kiew und schrieb an seiner Doktorarbeit. Er schien nicht gerade ein Überflieger zu sein, denn er war immerhin schon 25 Jahre alt. Und er war, man muß es gleich sagen, leicht behindert: Er sah und hörte nur mit halber Kraft, sein linkes Auge war krank, und er trug eine Augenklappe aus schwarzem Samt, um es vor dem Licht zu schützen. Sein rechtes Ohr war taub, und wenn man mit ihm redete, mußte man mit lauter Stimme in das andere sprechen. Sergei Iwanowitsch war sehr groß und mager und ging immer leicht vornübergebeugt. Zwischen seinen rötlichen Locken zeichnete sich bereits deutlich eine frühzeitige Kahlköpfigkeit ab.

Diese kleinen körperlichen Unvollkommenheiten störten unsere Eltern überhaupt nicht. Im Gegenteil, sie legten für sie die Vermutung besonderer Tugendhaftigkeit nahe: »Einäugig und schwerhörig, das ist mal ein junger Mann, der sicher nicht den Gecken spielt.«

Herr Smirnow war in der Tat sehr ernsthaft und dabei äußerst empfindsam. Ich erinnere mich, wie er sich anläßlich eines Schiffsuntergangs, der alle mit Anteilnahme erfüllte und von dem die Zeitungen voll waren, dermaßen verstört zeigte, daß man ernsthaft um seine Gesundheit bangen mußte. Er schloß sich mehrere Tage in seinem Zimmer ein, um ungehemmt weinen zu können, ließ sich das Essen in seine Klause bringen und hielt auch Emmanuels Stunden dort ab.

Sergei Iwanowitsch hatte einen ungewöhnlichen Appetit und aß unterschiedslos alles, weil er nach eigenen Aussagen kein Geschmacksempfinden hatte. Als er erfuhr, daß bei uns lange Fastenzeiten die Regel waren, war er darüber schier entsetzt. Ohne Fleisch, so versicherte er, könne er weder lehren noch lernen. Also bekam er Butter und Milch zum Frühstück und Fleischgerichte zum Mittagessen.

Jakim war etwas ärgerlich auf ihn, weil er seinetwegen in der Fastenzeit Fleisch verarbeiten mußte. »Wegen des Herrn Studiosus muß ich verbotene Düfte einatmen, wo ich ansonsten wie ein guter Christ faste«, beklagte er sich.

Emmanuels Lehrer wirkte nicht besonders sympathisch, aber durch die Musik gelang es ihm, Mamas Wohlwollen zu gewinnen. Er hatte ein Gespür für Musik und liebte sie. Abends setzte er sich oft an den Flügel, und seine langen Finger glitten über die Tasten und entlockten dem Instrument zarte und schwermütige Weisen; ganze Passagen von Stücken spielte er aus dem Gedächtnis. Jedesmal entschuldigte er sich unweigerlich für sein schlechtes Spiel, da er es nie richtig gelernt habe; und er fügte hinzu, mit seinem Beten verhalte es sich ebenso.

Seine rauhe und eigenwillige Stimme war für Mamas kleinen

Chor leider keine große Bereicherung, aber er nahm als Begleitung an den Proben teil. Seine eingeschränkte Hörfähigkeit beeinträchtigte ihn beim Musizieren nicht im geringsten. Im übrigen nahm er seine kleinen Gebrechen mit einem guten Schuß Humor und erzählte lachend, wie er ein System gefunden habe, in Gesellschaft nicht der Lächerlichkeit anheimzufallen: »Um die peinliche Wiederholung einer Frage zu umgehen, antworte ich meist mit unbestimmtem Ausdruck. Hm, ich weiß nicht ... Aber das klappt dummerweise nicht immer. Einmal hat mich ein Mädchen bei einem Studentenfest gefragt, wie ich heiße. Und ich habe ihr geantwortet: ›Ich weiß nicht ...‹«

Sergei Iwanowitsch begleitete uns auf unseren Spaziergängen, lief mit uns auf dem zugefrorenen Teich Schlittschuh und baute Schneemänner für uns. Aber bei ihm wirkte das alles weniger wie ein Vergnügen als vielmehr wie eine notwendige Übung, um sich seine Gesundheit zu erhalten. Gegen Ende des Winters verstärkten Emmanuel und sein Lehrer ihren Arbeitseifer in dem Maße, wie der Examenstermin näherrückte. Jeder bereitete sich auf seine eigene Prüfung vor. Herr Smirnow erklärte bestimmt: »Wenn ich bestehe, dann seht ihr mich hier nicht mehr wieder.« Er fuhr im Juni ab, und all unsere guten Wünsche begleiteten ihn.

Unsere Eltern beschlossen, daß Emmanuel seine Prüfungen in Chotin ablegen sollte. Sie entschieden sich für diese kleine Stadt wegen ihrer Nähe zu Kapljowka, was uns erlaubte, bei Onkel Rostislaw zu wohnen; die ganze Familie wollte nämlich Emmanuel begleiten.

Das Schicksal meines Bruders ging mir sehr nahe, fast schien es mir, als hinge mein eigenes Leben von seinem Erfolg ab. Ich erinnere mich noch genau an den Tag der ersten Prüfung: Während Mama, die selbst sehr aufgeregt war, Emmanuel nach Chotin brachte, schloß ich mich in einem leeren Zimmer im Erdgeschoß ein und warf mich auf die Knie, um Gott anzuflehen, er möge meinen Bruder bestehen lassen. Ich habe die Zweige der blühenden Akazien, die an den Fenstern herabhingen, noch genau vor Augen und höre das Lied der Nachtigall, das mein Gebet untermalte. Aber der Herrgott erhörte mich an diesem Tage nicht, denn Emmanuel fiel durch – wie übrigens auch Sergej Iwanowitsch.

Meine Eltern sprachen ausführlich mit Großmama über Emmanuels Zukunft. Seit der arme Junge diesen Fehlschlag einstecken mußte, an der die Rechenaufgabe schuld war, bemühte sich jeder, seine Ehre wiederherzustellen. Er war durchgefallen? Um so besser! Überhaupt war das ja nur ein Versuch gewesen, und das Chotiner Gymnasium wäre für seine Ausbildung sowieso nicht in Frage gekommen. Er würde sich während des kommenden Winters einfach besser vorbereiten, um sich von neuem zu melden. Aber wo? Emmanuel war Großmamas Patenkind und ihr einziger Enkelsohn. Sie liebte ihn sehr und nahm regen Anteil an seiner Ausbildung. Und so wünschte sie, daß er in eine erstklassige Einrichtung käme. Das Gymnasium Nikolaus I. in Moskau schien ihr die angemessenste Wahl, eine exklusive Schule mit einem luxuriösen Internat. Moskau war in der Tat etwas weit entfernt, doch 48 Stunden im Schlafwagen waren andererseits auch nicht die Welt.

Emmanuel war, das verstand sich von selbst, für seinen Mißerfolg nicht verantwortlich. Alles fragte sich, ob Sergei Iwanowitsch nicht überfordert gewesen sei. Im Herbst würde man weiter sehen. Zuerst mußte der Junge sich ausruhen und erholsame Ferien verbringen.

Man fand keinen anderen Lehrer, aus dem einfachen Grund, weil niemand sich ernsthaft darum bemüht hatte. So kam also im September Herr Smirnow nach Wassilki zurück, ganz der alte, mit taubem Ohr und Augenklappe.

Diesmal wurde auch ich ihm anvertraut. Unsere Stunden fanden in einem der Zimmer im Zwischengeschoß statt. Ich fand sie eintönig und nahm lustlos teil. Sergei Iwanowitschs Taubheit kam mir, ehrlich gesagt, des öfteren zustatten, wenn ich meine Lektionen nicht beherrschte. Dann sprach ich mit undeutlicher Stimme und tat so, als wüßte ich nicht, welches sein gutes Ohr sei. Aber meine Spitzfindigkeiten fielen auf mich zurück und legten einige Abgründe in der Seele Sergei Iwanowitschs bloß, die man bei ihm nicht vermutet hätte.

Eines schönen Tages, als ich eine Beschreibung des Urals hersagte und vorhatte, mich meiner üblichen Strategie zu bedienen, versetzte mich sein eigentümlicher Gesichtsausdruck in eine plötzliche Unruhe. »Näher Kind, komm näher«, murmelte er, »ich hör dich nicht gut.« Ich ging also näher heran und wollte gerade wieder von vorn anfangen, als er ganz unvermittelt mit beiden Händen meinen Kopf umfaßte und mich mitten auf den Mund küßte. Ich fuhr jäh zurück, ohne zu verstehen, was das alles bedeuten sollte, während Sergei Iwanowitsch stammelte: »Magst du mich nicht küssen? Du liebst mich also nicht? Hast du mich denn nicht lieb? Sieh mal, ich habe dich sehr lieb ... Immer, wenn du brav gelernt hast, bekommst du als Belohnung einen Kuß. Aber das ist unser Geheimnis, du darfst es keinem verraten, keinem ... Versprichst du mir das?« Von so viel Vertrauen fühlte ich mich geschmeichelt, obwohl die Belohnung mir nicht sehr verlockend erschien.

Nach einigen Tagen fing er wieder an, und nun stieg die Zahl der Vorwände, mich zu küssen, sprunghaft an. Sergei Iwanowitsch küßte mich, um mich zu loben, zu strafen oder zu ermutigen. Er wartete auch nicht mehr, bis ich mich ihm näherte, um etwas aufzusagen, sondern kam mir zuvor, indem er mich an sich zog. Und die Naivität meiner zehn Jahre war so groß, daß ich in all dem nur eine Lehrmethode sah, die ich allerdings als sehr nervtötend empfand.

Wir hatten die Angewohnheit, abends vor dem Essen im großen Flur zu spielen. Überall gab es dort dunkle Ecken, und wir hatten unseren Spaß daran, uns zu verstecken. Sergei Iwanowitsch gesellte sich zu uns, spielte den Werwolf und fing uns, indem er furchtbare Schreie ausstieß. Es entging mir nicht, daß er mich häufiger verfolgte als die anderen, mich in die dunklen Ecken zog, um mich dort heftig zu küssen. Schließlich und endlich wurde mir dieses Spiel zuwider, und einmal, als er wieder hinter mir herlief, blieb ich mitten im Flur stehen und rief: »Lassen Sie mich in Ruhe! Ewig diese Küsserei!« Zufällig kam gerade Mama vorbei und hörte mich. »Komm sofort mit!« befahl sie und nahm mich mit in ihr Zimmer. Ich erzählte, wie meine Stunden abliefen, und Mama war maßlos entsetzt.

Es kam zu einer stürmischen Aussprache zwischen ihr und Sergei Iwanowitsch, und meine Stunden wurden für beendet erklärt. Man behielt ihn trotzdem bis zum Ende des Jahres, weil Emmanuel nicht ohne Lehrer bleiben konnte. Sergei Iwanowitsch nahm eine Haltung gekränkter Würde ein und schloß sich häufig in sein

Zimmer ein, um über die Mißhelligkeiten der Welt im allgemeinen und seine im besonderen nachzusinnen und zu weinen.

Um unsere Unbefangenheit zu erhalten, verbarg man vor uns alles, was nicht für unsere Ohren bestimmt war. Von Dingen, die uns nicht betrafen, erfuhren wir deshalb auch nichts. Aber es gibt doch immer irgend etwas, was selbst der eisernsten Kontrolle entgeht. So bemerkten wir eines Tages, daß die hübsche Wera mit verstörtem Gesichtsausdruck und Tränen in den Augen Mamas Zimmer betrat. Manja, das andere Zimmermädchen, machte an der Tür kehrt und war sichtlich betroffen. Wir bestürmten sie mit Fragen, und sie sagte uns ganz im Vertrauen, daß Wera Sergei Iwanowitsch eine Ohrfeige gegeben hatte. Was danach kam, überraschte uns noch viel mehr: Nicht Wera bekam einen Tadel zu hören, sondern wiederum unser unseliger Hauslehrer.

# Die Zeiten ändern sich

Wir waren noch zu jung, um die Bedeutung eines Ereignisses zu erfassen, das Papa eines Tages verkündete: Rußland war in den Krieg eingetreten. Wenn ich mich recht erinnere, war es der heroische Aspekt, der meine Phantasie am meisten beflügelte: Das heilige Rußland würde getreu seinen Traditionen die unterdrückten slawischen Völker verteidigen und Recht und Gesetz zum Sieg führen.

Bei Tisch sprach man nur noch von der allgemeinen Mobilmachung, von unserer Armee, die die beste der Welt sei, von unseren Soldaten und deren geradezu sprichwörtlichem Mut und Durchhaltevermögen. Der Sieg schien sicher, und daran zu zweifeln, wäre einer Beleidigung des Vaterlands gleichgekommen.

Das Leben ging seinen gewohnten Gang, ungeachtet der Nähe zur österreichischen Front. Die militärischen Kurznachrichten, die auf den Titelseiten der Zeitungen erschienen, sprachen nur von Siegen und unserem Vormarsch in feindliches Gebiet. Weit mehr als diese offiziellen Meldungen gab uns die Einberufung mehrerer junger Leute aus dem Dorf und einiger unserer Angestellten das Gefühl, daß wirklich Krieg war. Papa befand sich als Reserveoffizier zur Zeit nur in Bereitschaft, da er wegen seiner fünf Kinder freigestellt war. Onkel Rostislaw indes hatte sich unmittelbar zur kämpfenden Truppe gemeldet und war vermutlich mit seinem Tscherkessen-Regiment an der österreichischen Front. Die Nachrichten kamen nur schlecht durch, die Gerüchte, die wie ein Lauffeuer von einem Dorf zum anderen liefen, waren widersprüchlich, oft genug aus der Luft gegriffen und jedenfalls fast immer falsch. Die Zeitungen strotzten vor Übertreibungen und vaterländisch gefärbten Berichten, die nur wenig mit der Wirklichkeit zu tun hatten. Plötzlich drang, aus dunkler Quelle emporgespült, eine Schreckensnachricht zu uns: Die Magyaren hätten die Front durchbrochen und rückten mit blankgezogenen Säbeln auf unsere Gegend vor. Ein Massaker schien unmittelbar bevorzustehen, und ein Schauer des Entsetzens durchlief das Land.

Wir wohnten abseits der großen Straßen und waren wegen des

Dnjestr und seiner Schluchten schwer zu erreichen. An Flucht war nicht zu denken. Wohin auch? Der Weg ins Ungewisse barg die Gefahr, vom Regen in die Traufe zu kommen.

Um den Magyaren zu entkommen, heckte Mama einen Plan aus, den Papa als naiv und lächerlich bezeichnete. Sie faßte den Entschluß, in das Haus unseres Försters am Waldrand umzuziehen, damit wir uns bei drohender Gefahr im Walde verstecken könnten. »Man darf das Schicksal nicht herausfordern«, sagte Mama, »die Magyaren sind schnell mit dem Säbel bei der Hand.« »Aber der Wald ist nur drei Kilometer vom Herrenhaus entfernt, wenn sie wirklich kommen sollten, woran ich zweifle, brauchen sie nur ein paar Schritte zu machen, um dich zu finden. Wer sich versteckt, erregt immer Verdacht, und du kannst dir vorstellen, daß dein Umzug zu dem unseligen Förster im Dorf eine gute Geschichte abgibt. Was mich betrifft, werde ich mich nicht von hier fortbewegen, da ich nicht die Absicht habe, mich der Lächerlichkeit preiszugeben.«

Zwei Tage lang blieb Mama unentschlossen, aber die Gerüchte hielten an. Der Gutsschreiber kam von einer Fahrt nach Alt-Uschiza zurück, wo er mit jüdischen Kaufleuten, die als die bestinformierten galten, gesprochen hatte. Die hatten angeblich Bauern gesprochen, die selbst in Bessarabien gewesen wären und dort die ungarische Reiterei auf unsere Gegend hätten zuhalten sehen.

Bei solcher Genauigkeit und um das Schlimmste zu verhüten, beschloß Mama, nicht mehr länger zu warten und das Herrenhaus zu verlassen, solange das überhaupt noch möglich war. Man ließ Herrn von Nolde holen, und nach längeren Überlegungen legte man fest, wie vorzugehen sei. Der Förster wurde angewiesen, sein Blockhaus zu räumen und ins Dorf umzuziehen. Der Verwalter hatte die Verpflegung vorzubereiten und Jakim eine große Ladung Brot zu backen. Stepan sollte Gemüse und Obstvorräte beschaffen, und die Zimmermädchen mußten Überzüge aus Stoff nähen, die uns, mit Heu gefüllt, als Feldbetten dienen würden.

Kurzum, das ganze Gut entfaltete eine fieberhafte und, wie Mama glaubte, unbemerkte Geschäftigkeit. Papa besah sich das aufgeregte Treiben, zuckte die Schultern und bemerkte beiläufig: »Weißt du eigentlich, ob beim Förster überhaupt Platz genug ist?

Und wohin soll eigentlich der brave Alte mit seiner Frau gehen, während ihr in seinem Haus logiert?« »Er geht ins Dorf zu seinem Bruder. Wenigstens hat er von den Magyaren nichts zu fürchten.« »Wieso bist du da so sicher? Wenn sie Köpfe nur einfach so, aus Liebe zum Handwerk, rollen lassen, ist ein Kopf so gut wie der andere.«

Aber Mama hörte gar nicht mehr zu, und unser Auszug ging in einem großen Durcheinander vonstatten. Die Wagen mit unseren Kindermädchen und dem Gepäck folgten in gemessenem Abstand, um keinen unnötigen Verdacht zu erregen.

Unser Wald war nicht groß, aber sehr hügelig, uneben und stellenweise undurchdringlich. Er erstreckte sich über eine Schlucht, auf deren Grund ein Wildbach in Schlangenlinien zwischen Schieferplatten und Felsgestein dahinstrudelte. Das alte Blockhaus des Försters befand sich am Rand des Waldes, mit der Vorderfront zu den Feldern gelegen. Das kleine gedrungene Bauwerk war mitsamt Hof und Scheunen von einer Umzäunung aus Weidengeflecht umgeben.

Unsere Fuhrleute hatten alle Mühe, mit den Kutschen in die enge Umfriedung hineinzugelangen. Nachdem alles abgeladen war, kehrten die Wagen um, und Mama begann mit Hilfe unserer Kindermädchen, unser Feldlager einzurichten. Durch die winzigen Fenster vermochte selbst das Abendlicht kaum einzudringen, also wurde eine Petroleumlampe angezündet und an einen Nagel gehängt. Der gestampfte Boden des einzigen Raumes war vollständig mit unseren Strohsäcken belegt, und man wußte nicht, wohin man noch treten sollte.

Die kleine Ella, die aus all diesen Veränderungen nicht mehr klug wurde, war eigensinnig und weinte. Das Hündchen Mars geriet völlig außer sich und sprang von einer Ecke zur anderen, bellte vor der Tür und gehorchte endgültig niemandem mehr. Emmanuel und ich waren außerstande stillzusitzen und liefen alle Augenblicke ans Fenster, um nachzuschauen, ob die Magyaren schon da wären. Die Zimmermädchen, die in der Scheune nächtigen mußten, hörte man ab und zu aufkreischen, wenn sie in der Dunkelheit im Heu gestrauchelt waren.

Im Dämmerlicht des anbrechenden Abends erschienen flüchtig

die Wuschelköpfe zweier Buben hinter dem Zaun – das waren die Enkel des Försters, die an Ort und Stelle geblieben waren, um das aufsehenerregende Ereignis zu beobachten und es dann ihren Kameraden im Dorf zu berichten.

Ich glaube, daß Mama, überwältigt von den Schwierigkeiten der ganzen Unternehmung, keine Zeit mehr fand, noch an die Magyaren zu denken. Jedenfalls traf sie die Entscheidung, ins Herrenhaus zurückzukehren, gewiß nicht aufgrund beruhigender Nachrichten, da es überhaupt keine neuen Nachrichten gab. Trotzdem schienen die heroischen 48 Stunden unseres Exodus ihr das Gefühl vermittelt zu haben, daß sich die Lage, aus welchen Gründen auch immer, gebessert habe und die Katastrophe abgewendet sei. Sie ließ die Wagen holen, und nach erneuten chaotischen Vorbereitungen traten wir den Heimweg an. Um den Förster für die Unbill zu entschädigen, hinterließ man ihm sämtliche Vorräte, die überhaupt nicht benötigt worden waren.

»Na also«, sagte Papa, als er uns ankommen sah, »wie du siehst, habe ich noch immer meinen Kopf, nur scheint mir, daß du den deinen vorübergehend verloren hattest.« Um der Gerechtigkeit willen muß man sagen, daß unsere Eltern letzten Endes beide recht behalten hatten – Papa damit, daß die Magyaren nicht zu uns gekommen waren, und Mama damit, daß sie tatsächlich die Grenze überschritten und sich wie die Wilden aufgeführt hatten.

Davon erfuhren wir später aus direkter Quelle. Eines schönen Tages, es muß etwa drei Wochen nach Kriegsausbruch gewesen sein, hielten die vier Apfelschimmel von Raschkow vor der Freitreppe unseres Hauses, und Großmama und Tante Naja stiegen aus der Kalesche, erschöpft und staubbedeckt.

Raschkow lag, wie ich bereits früher erwähnt habe, unmittelbar an der Grenze, wie man annahm im Schutz des Dnjestr. Großmama verachtete die Schwarzseher und hörte nicht auf das beunruhigende Gerede. Sie wollte entschieden nicht fliehen und hielt es für ihre Pflicht, die Bewirtschaftung des Gutes fortzusetzen, was für das kriegsführende Vaterland jetzt wichtiger denn je schien. Außerdem herrschte Ruhe, und nichts berechtigte zur Panik.

Nur hatte man die Beweglichkeit der ungarischen Reiterei offenbar unterschätzt. Eine Abteilung Husaren drang in Bessarabien ein und fiel wie der Blitz in Chotin ein. Großmamas Kutscher verdiente sich an diesem Tage die Siegespalme für Treue und Geistesgegenwart: Im selben Augenblick, als er eine Gruppe Reiter auf der Straße bemerkte, rannte er zum Stall und spannte die Pferde an. Und gerade, als die Magyaren über die Hauptallee in den Park einfielen, verließen Großmama und Tante Naja ihn durch den hinteren Ausgang, der zum Wald führte. Ihre überstürzte Abreise hatte ihnen keine Zeit gelassen, irgendwelche Sachen einzupacken. Alles war an Ort und Stelle geblieben, Kleider, Dokumente, Schmuck. Was dann geschah, erfuhr Großmama erst später, als ein Angestellter, den der Verwalter ihr nachgeschickt hatte, sich seinerseits in Wassilki einfand.

Bei ihrer Ankunft fanden die Magyaren zu ihrem Vergnügen alle Türen geöffnet, als hätte man sie freudig erwartet. Natürlich richteten sie sich dort häuslich ein, wenn auch nicht für lange Zeit, da der Vormarsch der russischen Truppen sie bald zum Aufbruch zwang.

Der Nachtwächter beobachtete, von Neugier getrieben, ihren Rückzug aus einem Versteck in den Büschen heraus. Nachdem er sich vergewissert hatte, daß auch der letzte Reiter außer Sicht war, lief der wackere Mann zum Schloß. Die Türen waren auch diesmal weit geöffnet, und der Anblick, der sich ihm bot, machte ihn sprachlos. Die Husaren waren nicht müßig gewesen, alle Schränke, Kommoden und Wandschränke waren ausgeräumt, und ein Berg mit den unterschiedlichsten Dingen türmte sich in der Mitte der Empfangshalle. Der Haufen war mit Petroleum übergossen und dann angezündet worden. Das Schloß war von Qualm erfüllt, brannte aber nicht, weil der Luftzug fehlte. Diwan und Sessel, alles war gewissenhaft mit dem Bajonett aufgeschlitzt worden, die riesigen Wandspiegel hatte man als Zielscheiben benutzt, desgleichen die Ahnenporträts und andere Gemälde. Was den Schmuck und das Tafelsilber betraf, so hatte man sich damit begnügt, sie einfach nur mitzunehmen.

Nachdem sie das alles gehört hatte, wollte Großmama nicht mehr nach Raschkow zurück, sondern fuhr, nach einem Zwischenaufenthalt bei uns, zusammen mit Tante Naja weiter nach Kiew.

Wenig später erlebten wir eine weitere Überraschung: Das ganze Gestüt von Onkel Rostislaw kam über die Landstraße nach Wassilki. Erschreckt durch das Auftauchen der Magyaren und aus Furcht vor der nahen Front, hatte Moses Schilin kurzerhand beschlossen, die Pferde in Sicherheit zu bringen. Die Unterbringung von nahezu einhundert, noch dazu jungen und ungestümen Pferden bereitete einige Schwierigkeiten, und Herr von Nolde verlor darüber fast den Verstand. In aller Eile baute man Umfriedungen und Unterstände, aber es fehlte an geschultem Personal, und so ließ man die Pferde ohne Zaum. Es war herrlich, diese prächtigen Kabardiner mit wehenden Mähnen die Wiesen entlanggaloppieren zu sehen.

Der Sommer neigte sich seinem Ende zu. Wir mußten unseren Unterricht wiederaufnehmen. Emmanuel würde seine Aufnahmeprüfung diesmal in Moskau ablegen. Er fuhr mit Papa Ende September dorthin und wurde, nachdem er bestanden hatte, im Gymnasium Nikolaus I. in die dritte Klasse aufgenommen.

Dieses Gymnasium war eine Eliteschule. Über die luxuriöse Einrichtung hinaus konnte die Schule sich rühmen, daß ihr Schulabschluß das juristische Examen mitumfaßte, was für das hohe Niveau des Unterrichts sprach. Die Verhaltensregeln für die Schüler waren außerordentlich streng. In der Öffentlichkeit mußten die jungen Leute ein gesittetes, wohlerzogenes Verhalten an den Tag legen, beispielsweise einer Dame immer ihren Platz überlassen oder sich älteren Menschen gegenüber ehrerbietig zeigen. Sie durften sich auch niemals in Wirtshäusern, Nachtlokalen oder anderen verdächtigen Örtlichkeiten aufhalten. Um es mit einem Wort zu sagen, sie hatten in jeder Hinsicht die Haltung und die Manieren eines jungen Herrn zu wahren.

Das war ja alles gut und schön, und ich freute mich auch sehr für Emmanuel, aber ich selbst fühlte mich nach seiner Abreise richtiggehend verwaist. Ich schlich in Park und Haus herum, und nichts machte mir mehr Freude. Sicher, er würde wenigstens Weihnachten heimkommen, aber bis dahin waren es noch Monate. Und würde er dann seine Zeit noch wie früher ausschließlich mit mir verbringen wollen? Meine Bedeutungslosigkeit und die Tatsache, ein Mädchen zu sein, bedrückten mich. Gewiß dachte ich auch deshalb so viel an den Krieg, um mein Selbstvertrauen ein bißchen zu stärken.

Die Front verlief in den Karpaten, und das Regiment von Onkel Rostislaw befand sich in Dorna-Warta. Von glühendem Patriotismus erfüllt, hatte ich die starke Empfindung, mein Platz wäre eigentlich auf den Schlachtfeldern. Ich dachte viel an Johanna von Orléans und las alles, was in den Geschichtsbüchern über sie zu finden war. Mama, die eine Schwäche für Kriegshelden hatte, sprach oft mit großer Bewunderung von ihr, während Papa ganz im Gegenteil fand, daß kriegerische Unternehmungen Frauen schlecht anstünden und der Fall der Johanna von Orléans glücklicherweise als Ausnahme gelten dürfe.

Ich bedauerte nur, daß meine Heldin so alt gewesen war – 19 Jahre! Das minderte ihren Zauber erheblich. Aber insgeheim hoffte ich, daß die Historiker sich geirrt hätten und die Jungfrau von Orléans in Wirklichkeit erst 16 Jahre alt gewesen wäre. Die Geschichte mit den Stimmen und überirdischen Erscheinungen beeindruckte mich weniger, und ich glaubte sie auch nur halb. Aber wer wußte das schon ...?

Ich versuchte herauszufinden, ob die Stimmen nicht womöglich auch zu mir sprächen, flüchtete mich in die abgelegensten Winkel des Parks und spitzte gebannt die Ohren. Diese alten Bäume mit ihren ausladenden Kronen schienen mir am günstigsten für etwaige Visionen, und so verharrte ich an einen Stamm gelehnt, innerlich ganz bereit, eine Botschaft zu empfangen. Aber nein, da war nichts zu hören als das Geplapper der Elstern und das Quaken der Frösche am Teich.

Einmal gewahrte ich einen weißen Fleck tief im Dickicht ... Ich hielt den Atem an: Die Jungfrau mit dem Kind? Aber es war nur der Gärtnereigehilfe Basilko mit seiner Sense über der Schulter.

Als nächstes schrieb ich Onkel Rostislaw einen Brief, in dem ich ihn inständig bat, mich doch als Offiziersburschen zu nehmen. In seinem Antwortschreiben lobte er meine vaterländische Einstellung, woraus ich auf sein Einverständnis schloß. Fortan studierte ich in Papas Arbeitszimmer Landkarten und stellte ihm alle möglichen Fragen, die er mit seiner üblichen Liebenswürdigkeit beantwortete, ohne den leisesten Verdacht zu schöpfen.

Für meine Flucht wollte ich die Stute Zorka nehmen, sie war kräftig und folgsam. Ich würde Kosakenkleider anziehen und mich dabei aus dem Koffer bedienen, den Onkel Rostislaw bei uns abgestellt hatte. Natürlich wären die Hosen zu lang, aber im Krieg ging es nun mal nicht anders!

Emmanuels Eintritt ins Gymnasium brachte offenbar althergebrachte Überzeugungen ins Wanken. Jedenfalls begann in Mamas Kopf eine Idee zu keinem: War die Erziehung in der Familie auch wirklich das Beste für ein Mädchen? Ihr wurde vermutlich klar, daß ich andere Gefährten brauchte als die Kindermädchen, mit denen ich ohnehin viel zuviel Zeit verbrachte. Auch die Frage nach meinem Unterricht stellte sich immer dringlicher. Ich mußte unterrichtet und durch die Prüfungen gebracht werden, zwar nicht zu irgendeinem praktischen Zweck, aber immerhin ... Also beschloß man, eine Lehrerin einzustellen, eines jener jungen Mädchen, die nach dem Abschluß ihrer Ausbildung in einem Adelsinstitut von der Direktorin in angesehene Familien vermittelt wurden. Es handelte sich bei ihnen durchgehend um Waisen, die keine Bleibe hatten.

Auf diese Weise bekam ich nach langen Diskussionen und mühevollem Austausch von Briefen eine Hauslehrerin, die gerade 19 Jahre alt war. Lisa Golowin traf eines schönen Tages Ende September aus Moskau ein, sehr scheu, sehr kindlich, zwei lange Zöpfe auf dem Rücken und zum erstenmal in ihrem Leben nicht in Anstaltskleidung. Als Waisenkind hatte sie ihr ganzes Leben in den Mauern eines Internats zugebracht und die Welt nur durch dessen Fenster kennengelernt.

Ich nahm ihr gegenüber sofort eine Beschützerhaltung ein und führte meine junge Lehrerin zum Bauernhof, um ihr die Kühe, die Pferde und vor allem die Schweine zu zeigen; letztere hatte sie außer auf Bildern überhaupt noch nie gesehen. Einmal, als sie angesichts einer Kröte beinahe in Ohnmacht fiel, schnappte ich mir das Tier und führte es zu meinen Lippen, um ihr zu beweisen, wie harmlos es sei.

Man wird mir kaum glauben, doch obwohl wir auf dem Land und umgeben von Tieren lebten, wußten wir über bestimmte Geheimnisse der Natur, die sich doch ganz offen überall vor unseren Augen abspielten, rein gar nichts. Wir hatten wohl bemerkt, daß Katzen, Hunde, Truthähne, Gänse und selbst die großen Tiere wie Pferde und Stiere manchmal wie zum Zeitvertreib auf ihre Weibchen sprangen, aber wir dachten, daß das einfach nur dumme Spiele wären, die oft genug im Streit endeten. Bei den Hunden ging es immer schlecht aus, und wir versuchten, dieses wilde Herumspringen zu unterbinden.

Eines Tages, als ich in der Bibliothek ein Buch suchte, stieß ich auf ein Handbuch über Pferdezucht. Darin fanden sich kolorierte Stiche, die die Anatomie von Stute und Hengst mit sehr ausführlichen Erklärungen veranschaulichten. Die Wirklichkeit, die mir mit einem Schlag klar vor Augen stand, verstörte mich sehr. Ich stellte das Handbuch an seinen Platz zurück und bewahrte Stillschweigen über meine Entdeckung, im vollen Bewußtsein, vom verbotenen Baum der Erkenntnis gegessen zu haben.

Aber ich konnte nicht aufhören, daran zu denken und beobachtete unsere Tierfreunde von nun an mit einem ganz neuen Interesse. Ein Gedanke zog den anderen nach sich, und mit Hilfe logischen Folgerns kam ich zu dem Schluß, daß die Menschen auch nicht besser wären.

Als Lisa Golowin bei uns eintraf, war ich bereits über alles im Bilde, und angesichts ihrer Naivität fragte ich mich, ob sie wohl ebensogut Bescheid wüßte wie ich. Ich ging niemals so weit, dieses heikle Thema anzusprechen, aber auf alle Fälle setzte ich eine Miene überlegenen Wissens auf. Die arme Lisa – besser Elisaweta Petrowna, denn Mama legte Wert darauf, daß der nötige Abstand gewahrt wurde – war recht entsetzt über das Leben auf dem Lande, über die Kälte, die Abgeschiedenheit und womöglich auch über die Fastenzeiten ... Der Himmel weiß, wie spartanisch das Leben in den Adelsinstituten war, aber unser Fastenessen muß sie trotz allem hart getroffen haben. In den Mädcheninternaten hielt man auch gewisse Fasten ein, aber weder so häufig noch so unerbittlich wie bei uns.

Zu schüchtern, um anderes Essen zu erbitten, wie Sergei Iwanowitsch das getan hatte, suchte sie später häufig Zuflucht bei Karpo. Mehr als einmal überraschte ich sie in der Diele, als er ihr gerade ein Päckchen übergab; und es kam mir wahrhaftig so vor, als sei es mal eine Portion Butter, ein andermal eine Wurst gewesen. Auch stellte ich fest, daß Elisaweta Petrowna den Verwalter häufig in der Milchküche besuchen ging und sich dort auffällig lange zwischen den Krügen mit Sahne aufhielt.

Unsere Stunden verliefen ohne nennenswerte Lichtblicke und waren ziemlich öde, doch ich zog sie entschieden denen von Sergei Iwanowitsch vor. Elisaweta Petrowna erzählte mir ausführlich von ihrem Leben im Institut Alexander III. und malte mir dabei vor allem die unterhaltsamen Seiten aus.

Zu dem Nimbus von Emmanuels Gymnasium gesellte sich nun derjenige von Elisawetas Internat, und am Ende fühlte ich mich richtig benachteiligt, wie ein Naturkind auf dem Lande leben zu müssen. Warum eigentlich konnte nicht auch ich in ein solches Pensionat gehen? Anfangs schauderte es Mama, wenn sie nur diese Möglichkeit erwog, aber mit der Zeit verlor der Gedanke zunehmend an Schrecken und wurde sogar einer ernsthaften Erwägung für wert befunden. Und eines Tages, Ende September, war es dann soweit – wir, das heißt, Mama und ich, machten uns auf den Weg nach Kiew.

Überall bekam man den Krieg zu spüren: Die Züge waren mit Soldaten überfüllt und an den Verkehrsknotenpunkten mußte man Stunden warten, um zunächst die Kolonnen durchzulassen. Die Offiziere, die mit uns im Abteil saßen, kamen mir wie von der Aura des Ruhms umstrahlte Helden vor. Zu gerne hätte ich ihnen gesagt, wie sehr ich sie bewunderte, ja, ich hätte sie sogar ermutigen und segnen wollen.

In meinem Innersten machte mir nicht der Krieg, sondern etwas ganz anderes angst: Die unmittelbar bevorstehende Aufnahmeprüfung war schuld daran, daß ich seit Tagen kein Auge mehr zumachen konnte.

Ich versuchte, alles zu wiederholen, was ich je gelernt hatte, aber in meinem Kopf herrschte ein derartiges Durcheinander, daß ich voller Entsetzen befürchtete, gar nichts mehr zu wissen.

Das Institut der Adelsdamen von Kiew lag hoch oben auf einem Hügel im Lindenviertel »Lipki«, in unmittelbarer Nachbarschaft des

Stadtpalais der Zarenwitwe Maria Fjodorowna. Das hufeisenförmige Gebäude und sein Park waren von einer hohen Mauer umgeben. Man betrat den großen, rechtwinkligen Vorplatz von der Vorderseite durch ein mächtiges Portal, das auf jeder Seite ein Wachhäuschen hatte und von einem grimmig dreinschauenden, bärtigen Hausmeister überwacht wurde.

Ungeachtet des Schreckens, den mir die Prüfung einflößte, betrachtete ich die königliche Fassade mit Sehnsucht. Ich war fest entschlossen, auf diese Schule zu gehen, auch wenn Mama noch immer nicht ganz überzeugt schien.

Die Prüfungen fanden in der weitläufigen Empfangshalle statt, wo sich über einem mit rotem Samt verbrämten Podest die gewaltigen Vollporträts des Zaren und der Zarin erhoben. Für die Dauer der Prüfungen hatte man Tische und Stühle in den Saal gestellt, und junge Mädchen aus dem pädagogischen Zweig empfingen in Schulkleidung die Kandidatinnen und führten sie zu den entsprechenden Pulten.

Seitdem Mama mich mit einem Kuß und Segenswünschen am Fuß der Treppe verlassen hatte, fühlte ich mich wie auf offener See ausgesetzt; aber sonderbarerweise war mein Lampenfieber wie weggeblasen.

Mein erster Prüfer war Herr Drescher, der Deutschlehrer. Er machte mit seinem liebenswürdigen und zurückhaltenden Gesicht, der Brille und dem kleinen Spitzbart einen ausgezeichneten Eindruck auf mich. Gleich zu Anfang merkte ich, daß er Mühe hatte, Russisch zu sprechen, und so wechselte ich wie selbstverständlich ins Deutsche. Herr Drescher rief verblüfft aus: »Aber Sie sprechen ja ganz gut Deutsch!« Das kam bei seinen Schülern allem Anschein nach nicht oft vor. Herr Drescher diktierte mir einige Sätze, stellte mir ein paar Fragen zur Grammatik und gab mir mit offenkundiger Genugtuung die beste Note, eine Zwölf.

In Französisch lief es genauso gut: Madame Voisin, die allerdings weniger umgänglich aussah, stellte mir Fragen über das, was ich so gelesen hätte, und nachdem sie sich vergewissert hatte, daß ich Gustave Aimard im Original gelesen hatte und zudem Gedichte von Lamartine und Victor Hugo auswendig hersagen konnte, gab auch sie mir eine schöne, runde Zwölf.

In Geschichte und Erdkunde verliefen meine Examen zwar weniger eindrucksvoll, aber ich erhielt trotzdem sehr ordentliche Noten. All meine Unruhe war längst verflogen und ich mußte innerlich lachen, wenn ich daran zurückdachte, welche Ängste ich vor kurzem noch ausgestanden hatte.

Kurz nach zwölf Uhr rief man mich an den Tisch des Mathematiklehrers. Herr Popow war ein ältlicher Herr mit Kinnbärtchen, mürrischem, abweisendem Gesicht, und er war, wie ich später erfuhr, der Lehrgangsleiter. Er diktierte mir die unbekannten Größen der Aufgabe, warf mir einen ungnädigen Blick zu und verschwand. In dem Maße, wie ich die Seiten mit Zahlen füllte und wieder durchstrich, schmolz meine Begeisterung dahin, und je angestrengter ich mich um Konzentration bemühte, desto weniger verstand ich die Aufgabe.

Es ging um zwei Züge, die in entgegengesetzter Richtung und mit unterschiedlicher Geschwindigkeit fuhren. Weiß der Henker, wo und wann sie sich treffen sollten. Ich dividierte die Stunden durch die Werst, dann die Werst durch die Stunden, die ich dann durch die Geschwindigkeit ersetzte, bis ich zuletzt völlig ratlos vor meinen Ergebnissen saß.

Viele Kandidatinnen waren nicht mehr im Saal, und auch die Prüfer waren wohl schon beim Essen. Ich war übermüdet, hatte Hunger und hätte am liebsten laut losgeheult. Schließlich tauchte Herr Popow wieder auf und schaute in mein Heft. »Na ja«, sagte er, »na ja! Sagen Sie mir nun noch, was die Wurzel aus drei ist!« Ich zuckte mit den Augenlidern. »Also gut, dann schreiben Sie die Gleichung ...«

Nun, wie sollte ich denn, wo ich doch überhaupt nicht weitergekommen war! Nach einem ewigen, gnadenlosen Warten, während dessen er mich dauernd durch seinen Kneifer anstarrte, seufzte er scheinheilig und verkündete: »Danke, das ist glatt ungenügend. Sie können sich im Oktober wieder melden.«

Mama war mir erwartungsgemäß nicht böse und nahm mich in die Oper mit, wo wir uns »Der Dämon« von Anton Rubinschtein anschauen wollten. Das hatte sie mir als Entschädigung für die Prüfung versprochen. Ich war von der Aufführung, den Räumlichkeiten und den vielen eleganten Menschen, die sich in den Wandelgängen drängten, wie geblendet. All das trug dazu bei, die böse Erinnerung an mein erstes Examen auszulöschen und den Reiz des wundervollen Lebens in der Stadt zu vergrößern.

Das Institut, das ließ sich nicht leugnen, hatte Ähnlichkeit mit einem Gefängnis. Ich hatte wahrhaftig gesehen, wie einige Schüler in tadelloser Ordnung in Zweierreihen über den weitläufigen Hof zogen. In diesen Stiftungen unter dem Patronat der Zarin Maria, der Gründerin dieser Art von Schulen, gab es viele Waisen, die das ganze Jahr über im Internat blieben. Die langen Anstaltskleider, gehalten in strahlendem Blau und mit Schulterkragen und Schürze aus weißem Batist, waren sehr kleidsam; ich wünschte mir nichts sehnlicher, als schnellstmöglich diese schöne Uniform anlegen zu dürfen.

Ob es die Aussicht auf meinen wahrscheinlichen Eintritt in das Institut der Adelsdamen von Kiew war oder einfach, weil meine Figur sich zu verändern begann, jedenfalls entschied Mama, daß es für mich nicht mehr schicklich sei, einfach rittlings auf dem Pferd zu sitzen. Ich sah schließlich nicht mehr wie ein Junge aus, und man durfte nicht außer acht lassen, daß ich fast schon eine junge Dame war. Für mein Alter von nicht einmal dreizehn Jahren war ich ziemlich groß, so daß man mich mühelos für zwei Jahre älter hätte halten können.

Meine Eltern bestellten einen perlgrauen Damensattel aus Gemsleder, und Maria Ioanikiewna machte sich daran, ein Reitkostüm zu nähen. Der Schnitt beruhte auf Mamas Erinnerungen an die Zeit, als sie selbst im Damensitz in der Manege von Sankt Petersburg ihre Bahnen gezogen hatte, unter der doppelten Aufsicht ihres Reitlehrers, Herrn Stepanow, und ihrer Gouvernante, Miss Dackwell.

Maria Ioanikiewna tat ihr Bestes, um das Modell so anzufertigen, wie Mama es ihr beschrieben hatte. Doch obwohl ihr das vermutlich nicht gelang, betonte das enganliegende Kleid immerhin vortrefflich meine Figur, und da es bis zu den Fersen reichte, ließ es mich nochmals um einiges größer erscheinen.

Begeistert stolzierte ich vor Madeleine und Angeline herum, die weiter ohne Sattel auf ihren Ponys reiten mußten. Freilich waren die beiden so zierlich und graziös, daß auch überhaupt keine Notwendigkeit bestand, sie als Amazonen herauszuputzen.

Um auf meinen Sattel zu klettern, mußte ich einige Geschicklichkeit entfalten und zudem noch auf Basilkos Hilfe zurückgreifen, der mir, nachdem er mein Pferd an einem Zaunpfahl festgebunden hatte, sein Knie zur Verfügung stellte. Mein Rock flatterte seitlich herab und ließ das Pferd angstvolle Blicke zurückwerfen und unruhig tänzeln. Emmanuel fand mich bei seinem ersten Besuch einfach nur lächerlich, aber wenn es denn sein mußte ...

Ich versuchte mich durch regelmäßiges Üben abzuhärten, in der Hoffnung, mich irgendwann einmal weniger unbehaglich zu fühlen, aber das gelang mir nicht. Als wir eines Abends den Hof durchquerten, scheute mein Pferd, tat einen Satz und jagte wie der Pfeil davon. Da die Sattelgurte sich gelockert hatten, rutschte ich seitwärts ab; mein Rock verhedderte sich unter dem Bauch der Stute, und dies tat ein übriges, sie kopflos zu machen. Der Sattel verdrehte sich, und ich fiel kopfüber auf die Straße. Mein Rock aber hatte sich im Steigbügel verfangen, und ich wurde wie ein Bündel hinterhergeschleift. Vielleicht wäre ich nie wieder aufgestanden, wenn nicht Arbeiter, die gerade die Straße entlangkamen, mein Pferd zum Stehen gebracht hätten.

Mein Kleid war arg ramponiert. Das Ergebnis war nichtsdestoweniger erfreulich: Mama sah endlich ein, daß dieser lächerliche Aufzug nur für die Manege taugte, und erlaubte mir, wieder meine Reithosen und meinen englischen Sattel zu benutzen.

Das Gestüt von Onkel Rostislaw war noch immer bei uns, und wir hatten so hervorragende Reitpferde für herrliche Ausflüge, von denen wir oft erst bei Mondenschein nach Hause zurückkehrten. Die verträumten Felder schienen zu schlafen und dehnten sich endlos in dem bläulichen Licht, die Straße schlängelte sich, so weit das Auge reichte, wie ein Silberband in die endlose Landschaft, nur die flirrenden Laute der Nacht und das gleichmäßige Klappern der Hufe durchbrachen die tiefe Stille. Diese Stunden zähle ich zu den glücklichsten meines Lebens, und auch sie sind es, die bei dem Wort Ukraine vor meinem inneren Auge auftauchen.

Die Front verlief weiterhin in den Karpaten, unsere Truppen schienen auf der Stelle zu treten. Die Zeitungen berichteten, daß die Österreicher sich zu Tausenden ergäben, angeblich, weil sie nicht gegen die Russen kämpfen wollten. Aber Papa glaubte, daß sie überhaupt nicht kämpfen wollten ...

Niemand ahnte, in welchem Maße das stimmte. Soviel ist jedenfalls sicher: Das Militärkommando stellte den Gutsbesitzern Gefangene für die Feldarbeit zur Verfügung. Wir hatten etwa 15 von ihnen, allesamt Österreicher aus Galizien. Die Grundbesitzer waren für sie verantwortlich, mußten sie angemessen versorgen und sie vor allem an der Flucht hindern. Das nun erwies sich als nicht sonderlich schwierig, da sie nicht die geringste Neigung dazu zeigten. Sie lebten in einem freistehenden Haus auf dem Bauernhof, kochten selber und besuchten durchaus erfolgreich die Mädchen des Dorfes. Mehrere von ihnen heirateten sogar Einheimische, was allerdings offiziell verboten war.

Auch zwei unserer Kindermädchen ließen sich entgegen Mamas Warnungen mit ihnen ein. Als dann ein Jahr später viele Dinge anders lagen, lösten sich all diese Gefangenen wie in Luft auf. Die Frauen aber blieben verwirrt, fassungslos und ... schwanger zurück.

Aber für den Augenblick verlief das Leben bei uns noch in seinen vertrauten Bahnen. Eines Tages erhielten wir einen Brief von Onkel Rostislaw aus Kapljowka, wo er sich auf Urlaub befand. Um ihn wiederzusehen und bei dieser Gelegenheit auch das nahezu verwaiste Raschkow in Augenschein zu nehmen, beschloß Papa, zu ihm zu fahren; Emmanuel und ich durften ihn begleiten.

In jenem verregneten Sommer waren die Straßen völlig aufgeweicht. Die Reise versprach langwierig und beschwerlich zu werden, aber da die Entscheidung nun einmal getroffen war, fuhren wir beherzt los.

Bis zur bessarabischen Tiefebene kamen wir noch so einigermaßen durch, dann aber begannen die Schwierigkeiten. Die Kutsche holperte durch Pfützen und Schlammlöcher, neigte sich mal nach der einen, mal nach der anderen Seite und drohte ständig umzukippen. Die Pferde versanken fast im Schlamm, verloren den Halt, schlugen aus und schleuderten uns schwarze Spritzer ins Gesicht. Die Fahrt dauerte den ganzen Tag, und bei Einbruch der Dunkelheit waren wir noch immer zwanzig Kilometer von Kapljowka entfernt.

Plötzlich blieb der Wagen mitten in einer großen Lache stecken, die Pferde rackerten sich redlich in dem Morast ab, bäumten sich auf, doch der Wagen rührte sich nicht. Karpo, aufrecht vor seinem Sitz stehend, brüllte und hieb mit der Peitsche auf die unglücklichen Tiere ein, aber nichts half. Papa lehnte sich hinaus und blickte prüfend auf die zähe Masse, die uns gefangenhielt.

»Na, Karpo, was meinst du?« »Das sieht gar nicht gut aus, Herr!« erwiderte er und schüttelte beunruhigt den Kopf. Er setzte an, die Pferde erneut zu peitschen. »Nein, nein«, sagte Papa, »das bringt doch nichts.« »Man muß Hilfe holen«, meinte Karpo. »Also, dann spann' die Pferde aus und reite nach Kapljowka. Bitte darum, daß man uns Ochsen schickt.« »Wird gemacht«, seufzte Karpo angelegentlich, »ach Herr, Sie tun mir leid, Sie haben eine schlimme Nacht vor sich.« Denn es war klar, daß die Ochsen nicht vor Morgengrauen ankommen würden.

»Nur gut, daß du deine Stiefel hast!« betonte Papa. Aber was geschah? Karpo zog sie aus, band sie mit einem Stück Kordel zusammen und hängte sie über die Schulter. Dann krempelte er seine Hosen auf und sprang vom Kutschbock herab. Er schirrte nacheinander die vier Pferde ab, band sie mit dem Zügel zusammen, bestieg eines von ihnen und führte sie aus dem Schlammloch heraus. »Gute Nacht, Herr«, sagte er ohne jeden Anflug von Ironie und lupfte die Mütze.

Befreit von ihren Zäumen, wurden die Pferde wieder lebendig, und da sie den Stall witterten, trabten sie munter los, wobei sie eine Schlammfontäne hinter sich ließen.

Die Nacht kam heran, undurchdringlich und feucht. Irgendwo ertönte der klagende Schrei einer Eule. Die Frösche in den Gräben quakten um die Wette. Fern am Horizont schimmerte schwaches Licht von einem Dorf. In einem kaum wahrnehmbaren Rauschen fing es sacht zu nieseln an. Das Morgengrauen fand uns erstarrt und mit steifen Gelenken, aber das Wetter hatte aufgeklart.

Bald rumpelten die ersten Bauernkarren über die Straße. Wenn sie auf unserer Höhe waren, hielten die Fuhrleute ihre Pferde an, besahen sich eingehend und voll Neugier unseren abgeschirrten Wagen, schüttelten mitleidig den Kopf und schlugen, indem sie über die Felder auswichen, einen großen Bogen um die Unglücksstelle. Ein alter Bauer stieg von seinem Sitz herab, sah uns lange nachdenklich an und fragte: »Was machen Sie da eigentlich?« »Wir reisen«, entgegnete Papa, »sehen Sie das nicht?«

Die Ochsen von Kapljowka kamen zusammen mit unseren Pferden gegen zehn Uhr an. Mehrere Männer beteiligten sich an der Rettungsaktion: Sie führten einen Gurt unter unserer Kutsche durch, banden an jeder Seite ein Gespann Ochsen an und zogen mit Geschrei und Gejohle los. Endlich sprang der Wagen mit einem Hopser aus dem Loch heraus.

Ohne weitere Zwischenfälle kamen wir schließlich doch noch heil und gesund in Kapljowka an. Hier war alles wie immer: Der Brunnen plätscherte wie eh und je vor der Freitreppe, die Vögel zwitscherten an den Fenstern, die Windhunde strichen in den Zimmern herum, der Duft von Honig und türkischem Tabak vermischte sich mit dem der Tannen. Petrina machte sich an ihren kleinen Schüsseln mit würzigem Essen zu schaffen.

Onkel Rostislaw erzählte uns vom Krieg, von den Schlachten, an denen er teilgenommen hatte, vom Leben im Feld. Ich glaubte, in seinen Berichten einen bitteren Unterton feststellen zu können, und vermutete, daß das Leben mit den Kosaken, für die er so geschwärmt hatte und denen er immer hatte ähnlich sein wollen, ihn enttäuscht haben mußte. Es ist ja nur zu wahr, daß der Traum entflieht, wenn er auf die Wirklichkeit trifft, und daß die Bilder, die man sich zurechtgelegt und mit denen man gelebt hat, unvermittelt zu Zerrbildern werden. Bei sich zu Hause den Kosaken zu spielen war offenkundig nicht dasselbe wie in Kriegszeiten einem Regiment im Einsatz anzugehören, tagtäglich in Gesellschaft von grobschlächtigen Menschen zu leben, mit denen man nichts gemein hatte als eine geliehene Uniform.

Wenn nun auch dank des unermüdlichen Einsatzes von Moses Schilin auf dem Gut alles seinen gewohnten Gang ging, waren doch die Pferdestallungen leer. Onkel Rostislaw erzählte eine herzzerreißende Geschichte, die einen Mann das Leben gekostet und den Untergang des ganzen Gestüts zur Folge gehabt hatte.

Unter allen preisgekrönten Hengsten der Zucht war Kerim der bemerkenswerteste, ein unbezähmbares, geradezu teuflisches Tier. Sobald er auch nur einen Stallknecht auf seine Box zukommen sah, begann er am ganzen Körper zu zittern und rollte wild mit den Augen. Sein Einstellplatz war besonders hergerichtet, um ihn daran zu hindern, seine Nachbarn zu behelligen. Allein Onkel Rostislaw konnte ihn beruhigen, satteln und reiten.

Die Requirierung von Pferden für die Armee hatte seit Beginn des Krieges nicht nachgelassen, im Gegenteil, sie wurde immer unerbittlicher. Es traf sich, daß eine Kommission gerade vorstellig wurde, als Onkel Rostislaw in Kapljowka auf Urlaub war.

Der Offizier war ganz hingerissen von Kerims Schönheit und wollte ihn um jeden Preis mitnehmen. Onkel Rostislaw warnte ihn, der Hengst sei für den Krieg nicht zu gebrauchen, ja sogar höchst gefährlich. Der Offizier wollte davon nichts wissen und befahl seinen Leuten, das Tier notfalls mit Gewalt zu bändigen. Halb wahnsinnig vor Angst und Wut, bäumte Kerim sich auf, schlug aus, biß nach rechts und links und versetzte dem Soldaten, der ihn am Zügel hielt, einen derartigen Schlag mit dem Huf, daß der Unglückliche zu Boden stürzte und sich nicht mehr erhob.

Der Offizier zog seinen Revolver und streckte Kerim nieder. Und bevor ihm noch bewußt wurde, was er tat, gab Onkel Rostislaw, von Wut und Verzweiflung überwältigt, dem Offizier eine Ohrfeige. Der ließ ihn daraufhin festnehmen und schickte ihn zum Regimentskommandeur, aber die Angelegenheit hatte, abgesehen von einer Rüge, kein Nachspiel. Onkel Rostislaw durfte zurück an die Front. Der beleidigte Offizier rächte sich indes, indem er alle Pferde beschlagnahmen ließ. Unserem Onkel blieb nichts außer seinem persönlichen Reittier.

Von Kapljowka fuhren wir weiter nach Raschkow. Das Herrenhaus war äußerlich unversehrt, aber drinnen herrschte das reinste Chaos. Nach den Magyaren hatten die Bauern die Plünderungen fortgesetzt. Die beiden riesigen Tannen an der Vorderseite, die Großmama so sehr liebte, standen noch und erschienen uns wie treue Wächter, die auf die Rückkehr ihrer Herrin warteten.

Das Herrenhaus von Kapljowka tauchte ein Leben lang immer wieder in meinen Träumen auf. Unbewußt habe ich nie aufgehört, es zu suchen, allerdings vergeblich: Nirgendwo habe ich eine Bleibe gefunden, die auch nur annähernd meinen Wunschvorstellungen entsprochen hätte.

Im zweiten Anlauf bestand ich die Prüfung. Das Glück war mir hold: Der widerwärtige Inspektor Popow war abwesend, und ein junger, sympathischer Naturkundelehrer vertrat ihn. Er tat alles, um mir die Prüfung so angenehm wie möglich zu machen, und er führte mich so geschickt, daß ich mühelos ein befriedigendes Ergebnis erzielte.

Erst später erfuhr ich, daß zahlende Schülerinnen wie ich in diesem Jahr besonders willkommen waren; Mündel gab es zu viele im Land, und die Zuschüsse wurden allenthalben gekürzt. Über die üblichen Schulzugänge hinaus sah sich das Institut genötigt, Flüchtlinge aus den vom Krieg heimgesuchten Schwesternschulen in Warschau und Biyalistok aufzunehmen.

Wie auch immer, ich hatte jedenfalls bestanden. Da das Schuljahr erst zwei Wochen später begann, fuhren wir zunächst noch einmal nach Wassilki zurück. Ich hielt es nunmehr für abgemacht, daß ich mich als Mitglied des Adelsinstituts in Kiew betrachten durfte. Doch nun traten neue Schwierigkeiten an die Stelle der überwundenen Vorurteile, und sie waren mit realen Ereignissen verknüpft. Wenn nun die Front zusammenbräche, was würde dann auf uns zukommen? Es war schon beängstigend genug, Emmanuel in Moskau zu wissen, und jetzt auch noch mich in Kiew …

Da kein Mensch diese schwierige Frage beantworten konnte, vertraute Mama sie dem Herrgott oder vielmehr, ein bißchen bescheidener, der Jungfrau Maria, meiner Schutzpatronin, an. Sie schrieb zwei Zettel, einen mit »Ja«, den anderen mit »Nein«, die sie faltete und mischte, ehe sie dann mit geschlossenen Augen einen von beiden an sich nahm. Nun zündete sie Lampaden an und steckte den Zettel, der über mein Schicksal entscheiden sollte, hinter die Ikone der Heiligen Jungfrau. Nachdem sie kurz in Sammlung und Gebet verharrt hatte, zog sie das Papier wieder hervor: Es war das »Nein«.

Plötzlich jedoch war der Bann gebrochen, von einem Tag auf den anderen schien alles weniger bedenklich. Oder lag es daran, daß für die Russen ein so eigenartig unerklärlicher Reiz im Widersprüchlichen liegt? Jedenfalls war am nächsten Morgen der Schiedsspruch der Heiligen Jungfrau völlig vergessen, und wir begannen, meine Koffer zu packen.

»Gott behüte dich ...«, murmelte Mama mit vor Rührung halberstickter Stimme, »du beginnst jetzt einen neuen Lebensabschnitt.« Ich warf ihr noch einen letzten Blick zu, dann tauchte ich in das Halbdunkel eines endlos langen Flurs, in dem mich eine Aufseherin in Empfang nahm.

Meine ersten Schritte innerhalb des Instituts führten mich in die Kleiderkammer, wo ich den für die Einkleidung zuständigen Frauen überantwortet wurde. Als ich nach zwei Stunden wieder herauskam, hatte ich außer meinem Taufkreuz nichts Eigenes mehr auf dem Leib.

Bei der ersten Begegnung mit meiner Klasse fühlte ich mich anfänglich völlig verwirrt. Wie alle Neuen wurde ich umringt, befragt, beurteilt. Mir indes schienen die vierzig Mädchen in ihrer einheitlichen Uniform alle gleich auszusehen, und ich behielt nicht einen einzigen Namen. Meine Verwirrung und die Naivität meiner Antworten lösten wahre Lachsalven aus. Ich muß schon recht sonderbar gewirkt haben, jedenfalls nicht wie die anderen.

Und wieviel Zeit und Mühe hat es mich gekostet, zu werden wie sie ... und selbst dann war ich noch oft zu spontan, zu ungekünstelt, zu unbeholfen, zu geradeheraus. Ich hatte keinen Schliff, ein Mangel, der in der feinen Gesellschaft als fast unverzeihlich galt. Mein erster Kontakt mit dieser quirligen Schar war zugleich meine erste Tuchfühlung mit der großen Welt.

Es fiel mir unendlich schwer, in der Reihe zu gehen, einen tiefen Hofknicks zu machen, ohne dabei über mein Kleid zu stolpern, oder unseren Aufseherinnen gegenüber diese scheinheilige Unterwürfigkeit an den Tag zu legen. Meine vielen Schnitzer trugen mir rasch den Spitznamen »Naturkind« ein.

Jede Klasse hatte ihre eigenen Aufseherinnen, die abwechselnd Dienst taten. Fräulein Tarassow leitete den »französischen Tag« und mußte mit uns auch in dieser Sprache reden. Der »deutsche Tag« oblag Fräulein Tokarjewitsch, die jedoch auf Anordnung der

Direktorin davon befreit war, mit uns Deutsch zu sprechen; in diesen schweren Kriegszeiten sollten unsere patriotischen Gefühle nicht verletzt werden.

Der Tag begann, wenn eine der beiden Gouvernanten auf der Bildfläche erschien. Man nahm sie mit gleichbleibendem Mißvergnügen zur Kenntnis. Gleichzeitig mit ihrem »Beeilen Sie sich, meine Damen!« setzten auch unsere Winkelzüge ein, ihnen aus dem Weg zu gehen.

War die Morgentoilette beendet, stellten wir uns in Reih und Glied auf und gingen eine Klasse nach der anderen, in die Empfangshalle zum Morgengebet. Es war schon ein erhebender Anblick, diese vierhundert Mädchen in ihren langen Kleidern, bordeauxrot für die Kleinen und ab der vierten Klasse strahlend blau, klassenweise aufgereiht in dem weitläufigen Saal zu betrachten.

Eine Schülerin las an einem Lesepult die Gebete vor. Die Oberaufseherin hatte bei dieser Zeremonie den Vorsitz, und kaum war das Gebet beendet, nahm sie uns alle in Augenschein. Auf das Nikken ihres Kopfes hin versank eine Klasse nach der anderen wie eine fortlaufende Welle in einem tiefen Hofknicks. Und für den Fall, daß die Bewegung nicht gleichzeitig und tadellos war, mußten wir noch einmal von vorn anfangen.

Das Frühstück war äußerst dürftig, schlechter Tee und säuerliches Graubrot mit einem Hauch Marmelade. Vor dem Krieg mußte es ein wenig besser gewesen sein, da gab es immerhin noch Weißbrot und Butter. Zu meiner Zeit konnte man die Mahlzeiten jedoch nicht anders als minderwertig und viel zu knapp bemessen nennen.

Die Hausordnung war nahezu schon militärisch streng. Um uns von der Außenwelt abzukapseln, wurden alle nur denkbaren Maßnahmen ergriffen. So war es ausdrücklich untersagt, uns den nach der Straße hin gelegenen Fenstern auch nur zu nähern. Der prachtvolle weitläufige Garten, der sich auf der Rückseite des Gebäudes befand, war immer verschlossen, unsere Spaziergänge unternahmen wir stets auf dem Hof, immer im Kreis herum, wie Gefangene.

Wenn ich so zurückschaue, kann ich dennoch ohne Bitterkeit an dieses kasernenähnliche Leben denken. Sein Nimbus und Stil, bis hin zu dieser übertriebenen Disziplin, verliehen der Institution eine Würde, die wir zu schätzen wußten. Im Gegensatz dazu haben die Beziehungen, die zwischen den Schülern und ihren Vorgesetzten herrschten, in mir einen unauslöschlichen Groll hinterlassen. Es waren verfeindete Welten, dazu verurteilt, miteinander zu leben, ohne sich jemals menschlich näherzukommen.

Die Fürstin Urussow, unsere Direktorin, hatte sich der Erziehung mit dem Stock verschrieben, wenn auch nur im übertragenen Sinne des Wortes. Nie hat auch nur einer sie lächeln gesehen, und niemand hat je ein herzliches Wort aus ihrem Munde gehört.

Sie war eine korpulente Frau von etwa sechzig Jahren. Ihr Gesicht, beherrscht von ausgeprägten Hängebacken und hervorstehenden Augen, zeigte den Ausdruck eines für alle Zeiten erstarrten Zorns. Wenn man das Pech hatte, ihr auf dem Gang zu begegnen, mußte man auf der Stelle bis auf den Boden niedersinken, während sie einen scharf anblickte, als wollte sie einen töten.

Die kleine und rundliche Oberaufseherin, Fräulein Bolontschin, versuchte es der Fürstin gleichzutun, indem sie grimmig dreinschaute und alles daransetzte, Angst und Schrecken um sich herum zu verbreiten. Auch sie war außerstande, ein freundliches Wort hervorzubringen oder gar zu lächeln.

Die Feindseligkeiten zwischen Erziehern und den von ihnen Geführten hätten nicht schlimmer sein können. Die Aufseherinnen oder, wie wir sie nannten, die »Klassendamen« waren ausnahmslos ehemalige Schülerinnen von Adelsinstituten, ältliche, verhärmte Jungfern, die sich an den ihnen Anvertrauten für ihr eigenes trauriges Schicksal rächten.

Eine dieser Damen, Fräulein Matwejewa, die zur Zeit meiner Ankunft mit der fünften Klasse betraut war, konnte man nur als menschenverachtend bezeichnen. Sie behandelte die Mädchen mit einer derartigen Herzlosigkeit, die jeglichen Anstand vermissen ließ. Noch heute ist mir unverständlich, wie die Schulleitung ihr Verhalten tolerieren konnte.

Das Herzstück des Stockwerkes, in dem die Klassenräume lagen, war der Gang. Da er alle strategisch wichtigen Stellen miteinander verband, übte er eine magische Anziehungskraft aus. Von dort kamen die Neuigkeiten, dort gingen auch die Lehrer auf und ab. Jede Klasse hatte ihre Antennen, genauer gesagt, ihre Nachrichtenspezialisten. Ihnen verdankte man etwa die gute Nachricht, daß ein Lehrer krank war, und sie warnten uns auch, wenn die Oberaufseherin sich näherte.

Es war nie ganz einfach, auf den Gang zu gelangen, selbst dann nicht, wenn man zur Toilette mußte. Zuerst hatte man die Erlaubnis der Aufseherin einzuholen, die neben der Tür stand. Die sah einen prüfend und voller Mißtrauen an, um dann unter offensichtlichem Widerstreben mit dem Kopf ein Zeichen der Zustimmung zu geben.

Die Kapelle befand sich auf derselben Etage. Samstagabend, eine halbe Stunde vor der Vesper, öffnete sich das schwere Tor, und die Schüler durften dann beten oder Kerzen anzünden. Man sagte, nicht ohne Spott, daß die einzigen Orte, die sich der lückenlosen Kontrolle entzögen, die Kirche und die Toiletten seien.

Unter den Schülern konnten viele, vor allem aus den unteren Klassen, das Internatsleben nur schwer ertragen. Anfälle dunkelster Verzweiflung traten häufig auf und waren um so schwerer auszuhalten, als man sie tunlichst zu verbergen suchen mußte. Das war zweifellos ein Grund dafür, daß man im Dämmer der Kirche so oft bittere Schluchzer hörte.

Auch ich stellte in dieser Hinsicht keine Ausnahme dar und hatte eine leidvolle Zeit der Eingewöhnung zu durchleben. Diese Schule, von der ich so geträumt hatte, wurde mir richtiggehend verhaßt, und ich zählte die Tage bis Weihnachten.

Vor dem Krieg, so erzählten mir meine Kameradinnen, gab die Schule regelmäßig große Bälle, zu denen die jungen Kadetten der Militärschulen eingeladen wurden. Davon konnte zur Zeit freilich nicht die Rede sein; die Kadetten, allesamt angehende Offiziere, übten sich im Gebrauch der Waffen, nicht im Tanzen.

Statt der Bälle wurden Musikabende veranstaltet, bei denen junge Mädchen, die Gedichte deklamieren, Klavier spielen oder singen konnten, etwas vortrugen. Man entwarf und malte Programme für die Direktorin, die Lehrer und die Ehrengäste; die Schüler durften ihre Familien einladen.

Unbestreitbar aber galt die Hauptsorge im Schulleben dem Unterricht. Die Noten und der Platz, den man in der Rangordnung einnahm, standen im Vordergrund aller Gespräche. In jeder Klasse gab es Streber, Büffler und arme Schlucker, und natürlich gab es auch die begnadeten Wesen, die in der Musik oder der Kunst brillierten.

Im Widerspruch zum Namen des Instituts entstammten nur wenige Mädchen dem Hochadel. Die meisten gehörten zum Landadel, und ihre Väter waren beim Militär oder Staatsbeamte. Unter den Schülerinnen spielten soziale Rangunterschiede keine Rolle, man war in derselben Schule, und alles andere interessierte nicht.

Diese Einrichtung, von den einen gehaßt, mehr oder weniger geduldet von den anderen, hatte auch ihre glühenden Anhänger. Unterhalb der starren Oberfläche brodelte ein ganz eigenes Leben. Freundschaftsbande wurden geknüpft und wieder gelöst, Ehrgeiz und Rivalität, Haß und Intrigen gediehen üppig. Aber niemals habe ich etwas von jenen zweideutigen Beziehungen bemerkt, aus denen manche Schriftsteller ihr Lieblingsthema machen.

Natürlich gab es Schwärmereien, wie eh und je in Internaten, aber das war auch eine Modeerscheinung und stets mit ein bißchen Getue verbunden. Die Kleinen schwärmten für irgendeine Schülerin aus den höheren Klassen und liefen ihr nach, auch auf die Gefahr hin, von der Aufseherin erwischt zu werden; sie schrieben glühende Liebesbriefe oder bettelten um Autogramme. Die besonders hübschen unter den Großen waren von regelrechten Fanklubs umgeben und mußten sich zwangsläufig ein wenig geschmeichelt fühlen.

# Das alte Russland stirbt

Weihnachten war diesmal ganz anders als in den Jahren zuvor. Emmanuel und ich hatten die Welt der Kindheit hinter uns gelassen und genossen aufgrund unserer Schulen, der Uniformen und der Reisen ein ganz anderes Ansehen. Mit einem Schlage betrachtete Mama uns fast als Erwachsene. Ich wurde schnell selbständig, setzte bei der Schneiderin eigene Ideen durch und ging gar so weit, daß ich mir mit Mamas Brennschere eine Ponyfrisur zulegte. Sie selbst benutzte sie überhaupt nicht und, o Wunder, überließ sie mir zum Gebrauch, ohne mir auch nur Vorhaltungen zu machen. Sonderbarerweise erschien mir mein Internat nun, da ich seinen Mauern entronnen war, wesentlich verlockender, und ich hatte nichts dagegen, dorthin zurückzukehren.

Emmanuel und ich waren nicht die einzigen, die sich verändert hatten. Auch Anja, die Gefährtin unserer Kinderspiele, war nicht mehr dieselbe. Das dickliche und unbeholfene Mädchen von früher hatte sich zu einer schlanken jungen Dame mit einem reizenden Madonnengesicht gemausert.

Wir trafen sie selten, weil ihr Glück derzeit weit entfernt vom Herrenhaus lag. Nikita klärte uns mit einem Augenzwinkern auf: »Anja geht mit Karbowski ...« Das sollte heißen, daß sie ab und zu mit dem Gutsschreiber ausging, und bald erfuhren wir auch, daß die beiden sich verlobt hatten.

Diese Heirat und die Absicht der künftigen Eheleute, in Neu-Uschiza zu wohnen, brachten Veränderungen mit sich, die das ganze Gut in Mitleidenschaft zogen. Eines schönen Morgens erschien Herr von Nolde, um voll innerer Bewegung mitzuteilen, er wolle seinen Abschied nehmen. Fast wäre er in Tränen ausgebrochen, als er Papa und Mama um Verzeihung dafür bat, daß er Wassilki im Stich lasse, geradeso, als hätte er heilige Eide geschworen, dort sein ganzes Leben zu verbringen.

Unsere Eltern versicherten ihm, daß sie volles Verständnis für ihn hätten, und beteuerten, daß das ihrer Freundschaft keinen Abbruch tun würde. Und um ihn sofort freigeben zu können, beschloß Mama, die Geschäfte selbst in die Hand zu nehmen, bis man einen anderen Verwalter gefunden hätte. Papa war etwas skeptisch, aber als er sah, wie nachdrücklich Mama ihren Wunsch bekräftigte, ließ er sie gewähren.

Mama war in Sachen Landwirtschaft von keinerlei Fachkenntnis getrübt, sie sprach kein Wort Ukrainisch und verstand es oft noch nicht einmal. Aber sie verfügte zum Ausgleich über einen unbändigen Willen und eine schier unerschöpfliche Energie. Überdies war keine Saison, und es gab kaum Arbeiter.

Zunächst wollte sich Mama der Hilfe eines vertrauenswürdigen Mannes versichern, der ihre rechte Hand sein sollte. Ihre Wahl fiel auf Karpo. Diese Bevorzugung erregte einigen Unwillen, aber Mama machte sich nichts daraus. Was Karpo betraf, so blieb er unverändert derselbe, bescheiden und ehrerbietig. Er sprach weiterhin mit gedämpfter Stimme, und wenn er sich verabschiedete, ging er rückwärts. Jeden Abend erstattete er Bericht über die Ausgaben und Einkäufe, die Aufwendungen für Viehfutter und die Kosten fürs Beschälen. Alles war auf kleinen Pappestückchen fein säuberlich mit Strichen vermerkt, da Karpo Analphabet war. Mama verwandelte diese steinzeitlichen Buchungen in Zahlen und übertrug sie in ihr Journal. Und um die Dinge genau im Auge zu behalten, ging sie von Zeit zu Zeit selbst zum Hof hinüber.

Alles schien nach Wunsch zu gehen, bis meinen Eltern beunruhigende Gerüchte zu Ohren kamen. War Karpo vielleicht doch nicht ganz so untadelig, wie Mama glaubte ...? Drückte er womöglich gerade dann ein Auge zu, wenn er beide hätte offenhalten sollen? Jedenfalls wurde gemunkelt, daß er keinen Ton sagte, wenn ein Spanferkel oder ein Schaf, wenn Material oder Werkzeuge verschwanden. Auch Heu und Hafer landeten keineswegs immer in den Raufen unseres Viehs.

Mama weigerte sich, auf das verleumderische Gerede zu hören, aus dem offenkundig der Neid sprach. Was sie aber dann doch beeindruckte, waren die vertraulichen Mitteilungen unseres Gärtners Stepan. Eine Sau hatte kürzlich neun Ferkel geworfen, Stepan hatte sie selbst gezählt, weil er zwei zum Mästen kaufen wollte. Zwei Wochen später ging er nach dem Wurf schauen, und siehe da: Zwei Ferkel fehlten. Karpo erklärte, die Sau habe die beiden im Liegen erstickt, doch Stepan glaubte ihm kein Wort und stellte unauffällig eigene Nachforschungen an. Er bekam heraus, daß bei einem von Karpos Freunden mit einem Spanferkelessen die Taufe gefeiert worden war. Das gab dann doch zu denken.

Nikita wiederum stellte fest, daß der alte Hauswart so eigentümlich ging, wenn er abends ins Dorf zurückging. Er folgte ihm und machte ausfindig, daß die Stiefel des Alten ein feines Gerinnsel von Körnern hinterließen. Bevor er heimging, füllte der Gute seine Stiefel nämlich mit Weizen, was auch seinen schwerfälligen Gang erklärte. Ein Loch in der Sohle hatte ihn verraten. Nun war aber auch dieser alte Mann ein Verwandter von Karpo, für den er, wie er versicherte, die Hand ins Feuer legen würde.

Auch mit den Kühen stimmte irgend etwas nicht: Sie gaben plötzlich gar zu wenig Milch. Mama begab sich zum Gehöft und mußte feststellen, daß sie arg eingefallene Flanken hatten. Papa beruhigte Mama, indem er daran erinnerte, daß ja auch zu Zeiten von Herrn von Nolde die Milchwirtschaft nicht besser gewesen sei. Er fügte hinzu, Anjas Hochzeit komme ihm eigentlich sehr gelegen, so sehr er unserem treuen Verwalter auch den wohlverdienten und behaglichen Ruhestand von ganzem Herzen gönne, so sehr erhoffe er sich doch auch ein bißchen frischen Wind auf Wassilki.

Als dann Herr Wojakowski sein Amt übernahm, stieß Mama einen Seufzer der Erleichterung aus. Der neue Verwalter war Pole, was ihm in Verbindung mit seinem fortgeschrittenen Alter zu zusätzlichem Ansehen verhalf. Mit seinem weißen Bart und den regelmäßigen Gesichtszügen sah er ungewöhnlich gut aus. Er war zwar Witwer, lebte aber nicht allein: Seine Lebensgefährtin, deren Anwesenheit allenthalben zu spüren war, ohne daß man sie jemals getroffen hätte, versah seinen Haushalt. Herr Wojakowski nannte sie »diese Person«, und es schien, daß er geradeso unter ihrem Pantoffel stand, wie Herr von Nolde unter demjenigen »der Frau«.

Im Laufe des Sommers 1916 nahmen die Russen nicht mehr Tausende in Gefangenschaft, sondern befanden sich auf dem Rückmarsch, um nicht ihrerseits gefangengenommen zu werden. Überdies machte man sich schließlich klar, daß es mit der Bewaffnung unserer Armee haperte und es der Regierung an Tüchtigkeit mangelte.

Das Ergebnis war ein allgemeines Chaos. Desungeachtet gestattete man sich keinerlei Defätismus: Rußland mußte siegen, und Rußland würde siegen. Trotzdem war die Lage sehr schlimm, und es gab immer wieder Augenblicke von höchster Dramatik.

In unseren Dörfern blieb alles friedlich, vom Alptraum der Front war hier nichts zu spüren. Um die Wahrheit zu sagen, beschäftigten uns die Probleme des Alltags, das Wetter, die Ernten oder der Preis des Weizens, weit mehr als dieser Krieg, von dem man doch nur wenig mitbekam. Zeitungen drangen in der Regel nicht bis in unsere dörfliche Welt vor, und wenn sie doch einmal ankamen, konnte höchstens einer von zehn sie lesen, was längst noch nicht heißt, daß dieser eine sie wirklich auch las.

Auf dem Markt erfuhr man die neuesten Nachrichten, aber nach zwei Jahren hatten auch die Sensationsmeldungen an Reiz eingebüßt. Papa brachte regelmäßig aus Neu-Uschiza genauere Informationen mit, die auch nicht gerade ermutigend waren. Aber ich kann nur wiederholen: Wir waren uns eines guten Ausgangs des Krieges derart sicher, daß uns noch nicht einmal der Gedanke an eine heraufziehende Katastrophe in den Sinn gekommen wäre.

Papa hatte viele Freunde in Neu-Uschiza und war ständig bei irgend jemandem eingeladen, meist bei einem seiner Kollegen am Schwurgericht. Am häufigsten war er bei den Dumitrius. Richter Dumitriu war, wie der Name schon zeigt, moldauischer Abstammung, aber seine Familie war längst naturalisiert und er geprägt von Odessa, seiner Geburtsstadt.

Das moldauische Naturell war ihm gleichwohl geblieben, das heißt, er war schwerfällig, phlegmatisch und dickköpfig. Ganz anders seine Frau, eine Kleinbürgerin aus Odessa; sie war immer in Bewegung, fröhlich und ziemlich eitel. Gerade neunzehn Jahre alt, hatte sie bereits ein Kind von drei Jahren. Mit einer fast naiv anmutenden Unbefangenheit erzählte sie ihr kleines Abenteuer, wobei sie selbst stets als erste lachte.

Ihre Mutter hatte ein möbliertes Zimmer zu vermieten gehabt, und das Schicksal führte ihr den Gerichtsreferendar Dumitriu als Untermieter zu. »Ich war gerade fünfzehn«, erzählte Mussja, »und hatte keine Lust, aufs Gymnasium zu gehen. Also mußte ich meiner Mutter bei der Hausarbeit helfen. Ja, und als ich dann Antons

Zimmer aufräumte ... Aber was soll's, wo wir schließlich verheiratet sind.«

Mussja war außerordentlich gastfreundlich und hatte immer eine Menge Gäste an ihrem Tisch. Ohne im eigentlichen Sinne des Wortes schön zu sein, gefiel sie doch den Männern, vor allem dem Richter Sorokowenko, der nicht von ihrer Seite wich, was allen, nur nicht seinem Kollegen Dumitriu auffiel.

Der Zauber, den Mussja auf Männer ausübte, versetzte die Damen von Neu-Uschiza in helle Aufregung. Selbst Mama blieb nicht davon verschont, als sie nämlich, sogar von Papa höchstpersönlich, die verblüffende Äußerung dieser kleinen Draufgängerin erfuhr: »Wenn Sie mir gefallen wollen, mein Guter, dann lassen Sie sich den Bart abrasieren!« Würde sich Papa mit seinem nachgiebigen Charakter gar für die Kaprizen eines unverschämten jungen Dinges hergeben?

Ein anderes Mal, aber das war weniger schlimm, rief Mussja: »Sie haben ein Herrenhaus, einen Gutshof und einen Teich. Ja, worauf warten Sie denn noch, uns endlich einzuladen?« Papa machte sich klar, daß er sich in der Tat einmal bei ihnen für all die Esseneinladungen revanchieren müßte; und ebenso beim Gerichtspräsidenten Pantelejew und seiner Frau, und, wenn man schon einmal dabei war, bei den Lazarejews und Sorokowenkos, kurz bei allen, die Papa so häufig in Neu-Uschiza besuchte und die Mama nicht einmal kannte.

Sie versprach sich nicht das geringste Vergnügen von dieser Invasion, aber Papa zuliebe fügte sie sich in ihr Schicksal. Sie bestellte Unmengen an Eßbarem, ließ die Gästezimmer herrichten, traf Anordnungen für die Zimmermädchen und vor allem für Jakim. Der Verwalter schickte drei Kaleschen nach Neu-Uschiza, um die Gäste holen zu lassen.

Kaum waren sie angekommen, brachten sie auch schon das ganze Haus durcheinander. Mussja war besonders neugierig und wollte alles sehen, das Gehöft, den Teich, den Wald ... Es sollte ein Krebsefangen veranstaltet werden, was immer bei Nacht mit einem Holzkohlenfeuer in Ufernähe stattfinden mußte. Aus unerfindlichen Gründen werden nämlich die Krebse, die doch in undurchdringlichen Gewässern und zähem Schlamm leben, magisch vom Feuer angezogen. Sie eilen in hellen Scharen zu den erleuchteten Stellen und stürzen sich auf den Köder. Die Stöcke werden unter ihrem Gewicht immer schwerer, und man zieht sie langsam aus dem Wasser. Von ihrem Schmaus ganz in Anspruch genommen, lassen die gefräßigen Tiere ihre Beute nicht los, so daß man sie traubenweise mit dem Fangnetz einsammeln kann. Die Weibchen und die Jungtiere werden in den Teich zurückgeworfen, die anderen in mit Brennesseln ausgelegte Körbe gesperrt.

Mussja wollte gar zu gerne auch reiten. Das gab mir Gelegenheit, die Aufmerksamkeit auf mich zu ziehen. Ich fand den Richter Sorokowenko nämlich ausnehmend attraktiv und war wütend, daß er bisher überhaupt keine Notiz von mir genommen hatte. Ich haderte mit meinem Alter, betrachtete mich im Spiegel und gab mir die größtmögliche Mühe, erwachsen auszusehen. Unter anderem probierte ich unterschiedliche Frisuren aus oder hielt die Luft an, damit mein Busen nach mehr aussähe. Was hätte ich nicht darum gegeben, wenigstens sechs Monate älter zu sein! Und diese Mussja trug auch noch so schöne Sachen! Zum Beispiel dieses Kleid aus weißer Spitze, das ihr auffallend gut stand und den Effekt ihrer schwarzen Haare noch unterstrich.

Wir brachen also zu einem Ausritt auf, ich weit vorne, gewissermaßen als Vorhut. Papa, Emmanuel, Mussja und Sorokowenko folgten in gemessenem Trab, und ganz weit hinten sah man den Richter Dumitriu, der wie ein Sack in seinem Sattel hing.

Mussja trug Hosen von ihrem Mann, was nicht gerade vorteilhaft aussah; zudem konnte sie nicht reiten und machte eine dementsprechend schlechte Figur. Da wirkte ich, die ich einem jungen Kosaken glich, doch ganz anders! Mein Pferd war rassig und lebhaft, während man für sie eine brave Stute ausgesucht hatte, um etwaigen Unfällen vorzubeugen.

Ein Unfall ereignete sich dann aber doch, zwar nicht beim Ausritt, aber als Mussja sich mit Sorokowenko in einem Boot mitten auf dem Teich befand. War es wegen einer Ungeschicklichkeit beim Manövrieren, oder war das Boot leck? Jedenfalls kenterte es, und die beiden fanden sich im Wasser wieder. Sorokowenko bewies Geistesgegenwart, packte die wild kreischende Mussja und schwamm zu der kleinen Insel, die sich mitten im Teich erhob.

Landarbeiter, die in der Gegend beschäftigt waren, hörten die Schreie und kamen zur Unglücksstelle gelaufen. Als sie sahen, daß die Schiffbrüchigen mittlerweile die Insel erreicht hatten, machten sie das Boot wieder flott, was allerdings einige Zeit in Anspruch nahm. Mussjas Gezeter hatte inzwischen aufgehört, und die Überlebenden waren im Gebüsch verschwunden. Man hätte meinen können, daß sie es nicht gar zu eilig hatten, wieder ans Ufer zu kommen.

Als man sie dann endlich zurückbrachte, trotteten sie völlig durchnäßt und vom Schlamm verdreckt aufs Herrenhaus zu. Und Mussjas Kleid erst, das war wirklich sehenswert! In ihrem Zimmer angekommen, zog sie sich aus und rief nach Wera. »Wasch das da«, sagte sie, »und bitte deine Herrin, mir etwas zum Anziehen zu geben!«

Mamas Garderobe hatte nun allerdings wenig mit derjenigen Mussjas gemein. Sie seufzte tief und versuchte ihr Bestes, indem sie aus dem Schrank ein Kleid hervorholte, das sie selbst nur zu festlichen Gelegenheiten trug. Ihre Wäsche war schlicht, ohne jegliche Verzierung, und ihre Schuhe hatten der Gesundheit halber ausnahmslos flache Absätze.

Derart ungewohnt ausstaffiert, erschien Mussja in mürrischer Laune zum Abendessen. Unverfroren nannte sie das Kleid »komisch« und »schlecht genäht« und bezeichnete die Schuhe als »Galoschen«. Irgendwann machte Papa mal wieder eine seiner Bemerkungen, daß Mama in Kleiderfragen zu nachlässig sei, was sich eben in einer solchen Situation deutlich zeige.

Herr Lazarejew, der nicht sonderlich sympathisch war, hob nun ebenfalls an zu kritisieren, aber nicht etwa das Betragen von Frau Dumitriu, sondern den Zustand des Bootes, den er als skandalös bezeichnete: »Bei mir wäre so etwas niemals vorgekommen! Ich verstehe nicht, wie Sie Ihre Sachen derart verkommen lassen können! Ich werde Ihren Kahn wieder in Ordnung bringen, das ist gar kein Problem, geben Sie mir nur ein paar Arbeiter!«

Am nächsten Morgen wurde das Boot aufs Trockene gezogen, und Herr Lazarejew machte sich ans Werk. Als er damit fertig war, verkündete er nicht ohne Selbstgefälligkeit: »So, jetzt können Sie es wieder benutzen, ohne Gefahr zu laufen, ein Bad nehmen zu müssen!« Und um seinen Worten den rechten Nachdruck zu verleihen, beschloß er, die Probe aufs Exempel zu machen, wobei er seine Frau mitnahm.

Frau Lazarejew kannte kein größeres Vergnügen, als anderen Menschen gute Ratschläge zu erteilen, insbesondere Mussja. Gemessen und hoheitsvoll bestieg sie das Boot und ließ sich im Heck nieder, während ihr Mann mit kraftvollen Ruderschlägen loslegte. Sie kamen auch bis in die Mitte des Teiches, aber weiter nicht, denn da wiederholte sich die sonderbare Szene vom Vortag: Anstatt sich vorwärts zu bewegen, begann das Boot zu sinken.

Heftig wirbelten die Ruder nunmehr senkrecht in der Luft, und Frau Lazarejew, um deren würdevolle Ruhe es längst geschehen war, begann jämmerlich zu zetern. Zum Glück waren die Arbeiter, die den Verlauf der Bootsfahrt hatten mit ansehen wollen, noch da.

Das Wasser war an der Stelle des Schiffbruchs nicht tief, und wenn auch von dem Kahn nichts zu sehen war, so sah man doch sehr wohl die Köpfe der Verunglückten.

Wera kam also ein weiteres Mal zu Mama: »Die nächste Dame ist ins Wasser gefallen. Sie möchte Kleider, um sich umziehen zu können.«

Und so kam es, daß zwei unserer Gäste die Werke von Maria Ioanikiewna vorführten, und es muß leider gesagt werden: weder zu ihrem noch zu Mamas Ruhm.

Frau Pantelejew, eine stattliche Matrone reiferen Alters, die immer alles besser wußte und sich wichtig tat, nutzte die Gelegenheit, eine Moralpredigt zu halten. Ich erinnere mich deshalb noch zuverlässig an ihre Predigt, weil ich ihre unmittelbare Ansprechpartnerin war. Wir saßen auf einer Steinbank am Ufer des Teiches, just dort, wo sich das ganze Theater gerade abgespielt hatte.

»Sie sehen ja, liebes, unerfahrenes Kind«, sagte sie in schulmeisterlichem Ton, »Sie sehen es ja mit eigenen Augen, wohin Nachlässigkeit führt. Oder ist es für gestandene Mütter und Magistratsgattinnen etwa schicklich, sich in derartige Situationen zu bringen? Haben Sie nicht bemerkt, wie Frau Dumitriu sich benommen hat, als sie auf der Insel war, und auf welche Art und Weise Herr Sorokowenko sie tröstete?«

Plötzlich vergaß sie unter dem Übermaß ihrer sorgenvollen Gedanken, daß sie ja mit einem »unerfahrenen Kind« sprach, und hob, nunmehr bar aller Gelassenheit, von neuem an: »Das liegt an den Ehemännern! Die Ehemänner sind selber schuld daran! Wenn sie ein bißchen Autorität und auch nur einen Funken Ehre im Leibe hätten und wüßten, was sie sich und ihrer Stellung schuldig sind, dann kämen solche Skandale nicht vor! Unsere Männer sind einfach Waschlappen, habe ich nicht recht? Sie lassen sich viel zuviel gefallen! Und was ist das für die Kinder für ein Vorbild? Also, als ich zwanzig war!«

Frau Pantelejew ließ ihren Blick über die stille Oberfläche des Teiches schweifen, und ihr Gesicht nahm einen träumerischen Ausdruck an. »Nun, lassen Sie mich Ihnen erzählen. Herr Pantelejew ist, wie Sie ja vielleicht wissen, mein dritter Mann. Und doch war ich noch Jungfrau, als ich ihn heiratete! Ja, wirklich, eine unberührte Knospe. Das wundert Sie? Also hören Sie zu, Sie werden gleich verstehen: Bei meiner ersten Heirat war ich achtzehn Jahre alt, und ich war sehr verliebt in meinen Bräutigam. Er sah so edel aus und war so zart, zu zart ... Ach, der Gang der Ereignisse hat es nur zu deutlich gezeigt. Denken Sie bloß, als wir in der Kutsche von der Kirche kamen, habe ich den größten Schock meines Lebens bekommen. Mein frischgebackener Ehemann warf sich vor mir plötzlich auf die Knie. Ich dachte, er wollte mir die Hände küssen, und beugte mich hinab, um ihm einen Kuß auf die Stirn zu geben. Da merkte ich voller Entsetzen, daß er tot war! Herzversagen wegen der großen Aufregung, wie der Arzt später feststellte. Was für ein Liebesbeweis! Um besser über mein Unglück hinwegzukommen, absolvierte ich einen Krankenschwesternlehrgang und arbeitete in einem Militärkrankenhaus. Und hier, in einem Krankenhausbett, lernte ich meinen zweiten Mann kennen. Sein Zustand war sehr ernst, und es bestand wenig Hoffnung, ihn am Leben erhalten zu können. Der Arzt glaubte, die Liebe könnte ihm vielleicht helfen, gegen den Tod anzukämpfen. Bis zur Kapelle konnte er gerade noch gehen, mußte aber gleich wieder in sein Bett zurück, das er erst wieder verließ, als der Sarg kam. Ich war also zweifache Witwe, als ich Herrn Pantelejew heiratete, und doch immer noch unberührt. So was nenne ich Unschuld!«

In jener Zeit gingen seltsame Veränderungen mit mir vor. Ich hatte ein Gefühl, als würde ich mich häuten, gerade so, als schlüpfte ich aus einem Kokon, um bald die Flügel zu entfalten.

In meinem Inneren war alles voller Widersprüche, in denen ich mich verfing. Einerseits glaubte ich immer noch, an mir sei ein Junge verlorengegangen, andererseits konnte ich nicht mehr umhin, meine Weiblichkeit zur Kenntnis zu nehmen. Nach wie vor machte es mir großen Spaß, nach Kosakenmanier zu reiten, mich unerschrocken zu geben, mit der Pistole herumzuschießen und waghalsige Abenteuer zu unternehmen, bei denen ich Kopf und Kragen riskierte. Gleichzeitig aber beschäftigte mich die Sorge um mein Aussehen, meine Kleider und meine Frisur.

Schon seit einiger Zeit war ich ein Opfer jener gräßlichen Gefallsucht, die Backfische so an sich haben. Gleichsam zwischen zwei Altersstufen, wollen sie unbedingt gefallen und geben sich damit der Lächerlichkeit preis. Unbeholfen, wie ich mich fühlte, unterlief mir ein Patzer nach dem anderen. Und wenn mir das im nachhinein richtig bewußt wurde, schlug ich einen unverschämten Ton an, regte mich ohne erkennbaren Grund auf und empörte mich über Bagatellen. Es war unmöglich, vernünftig mit mir zu reden, weil ich fürchterlich herumzeterte und ausfallend wurde.

Zu anderen Zeiten versank ich aus unerfindlichen Gründen in Schwermut, fühlte mich von Gott und der Welt – und damit war meist meine Familie gemeint – verlassen und zog mich in einen entlegenen Winkel des Parks zurück, um in der Einsamkeit zu leiden. Ich wanderte ziellos im Mondschein am Teich entlang und ließ mich ganz nah am Wasser auf einer Steinbank nieder, um dem Schlagen der Nachtigallen in den Weiden zu lauschen. Das Wasser plätscherte leise ans Ufer, Glühwürmchen schwirrten im Dunkel der Nacht umher, und mein Herz war voller Sehnsucht, Glück und Traurigkeit. Wonne und Schmerz waren untrennbar ineinander verwoben.

Emmanuel wuchs anscheinend ohne Leiden heran. Ihm erzählte ich auch nichts von meinen Seelenqualen, ich fühlte mich in dieser Zeit den Zwillingen mit ihrer Künstlermentalität wesentlich näher. Oft nahm ich sie auf lange, ziellose Spaziergänge mit. Wir gingen den mit Klatschmohn und Kräutern aller Art übersäten

Waldsaum entlang. Die Kornfelder um uns herum waren ein einziges, wogendes Wellenmeer. Wir liebten diese Landschaft, und alles war so vertraut, jeder Hügel, jede Wegkreuzung ... Wassilki, ach Wassilki, du Wiege unserer Kindheit!

Jeder weiß, daß eigentlich nur das, was man als Kind erlebt hat, wirklich zählt. Um zum Beispiel die Himmelsrichtung zu bestimmen, mußte ich mich zeit meines Lebens in Gedanken auf die Terrasse unseres Hauses gegenüber dem Teich versetzen. Da war Süden. Und unmittelbar tauchte dann auch das Bild auf, das für mich eben Osten war und ist: die feuerrote Sonne über einem Kornfeld und Mama, die von ihrem Fenster aus den Sonnenaufgang betrachtet. Und Westen wird für mich immer dort sein, wo sich unser Dorf vor dem von der untergehenden Sonne flammend roten Himmel abzeichnete, während sich der Teich purpurn färbte.

Im folgenden Winter wurde das Leben in der Schule noch karger. Es fehlte an Holz für die großen Kachelöfen, und wir bibberten unter unseren Batistschulterkragen. Die Ernährung, die an sich ja schon schlecht und knapp bemessen war, wurde noch schlechter und noch knapper.

Wie das monotone Läuten einer Totenglocke trafen immer neue Schreckensnachrichten ein: Hier war ein Vater, dort ein Bruder oder Freund an der Front gefallen. Wir versammelten uns zu den Totenmessen in der Kapelle und verließen sie verstört und niedergeschlagen. Unsere ganze Klasse teilte die Trauer unserer Freundin Katja Samsonowa, deren Bruder, ein junger Kampfflieger, mit seinem Flugzeug abgestürzt war. Wir alle kannten den hübschen Andreas und beweinten ihn wie einen Bruder. Als unser Chor, zu dem auch ich gehörte, das zu Herzen gehende »Ewig gedenk ich Dein« anstimmte, waren die Stimmen von Schluchzern halb erstickt.

Den Besuchstagen sah man voller Bangigkeit entgegen und forschte hinterher angestrengt in den Gesichtern derer, die zurückkamen. An der Front standen die Dinge schlecht, unsere Armee befand sich auf dem Rückzug. Das Institut quoll über von Flüchtlingen aus den besetzten Gebieten, unter ihnen eine beträchtliche Zahl von Polinnen, die aus ihrer feindseligen Haltung uns Russinnen gegenüber keinen Hehl machten.

Der Krieg machte sich auf allen Lebensgebieten bemerkbar; Lebensmittel fehlten, Eisenbahnlinien waren zerstört, die Post funktionierte kaum noch, die ganze Ordnung war ins Wanken geraten.

In Kiew kannte ich nur Tante Olga Rosen, die mich an manchen Sonntagen besuchen kam. Sie hatte diesem Krieg auch schon ihren Tribut entrichten müssen: Ihr Mann war gerade mit nur mehr einem Bein heimgekehrt. Sie selbst arbeitete als Schwester der Chirurgie in einem Lazarett. Nach einem zermürbenden Tag in diesem Alptraum von Schmerz und Tod eilte sie nach Hause, um dort, erschöpft wie sie war, ihren eigenen Verwundeten zu versorgen.

Mama ließ mir ausrichten, weder sie selbst noch Papa könnten mich Weihnachten aus dem Internat abholen kommen, sie hätten deshalb Tante Olga darum gebeten, dies für sie zu übernehmen. Ich würde dann mit Emmanuel, der auf der Rückreise von Moskau in Kiew Station machte, gemeinsam weiterreisen.

Als ich Onkel Gregor auf seinem Holzbein heranhinken sah, war ich derart erschüttert, daß ich Mühe hatte, meine Fassung zu bewahren. Er selbst schien ausgezeichneter Laune zu sein und erklärte zu meiner nicht geringen Verwunderung: »Sobald meine Prothese fertig ist, gehe ich zurück an die Front. Es gibt ja tausenderlei Dinge, die ich durchaus noch verrichten kann. Ich habe mich bereits zum Sanitätsdienst in vorderster Linie gemeldet.«

Seine Loyalität und sein Mut waren ungebrochen. Er beäugte mich durch seinen Nasenkneifer und fügte hinzu: »Wenn du nach den Weihnachtsferien zurückkommst, befasse ich mich mal mit deiner Garderobe. Was du da anhast, läßt arg zu wünschen übrig.« Er hielt Wort und nahm mich, sobald es sich machen ließ, mit in die vornehmsten Geschäfte Kiews, wo er mich von Kopf bis Fuß neu einkleidete. Papa hatte das Vorhaben gebilligt und die nötigen Mittel zur Verfügung gestellt. Danach mußte ich wenigstens nicht mehr die kritischen und neugierigen Blicke meiner Kameradinnen fürchten.

Bei dieser Gelegenheit sah ich Onkel Gregor übrigens zum letztenmal. Er wurde, wie er es gewünscht hatte, einem Sanitätszug zugewiesen, kam wieder an die Front und kehrte von dort nie mehr heim.

Mittlerweile konnte sich niemand mehr darüber hinwegtäuschen, daß die Front zusammengebrochen, aus der russischen Armee eine Horde von Flüchtigen geworden und die Regierung von heilloser Verwirrung erfaßt worden war. Was wir uns aber nicht klarmachten, war die Tatsache, daß sich das ganze Land auf einen Abgrund zubewegte. Darum schlug die Nachricht von der Abdankung des Zaren wie eine Bombe im Internat ein. Fräulein Tokarjewitsch überbrachte sie mit fester, feierlicher und metallen klingender Stimme und verlas die Abdankungserklärung, ohne jeglichen Kommentar und ohne ihre eigenen Gefühle auch nur andeutungsweise durchblicken zu lassen.

Unsere erste Reaktion war völlige Verwirrung. In dem Maße aber, wie man zeitlich etwas Abstand gewann, machten sich Gegenströmungen unter uns breit, gewannen Tendenzen Gestalt. Widerstreitende Meinungen und erbitterte Diskussionen, die bis zum offenen Zerwürfnis gingen, brachen allenthalben auf. Und zum ersten Mal wurde innerhalb dieser Mauern der Einfluß der sozialen Unterschiede spürbar. Die Zarenanhänger, die ja schließlich nicht von einem Tag auf den anderen alles leugnen konnten, woran sie bislang unverbrüchlich geglaubt hatten, blieben der Fahne treu. Andere hingegen traten mit Genugtuung die Wahrzeichen der Vergangenheit mit Füßen. Und dann gab es noch solche, die zwischen ritterlichem Anstand und Opportunismus einen Mittelweg zu finden suchten.

Die meisten aber waren unschlüssig und wußten nicht, auf welche Seite sie sich schlagen sollten. Ich war betroffen, feststellen zu müssen, daß sich unvermittelt gerade diejenigen als die unversöhnlichsten Gegner der Zarenfamilie herausstellten, die ihr am meisten zu verdanken hatten.

Durch die Mauern unserer Festung hindurch bemerkten wir, wie es in der Stadt zu gären begann. Der ungewohnte Lärm von Krawallen, Geschrei und Schüssen drang durch unsere Fenster. Und ungeachtet der verstärkten Überwachung versuchten wir, sie zu öffnen, um die Geräusche von draußen besser hören zu können. Von den neuesten Entwicklungen erfuhren wir an den Besuchstagen und dank der Zeitungen, die die Saaltöchter uns heimlich zusteckten.

Die Lehrer wirkten bedrückt und eilten, kaum daß die Stunde beendet war, zur Tür, um etwaigen Fragen auszuweichen. Vater Semjon, unser Pope, beschränkte sich darauf, uns Gebete und Selbstbeherrschung sowie Stetigkeit im Lernen zu empfehlen, andere Themen berührte er einfach nicht.

Eines Abends brach durch eine Explosion in unserem Viertel bei uns eine regelrechte Panik aus. Vor Angst und brennender Neugierde getrieben, unternahm ich etwas, das strengstens untersagt war: Ich schlich über die Dienstbotentreppe bis zum Dachstuhl und kletterte aufs Dach hinaus. Zwischen zwei Schornsteinen stehend, konnte ich von meinem Beobachtungsposten aus einen Platz erspähen, der von Menschen wimmelte. Selbst aus dieser Entfernung hörte ich den Aufruhr der erregten Menge und sah zwei Männer, die von einem Lastwagen herab eine Ansprache hielten und rote Fahnen schwenkten. Mit dem Gefühl, daß uns eine ernste Gefahr bedrohte, stolperte ich die Treppe hinunter.

Auch in diese seit einem Jahrhundert unwandelbare Lehranstalt hielt der Geist des Aufruhrs Einzug. Die Regeln, die bisher fraglos anerkannt, wenn auch nicht immer befolgt worden waren, schienen unter den gegebenen Umständen unerträglich. An einem Zwischenfall wurde besonders deutlich, daß die Mädchen im Schulterkragen nicht mehr ganz so fügsam waren wie noch vor wenigen Wochen.

Unsere gesamte Korrespondenz wurde einer strengen Zensur unterzogen. Nicht nur unsere eigenen Briefe, sondern ebenso die, die wir erhielten, wurden gelesen und gegebenenfalls einbehalten. Aufgrund dieses haarsträubenden Systems hatten wir ein Komplott geschlossen, bei dem sogar die Eltern unsere Komplizen wurden. Die Leitung wußte zwar davon, gab sich aber nicht geschlagen: Wir mußten von Amts wegen weiterhin unseren offiziellen wöchentlichen Brief an unsere Familien schreiben.

Eines Tages hatte Zlata Wolkowitsch, ein besonderer Widerspruchsgeist, anläßlich eines zensierten Briefes eine Auseinandersetzung mit der Aufseherin. Nun hatte Zlata großen Einfluß auf die Klasse, weil sie die Anführerin der wichtigsten Clique war. Diese tat sich also zusammen und beschloß, daß ein eigens für diesen Anlaß entworfener Brief von allen anderen Klassenkameraden abgeschrieben werden sollte. Wenige Tage darauf fand die Aufseherin vierzig gleichlautende Briefe auf ihrem Schreibtisch vor. An einige Bruchstücke dieses belanglosen Textes kann ich mich sogar noch erinnern: »Die vergilbten Blätter drehen sich im Wind und fallen langsam auf die Erde nieder.«

Auf Anordnung der Direktorin wurden wir in die Empfangshalle geführt und mußten uns dort unter den Zarenporträts der Reihe nach aufstellen. Die Direktorin höchstpersönlich übernahm es, uns zurechtzuweisen. Nachdem sie unsere Selbstherrlichkeit hinreichend gegeißelt hatte, verwies sie uns auf unsere Verpflichtungen gegenüber dem Vaterland, das in einer Zeit schmerzlicher Prüfungen mehr denn je der unverbrüchlichen Treue und Disziplin aller bedürfe. Wir sollten uns angelegen sein lassen, die Ehre unserer Schule zu bewahren, statt deren Autorität durch derart dümmliche und unloyale Verhaltensweisen zu untergraben.

Obwohl mit innerem Feuer vorgebracht, ging die Rede der Direktorin ins Leere. Die großen Worte hatten ihr Gewicht verloren und klangen hohl. Um uns wegen unseres unzulässigen Benehmens einen Denkzettel zu verabreichen, wurde uns das Besuchsrecht gestrichen. Nachdem sie uns die Leviten gelesen hatte, zog sich die Direktorin zurück, begleitet von spöttischen Blicken.

Oberflächlich betrachtet, verlief das Leben wie immer, nur daß derzeit unser Hauptinteresse den Vorgängen draußen galt. Wir stellten unablässig Vermutungen an, ob die Revolutionäre in Kiew einmarschieren würden oder nicht. Was würde aus der Schule werden? Kürzlich war von unbekannter Hand in roter Farbe ein »Tod den bürgerlichen Schweinen!« auf unsere Parkmauer geschrieben worden. Diese wenig freundlichen Worte erinnerten uns an das, was gut informierte Leute uns berichtet hatten: Ein gewisser Lenin sollte bei einer Ansprache, die er von einem Lastwagen herab an die Arbeiter einer Petrograder Fabrik hielt, gesagt haben, die bürgerliche Klasse – Adelige, Klerus, Militär, Kaufleute, Lehrer, Ärzte, Künstler, überhaupt das ganze ausbeuterische Gesindel der Volksfeinde – müsse unnachsichtig ausgerottet werden. Das waren ziemlich viele, und wir gehörten mit Gewißheit dazu. Nur Arbeiter und Bauern sollten in unserem Land überleben. Alle übrigen Einwohner könnten nicht als zum Volk gehörig betrachtet werden.

Der Urheber der Inschrift an unserer Mauer mußte wohl ein Anhänger von Lenin sein.

All das verhieß nichts Gutes. Diese Leute waren dazu fähig, unsere Schule in die Luft gehen zu lassen. Wie könnten wir uns rechtzeitig in Sicherheit bringen? Und wenn die Bolschewiki nun des Nachts kämen und uns im Nachthemd überraschen würden? Und, o ewig weibliche Eitelkeit, es gab tatsächlich Mädchen, die Vorsorge trafen ... indem sie sich vor dem Zubettgehen eine kleidsame Frisur machten.

Die Schülerinnen, die aus Kiew stammten, hatten weniger Grund zur Sorge: Sie konnten im Notfall zu ihren Familien zurückkehren. Aber die anderen, die von weither kamen, warteten mit Ungeduld auf Post und flehten ihre Eltern an, sie doch abzuholen. Die Waisen, die niemanden auf Gottes weiter Welt hatten, hielten sich von vornherein für verloren.

Dieser Zustand allgemeiner Verunsicherung war größtenteils auf die oft blutigen Zwischenfälle in der Stadt zurückzuführen. Offiziell gab es in Rußland eine provisorische Regierung, leidlich revolutionär, aber den Roten beileibe nicht radikal genug. Die beiden Strömungen kämpften um die Macht, und es roch allenthalben nach Schießpulver.

Plötzlich ein Paukenschlag: Deutsche Truppen zogen in Kiew ein. Kämpfe fanden gar nicht mehr statt, aus dem einfachen Grund, weil die Deutschen nirgendwo auf russische Truppen stießen. Zivilen Widerstand gab es auch nicht. Die Bevölkerung war durch die Ereignisse völlig verwirrt und wußte nicht mehr, wer denn nun eigentlich der Feind war. Sofort bei seiner Ankunft erklärte der deutsche Kommandant, er sei nicht als Eroberer, sondern als Beschützer einer unabhängigen Ukraine gekommen.

In den Geschichtsbüchern steht: Kiew ist die Wiege aller russischen Städte, und das ist wahr. In den Geographiebüchern steht: Kiew ist die Hauptstadt der Ukraine, und das ist ebenso wahr. Gehen wir also einmal davon aus, daß Kiew eine russische Stadt und das Hinterland ukrainisch ist.

Ich glaubte zu jener Zeit, Kiew wäre die schönste Stadt der Welt, was insofern ein bißchen voreilig war, weil ich, abgesehen von Odessa, überhaupt keine andere Stadt auf der Welt kannte.

Aber auch heute noch, wo ich deren viele kenne, halte ich dafür, daß Kiew eine der schönsten Städte der Welt ist – zumindest das Kiew, wie ich es in Erinnerung habe. Begünstigt ist die Stadt vor allem durch ihre malerische geographische Lage: Von seinen hohen Hügeln aus beherrscht Kiew eine weite Ebene, die sich wie ein riesiger Fächer gen Osten öffnet. Zu seinen Füßen fließt machtvoll und majestätisch der Dnjepr.

Durch diese Ebenen brandeten in früheren Zeiten oft Horden feindlicher Eindringlinge heran. Hoch von den Festungsmauern der Stadt herab verfolgten die Verteidiger mit Schrecken den Anmarsch der Feinde. Der Fluß war die letzte Barriere, die die Stadtbewohner schützte. Die Deutschen aber waren von Westen gekommen, ohne auf nennenswerte Hindernisse zu stoßen. Die Zeiten hatten sich geändert. Aber der Dnjepr spielte auch diesmal eine wichtige geschichtliche Rolle: Er bezeichnete die Grenze zwischen der Ukraine und Nordrußland, das der Revolution anheimgefallen war.

Die ukrainischen Unabhängigkeitsbestrebungen waren nie sonderlich ernstgenommen worden, obwohl die Unabhängigkeitsbewegung stark in der Bevölkerung verwurzelt war. Man hielt entsprechende Forderungen für künstlich hochgespielt, ja lächerlich. Die Ukraine wurde das »Kleine Rußland« genannt, was seine Unterordnung unter das »Große Rußland« zwingend nahelegte. Nun, da sich das große Rußland in der Klemme befand, und die Deutschen es zu ihrem Anliegen erklärten, die Ukraine vor einem nämlichen Schicksal zu bewahren, erschien der ukrainische Separatismus unter einem ganz anderen Blickwinkel und weit weniger versponnen. Und so hatten die Deutschen keine Mühe, Kollaborateure zu finden.

Die alteingesessenen Lokalpatrioten ebenso wie die frischgebackenen Separatisten hofften, Rußland die Gefolgschaft aufkündigen zu können, und zwar mit Hilfe der Deutschen. Diese versuchten ihrerseits, einen Pufferstaat zu schaffen, der ihnen als Verbündeter und als Einflußzone nützlich sein könnte.

Das erste Ergebnis dieser Allianz war, daß wieder Ruhe und Ordnung einkehrten. Die öffentlichen Dienstleistungsbetriebe arbeiteten weitgehend normal, die Eisenbahnen verkehrten wieder, und die alarmierenden Gerüchte flauten ab.

Mama konnte am Ende des Schuljahres persönlich kommen, um mich aus dem Internat abzuholen, und Papa holte die Zwillinge aus Odessa zurück, wo sie seit einiger Zeit in einem Mädchenpensionat unterrichtet wurden.

Seit jeher hatte Mama das Höhlenkloster der heiligen Laura und seine berühmten Katakomben besichtigen wollen. Wir nutzten das herrliche Wetter und fuhren hin, sie und ich. Der Ursprung dieses erhabenen Ortes liegt in dunkler Vergangenheit, entdeckt aber wurde er erst in jüngster Zeit. Ein Erdrutsch in der Küstenwand hatte eine erstaunliche unterirdische Stadt ans Licht gebracht, die wie ein Termitenbau in eine Seite des Kalkgesteins gegraben war. Unzählige Höhlen, Stollen und Gänge lagen in mehreren Ebenen übereinander.

Wer hatte diese Stadt im Dunkel bewohnt? Wann und warum? Die Legende spricht von verfolgten Christen. Die unverweslichen Leiber, die man in den Höhlen gefunden hatte, schienen diese These zu bestätigen. Die Geschichte hingegen gibt keinen Hinweis auf Verfolgungen, die derart viele Gläubige unter die Erde hätte verbannen können. Selbst die Tataren, die wahrhaftig wild genug waren, wagten nicht, sich wegen Glaubensüberzeugungen an der Bevölkerung zu vergreifen. Zur Zeit, als sie Rußland beherrschten, lebte man schließlich nicht mehr in der Ära Neros und noch nicht in derjenigen Stalins.

Konnte es nicht viel eher so gewesen sein, daß die, die sich hier versteckt gehalten hatten, auf der Flucht vor Krieg und Feuer und den damals weit verbreiteten Verfolgungen jedweder Art gewesen waren? Aber da das Volk nun einmal an Heilige glaubte und sie zu verehren wünschte, war die Regierung gut beraten gewesen, ihm dies zuzugestehen. Und so folgten endlose Züge von Kerzen tragenden Pilgern dem Mönch, der sie in das Labyrinth der Katakomben führte. Allein schon die Vorstellung, sich in diesem Irrgarten verlaufen zu können, ließ einem das Blut in den Adern gefrieren; denn niemand würde hier je wieder herausfinden. Die Nischen, die den am stärksten verehrten Heiligen zur Ruhestätte dienten, waren mit Kerzen beleuchtet.

Der Mönch erzählte Leben und Werk des oder der Seligen, die da in ihrem Reliquienschrein unter feinem Brokat lagen. Nichts als ein kleines Stückchen Haut von einer braunen und vertrockneten Hand waren in einem Silbermedaillon noch zu erkennen. Die frommsten unter den Pilgern, meist Frauen aus dem einfachen Volk, fielen auf die Knie, bekreuzigten sich und küßten die Reliquie.

Wir sahen auch größere Grotten, die mit Ikonen und Kreuzen ausgeschmückt waren. Unser Führer erklärte, daß es sich hierbei um die geheimen Kirchen der Bruderschaft handele.

Die Heiligen, die das russische Volk so sehr verehrte, ruhten seit Jahrhunderten in ihren Höhlen. Das sollte aber nicht mehr lange so bleiben. Als nämlich wenig später Gott für tot erklärt wurde, warf man sie kurzerhand auf den Abfall. Man hatte es sogar sehr eilig damit und klärte die Öffentlichkeit nachdrücklich darüber auf, daß die meisten, nachdem sie ihres Brokatkleides beraubt worden waren, sich als nichts anderes denn als Strohpuppen erwiesen hätten; nur wenige andere könnten ehemals zu menschlichen Leibern gehört haben. Doch wie dem auch gewesen sein mag, man behauptete seine Eigentumsrechte an dem dortigen Felsgestein, das fest und kalkhaltig war und mithin einen Schutz gegen Erosion bot.

Soweit sind die Fakten bekannt. Was dann kam, ist es allerdings weniger. Ich mache rasch einen Sprung in das Jahr 1965. Damals traf ich zufällig einen jungen Ingenieur russischer Herkunft, der gerade aus Kiew zurückgekehrt war, wohin ihn seine Firma mit einem Sonderauftrag geschickt hatte. Schon lange hatte er mit eigenen Augen sehen wollen, wovon ihm seine Eltern so viel erzählt hatten, und so begab er sich zur Grotte der heiligen Laura.

Hören Sie selbst, was er mir sagte: »In Sankt Laura gab es zwei Dinge, die man gesehen haben mußte: das Museum der Gottlosen und die Katakomben. Ich habe beides besichtigt. Im Museum war ich allein oder genauer gesagt: Wir waren zu zweit, nämlich der Museumsführer und ich. Ich erspare Ihnen die Beschreibung der grotesken, ungeschlachten und künstlerisch völlig wertlosen Karikaturen, die ich dort zu sehen bekam. Man war wirklich geneigt zu glauben, daß das mit Absicht so miserabel zusammengestellt war, denn an sich verfügt das russische Volk ja über einen angeborenen Schönheitssinn. Anschließend ging ich also die Katakomben besichtigen. Eine ungeheure Menge von Pilgern, nein, verzeihen Sie, von Touristen wartete auf den Mönch, der die Führung machen sollte. Die Mönche, es sind ja nur mehr wenige, schaffen es kaum, den Andrang zu bewältigen. Wir stiegen also mit unseren Kerzen in das unterirdische Labyrinth. Nur die, wenn ich so sagen darf, bewohnten Höhlen waren erleuchtet. Die Heiligen ruhten, mit Brokat bedeckt und von Kerzen umgeben, in ihren goldenen Schreinen. Der Mönch erzählte Leben und Werk, und die Bäuerinnen, sie bildeten den überwiegenden Teil unserer Gruppe, knieten nieder, neigten sich ehrfurchtsvoll bis zur Erde und küßten voll tiefer Frömmigkeit das silbergerahmte Medaillon, in dem ein kleines Stück Haut sichtbar eingefaßt war.«

Ich rief erstaunt aus: »Aber was reden Sie denn da? Die Heiligen sind doch gleich zu Beginn der Revolution beseitigt worden?!« »Nun ja«, erwiderte der Ingenieur, »was sollte man machen, die Nachfrage war so groß, man mußte die Katakomben einfach wieder neu belegen.«

Der historische Kampf zwischen Alexander Kerenski und Lenin näherte sich seinem Höhepunkt. Kerenski wollte den Krieg fortsetzen und versuchte, durch flammende Reden der Katastrophe Einhalt zu gebieten und die Soldaten dazu zu bewegen, an die Front zurückzukehren.

Aber die geheiligten Begriffe »Vaterland« und »Sieg« hatten jeglichen Sinn eingebüßt. Die Lawine war nicht mehr aufzuhalten: Die Bukowina und Galizien mußten evakuiert werden, und die russischen Truppen strömten in völliger Auflösung heimwärts. Eine russische Armee existierte sozusagen nicht mehr. Da wartete Lenin doch mit ganz anderen Parolen auf, und die verbreiteten sich wie ein Lauffeuer: »Frieden! Und das Land den Bauern!«

Im Juli 1917 konnte Kerenski die Macht an sich reißen, und Lenin floh nach Finnland. Aber das war ein Augenblickserfolg, der nur den einen Sommer anhielt. Dieser stümperhafte Diktator setzte seiner Laufbahn selbst ein Ende, indem er das Winterpalais verließ, um damit für immer von der Bühne zu verschwinden.

Bis Podolien drang der Widerhall all dieser politischen Unruhen kaum vor. Die Brandreden Lenins interessierten ebensowenig wie die patriotischen Aufrufe Kerenskis. Um es rundheraus zu sagen, beeinträchtigte der Sturz des Zarentums das Leben in den Dörfern und kleinen Provinzstädten nicht im geringsten. Im großen und ganzen war die Intelligenzija froh, den Zaren los zu sein. Lediglich eine Frage beunruhigte die Gemüter: Würden, nachdem man sich eines gekrönten Hauptes entledigt hatte, nun nicht andere Köpfe auftauchen, zwar ohne Krone, aber dafür vielleicht mit Raubtierzähnen ...?

Papa empfand die Haltung, die die Mitglieder der Gerichtsbarkeit einnahmen, als recht geschmacklos. Die Richter waren unmittelbar vom Zaren ernannt worden, und der schiere Anstand erheischte eigentlich Zurückhaltung und einen kühlen Kopf, insbesondere vom Magistrat.

Nun, Mussja Dumitriu riß mit eigener Hand das Bild des Zaren von der Wand ihres Salons und befahl der Kammerfrau, es zum Abfallhaufen zu befördern. Klatsch und Tratsch der niedersten Sorte waren bei ihren Festessen an der Tagesordnung.

Richter Sorokowenko salbaderte wie ein Volkstribun und schwor Stein und Bein, daß er eigentlich schon immer revolutionär eingestellt und ein inniger Freund der Bauern gewesen sei.

Was sich aber der Erzpope von Neu-Uschiza leistete, übertraf alles an Unverschämtheit: Mitten in der Kirche hielt er eine als Predigt getarnte Schmährede auf die Zarenfamilie und bat die Anwesenden mit Tränen in den Augen darum, den Stadtgarten, der den Namen Nikolaus-Park trug, von dieser Schande zu befreien. Er redete viel von der Revolution, den Krieg erwähnte er mit keinem Wort.

Den brachte dann ein kleines, gänzlich unerwartetes Ereignis der Bevölkerung wieder unliebsam in Erinnerung: Eines schönen Morgens sah man österreichische Soldaten in die Stadt einziehen. Die Truppen rückten unbehelligt im Schutze ihrer Artillerie vor.

Einige Bewohner zogen dann doch ein schiefes Gesicht, als sie sahen, wie der Feind unser Land gleichsam im Paradeschritt in Besitz nahm. Die ganz unverbesserlichen Patrioten empfanden eine gewisse Genugtuung, als sie erfuhren, daß die österreichischen Geschütze mitten in dem Marktflecken Dunajewzi im Schlamm stekkengeblieben waren und die Soldaten, nachdem sie mehrere Stunden in Dreck und Jauche herumwaten mußten, in ihrem flotten Aussehen doch ziemlich gelitten hatten.

Der Ausruf eines Obersten, den wir ein paar Tage später mit eigenen Ohren hörten – das Regiment kam nämlich nach Wassilki –, sprach Bände: »Mein Gott! Es hatte etwas Fatales!« Ich weiß nicht, ob die Österreicher überhaupt mit Widerstand gerechnet hatten, der einzige jedenfalls, auf den sie trafen, waren unsere Straßen!

Diesmal waren wir nicht ins Forsthaus umgezogen, und so traf uns der Feind zu Hause an. Mama war sehr bekümmert und weigerte sich, dem Eroberer gegenüberzutreten. Um ihm aus dem Weg zu gehen, trat sie den Rückzug an … in ihr Zimmer.

Ich muß daran erinnern, daß wir, was die Vereinbarungen zwischen der Ukraine und Deutschland betraf, nicht auf dem laufenden waren. Für uns war der Krieg, ungeachtet aller Umwälzungen, noch in vollem Gange, und so war auch der Feind noch der alte.

Da sie unsere Speicher nur sehr maßvoll durchstöberten, erwiesen sich die Österreicher als nicht gar zu lästig. Dafür hinterließen sie uns ein unschätzbares Erbe, das noch heute, davon bin ich felsenfest überzeugt, ein Gewinn für diese Gegend ist: Sie setzten unsere Straßen instand. Es geschah gewiß nicht, um uns einen Dienst zu erweisen, nicht einmal, um in guter Erinnerung zu bleiben, daß der Kommandant unseren Sumpflöchern den Kampf ansagte. Doch wie dem auch sei, es wurde jedenfalls gemacht.

Von einem Tag auf den anderen begaben sich die österreichischen Soldaten und unsere Dörfler, die Hacke in der Hand und friedlich zu nützlichem Tun vereint, daran, unsere Wege in befahrbare Straßen zu verwandeln. Der berüchtigte Abhang von Alt-Uschiza, ein Golgatha aller Pferde, mauserte sich zu einer in gefälligen Schleifen verlaufenden Chaussee. Ich frage mich, ob den Bauern die Bedeutung dieser Verbesserung richtig bewußt wurde. Da aber die Arbeit in die Nacherntezeit fiel und überdies sehr gut bezahlt wurde, nahm man sie bereitwilligst auf. »Dazu mußten wohl erst die Österreicher kommen ...«, bemerkte Papa voller Melancholie.

In Petrograd überstürzten sich derweil die Ereignisse. Nachdem Kerenskis Stern auf so unrühmliche Art gesunken war, bemächtigte sich Lenin endgültig der Macht und proklamierte mit Trotzkis Schützenhilfe den sozialistischen Staat.

Moskau blieb für den Augenblick noch außen vor und führte ein Eigenleben. Die Bevölkerung zeigte keinerlei Neigung zum Aufstand, abgesehen von einigen Militärverbänden – Offiziersanwärter und Kadetten –, die versuchten, den Bolschewiken den Zugang zur Stadt zu versperren. Die Kampfhandlungen, die gegenüber dem Feind zum Stillstand gekommen waren, lebten nun im Landesinneren zwischen den einzelnen Bevölkerungsgruppen wieder auf. Und ich glaube nicht, daß der Haß und die Erbitterung auf den Schlachtfeldern je so heftig gewesen waren wie jetzt innerhalb des Vaterlandes.

Der Direktor des Nikolaus-Gymnasiums verbot seinen Schülern, das Schulgelände zu verlassen, um sie vor einer Verwicklung in den Bürgerkrieg zu bewahren. Sie sollten sich um gar nichts kümmern und sich, wenn irgend möglich, ausschließlich ihren Studien widmen. Aber trotz dieser Ausgangssperre wurden die jungen Leute Augenzeugen eines spektakulären Zwischenfalls.

Im Nachbargebäude befand sich eine große Musikalienhandlung, die im siebten Stock ein beachtliches Lager von Konzertflügeln hatte. Die Roten Garden stürmten das Haus und machten die kostbaren Instrumente zu Kleinholz. Die Flügel warf man einen nach dem anderen durchs Fenster auf die Straße. Das Zersplittern beim Aufprall aufs Pflaster gab ein entsetzliches Geräusch und erschütterte das ganze Viertel.

In Moskau spitzte sich die Lage schnell zu, und noch vor Schuljahresende sah sich der Direktor gezwungen, den Lehrbetrieb einzustellen. Emmanuel verließ die Stadt in großer Eile und kehrte nie wieder dorthin zurück. Seine Ausbildung beendete er später in Odessa.

Die Schwierigkeiten, die in Lenins Umfeld auftraten, waren höchst vielfältig. Die deutschen Truppen waren noch in verhältnismäßig guter Verfassung, und so forderte das Deutsche Reich die ordnungsgemäße Gründung einer unabhängigen Ukraine. Weitere separatistische Bestrebungen machten sich in allen Teilen Rußlands bemerkbar: Polen und Finnen, Esten und Litauer, Letten, Kosaken, Georgier, Armenier und Tataren zeigten nicht die geringste Anhänglichkeit an Mütterchen Rußland, sondern wollten sich schnellstmöglich von ihm losreißen. Überdies war Lenins politisches Programm durchaus nicht nach jedermanns Geschmack. Die Botschafter in geheimer Mission, die man zu den Kosaken entsandt hatte, wurden brüsk zurückgewiesen; und im Kaukasus lief es nicht anders. Lenin mußte auf allen Ebenen nachgeben und versprach jedem, alles zu erfüllen, was immer er auch forderte. Selbst die Türken machten Forderungen geltend und erhielten Kars und Batumi. Lenins Devise schien zu lauten: Macht nichts, es ist ja doch nicht für lange.

Der Führer der Bolschewiki entfaltete eine ungestüme Aktivität; all die Ideen, die während vieler Jahre unterdrückt worden waren, sollten baldmöglichst in den Status von Gesetzen überführt werden. Die Tscheka unseligen Gedenkens trat auf den Plan, der Terror breitete sich aus und sollte nun für lange Zeit bleiben.

Ende 1917 wurde dann unter der Führung des alten Hetmans Pawel Skoropadski die Autonome Ukrainische Republik gegründet. Die Deutschen, gestern noch unsere Feinde, wurden unsere Verbündeten. Lenin seinerseits bedeckte sich in Brest-Litowsk mit Ruhm, indem er einen separaten Friedensvertrag mit Deutschland unterzeichnete.

Der Name des Hetmans Skoropadski gab zu einigen Sarkasmen Anlaß. Auf russisch bedeutet Skoropadski nämlich »Fällt schnell«. Das klang wie eine Weissagung, die sich tatsächlich ein Jahr später schon bewahrheitete.

Eine ungenaue und sich ständig verändernde Grenzlinie teilte derzeit Rußland in zwei Hälften. Wir in der Ukraine schätzten uns glücklich, in der guten Hälfte zu leben. Da wir uns in Sicherheit fühlten – wie gefährdet auch immer –, beurteilten wir die Lage im Norden weniger pessimistisch. Ein vorübergehendes Unglück, sagte man sich, ausgelöst durch die Schrecken des Krieges, die man nicht verwinden konnte. Nationale Katastrophen dieses Ausmaßes enden oft in Diktaturen, doch die währen nicht ewig, die Völker schaffen es immer wieder, sich von ihnen zu befreien.

Die ukrainischen Nationalisten vermehrten sich wie die Kaninchen. Viele Frauen putzten sich mit der äußerst kleidsamen Nationaltracht heraus, und mancher Mann ging gar so weit, sich einen sogenannten Osseledez wachsen zu lassen, eine Haarsträhne, die mitten auf dem ansonsten kahlrasierten Kopf prangt. Dies war eine mehr als nur unvorteilhafte Frisur, zu der sich die besonderen Eiferer bereitfanden, die den für ihre Männlichkeit und ihre kriegerischen Fähigkeiten berühmten Kosaken von Saporoschje gleichen wollten. Ukrainische Militärs sah man in fabrikneuen Uniformen daherkommen.

Sämtliche Zeitungen erschienen nunmehr auf ukrainisch, der Sprache der Hohols, der »Haarbüscheln«, wie man die Ukrainer spöttisch nannte. Noch vor gar nicht langer Zeit hatte man diese Sprache als Bauerndialekt abgetan. Nun gab jeder sich die größte Mühe, sie wenigstens radebrechend zu beherrschen. Allerdings war der Wortschatz recht dürftig, und man mußte schleunigst die fehlenden Wörter bilden. Diese neuen Wörter waren häufig völlig unverständlich, vor allem für die Bauern.

Was die Mehrheit der Bauern dachte, wußte niemand so genau. Sie hatten keinen ausgewiesenen Wortführer und keine Organisation, in der sie sich hätten vereinigen können. Was in ihrem Namen lauthals verkündet wurde, waren politische Schlagworte, aber nicht die Stimme des Volkes. In einem freilich waren sich alle Bauern einig: in der Gier nach Grund und Boden. Um sich den anzueignen und zu erhalten, war jeder Bauer bereit, Mistgabel, Sichel oder Hacke zu ergreifen. In einer Zeit, in der die alten Bande zerrissen waren, wäre es vergebliche Liebesmüh gewesen, ein Regime errichten zu wollen, das diese Forderung nicht auf seine Fahnen geschrieben hätte: Grund und Boden, und zwar den gesamten Grund und Boden den Bauern! Und zwar nur den Bauern! Wer ihnen das versprach, war für sie der Richtige.

Auf dieser Grundlage errichteten die Bolschewiken ihre Macht. Die riesige Masse der Bauern entschied letzten Endes über das Schicksal Rußlands – nicht durch einen bewußten Schritt, sondern durch die Erde, für die diese blinde, leichtgläubige und anarchische Menschenmenge stand, fähig, alles zu zerstören, aber auch fähig, sich der brutalsten Tyrannei zu beugen. Der ungeheuerlichste Betrug würde sich im Namen der Revolution vollziehen.

Auch unsere Schule blieb von der Ukrainisierung nicht verschont. Ein Erlaß ordnete an, daß alle schulischen Einrichtungen eine Bestandsaufnahme ihrer Schüler zu erstellen hätten, mit der Absicht, deren Herkunft näher zu bestimmen. Und so kam es, daß wir klassenweise vor dem Schreibtisch unseres Inspektors erscheinen mußten, um Namen und Geburtsort herzusagen, damit er sie zu den Akten nehmen konnte. Wir erfuhren nie, auf welche Art die Direktion das Ergebnis der Befragung weitergab, denn alle Schülerinnen des Instituts, sogar diejenigen, die zweifelsfrei in der Ukraine geboren waren und kleinrussische Namen trugen, bezeichneten sich als Russinnen. Alle, außer einer: Irina Diatkow, die unbedingt ihren ukrainischen Ursprung beweisen wollte, ungeachtet der Tatsache, daß sie aus Moskau stammte. Diese Mühe hätte sie sich sparen können, da man uns sowieso alle für ukrainisch erklärte.

In unserem Unterrichtsprogramm gab es das neue Fach Ukrainisch, das von Fräulein Gritzko, einer jungen, etwas ängstlichen und unerfahrenen Lehrerin gelehrt wurde. Sie vermochte ihr Fach weder überzeugend zu vertreten noch gar auch nur das geringste Interesse für diese Sprache bei uns zu erregen. Ich muß zugeben, daß es herzlos und nicht eben feinfühlig war, mit welchem Nachdruck wir auf unserer Unwissenheit bestanden. Kaum hatte Fräulein Gritzko den Mund geöffnet, erhob sich auch schon eine Schülerin, um zu sagen, daß sie nichts verstanden habe. Wera Gilljarowski brüstete sich damit, auf einer halben Seite Diktat sage und schreibe fünfundsechzig Fehler untergebracht zu haben. Die Noten, die unsere unselige Lehrerin uns gab, straften wir mit Verachtung.

Glücklicherweise wurden die anderen Fächer weiter auf russisch gegeben, so daß wir ohne nennenswerte Schwierigkeiten in die oberste Klasse versetzt werden konnten.

Die Gründung einer unabhängigen Ukraine bedeutete längst noch nicht das Ende der Unruhen im Land. Die Deutschen waren abgezogen und hatten die Ukrainer ihrem Schicksal überlassen. Gleichzeitig erhob Polen Ansprüche auf Podolien und Poltawa, ja sogar auf Kiew.

Andererseits tauchten an allen Ecken und Enden unseres Gebietes neue ukrainische Köpfe auf, wie etwa Petljura, Budjonny, Machno, Zeljony, Semjonow und einige weniger bedeutende, von denen jeder seine eigene Lehre verkündete. Die Weiße Armee von General Denikin operierte im Süden, die von Admiral Koltschak in Sibirien. Die Engländer hatten einen Teil des Kaukasus besetzt, die Franzosen Odessa.

Die schweren Wellen, die Rußland im Innersten erschütterten, kamen an seinen Grenzen zwar nur abgeschwächt an, waren aber doch stark genug, um auch dort Unruhe zu stiften. Die Regierung schlug sich mit ihren eigenen Problemen herum und versprach, das gesamte Leben auf der Basis neuer Grundsätze umzugestalten, vordringlich aber die Landreform durchzuführen.

Sowjetische Schriftsteller, die später die angeblich einmütige und brüderliche Erhebung der Bauern beschrieben, haben frei erfunden. Die Wirklichkeit sah ganz anders aus: Die Einheit war gerade das, was am meisten fehlte.

Von dem Augenblick an, als Petrograd seine Schlüsselposition verloren hatte, trieb alles unaufhaltsam dem Abgrund zu. Die Brüderlichkeit gedieh keineswegs unter der Sonne der Revolution, ganz im Gegenteil: Tiefgreifende Widersprüche brachen auf, alte Rechnungen wurden beglichen, Plündereien und ein Kampf auf Leben und Tod für ein Stück Erde – dies alles war für diese finstere Epoche charakteristisch.

Unter dem Zepter des unberechenbaren Skoropadski konnte sich nie eine handlungsfähige Regierung etablieren. Da die zugesagte Landreform in Ermangelung einer wirksamen Zusammenarbeit der gerade erst gegründeten Ministerien auf sich warten ließ, machten sich die Bauern in manchen Dörfern daran, sie auf eigene Faust und oft genug mit der Axt durchzuführen. Brandschatzungen auf Schlössern und Gütern waren an der Tagesordnung.

Die Fahnenflüchtigen brandeten von der Front zurück ins Land, und die Dörfer, in denen sie strandeten, waren keineswegs immer ihre eigenen. Sie brachten einen Bazillus von Auflösung und Gesetzlosigkeit selbst in die bis dahin noch friedlichen Dörfer. Und gerade jene Elemente, die am aufmüpfigsten und zur Arbeit am wenigsten geeignet waren, schlossen sich ihnen an. Diejenigen, die nicht die geringste Neigung hatten, den Rücken am Pflug krumm zu machen, verkündeten am lautesten ihren Anspruch auf Land. Man bildete Revolutionskomitees, die für sich das Recht in Anspruch nahmen, über die Geschicke der Gemeinden zu befinden.

Das Land befand sich in Aufruhr, egoistische Interessen und die abenteuerlichsten Begehrlichkeiten würgten es, bis das Wort vom öffentlichen Wohl nur noch Schall und Rauch war. Von einem nationalen Verantwortungsgefühl konnte überhaupt nicht mehr die Rede sein. Was kümmerte die Anrainer des Dnjepr schon, welches Los die des Don ereilte? Daß deren Gegend weniger fruchtbar war, dafür konnte man nichts. Wenn sie Probleme hatten, lag es bei ihnen selbst, diese zu lösen. Und die Tatsache, daß der russische Norden kein Getreide hatte, raubte im Süden niemandem den Schlaf.

In dieser Zeit voller Zwietracht und ständiger Bedrohung gehörten wir zu den Privilegierten. Nicht, daß nicht auch unser Dorf unter dem allgemeinen Aufruhr gelitten hätte, aber es war doch nicht bis zum Äußersten gekommen. Das Schicksal hatte einigen unserer Nachbarn weit grausamer mitgespielt. Das Gut derer von Karatschewitsch wurde verwüstet und die gesamte Ernte verbrannt. Das Gutshaus der Pattons stand in Flammen, und unsere Freunde konnten gerade noch rechtzeitig fliehen. Bei den Regulskis blieb alles unversehrt, dank der Geschicklichkeit ihres Verwalters, der eine Gegenbewegung ins Leben rief, indem er gemäßigte Elemente anzog. Unser unmittelbarer Nachbar, Herr Duratsch, ein gerissener und einfallsreicher Pole, vollzog eine Kehrtwendung und setzte sich an die Spitze einer von ihm selbst gegründeten revolutionären Bewegung. Und er stellte es so geschickt an, daß seinem Anwesen Plünderei und Brandschatzung erspart blieben. Der Pope seines Dorfes, gleichzeitig unser Beichtvater, Vater Lewitzki, machte seinen ganzen Einfluß geltend, die hitzigen Gemüter zu besänftigen, statt sie, wie Vater Alexander bei uns, noch zusätzlich aufzuwiegeln.

Ein getreues Bild dieser Zeit vermitteln die Erfahrungen unseres Freundes Alexander Marinski. Alex studierte in Kiew und war völlig ratlos, als die Universität sich gezwungen sah, ihre Pforten zu schließen. Ohne jegliche Nachricht von seinen Eltern, wußte er nicht, ob sie noch lebten, ob er Herrenhaus, Gut und Verwalter überhaupt noch vorfinden würde. Er setzte sich in den Zug und kam am Bezirksbahnhof an, der ihm eigentümlich, fast gespenstisch verwaist erschien.

Um den Besitz seiner Eltern zu erreichen, mußte Alex eine Strecke von vierundzwanzig Kilometern zu Fuß hinter sich bringen. Als er sich dem väterlichen Gut näherte, gewahrte er eine Helligkeit, die nur von einem ungeheuren Feuer herrühren konnte. Es war schon dunkel, doch der Himmel schien wie angestrahlt. »Ob das wohl unser Herrenhaus ist?« fragte sich Alex im Gehen. Ja, es war in der Tat das Herrenhaus, vorerst nur einer seiner Flügel, doch würden die übrigen bald ebenfalls in Flammen aufgehen. Der mittlere Teil war noch zugänglich, und dort herrschte im Innern eine rege Betriebsamkeit. Beim Schein der Flammen schleppten Menschen die unterschiedlichsten Dinge aus dem Haus. Einer trug irgendein Möbelstück, ein anderer zog eine Matratze hinter sich her, ein dritter hatte sich einen Kessel geschnappt. Einer der Bauern, wohl ein Blumenliebhaber, hielt eine Palme in den Armen. Männer, die wie Kletten auf einer Leiter hingen, schlugen mit der Hacke kräftig auf das Gewölbe einer Galerie ein. Der Stuck krachte herab, von rauhen Flüchen begleitet.

»Aber was machen die denn da?« fragte Alex beunruhigt. »Da hatte der Fürst sein Gold versteckt!« sagte ein Soldat mit wissender Miene. Alex verkniff sich mühsam das Lachen. »Na, denn mal tüchtig ran!« ermunterte er die Leute. Er folgte den Plünderern und gelangte zum Speisezimmer. Man war gerade dabei, Vitrinen und Schränke zu leeren. Alex schnappte sich einen Stapel Teller und ging in den Park hinaus. Wer wäre schon auf die Idee gekommen, daß jemand sein eigenes Geschirr stiehlt? Er warf es in die Büsche und ging zum Bahnhof zurück.

In Wassilki geschah nichts dergleichen, unsere Bauern plünderten unser Haus nicht. Und das, obwohl die Volksredner sie dazu ermunterten. Es fehlte eine willige Zuhörerschaft. Das Dorf war wohlhabend, und man fand nicht genügend Habenichtse. Die Aufwiegler, die vorgaben, in ihrem Namen zu sprechen, waren nicht von hier, weshalb man ihnen auch nicht vertraute. Das Vorhaben, unsere Ernte zu verbrennen, verlief im Sande, und es waren unsere Bauern selbst, die Wachposten aufstellten.

Unter der Leitung von Bürgermeister Iwan Dowganje wurde sogar ein Gegenkomitee gebildet. Iwan, ein Mann von fünfunddreißig Jahren, gebildet, fleißig und intelligent, genoß großes Ansehen. Seine hohe Gestalt, sein feingeschnittenes Gesicht sowie sein Sinn für Ordnung und Gerechtigkeit eroberten ihm alle Sympathien. Einen besseren Führer hätte man sich für diese wirren Zeiten gar nicht vorstellen können.

Iwan Dowganje sah genau, welche Gefahren die Anarchie in sich barg, und setzte alles daran, seinen Untergebenen Vernunft zu predigen. »Wenn immer Hab und Gut der Großgrundbesitzer auf die Kommunen übergehen sollen, dann ist es doch besser, sie unversehrt übernehmen zu können. Warum also sollten wir die Landwirtschaftsmaschinen zerstören und die Gebäude verwüsten? Getreide verbrennen, was für ein Wahnsinn! Wollt ihr, daß wir, jetzt, wo wir dem Krieg entronnen sind, in Not geraten?«

Die Extremisten bezichtigten ihn, mit den Grundbesitzern unter einer Decke zu stecken, so daß der bedauernswerte Bürgermeister zwischen sämtliche Mühlsteine geriet. Iwan Dowganje wußte genau, daß Papa weder der Feind noch der Ausbeuter war, als den die Volksaufhetzer ihn bezeichneten, sondern ein aufrechter und kluger Mann, den man immer um Rat fragen konnte. Und so kam er häufig, ohne im Dorf ein Wörtchen darüber zu verlieren, zu Papa, um mit ihm die anstehenden Probleme zu besprechen.

»Ich versetze mich in Ihre Lage und sehe, daß sie alles andere als gemütlich ist«, sagte Papa. »Die Zukunft liegt im dunkeln, und im Augenblick ist es das Wichtigste, die Anarchie zu verhindern. Die Bauern erheben Anspruch auf Grund und Boden, darin sind sich alle einig. Und wenn es so weit kommen sollte, werde ich meinen Platz ohne viel Federlesens räumen. Versuchen Sie, Ihren Mitbürgern klarzumachen, daß es völlig überflüssig ist, die Ernte zu verbrennen, den Hof zu plündern oder das Vieh abzuschlachten.«

Iwan beklagte sich über Vater Alexander, der sich seit einiger Zeit bemerkenswert verändert hatte. Er verzichtete auf die Führerschaft im Geistigen und warf sich auf die Politik, umgab sich mit den Querköpfen des Dorfes, nahm an den Revolutionstreffen teil und ergriff dort selbst das Wort.

»Und was er jetzt predigt, klingt ganz anders als noch vor kurzem«, sagte Iwan nicht ohne Ironie. »Mit den Ideen hat er auch die Kleider gewechselt: Die Soutane roch zu sehr nach Weihrauch, zur Zeit trägt er Hosen und eine rote Armbinde.«

Eine ähnliche Verwandlung ging mit Josef Petrowitsch vor sich, wenngleich dieser keine Soutane ablegen mußte. Die Schule? Der Chor? Was für kindisches Zeug! Seine Sache war jetzt die Revolution.

Auch Srul Schafermann, unser Kaufmann, kam zu Papa, um sich beraten zu lassen. In besonders schwierigen Fällen fungierte Papa eindeutig als Schiedsrichter. Sruls Laden war ausgeraubt worden, ihm und seiner Familie hatte man mit dem Tode gedroht.

»Ziehen Sie lieber nach Alt-Uschiza«, riet ihm Papa, »im Dorf hier müssen Sie auf das Schlimmste gefaßt sein. Schauen Sie, Sie und ich, wir sind ja in derselben Lage, uns geht man zuerst an den Kragen. In Alt-Uschiza sitzen Sie nicht so auf dem Präsentierteller, und außerdem können Ihre Glaubensbrüder Ihnen behilflich sein.«

Papa durchschaute die Situation mit klarem Blick, ohne sich verrückt machen zu lassen. Einmal wurde er allerdings doch ärgerlich, als er Karpo dabei überraschte, wie dieser seelenruhig eine der Silberpappeln im Park fällte. Bei Papas Anblick zuckte unser wakkerer Kutscher mit keiner Wimper, und weit davon entfernt, sich wie gewohnt rückwärts gehend zu verziehen, machte er mit dreister Miene einen Schritt auf Papa zu. »Na und«, stieß er hervor, »das gehört Ihnen alles gar nicht mehr, das ist Eigentum des Volkes! Und Sie haben hier auch nicht mehr zu bestimmen, wir haben dafür jetzt andere Herren!«

Aber Herren allemal ... Armer Karpo, er gewann bei dem Wechsel rein gar nichts. Das Vertrauen, dessen Mama ihn gewürdigt hatte, gereichte ihm beim Revolutionskomitee zum Nachteil. Alter Groll brach nun, da man sich rächen konnte, wieder auf. Das Volk als Richter? Nein, die Dinge lagen viel einfacher: Pjotr Kryss, ein Mitglied des Komitees, hatte ein Auge auf das Haus geworfen, das Karpo als unser Angestellter auf dem Hof bewohnte. »Karpo steht auf seiten der Grundbesitzer!« erklärte er vorwurfsvoll. Und so mußte der arme Mann mit seiner Familie umziehen, obwohl er das Volk um nichts betrogen hatte – höchstens uns!

Eines Tages setzte Iwan Dowganje Papa mit einem gänzlich unerwarteten Vorschlag in Erstaunen. Im Auftrag einer Gruppe von Bauern kam er, um Papa zu fragen, ob er ihnen Land verkaufen wolle. »Verkaufen?« rief Papa. »Wirklich verkaufen?!« »Ja doch, verkaufen. Sie nennen uns den Preis, und Sie bekommen das Geld bar auf den Tisch.« Papa traute seinen eigenen Ohren nicht, und Iwan erklärte: »Sehen Sie, wir glauben dem ganzen Geschwätz nicht. Gesetze bleiben immer noch Gesetze. Wir wollen unserer Rechte sicher sein dürfen. Wir wollen, daß alles seinen geordneten Gang nimmt, damit wir in Frieden arbeiten können.« »Iwan«, entgegnete Papa, »halten Sie mich bitte nicht für ein Schlitzohr. Aber ich kann Sie doch unmöglich für etwas bezahlen lassen, von dem ich nicht sicher bin, ob es mir überhaupt noch gehört.«

Josef Petrowitsch profilierte sich durch eine revolutionäre Großtat, indem er einfach seine Bienenstöcke bei uns im Parterre aufstellte. Papa bat ihn, sie wieder zu entfernen. »Die Blumen gehören allen!« gab der Schulmeister in unverschämtem Ton zur Antwort. »Und wie steht es mit dem Honig?« fragte Papa und spielte damit auf eine Vereinbarung an, derzufolge er die Stöcke und die Ausstattung, Josef Petrowitsch hingegen Arbeitskraft und Sachverstand beisteuerte. Der Honig gehörte ihnen dann jeweils zur Hälfte. Nun, seit den Umwälzungen hatte Josef Petrowitsch alles für sich allein behalten.

Ungeachtet all dieser kleinen Reibereien blieb Mama eisern bei ihrer Überzeugung: Getreide ist und bleibt Getreide, man muß, solange das irgend möglich ist, säen und ernten. Herr Wojakowski setzte umsichtig und gelassen die landwirtschaftlichen Arbeiten fort. Da die Angestellten sich aus dem Staub gemacht hatten, war man gezwungen, auf Tagelöhner zurückzugreifen. Zum Erstaunen aller und trotz der Drohungen des Revolutionskomitees fanden wir weiterhin so viele, wie wir nur immer brauchten.

Es war durchaus noch möglich, wenn auch nicht ganz ohne Gefahr, sich innerhalb der Ukraine einigermaßen frei zu bewegen. Da es an genauen Informationen fehlte, wußte man nicht, ob man den Bestimmungsort seiner Reise auch erreichen würde. Wo stand zur Zeit bloß Petljura mit seiner zusammengewürfelten Armee? Und wo trieb sich Budjonny, der auch nicht besser war, herum? Waren die Eisenbahnstrecken bewacht, oder lief man Gefahr, in einen Hinterhalt zu geraten?

Da wir über die Ereignisse in der Welt nicht auf dem laufenden waren, setzten wir immer noch große Hoffnungen auf unsere Verbündeten. Die Alliierten würden schon ein Auge auf die Ukraine haben und sie nicht im Stich lassen. Aber wer waren denn nun genau unsere Verbündeten, und warum sollten sie eigentlich bereit sein, uns zu beschützen? Darauf konnte niemand eine Antwort geben. Selbst Andeutungen waren von einem Schleier des Geheimnisses umgeben. Von Zeit zu Zeit verbreitete sich das Gerücht, daß die Alliierten unmittelbar vor dem Einmarsch stünden, und alle seufzten erleichtert auf. Dem Himmel sei Dank, nun würde sich alles zum Guten wenden. Einige Skeptiker glaubten nicht daran, etwa der alte Buchhändler Kreminski, der eines Tages ausrief: »Die Alliierten! Wenn ich das schon höre! Wie lange warten wir schon auf sie! Selbst wenn sie auf dem Zahnfleisch gingen, müßten sie längst hier sein!«

Unverbesserlicher Optimist, der er war, glaubte Papa, daß die Ukraine standhalten würde und ich folglich nach Kiew zurückkehren könnte, um meine Ausbildung abzuschließen. Das ging zwar nicht ohne einige Schwierigkeiten, aber es ging, und so traf ich heil und gesund wieder in der Schule ein.

Uns allen stand ein extrem harter Winter bevor. Von November an verschlechterte sich die Lage zusehends. Kiew, das bereits vom Norden abgeschnitten war, befand sich von einem Tag auf den anderen in der Falle. Petljura bedrängte es von Süden, und ukrainische Unabhängigkeit, gerade erst ins Leben getreten, hing nur noch an einem seidenen Faden. Die Kanonenschläge, die seit einiger

Zeit in der Nähe der Stadt zu hören waren, rückten immer näher. Hier und da fielen Granaten, lösten Panik aus und verursachten Brände. Waren es nun die Roten, die vom anderen Ufer des Dnjepr auf uns schossen, oder drängte Petljura in die Vorstädte? Man wußte es einfach nicht.

Alarm schreckte uns beim Essen auf, während des Unterrichts oder mitten in der Nacht. Wir warfen uns hastig unsere Mäntel über und stiegen in die dunklen, eisigen Kellerräume, wo wir dann für Stunden zusammengepfercht standen.

Eines Tages fiel eine Granate auf den Flügel des Gebäudes, der unseren Speisesaal beherbergte, und legte ihn in Schutt und Asche. Außerdem wurde die Wohnung unseres Arztes, die in unmittelbarer Nähe lag, sehr schwer getroffen, und der Doktor und seine Frau kamen dabei um.

Man ernährte uns, so gut es eben ging, nach Maßgabe der Warenlieferungen, die die Stadt nur noch unregelmäßig erreichten. Meist mußten wir uns mit gestampften Kartoffeln und einem Schwarzbrot begnügen, das hauptsächlich aus Kleie und Strohüberbleibseln bestand. Es gab weder Tee noch Kaffee noch Zucker, statt dessen tranken wir eine Möhrenbrühe, die stark an Spülwasser erinnerte. Ganz selten gab es einmal ein Essen mit Fleisch, auf das wir uns dann wie ausgehungerte Wölfe stürzten. Gekocht wurde mit smaragdgrünem Hanföl, was zur Folge hatte, daß die Reiskroketten oder Kartoffeln, die immer die letzte Rettung waren, wie Gewürzgurken aussahen.

Auf persönliche Reserven zurückzugreifen, um uns mit Nahrung zu versorgen, war nicht mehr verboten, im Gegenteil, man forderte uns sogar ausdrücklich dazu auf. Die Schülerinnen, die Verwandte in der Stadt hatten und Lebensmittelpakete erhielten, genierten sich nicht mehr, den Inhalt öffentlich zu verzehren, wobei sie nur mit ihren nächsten Freundinnen teilten. Diejenigen, die auf die Schulbeköstigung angewiesen waren, versuchten unbeteiligte Gesichter zu machen, oder aber sie vergaßen jegliche Würde und stiebitzten sich ein paar Krümel.

Wir verlegten uns auf die Herstellung von Guggel-Muggel – Eigelb, mit Zucker schaumig geschlagen, und Sahne, süß und zähflüssig das Ganze –, das knurrende Mägen zum Schweigen zu bringen vermochte. Man hörte das Klingen der Löffel zu jeder Tageszeit, sogar des Nachts.

Die Kälte innerhalb des Gebäudes erreichte einen Grad, daß man uns gestattete, die Mäntel sogar während des Unterrichts anzubehalten. Unsere Hände wiesen Erfrierungserscheinungen auf und waren derart angeschwollen, daß wir Mühe hatten, die Schreibfedern zu halten. Die Spaziergänge im Hof waren aus Furcht vor möglichen Bombenangriffen dauerhaft untersagt, und so gingen wir im Speisesaal im Kreis herum oder durchmaßen die Flure, um uns die Beine zu vertreten.

Es gab so viele Kranke, daß die einzige Krankenschwester völlig überlastet war. Oft schleppte man sich, von Husten geschüttelt oder mit Fieber, mit letzter Kraft in die Klassen. Wir hatten jegliches Interesse am Unterricht verloren und konnten an nichts anderes mehr denken als an unseren Hunger oder wie wir uns vor der Kälte schützen könnten.

Für mich kam zu diesen Belastungen noch die Sorge um meine Familie hinzu. Ich erhielt keine Briefe mehr, und was ich gerüchteweise hörte, war dazu angetan, meine Angst noch zu vergrößern. Kein Mensch wußte, wo die Front war und wer gerade wo gegen wen kämpfte. Man konnte nur so viel sagen, daß die Front ständig in Bewegung sein mußte; denn mal kamen Nachrichten durch, mal waren wir von allem abgeschnitten.

Weihnachten rückte näher, und ich verlor mich in Mutmaßungen über mein Schicksal. Was sollte bloß aus mir werden, wenn Kiew in die Hände von Petljura fiel? Sicher müßte die Schule dann schließen, und wer wußte, was dann mit den Schülerinnen geschehen würde!

Ich hatte niemanden mehr in Kiew. Tante Olga Rosen, meine letzte Zuflucht, war nach Odessa zu Großmama übergesiedelt. Wie groß war also mein Erstaunen, als man mich einige Tage vor Weihnachten in die Empfangshalle rief. Wer, um alles in der Welt, konnte das nur sein? Ich stand Herrn Kotljarow gegenüber, dem Vater eines Klassenkameraden von Emmanuel, den ich nur flüchtig kannte.

»Ich komme, um Sie aus der Schule abzuholen«, sagte er mit ernster Stimme. »Die Direktorin hat es genehmigt. Ich habe erfahren, daß heute ein Zug nach Odessa fahren soll. Das ist vielleicht Ihre letzte Chance. Holen Sie also Ihre Sachen und beeilen Sie sich, es kommt auf jede Minute an.«

Ich rannte die Flure entlang. Als ich an meiner Klasse vorbeikam, blieb ich vor der geöffneten Tür stehen und betrachtete meine Kameradinnen, von denen einige mir zu Freundinnen geworden waren. Dann blickte ich durch den Klassenraum mit den hohen Fenstern, dem Podium und der Aufseherin an ihrem Schreibtisch ... Das Herz krampfte sich mir zusammen, aber ich mußte weiter. Als ich an der Seite von Herrn Kotljarow das Eingangsportal durchschritt, warf ich noch einen letzten Blick auf meine Schule. Von keiner meiner Kameradinnen habe ich je wieder auch nur das Geringste erfahren.

Der Bahnhofsplatz quoll über von einer dichtgedrängten, erregten Menge. Die Leute schubsten, erdrückten sich fast gegenseitig, stießen Verwünschungen aus, alles in dem verzweifelten Versuch, näher an den Eingang heranzukommen. Das abendliche, eisige Grau in Grau hallte wieder von Schreien und Flüchen. Die Stärksten bahnten sich mit Ellenbogenstößen einen Durchgang, traten auf Füße, stolperten über Koffer.

Furchtvoll und schutzsuchend klammerte ich mich an den Arm von Herrn Katljarow, der allerdings die Hoffnung, dieses Meer von Menschen jemals durchdringen zu können, bald fahrenließ. »Nein«, sagte er, »da kommen wir nie und nimmer durch. Kommen Sie, ich kenne da einen anderen Weg an den Abstellgleisen. Ihr Zug müßte noch dort stehen.« Wir gingen außen um den Bahnhof herum, marschierten an einer langen Reihe Baracken vorbei und befanden uns plötzlich an den Gleisen. Ein endlos langer Zug zeichnete sich im Halbdunkel ab. Die Lokomotive schnaubte still vor sich hin, und mit Laternen bewaffnete Männer gingen die Waggons entlang. »Das ist Ihr Zug«, sagte Herr Kotljarow. »Hopp, hopp, klettern Sie schnell hinein, und möge der Herrgott Sie beschützen!«

Ich stürzte mich auf den nächstliegenden Waggon und fand ihn zu meinem großen Erstaunen bereits zum Bersten voll. Wie durch ein Wunder gelang es mir, mich in eine Ecke zu zwängen, und dort blieb ich, meinen Koffer auf den Knien, unbewegt sitzen. Kurz darauf setzte sich der Zug in Bewegung und fuhr langsam in den Bahnhof ein.

Kaum am Bahnsteig angelangt, wurde er von einer Menschenmenge, die wie eine Springflut über ihn hinwegging, im Sturm genommen. Ich dankte dem Himmel dafür, daß ich bereits drinnen saß. Ohne Herrn Kotljarow hätte ich das niemals geschafft. Und wenn ich an jenem Tag auf dem Bahnsteig geblieben wäre, hätte mein Leben einen vollkommen anderen Verlauf genommen – sofern es überhaupt weitergegangen wäre.

Der Zug fuhr also los, mit Menschen, die auf den Dächern lagen, sich an den Puffern und Treppenstufen festklammerten, aus allen Fenstern und Türen quollen. In den Abteilen, den Gängen und Toiletten mußten die Leute eng aneinander gepreßt stehen bleiben. Sogar die Gepäcknetze waren belegt.

Die Stunden verstrichen langsam und zäh. Die Nacht wurde zu einem wahren Alptraum. Eingezwängt in meine Ecke, konnte ich mich nicht rühren, nicht einmal meine Beine ausstrecken. Schneeböen wehten durch die zerbrochenen Fenster in die Abteile, ohne daß sie vermocht hätten, den Gestank von schwarzem Tabak und verstopften Toiletten zu vertreiben.

Auf offenem Feld hielt der Zug plötzlich an, und es wurde gemunkelt, daß er nicht mehr weiterführe. Während wir die Kampfzone durchquerten, erlitten wir mehrere Einschüsse, und man sprach von Opfern unter denen, die oben auf dem Dach mitreisten. Im Morgengrauen holte man den Leichnam eines Soldaten herunter, der sich leichtsinnigerweise aufgerichtet hatte und von den Eisenträgern einer Brücke geköpft worden war.

Der neue Tag fand die Reisenden verstört und von Übermüdung gezeichnet vor. Eingemummelte Bäuerinnen lauerten auf den Bahnsteigen auf das Eintreffen des Zuges. Wer von den Reisenden in der Nähe von Fenstern oder Türen stand, kaufte bei ihnen Brot. Blechbecher mit heißem Wasser, das die Verwegensten am Buffet geholt hatten, wurden herumgereicht.

Ich hatte überhaupt nichts Eßbares bei mir, aber das Glück war mir ein zweitesmal hold. In meinem Abteil saß eine Familie, deren Fürsorge mir das Leben rettete. Diese braven Leute hatten einen großen Sack mit Lebensmitteln bei sich, und als der Vater meinen erbarmungswürdigen Zustand sah, gab er mir zu essen. Die Frau nörgelte mit verhaltener Stimme, aber ihr Mann schenkte dem keinerlei Beachtung. Und so lebte ich während der ganzen Reise, die zwei Tage und zwei Nächte dauerte, von der Mildtätigkeit dieser Familie.

Was die anderen menschlichen Bedürfnisse betraf, so lagen die Dinge etwas komplizierter. Für die Kinder holte man einen Nachttopf heraus, der anschließend aus dem Fenster heraus entleert wurde. Nachdem sie es über Stunden hinausgezögert hatte, mußte eine Frau die Mitreisenden bitten, die Augen zu schließen, dann tat sie es den Kindern gleich. Ich war die einzige, die auf ihrer Würde bestand, bis die Situation unhaltbar wurde. Bei einem weiteren längeren Aufenthalt des Zuges in freier Landschaft half man mir, durchs Fenster hinaus- und wieder hereinzuklettern.

Unter den Mitreisenden befand sich ein baltischer Arzt, Doktor Siebel. Als er sah, wie erschöpft ich war, überließ er mir seinen Platz, damit ich mich lang ausstrecken könnte. Er selbst blieb mehrere Stunden an die Tür gelehnt stehen.

Odessa erreichte der Zug allerdings nicht, da der Zugang zur Stadt abgeschnitten war. Die lange Waggonkette hielt mitten in der Nacht auf freiem Felde an, und uns wurde mitgeteilt, daß wir aussteigen müßten. Es war stockdunkel, und der eisige Steppenwind trieb ein wildes Schneegestöber vor sich her, das einem den Atem verschlug und jede Sicht nahm. Die verstörten Fahrgäste zerstreuten sich über die Böschungen. Die Stadt war noch mehrere Kilometer entfernt, und die meisten gingen zu Fuß los. Andere blieben beim Zug und erwarteten die Morgendämmerung, in der Hoffnung, sich irgendwo ein Gefährt besorgen zu können. »Kommen Sie«, sagte Doktor Siebel und hakte mich unter, »es ist besser, wir gehen.«

Die Stadt war noch in französischer Hand. Allerdings handelte es sich um eine eigentümliche und vorläufige Art von Besetzung, die sich nur auf die öffentlichen Gebäude, den Bahnhof und den Hafen erstreckte. Die Lage war verwirrend und ungewiß. Die unmittelbare Nähe zu Gegenden, in denen der Bürgerkrieg wütete, und das Fehlen festumrissener Machtbefugnisse lasteten schwer und sorgenvoll über allem. Die Franzosen waren nur halbherzig anwesend und mischten sich nicht in die Verwaltungsangelegenheiten der Stadt ein.

Odessa quoll über vor Flüchtlingen, die aus allen Ecken Rußlands herbeiströmten. Man traf auf Militärs aller Waffengattungen und von allen Fronten, darunter höchst unerwartete Verbände wie etwa eine polnische Legion, die sich aus wer weiß welchem Grund in Odessa befand; oder die Jüdische Freundschaft, die wer weiß was verteidigte; oder Abordnungen junger Kadetten, die stolz in den Straßen ihre Offiziersanwärteruniformen spazierentrugen.

Der mächtigste Anziehungspunkt Odessas war in diesen Tagen der Hafen. Alle Augen richteten sich auf dieses letzte Tor zur Freiheit.

In Odessa eine Unterkunft zu finden, war, da alles drunter und drüber ging, ein für viele schier unüberwindliches Problem. Mama, die es nicht über sich gebracht hatte, meine Schwestern in diesen unsicheren Zeiten in der Stadt allein zu lassen, war es nach aufreibendem Suchen gelungen, uns eine Zuflucht zu verschaffen, die ebenso originell wie unbequem war: zwei leere Klassenräume in einem infolge der Ereignisse nicht mehr genutzten Gymnasium. Die Direktorin der Schule hatte den Einfall, die Klassen zu vermieten, um einer Beschlagnahmung der Räume zuvorzukommen.

Es wurde gerade hell, als Doktor Siebel und ich vor den Toren des Gymnasiums eintrafen. Drinnen war noch alles dunkel, ruhig und wie ausgestorben. Die Klingel ging nicht, auch die Schläge gegen die Tür blieben ohne Antwort. Da sammelte der Doktor eine Handvoll Kieselsteine und warf sie an ein Fenster nach dem anderen. Endlich wurde eines halb geöffnet, und vorsichtig lugte ein Kopf heraus. Es war Emmanuel. »Mein Gott«, schrie er auf, »du bist es!«

Wenn man sich in jenen Tagen wieder in die Arme schloß, sprach man immer von einem Wunder. Mama starb tausend Tode, seit über Kiew alarmierende Nachrichten in Umlauf waren. Und da stand ich auf einmal leibhaftig vor ihr! Nach dem ersten Überschwang der Wiedersehensfreude legte ich mich halbtot vor Aufregung und Müdigkeit in das Bett, das mir eine meiner Schwestern überließ. Emmanuel sorgte, so gut er konnte, für den Doktor.

Weihnachten wurde diesmal in einem seltsamen Rahmen gefeiert. In dem großen Raum, aus dem alle Schulutensilien entfernt worden waren, standen Eisenbetten in einer Reihe, quer zu ihnen ein monumentaler Tisch und einige Stühle. Rund um den gußeisernen Ofen, dessen Rohr durch ein Fensterloch hinausführte, waren Holzscheite aufgestapelt, unsere Koffer standen in den Ecken, und die Kleider hingen an den Wänden. Das Zimmer war eigentlich nicht beheizbar, und so sank die Temperatur nachts bis auf Null.

Tag für Tag gestaltete sich die Versorgung mit Lebensmitteln immer schwieriger. Sobald man in Erfahrung brachte, daß irgendwo eine Bäckerei geöffnet war oder man in einem Laden Kartoffeln gesichtet hatte, rannte alles unverzüglich dorthin. Oft genug kam man nach stundenlangem Schlangestehen mit leeren Händen zurück. Und je weniger Waren es gab, desto höher kletterten die Preise.

An einem Januartag erbebte die ganze Stadt unter einer furchtbaren Explosion: Das Waffenarsenal war in die Luft geflogen, und dabei platzten sämtliche Wassertanks. Die Kanalisation funktionierte jetzt überhaupt nicht mehr, und die Menschen stürzten sich auf die Brunnen. Wir mußten kilometerweit durch Eis und Schnee pilgern, nur um ein bißchen Wasser heimzubringen.

Vom elektrischen Strom war bloß die Erinnerung geblieben, die Beleuchtung bestand aus Petroleumlampen und Kerzen, das hieß, sofern es einem gelang, in deren Besitz zu kommen.

Nach den Weihnachtsferien nahmen Emmanuel und die Zwillinge ihren Unterricht wieder auf, wobei man nie genau wußte, ob er nun stattfand oder nicht. Zu Fuß folgten sie den Schienen einer nicht mehr vorhandenen Straßenbahn.

Es war keine Rede mehr davon, daß ich nach Kiew zurückkehren sollte. Petljura hatte kürzlich die Stadt eingenommen, und der Hetman Skoropadski war auf dem Weg ins Exil. Doch damit nicht genug, schossen in der Ukraine allenthalben bewaffnete Banden, die sich auf je andere Führer beriefen, wie Pilze aus dem Boden; sie machten sich gegenseitig die Macht streitig und verwüsteten das Land. Bei Überlandfahrten konnte man nie vorhersehen, wem man womöglich in die Hände fallen würde.

Nichtsdestotrotz mußte ich irgendwie meine Ausbildung zum

Abschluß bringen. Mama wandte sich an die Direktorin des Instituts der Adelsdamen von Odessa. Gott sei Dank glich diese in rein gar nichts der Fürstin Urussow und flößte uns nicht nur Sympathie, sondern auch Vertrauen ein. Ich besaß nicht den geringsten Nachweis über meine Identität, da meine ganze Akte in Kiew geblieben war. Lediglich ein Foto, das mich in Schuluniform zeigte, konnte als magerer Nachweis dienen. Dieses Bild und Mamas Ehrenwort reichten aus, ich wurde als Externe in die Schule aufgenommen.

Während wir in unseren Schulen waren, ging Mama auf Essensjagd. Das war kein ganz ungefährliches Unterfangen, da sich die Lage von Tag zu Tag verschlimmerte. Raub und Überfälle auf offener Straße standen ebenso auf der Tagesordnung wie blutige Schlägereien. Jugendliche Strolche, manchmal nur mit einfachen Messern bewaffnet, tauchten plötzlich in den dunklen Wohnvierteln auf und raubten die Passanten aus. Nach Geldbörse, Uhr und Schmuck wurde man zuletzt auch noch gebeten, sich seines Mantels zu entledigen. Pelze standen besonders hoch im Kurs, und trotz der klirrenden Kälte wagten die Leute nicht mehr, sie anzuziehen, wenn sie auf die Straße mußten. Die Polizei war in dieser Situation vollkommen hilflos, sie beschränkte ihre Tätigkeit darauf, die Leichen einzusammeln.

Die Zulieferungen vom Lande waren weitgehend eingestellt worden, und Mama kam oft erst spät in der Nacht nach Hause. Da wir sowieso nicht einschlafen konnten, bevor sie wieder da war, lauschten wir auf die Geräusche vor unseren Fenstern, wobei uns Explosionen und Feuerschein immer wieder in Angst und Schrekken versetzten. Dem fast vollständig besetzten Odessa ging allmählich die Luft aus, und die Verteidigung der Stadt wurde mit jedem Tag schwächer.

Aus Vorsicht versuchte Mama, sich ein ärmliches Aussehen zu geben. Sie legte ein großes Tuch um den Kopf und nahm nichts als eine schäbige Einkaufstasche mit auf den Weg. Das Geld trug sie in einem Säckchen um den Hals, wohlversteckt unter ihrem Hemd. Das Geld drohte uns im übrigen bald auszugehen. Papa konnte uns keines mehr schicken, da nicht einmal die Briefe mehr durchkamen. In dieser akuten Notsituation wandte sich Mama hilfesuchend an Großpapa, der ihr alles gab, was er besaß. Zwar war er in seinem Krankenhaus noch in Amt und Würden, er wurde aber nicht mehr bezahlt; und wenn er auch Privatpatienten hatte, so waren diese durch seine kostenlosen Behandlungen zu sehr verwöhnt, als daß sie ausrechnet in diesen harten Zeiten diese liebe Gewohnheit hätten aufgeben mögen.

Schließlich und endlich wurde auch das unbenutzte Gymnasium, in dem wir wohnten, für militärische Zwecke beschlagnahmt, und wir mußten uns eine andere Bleibe suchen. Ich habe keine Ahnung, auf welche Weise Mama in Erfahrung brachte, daß eine Offiziersfrau, die zu ihrem Mann auf die Krim ziehen wollte, ein kleines Haus in der Vorstadt gegen eine bescheidene Entschädigung für das Mobiliar anbot. Unsere Finanzen waren, wie ich bereits erwähnt habe, an einem Tiefpunkt angelangt. Da es keinen anderen Ausweg mehr gab, beschloß Mama zu tun, was alle Welt tat: nämlich auf dem schwarzen Markt einige ihrer wenigen Schmuckstücke zu verkaufen.

Das Viertel, in dem wir uns niederlassen wollten, glich einer kleinen Provinzstadt. Die Risowskaja-Straße war breit, mit dicken, runden Kopfsteinen gepflastert und von Akazien gesäumt. Niedrige Häuser, einige von Gärten umgeben, hie und da mal ein Laden – ansonsten herrschte tiefe Ruhe, wirkte das Viertel wie ausgestorben, ohne jeglichen Reiz. All das entzückte Mama geradezu: Niemand käme auf die Idee, hier schwerreiche Leute ausplündern zu können.

Das fragliche Haus war ein kleines, längliches, weiß gekalktes Gebäude. Eine Reihe Fenster führte zur Straße, während die Eingangstür sich hinten im Hof befand, der seinerseits durch ein Viereck ähnlicher Häuschen gebildet wurde. Sein Mittelpunkt war ein von Akazien umgebener Brunnen. Das Haus selber erwies sich als nur notdürftig möbliert: ein paar Betten, Tische und Stühle, im Salon jene albernen Korbmöbelchen mit grünem Samtpolster, die damals allenthalben in den guten Stuben der ländlichen Geistlichkeit zu finden waren.

Ich erinnere mich noch, wie ungehalten Mama war, das wenige Geld, über das sie verfügte, für solch einen Plunder ausgeben zu sollen. Aber es kam ja auf die Unterkunft an, und so zahlte sie. Die Angelegenheit schien beschlossene Sache, doch Frau Wolkowa machte ein sorgenvolles Gesicht. »Da ist noch ein kleines Problem«, hob sie an, »ich möchte gerne, daß Sie meine Haushälterin, Sascha Keppel, mit übernehmen. Sie ist eine großartige Person, und ich bin sicher, Sie werden sehr zufrieden mit ihr sein.«

In diesem Augenblick erschien Sascha Keppel höchstpersönlich, eine kleine, beherzte Frau von etwa vierzig Jahren, die einen entschlossenen und tatkräftigen Eindruck machte. Ihr grobgeschnittenes Gesicht war reichlich gepudert, die wachsamen Äuglein mit einem Konturstift hervorgehoben. Während Mama noch etwas verdutzt schaute, nahm sie die Sache in die Hand und regelte sie in fünf Minuten.

»Ich bleibe bei Ihnen. Ich sehe schon, daß wir uns sehr gut verstehen werden. Und außerdem, wie sollten Sie ohne mich überhaupt zurechtkommen? Ich kenne mich hier im Viertel aus und habe auch Bekannte auf dem Land.« »Wissen Sie, Sascha ist nämlich sehr geschickt«, warf Frau Wolkowa ein, »und sie verliert nie den Kopf. Wenn ich denke, wie oft sie mir schon aus der Patsche geholfen hat ...« »Also gut«, sagte Mama, »wir behalten Sie ... Ich sage Ihnen nur gleich, daß wir in die Ukraine zurückkehren werden, sobald die Schulen schließen.«

Und so kamen wir zu einer Hausangestellten, zu einer Zeit, da das Leben immer härter wurde, und wir nicht wußten, wie wir mit dem Geld auskommen sollten. Bald hatten wir jedoch allen Grund, uns sowohl zu unserem neuen Domizil in der Vorstadt als auch zur Zusammenarbeit mit Sascha Keppel zu beglückwünschen. Lebhaft, ein bißchen geschwätzig und neugierig, wie sie war, wußte sie alles, war ein rechter Hansdampf in allen Gassen. Von Anfang an übernahm sie die Versorgung der ganzen Familie und war darin, was Wunder, erheblich erfolgreicher als Mama. Nie kehrte sie mit leeren Händen heim, irgendein Mittagessen war immer gesichert. Mit den Lebensmitteln brachte sie die neuesten Nachrichten, und ihr hatten wir es zu verdanken, daß wir über alles, was in der Stadt passierte, bestens informiert waren.

Sascha war außerordentlich stolz auf ihren Namen, den sie von ihrem Mann, der im Krieg gefallen war, hatte. Johann Keppel war ein Wolgadeutscher mit allen entsprechenden guten Eigenschaften gewesen. Ihre Trauer schien sich allerdings in Grenzen zu halten, jedenfalls war sie immer gleichbleibend vergnügt und umgänglich. Sie hatte eine hohe Meinung von sich selbst und brüstete sich mit ihren Erfolgen. Das verschaffte ihr nicht nur innere Befriedigung, sondern auch ganz handfeste Vorteile. Einmal berichtete sie: »Ich habe dem Bäcker gesagt: Wenn Sie mich so schrecklich gern haben, dann geben Sie mir doch ein Kilo Mehl, sonst glaube ich Ihnen nicht.«

Des öfteren traf sie Entscheidungen, ohne Mama groß zu fragen. Die Kälte hielt an, und es gab kein Brennholz mehr. Sie blickte verstohlen nach den Akazien im Hof, aber Artamon, der Hausmeister, war wachsam. »Dieses Schlitzohr!« empörte sich Sascha, »ich weiß genau, was er im Schilde führt! Er will die Akazien für sich haben!« Und in der Tat, die Akazien verschwanden allmählich eine nach der anderen, ein Schicksal, das sie mit denen an der Straße teilten.

Eines Tages nun fanden wir bei unserer Rückkehr den Ofen ungewohnterweise tüchtig eingeheizt vor und sahen auf dem Boden verstreut die Reste eines unserer Tische. Mama war ungehalten, was Sascha aber überhaupt nicht beeindruckte. Von der Sorte Tisch gebe es noch genug, und massiv, wie er gewesen sei, reiche das Holz für mehrere Tage. Und überhaupt, ob wir vielleicht vorgehabt hätten, ihn mit in die Ukraine zu nehmen? Doch wohl nicht!

Unter dem Eindruck der zunehmenden Verknappung traten neue Bestimmungen in Kraft. Beispielsweise wurde Brot jetzt rationiert. Die Hausmeister waren mit der Aufgabe betraut, die Rationen abzumessen und an die Mieter zu verteilen. Sascha bemerkte, daß Artamon sich beim Schneiden einer Säge bediente, wobei eine Menge Krümel anfiel. »Dieser Gauner!« erbitterte sie sich. »Das sind unsere Krümel! Und der behält sie für sich!« Um diese Spitzbüberei Artamons zu unterbinden, forderte sie ihn auf, ihr unsere Rationen künftig in einem einzigen, ordentlichen Stück auszuhändigen.

Emmanuel hatte einen pfiffigen Klassenkameraden, der sich auf dem schwarzen Markt auskannte.Er überredete unseren Bruder, an seinen Ausflügen zum Hafen teilzunehmen. Dieser Ort bot wie kein anderer günstige Gelegenheit zu einträglichen Geschäften. In Erwartung ihrer baldigen Abfahrt verkauften die Verpflegungsoffiziere der Französischen Marine ihre Essensbestände unter der Hand. Man konnte sich zu vernünftigen Preisen tiefgekühltes Fleisch in Stücken, Säcke mit Zucker sowie Konserven verschaffen. Mama fand das illegal und mithin verwerflich, Sascha hingegen zollte Emmanuel Beifall. Und um ihn in seinen Machenschaften zu bestärken, legte sie ihm bei Tisch die besten Stücke vor.

Ungeachtet all dieser gemeinschaftlichen Anstrengungen kam es oft genug vor, daß wir uns mit einer dürftigen Maisbrühe zufriedengeben mußten. Da an Zucker oder Salz nicht zu denken war, schmeckte alles fade. Man stand meist hungriger vom Tisch auf, als man sich hingesetzt hatte.

Eines Morgens, gerade, als ich zur Schule gehen wollte, überraschte ich Sascha, wie sie von der Küchenschwelle aus nachdenklich in den Hof hinausblickte. Ich folgte ihrem Blick und bemerkte ein Huhn, das unter den Akazien herumspazierte. »Guck mal«, sagte ich erstaunt, »wo kommt denn das her?« »Weiß ich auch nicht«, brummte Sascha und ging in die Küche zurück. Als wir uns abends zu Tisch setzten, tat Sascha sehr geheimnisvoll. Mit einem »So, das ist endlich mal eine anständige Suppe!« stellte sie voller Genugtuung die Suppenschüssel vor uns hin. Die Suppe duftete köstlich, und es bestand kein Zweifel, daß es sich hier um eine gute Hühnerbouillon handelte.

»Wie haben Sie das bloß wieder geschafft ...?« wunderte sich Mama. »Och, reine Glückssache ...«, wehrte Sascha ab, schon wieder auf dem Weg zur Küche. Als sie wieder auftauchte, trug sie triumphierend eine Platte herein, auf der ein von einigen Kartoffeln liebevoll garniertes, gekochtes Hühnchen lag. Vereint klatschten wir Beifall. »Vom Markt?« fragte Mama wie nebenbei. »Nein«, brummelte Sascha, anscheinend zerstreut, »es hatte sich verlaufen.« »Wie, das Huhn hat sich verlaufen?!« »Es kam ganz von selbst. Ich hatte ein paar Brotkrümel vor die Tür geworfen, und da ist es eben in die Küche gelaufen.«

Emmanuel brach in schallendes Gelächter aus. Mama hingegen war entsetzt: »Aber das ist doch Diebstahl, Sascha. Wie konnten

Sie nur so etwas tun?« »Aber wenn ich es Ihnen doch sage, daß es ganz von selbst gekommen ist!« setzte Sascha zu ihrer Verteidigung an. »Und überhaupt, sollen die Leute doch besser auf ihre Sachen aufpassen!«

Wenn der Anwesenheit der Franzosen auch keine große Bedeutung beigemessen worden war, empfand man es doch allseits als sehr schmerzlich, daß sie nunmehr endgültig die Anker lichteten. Das letzte Tau, das uns noch mit dem Westen verband, wurde gekappt, und wir hatten das Gefühl, den einzigen uns noch verbliebenen Rettungsanker verloren zu haben.

Dieses Alarmzeichen entfesselte einen Ansturm auf den Hafen, wie Odessa ihn nie zuvor erlebt hatte. Nach den französischen Kreuzern erschienen die russischen Kriegsschiffe und suchten das Weite. Dann kamen die Passagierdampfer und die Frachtschiffe, und schließlich alles, was überhaupt in See stechen konnte. Der Hafen war ein einziges Brodeln. Schiffe wurden im Sturm genommen, Leute verkauften ihr letztes Hab und Gut, nur um in den Besitz eines Überfahrtbillets zu kommen. In dem entsetzlichen Durcheinander verlor man seine Kinder, seine Eltern, sein Gepäck. Einige wagten sich, unter Einsatz ihres Lebens, in Behelfsbooten aufs offene Meer, weil sie lieber den Gefahren einer unsicheren Überfahrt ausgesetzt sein wollten, als denen, die ihnen mit Sicherheit bei einer Invasion der Bolschewiken bevorstanden.

Als ich nach den Osterferien wieder in meine Schule gehen wollte, stand ich vor verschlossenen Türen. Verdutzt suchte ich den Hausmeister auf. »Die Schule ist verreist«, sagte er. »Ach, du liebe Zeit! Aber wo ist sie denn?« »Auf See.«

Auf diese Weise erfuhr ich, daß die Schule samt Schülern und Personal in einem raschen Entschluß die Flucht ergriffen und sich auf einem Frachter mit Zielort Konstantinopel eingeschifft hatte. Mehr wußte der Hausmeister auch nicht. Ach doch, Inspektor Pawlow sei in Odessa geblieben, ich könne ihn ja zu Hause aufsuchen, wenn ich weitere Einzelheiten wissen wolle.

Und was geschah derweil in Odessa? Das erfuhr man nur zu bald. Die Stadt war umzingelt, einige Viertel befanden sich bereits in den Händen der Roten. Man lieferte sich Straßengefechte, und die öffentlichen Gebäude wechselten von einer Hand in die andere.

Eines Morgens geriet ich selbst in eine Schießerei und kam nur dank der Geistesgegenwart eines Passanten mit dem Leben davon: Er hatte früher als ich verstanden, daß die Straße mit Feuersalven eingedeckt wurde. Von Speichern und Dächern herab nahm man eine vorbeiziehende Kolonne polnischer Legionäre unter Beschuß. Ich vernahm Schreie, sah Menschen zu Boden stürzen. Andere rannten aufgeregt umher und suchten gehetzt den Schutz von Toreinfahrten. Plötzlich wurde ich mit einem heftigen Stoß in einen Hof und hinter die Torflügel gedrängt, während es draußen Einschläge hagelte. Der Mann, der dicht neben mir kauerte, flüsterte nur: »Keine Bewegung!« Wir mußten lange warten, bis das Feuergefecht aufhörte, und ich rannte verängstigt nach Hause, immer im Schutze der Mauern.

In Odessa herrschte das totale Chaos. Häuser brannten. Lebensmittel, welcher Art auch immer, verschwanden aus dem Verkehr. Jeder verschanzte sich in seiner Höhle und wagte nicht mehr, sie zu verlassen.

Dann trat plötzlich und ohne jeden erkennbaren Grund eine vorübergehende Beruhigung ein. Einige meinten, die Roten hätten eine Niederlage hinnehmen müssen und würden von Odessa ablassen. Andere versicherten, sie hätten sich nur zurückgezogen, um ihre Streitmacht neu zu ordnen und anschließend um so gewaltiger zum Gegenschlag ausholen zu können.

Während dieser Atempause suchte ich den Inspektor meiner Schule auf. Das war gar nicht so einfach. Die Eingangstür zu seinem Haus war vorsichtshalber gründlich verbarrikadiert, und ich gelangte über die Dienstbotentreppe in die Küche. Herr Pawlow machte keinen Hehl daraus, daß er mit seiner Familie unmittelbar vor der Abreise stand. »Sie haben gut daran getan, zu kommen«, sagte er mit einer Geste in Richtung der auf dem Boden aufgereihten Gepäckstücke. Wahrhaftig, ich hatte gut daran getan, denn das behelfsmäßige Zeugnis, das er mir aushändigte, auf ein beliebiges Blatt Papier getippt und ohne Briefkopf, blieb das einzige Dokument, das meine Schulbesuche belegte.

Im Juni war Odessas Schicksal besiegelt, jedenfalls für eine gewisse Zeit: Die Bolschewiken nahmen die ganze Stadt ein. Der Hafen war nach Abfahrt der letzten Schiffe still und unbewegt. Man konnte Odessa nicht mehr ohne gültigen Passierschein verlassen. Die Tscheka – das hieß wörtlich »Sonderabteilung«, und dieser Name sollte in der Geschichte nicht nur Rußlands zum Inbegriff des Schreckens werden – nahm ihre Arbeit auf. Hausdurchsuchungen, Festnahmen, Exekutionen gingen wie die Plagen Ägyptens über Odessa nieder. Bewaffnete Individuen, die sich auf die neue Rote Miliz beriefen, brachen bei Tag und Nacht in die Wohnungen ein, durchwühlten die Zimmer, beraubten die verängstigten Menschen und töteten schamlos und sinnlos, wie es ihnen gerade gefiel. Die Menschen verbrachten die Nächte mit gespitzten Ohren und zitterten bei jedem Geräusch auf der Treppe oder unter den Fenstern. Ein jeder zerbrach sich den Kopf, um Verstecke auszudenken, in denen sein letztes Geld, sein Schmuck oder sonstige Wertgegenstände sicher wären. Man verbrannte verräterische Dokumente und mißtraute seinen Nachbarn.

In unserem Haus wurde Artamon auf den ehrenvollen Posten eines Aufsehers befördert. Er war nun kein einfacher Hausmeister mehr, sondern trug gewissermaßen politische Verantwortung. Mit scheelem Blick und voller Mißtrauen musterte er uns, die er verdächtigte, zur verbrecherischen Klasse der Volksfeinde zu zählen. Aber Sascha erzählte ihm eine, ich weiß nicht welche, Geschichte, und dies mit einer derartigen Beredsamkeit, daß er sie schließlich glaubte: Wir seien ganz harmlos, eigentlich liebe Leute.

Die Gefahr einer Hausdurchsuchung war deswegen aber noch lange nicht ausgestanden, und so durchforschten wir unsere Sachen, um jegliches bürgerliche Indiz zu entfernen. Die Galauniform von Emmanuel, ein Erinnerungsstück an das Nikolaus-Gymnasium, äußerst kompromittierend wegen ihres roten Besatzes mit Goldtressen, mußte unbedingt verschwinden. Wir rollten sie zusammen und stopften sie in den Ofen.

Koste es, was es wolle, wir mußten nach Wassilki zurück. Immerhin fuhr ab und zu ein Zug, und mit ein bißchen Glück konnte man der Stadt entfliehen. Dann ging es quer durch die brodelnde Ukraine, da half nur noch Gottvertrauen! Unter den gegebenen

Umständen mußten wir unser Gepäck auf das Allernotwendigste beschränken und alles übrige verkaufen. Flohmärkte gab es genug, und das Geschäft blühte! Hierfür waren die denkbar günstigsten Voraussetzungen gegeben: Elend und Angst sind das trübe Wasser, in dem gewiefte und umtriebige Individuen zu fischen verstehen. Nie haben Menschen soviel gewonnen oder soviel verloren, wie in eben solchen Katastrophenzeiten.

Sascha nahm die Auflösung unseres Hauses in die Hand und entwickelte dabei eine bemerkenswerte Geschicklichkeit. Anbieten, handeln und überreden machten ihr sichtlich Spaß. Mehr als einmal versuchte Mama, sie zu bremsen, wenn sie die hanebüchenen Geschichten hörte, mit denen sie irgendeinen Allerweltsgegenstand an den Mann zu bringen suchte.

Die Räumung des Hauses machte schnellere Fortschritte als unsere Versuche, einen Passierschein zu bekommen. Für dieses Papier mußten wir uns an die Tscheka wenden, die seit neuestem in dem sehr mondänen Casino der Marine residierte. Diese neuentstandene Organisation war paramilitärisch, aber im wesentlichen politisch. Da die einstigen öffentlichen Dienste aufgelöst worden waren, kümmerte die Tscheka sich um alles, das heißt, sie kontrollierte alles.

Chaos und Willkür waren die unumschränkten Herrscher. Das Personal, das auf die Schnelle aus revolutionären Elementen und Sympathisanten aus der Stadt zusammengewürfelt worden war, bestand zum überwiegenden Teil aus unerfahrenen Strolchen und Dummköpfen. Um sich in den Besitz eines Passierscheins oder irgendeines anderen Dokumentes zu bringen, war es aussichtsreicher, auf sein Glück als auf eine fundierte Begründung des Antrages zu bauen.

Die Arbeitsweise dieser Büros muß wenig effizient gewesen sein, da die Schlangen vor den Türen alle Vorstellungen überstiegen. Sie verliefen quer über den Platz, zogen sich durch die anrainende Straße und verliefen noch weit darüber hinaus. Ein Blick genügte, um vorauszusehen, daß diese Angelegenheit einen langen Atem erfordern würde. Die Menschen sahen aus, als hätten sie sich auf Dauer hier eingerichtet; die einen saßen auf den Bordsteinen, die anderen auf Klappstühlchen oder einfach auf der Erde. Um ihren Platz nicht zu verlieren, aßen sie an Ort und Stelle und ließen sich von Familienangehörigen ablösen. Alle wirkten völlig erschöpft.

Nach mehreren Stunden des Wartens stellten Mama und ich fest, daß wir nicht einen einzigen Schritt vorangekommen waren, indes die Schlange hinter uns immer länger wurde. Das Unterfangen schien einfach hoffnungslos. Ich überließ es Mama, unseren Platz zu halten, und trieb mich in der Gegend herum, krampfhaft bemüht, einen Ausweg aus dieser Sackgasse zu finden.

Just in diesem Augenblick bemerkte ich zwei Militärs, die, Seite an Seite plaudernd, stolz ihre roten Kokarden spazierenführten. Einer spontanen Eingebung folgend, warf ich mich ihnen mit ausgebreiteten Armen entgegen. »Genossen!« rief ich pathetisch, »Ihr müßt mir helfen!« Sie blieben abrupt stehen und sahen mich an. »Na, wo brennt es denn?« fragte einer der beiden. »Ich muß dringend einen Passierschein haben! Verschaffen Sie mir Eintritt bei der Tscheka!« Die jungen Leute wollten sich ausschütten vor Lachen. »Na, wenn es sonst nichts ist, dann mal los!«

Als Mama mich, von zwei Militärs der Roten Armee flankiert, die Reihe entlangkommen sah, wollte sie kaum ihren Augen trauen. Die beiden Wachposten an der Tür ließen uns, Gewehr bei Fuß, passieren. Wir traten in die große Halle, in der überall Tische standen und wo es nur so von Rotarmisten wimmelte.

»Bitte schön«, sagte einer meiner Retter, »Ihr Wunsch ist uns Befehl!« Der andere steigerte die Wohlwollensbezeugung noch, indem er einem Milizionär die Order gab: »Bringen Sie die Genossin zur Visa-Stelle und sagen Sie dort, daß es dringend ist. Sie wird dann schon selbst erklären, worum es geht.« Ich erhielt unsere Visa auf der Stelle, ohne jegliche weitere Befragung oder irgendeine Schikane.

Damit war die Partie aber längst noch nicht gewonnen. Wir mußten Zugbillets besorgen, und die Schlange, die Emmanuel und ich dort vorfanden, ließ einen Erfolg höchst fraglich erscheinen. Aber erstaunlicherweise schmolz diese Schlange vor dem Schalter rasch zusammen. Als wir bis dorthin vorgedrungen waren, erfuhren wir den Grund: Nur wer im Besitz eines gültigen Passierscheins war, hatte Anrecht auf einen Fahrschein. Und das waren allem Anschein nach nicht viele. Ich beglückwünschte mich zu der Eingebung, die mir vor der Tscheka gekommen war, und schwor mir, diese Methode nicht zu vergessen.

Da die Auflösung unseres Hauses noch nicht ganz abgeschlossen war, entschied Mama, daß Emmanuel und unsere Schwestern zuerst und ohne Gepäck fahren sollten. Sie und ich würden zwei Wochen später nachkommen, mit soviel Gepäck, wie es die Umstände gestatteten.

Die Türen des Bahnhofs waren verschlossen und wurden von bewaffneten Soldaten bewacht. Um die Menge in Schach zu halten, brüllten und fluchten sie und ließen die Gewehrkolben tanzen. Doch wenn die einen zurückwichen, drängten dafür andere zum Ausgleich nach vorne. Man konnte sich unschwer vorstellen, was für ein Gedränge entstünde, wenn die Verhaltensvorschriften aufgehoben würden.

Jetzt erinnerte ich mich daran, wie es Herrn Kotljarow gelungen war, mich in Kiew in den Zug zu schmuggeln. Man mußte versuchen, dieselbe List noch einmal anzuwenden. Also schleppte ich meinen Bruder und meine Schwestern zu den Lagerhallen, die, finster und wie ausgestorben, in der Verlängerung des Bahnhofsgebäudes lagen. Hohe Türen mit zerbrochenen Scheiben führten auf eine nur spärlich beleuchtete, weitläufige Halle, in der mehrere Männer damit beschäftigt waren, unter dem wachsamen Blick eines Angestellten mit Dienstmütze Kisten zu verladen. Da die Tür nicht verschlossen war, gingen wir unauffällig in diese Halle.

»Heda!« rief der Diensthabende, als er unserer gewahr wurde. »Was machen Sie da?« Ich trat entschlossen ein paar Schritte vor. »Genosse, ich ersuche Sie um Ihre Hilfe!« Der Mann betrachtete mich neugierig. »Und was wollen Sie?« Ich sagte ihm, daß wir, koste es, was es wolle, auf den Bahnsteig gelangen müßten. »Aber, das kann doch wohl nicht so schwer sein«, meinte er. »Für Sie nicht. Und genau deswegen komme ich auch, um Sie um Hilfe zu bitten.« »Hm«, brummte er unentschlossen. »Na gut, kommen Sie mit!«

Wir folgten ihm durch die Lagerhallen und betraten den Bahnsteig. Während wir gingen, warf der Mann mir neugierige Blicke zu, ein bißchen zudringlich. »Ich will Ihnen gerne einen Gefallen tun«, sagte er endlich, »denn für hübsche Mädchen tue ich alles ...« Und dann abrupt: »Aber Sie fahren fort?« Ich erklärte ihm, daß ich selber nicht mitfahren würde, aber um jeden Preis meinen Bruder und meine Schwestern in den Zug verfrachten müsse. »Nun gut«, grummelte er, »nun gut ... Wir werden es versuchen.«

Der Zug stand vor dem Bahnhof, und der Bahnsteig war dank der geschlossenen Türen noch menschenleer. Der erste Waggon war ein Postgüterwagen und verfügte über ein Dienstabteil. Durch ein heruntergelassenes Fenster konnte man die Eisenbahner beim Teetrinken sehen. »Hallo, Kumpel!« rief unser Beschützer sie an. »Ich bringe euch Gesellschaft für die Reise! Rückt ein bißchen zusammen und macht ihnen etwas Platz!« Gutmütige Gesichter neigten sich aus dem Fenster. »Na, denn mal los! Steigt ein, Leutchen, steigt ruhig ein! Wollt ihr Tee?« Emmanuel, Madeleine und Angeline kletterten in den Güterwagen, und ich stieß einen tiefen Seufzer der Erleichterung aus.

»So, das hätten wir!« rief mein Begleiter. »Sind Sie jetzt zufrieden?« »Ich weiß gar nicht, wie ich Ihnen danken soll ...« Er zwinkerte mit den Augen: »Das werde ich Ihnen gleich sagen ...« Eine leichte Unruhe stieg in mir hoch. Aber zuerst ging es einmal darum, den Zug abfahren zu sehen. Der Bursche konnte ja später noch einmal darauf zurückkommen, welchen Dienst er uns erwiesen hatte.

»Kommen Sie jetzt«, sagte er, »die Türen werden gleich geöffnet, und das gibt dann ein gräßliches Gedränge! Ich lasse Sie durch den Güterbahnhof hinaus.« »Ich möchte sie aber abfahren sehen ...« »Es wäre schon besser, wenn man Ihren Bruder und vor allem Ihre Schwestern nicht in diesem Güterwagen entdecken würde. Wissen Sie, das ist nämlich nicht ganz vorschriftsmäßig. Meine Kumpel sorgen dafür, daß sie im Hintergrund bleiben, fernab vom Fenster, so daß Sie sie eh nicht mehr sehen können.«

Also gingen wir wieder zu den Lagerhallen. »Geht es Ihnen jetzt besser?« fragte der Mann und faßte mich am Arm. »Ich war gut, nicht wahr? Jetzt sind Sie an der Reihe, mir eine Freude zu machen.« Wie komme ich da bloß heil wieder raus, fragte ich mich, zunehmend beunruhigt. Laut sagte ich nur: »Sie sind wirklich sehr gütig gewesen, ich danke Ihnen nochmals dafür. Aber jetzt muß ich gehen; meine Mutter erwartet mich.« »Nicht so schnell, kleines Fräulein. Ich werde Sie begleiten.«

Genau in dem Augenblick, als wir die Lagerhallen betraten, wurden die Türen zu den Bahnsteigen geöffnet, und eine wahre Menschenflut stürzte sich auf den Zug. »Sehen Sie? Was hätten Sie ohne mich nur gemacht?« Ich fragte mich allerdings auch, was ich jetzt mit ihm machen sollte, wo ich ihn auf dem Hals hatte. Trotzdem mußten wir den Zug mit all seinen Menschen hinter uns lassen.

»Also gehen wir!« sagte ich energisch. Es wurde Abend, und die Straßen kamen mir von Minute zu Minute düsterer vor. Je weiter wir uns vom Bahnhof entfernten, desto weniger Leute trafen wir. Erneut nahm der Mann unverfroren meinen Arm. »Ich werde Ihnen helfen, meine Süße«, sagte er, indem er sich zu mir herabbeugte. »Ich werde Ihnen eine Fahrkarte besorgen, wenn Sie Ihrerseits abfahren wollen, und ich werde Ihnen auch einen Platz im Zug verschaffen. Seien Sie unbesorgt. Und in der Zwischenzeit ...«

Wir gelangten an eine notdürftig erhellte Kreuzung. »So«, sagte ich, »lassen Sie mich jetzt alleine nach Hause gehen. Und vielen Dank nochmals!« »So warten Sie doch, Sie müssen doch furchtbar müde sein, sollen wir noch eine Kleinigkeit essen gehen? Dann könnten wir uns ein bißchen unterhalten.«

Ringsum war alles schwarz. Die Häuserreihen dehnten sich stumm und abweisend ins Unendliche. Keine Straßenbahn, kein Taxi, keine Menschenseele weit und breit. Um Hilfe zu rufen wäre völlig sinnlos gewesen. Aber ich hatte ja noch meine Beine, und ich lauerte nur auf den Moment, in dem ich sie gebrauchen könnte.

»Kindchen«, sagte der Mann auf einmal ganz väterlich, »ich bringe es nicht über mich, Sie alleine zu lassen. Ein kleines Mädchen wie Sie kann doch leicht irgendeinem Halunken in die Hände fallen. Ich werde Sie bis zur Haustür begleiten.« Wir machten uns wieder auf den Weg, und ich überschlug voll Angst, was an Wegstrecke noch vor mir lag; und das war viel, sehr viel sogar. Ich mußte versuchen, ihn abzulenken, ihm um den Bart zu gehen. Aber dazu kam ich gar nicht mehr. Er verlor die Geduld, packte mich bei den Schultern und wollte mich gerade an sich ziehen, als ich mich mit einem Satz losriß und davonlief.

»Was, Sie laufen fort?« hörte ich ihn wütend schreien. »Warten Sie nur, wenn Sie abreisen wollen, werden Sie es noch bereuen!« Mein Lebtag war ich noch nie so schnell und so lange am Stück gelaufen. Als ich endlich, völlig außer Atem, stehenbleiben mußte und verängstigt rückwärts schaute, war niemand mehr auf der Straße zu sehen.

Nicht lange nach Emmanuels und unserer Schwestern Abfahrt verabschiedete sich auch Sascha von uns. Der letzte Dienst, den sie uns erwies, bestand darin, Artamon durch zahlreiche Geschenke so freundlich zu stimmen, daß er sich einverstanden erklärte, unser Gepäck in seinem Handkarren zum Bahnhof zu befördern. Denn, o Wunder, man hatte die Güterwagen wieder in Betrieb genommen, während die Reisenden sich noch immer mit Viehwaggons begnügen mußten.

Unsere letzte Nacht verbrachten wir in einem nahezu gänzlich leergeräumten Haus, nur noch von vereinzelten Dingen umgeben, die, für wen auch immer, dableiben sollten.

In diesen unruhigen Zeiten stand das Leben immer im Zeichen von Zufall und Glück. Sicherheit gab es nirgendwo, dafür aber lauerte überall Gefahr. Alles war schwierig und doch irgendwie auch möglich. Ungeachtet aller Hindernisse reisten die Leute durch die Gegend. Manchmal kam aus unerfindlichen Gründen ein Brief tatsächlich am Ort seiner Bestimmung an. Und so erhielten wir, zwei Wochen nachdem Emmanuel und die Zwillinge sich auf den Weg gemacht hatten, folgende Nachricht: Sie waren wohlbehalten in Neu-Uschiza angekommen.

Die kleine Stadt Neu-Uschiza war zu jener Zeit um eine Kategorie von Einwohnern bereichert worden, die es früher verschmäht hätten, sich dort niederzulassen. Da das Leben auf dem Lande zu gefahrenreich geworden war, hatten viele Großgrundbesitzer hier eine Zuflucht gesucht, in der Hoffnung, daß sich die Lage allmählich beruhigen und bessern würde. Einige besaßen hier nur Zweitwohnungen, anderen waren recht komfortabel untergebracht. So erging es unseren Freunden, Herrn und Frau Patton. Sie hatten allerdings gar keine andere Wahl gehabt: Ihr Herrenhaus war abgebrannt, und so kauften sie ein Haus in Neu-Uschiza und richteten sich dort mit dem ein, was ihnen von ihrer Habe geblieben war.

Dieses Haus war schlicht und geräumig, gerade so, wie man sie eben in kleinen Provinzstädten baute. Den großen Garten umgab ein hoher Lattenzaun, der zugleich einen Gemüsegarten und zahlreiche Obstbäume halbwegs schützte. Die beiden Eheleute führten ein zurückgezogenes Leben und verbrachten die meiste Zeit mit dem Gärtnern. Papa erzählte später, daß er sie immer in ihren Plantagen, mit Hacken, Pflanzen oder Gießen beschäftigt, angetroffen hätte. Sie hatten keine andere Hilfe als den Koch Hariton, der ebenfalls in dem Haus wohnte.

Dieser bescheidene Lebensstil und vor allem diese Liebe zur Gartenarbeit erregten die Neugier der Nachbarn. Daß ein Mann von Stand seine Zeit damit verbrachte, in der Erde zu wühlen, erschien zumindest verwunderlich. Und die blühende Phantasie ließ nur einen Schluß zu: Die Pattons verbuddelten ihre Schätze im Garten. Man munkelte, der wahre Grund, warum Frau Patton Galoschen trüge, sei der, daß ihre Schuhe zu kostbar geworden wären: Hariton, der sich aufs Schustern verstünde, hätte in den Absätzen der Schuhe Schmuck versteckt.

Natürlich kamen diese Geschichten auf Umwegen auch Herrn Patton zu Ohren, der sich darüber köstlich amüsierte. Und doch, meinte Papa, machte er dabei ein so schelmisches Gesicht, daß man sich nicht ganz sicher sein konnte …

Die Pattons hatten in ihrem Haus ein überzähliges Zimmer, das sie angesichts der schwierigen Zeiten Papa zur Untermiete anboten. Dieser nahm mit Freuden an, um so mehr, als er ohnehin bereits im Nachbarhaus, das der alten Frau Schmucklermann, einer Geschäftsfrau im Ruhestand gehörte, eine kleine Wohnung gemietet hatte, in der er Emmanuel und unsere Schwestern unterzubringen gedachte. Der neue Wohnsitz unserer Familie war also nunmehr in Neu-Uschiza, jedenfalls für den Augenblick.

Unser Zug bewegte sich langsam auf die weiterhin sich ständig verschiebende Grenze der Ukraine zu. Auf allen Bahnhöfen, manchmal auch mitten auf offener Strecke, kam der Zug zum Stehen, und bewaffnete Rotarmisten erstürmten die Viehwaggons, in denen die Reisenden sich drängten. Allein die Tatsache, daß sie die rote Zone verließen, machte sie verdächtig, und bevor man sie die Grenze passieren ließ, siebte man sie und ihr Gepäck nochmals gründlich durch. Die von der Tscheka ausgestellten Passierscheine stellten offensichtlich keine hinreichende Garantie dar.

Dann folgten Verhöre, eins nach dem anderen. Sie wurden von den Tschekisten brutal und mit den Waffen im Anschlag geführt. Die Reisenden stammelten, bleich vor Schrecken, unzusammenhängendes Zeug, wodurch die Rotgardisten sich noch überlegener fühlten. Über ihre zerwühlten Koffer hinweg starrten die Flüchtlinge mit angstgeweiteten Augen auf den Boden, wo ihre Habseligkeiten zerstreut herum lagen. So manch einer bedauerte tief, dieses oder jenes Teil mitgenommen zu haben, das ihn kompromittieren oder auch nur die Begehrlichkeit der Schergen wecken könnte. Mehrere Fahrgäste wurden abgeführt – niemand wußte, wohin – und kamen nicht wieder.

Mit derart gründlichen Durchsuchungen hatte ich nicht gerechnet und ein kleines Album mit Porträts der Zarenfamilie bei mir behalten. Diese Sorglosigkeit hätte mich um ein Haar das Leben gekostet.

Ein Tschekist fand das Album, riß es an sich und kreischte triumphierend, als hätte er ein Komplott aufgedeckt: »Konterrevolutionäre!«

Sofort fiel die ganze Meute über mich her und stach mit den Bajonetten wie wild auf meinen Koffer ein. Ich wurde aus dem Waggon gezerrt und vor einen Zaun gestellt, der längs den Schienen entlang verlief. Die Tschekisten rissen das Album in Stücke und machten das Bild des Zaren an einem Nagel fest. »Für Gott, Zar und Vaterland!« schrie einer unter höhnischem Lachen und feuerte einen Schuß in das Gesicht des Zaren ab.

Seine Kameraden brachen in ein schallendes, brutales Gelächter aus. Ich stellte mich seelisch darauf ein, den nächsten Schuß abzubekommen, als ein Knirschen die Abfahrt des Zuges signalisierte. Zitternd stürzte ich zu meinem Waggon und konnte mit letzter Anstrengung gerade noch aufspringen. Die schwere Tür schlug laut hinter mir zu, während der Zug sich in Bewegung setzte.

Über Nacht änderte sich die Stimmung vollkommen, es kamen keine roten Patrouillen mehr, wir mußten die Ukraine erreicht haben. Der Waggon war in Halbdunkel getaucht, nur das matte Kerzenlicht einer oberhalb der Tür hängenden Laterne beleuchtete die Reisenden, die entweder auf ihren Koffern vor sich hin dämmerten oder auf dem Boden zusammengekauert lagen.

Plötzlich wurde die Stille von einer rauhen Stimme durchbrochen: »Genossen! Seht mich an! Ich bin ein Bild des russischen Volkes in seinem ganzen Elend! Ich besitze nicht einmal ein Hemd!«

Ein struppiger Geselle stand in einem Infanteriemantel bei der Laterne. »Genossen!« hob er von neuem an. »Ich bin halb verhungert und muß in Lumpen gehen! Seht mich nur an, Genossen, ich besitze nicht einmal ein Hemd!« Er öffnete den schäbigen Mantel, zwischen dessen abgewetzten Kanten seine behaarte Brust sichtbar wurde.

Als nicht die geringste Reaktion erfolgte, fuhr der Aufwiegler mit immer lauterer Stimme fort: »Der gekrönte Tyrann hat sich mit dem Blut des Volkes vollgesogen; aber er ist gestürzt und auf den Misthaufen geworfen worden! Die Zarin, diese Hure, die unser Vaterland an den Feind verkauft hat, ist entlarvt. Ihre schamlosen, schmuckbehängten Töchter liegen mit ihren Liebhabern im Dreck. Die Generäle, diese Mörder, die unsere Soldaten in die Vernichtung trieben, sind wie Hunde erschlagen worden! Kommt, laßt uns den deutschen Proletariern die Hand reichen und unsere wirklichen Feinde, den Adel, die Großgrundbesitzer, die Militärs und den Klerus bekämpfen!«

Das Schweigen hielt an. Daraufhin steigerte der Redner noch einmal seine Tonlage: »Ach, die Religion? Die Pfaffen waren nichts als dreckige Betrüger, die das unwissende und leichtgläubige Volk gerupft haben. Aber jetzt sind sie dort, wo sie hingehören, auf dem

Müll! Während die Bischöfe sich am Champagner berauschten, habe ich ...«

»Hast du deinen Wodka gesüffelt!« warf irgendwer ein. Der Agitator hielt einen Augenblick verblüfft inne, ließ sich aber nicht aus der Fassung bringen. Er zündete sich eine Zigarette an, spuckte aus und fuhr fort: »Genossen, hört mich an, ich besitze nicht einmal ein Hemd ...«

»Herrje, ziehen Sie Ihr Hemd doch endlich an, es muß ja irgendwo sein, in Ihrer Tasche vielleicht, und bleiben Sie uns gestohlen mit Ihrem Affentheater. Sie halten uns wohl für blöde oder wie?«

»Ich sage nichts als die Wahrheit, Genossen, hört mich an! Die Zeit, wo wir uns wie Schafe von den Reichen scheren und nach Lust und Laune abschlachten ließen, ist endgültig vorbei! Das Volk hat sich gegen den ganzen Betrug erhoben und Gott mitsamt seinen Heiligen verjagt. Christus ist entthront wie die Könige, seine Handlanger. Wißt ihr schon, wie man in Italien, wo der Papst jahrhundertelang ein tyrannisches Regiment geführt hat, die Jungfrau Maria jetzt nennt? Hundsföttische Madonna!«

»Jetzt reicht es aber!« meldeten sich einige mit Nachdruck. »Genug jetzt! Halt den Schnabel und laß uns schlafen!«

Der Mann versuchte noch schwach zu protestieren, aber man ließ ihn nicht mehr zu Wort kommen: »Scher dich zum Teufel! Mach, daß du wegkommst! Hier besteht kein Bedarf für dein Gewäsch!«

Die allgemeine Feindseligkeit war zu offensichtlich, als daß der Agitator noch einen weiteren Versuch gewagt hätte, Zustimmung zu finden oder zu überzeugen. Wir waren nicht mehr im Herrschaftsbereich der Bolschewiken, und so stieg er aus, als der Zug das nächste Mal anhielt.

Schmerinka, ein wichtiger Eisenbahnknotenpunkt, einstmals berühmt für seinen schönen Bahnhof und seine hervorragende Restauration, war nur mehr ein Kopfbahnhof. Unser Zug fuhr langsam in das gigantische Glasgebäude ein, knirschte und seufzte, wie von langer Fahrt erschöpft, und kam auf Höhe des Bahnsteigs zum Stehen. Die ungeheure Menschenmenge, die er für achtundvierzig Stunden beherbergt hatte, ergoß sich auf den Perron.

Für uns war die Reise allerdings noch lange nicht zu Ende. Neu-Uschiza war noch achtzig Kilometer entfernt und nur über die Straße zu erreichen. Bevor wir uns nach einem Fahrzeug umsahen, wollten wir unseren Koffer holen. Aber o Schreck, er war verschwunden! Wir rissen alle Türen auf, kämpften uns bis zum Gepäckwagen durch, aber der Koffer blieb unauffindbar.

Da standen wir also, bar jeglichen Gepäcks und würden bei unserer Ankunft in Neu-Uschiza nicht einmal mehr ein Hemd zum Wechseln haben. Aber es war nichts zu machen, unsere Habe konnten wir in den Schornstein schreiben.

Ein sogenannter Mischuriss, ein jüdischer Lohndiener, der immer im rechten Moment auftauchte, besorgte uns eine Kalesche, ein erbärmliches Gefährt mit hoher Straßenlage, harter Federung und rundherum ohne Windschutz.

Schmuel, unser Kutscher, hatte es nicht eilig und ließ seine klapperdürren Mähren laufen, wie sie wollten. Die eintönige Straße und das langsame Marschtempo gestatteten ihm, vor sich hinzudösen. Als Neu-Uschiza endlich in Sichtweite erschien, wachte der Gute auf.

»Je nun«, sagte er und deutete mit der Peitsche in Richtung Stadt, »man wagt ja kaum noch, hineinzufahren nach dem Massaker letzte Nacht ...« »Was für ein Massaker?« fragte Mama. »Na, die Ermordung des Herrn Marschall und seiner Frau!« »Um Gottes willen, was?« schrie Mama auf. »Von wem reden Sie?« »Na, von dem Marschall Platon. Kannten Sie den?« »Herr im Himmel!« rief Mama. Mir stockte das Herz. Die Pattons ermordet!

»Wissen Sie genau, was Sie da sagen?« fragte Mama. »Leider ja, alle Welt spricht von nichts anderem.« »Erzählen Sie, was Sie darüber wissen.« »Also, der Herr Platon ...« »Patton ...« »Ja, genau der. Der lebte doch mit seiner Frau in Neu-Uschiza. Und er war steinreich.« »Das hielt sich in Grenzen ...« »Na, jedenfalls hielt ihn jeder für sehr reich, und man munkelte, daß er Gold und Schmuck in seinem Haus verwahre. Und Sie wissen ja selbst, es hat auf der Welt schon immer Banditen gegeben, aber in diesen schlimmen Zeiten gibt es mehr denn je. Nach den Verwüstungen zu urteilen, müssen es in jener Nacht gleich mehrere gewesen sein. Man hat Herrn Patton im Salon, von Kugeln durchlöchert, niedergestreckt aufgefunden. Die gnädige Frau lag in ihrem Schlafzimmer am unteren Bettende. Der Koch muß wohl ein Dumdum-Geschoß mitten in die Stirn bekommen haben, denn der Schädel war geplatzt und das Hirn bis zur Decke gespritzt. Und was den Untermieter betrifft ...«

»Den Untermieter!« schrie Mama entsetzt auf. »Ja sicher, der Untermieter ... Der hatte, zweifellos von den Schüssen geweckt, sein Zimmer verlassen. Man hat ihn auf dem Gang niedergestreckt. Dabei hatte der junge Mann gar nichts damit zu tun.« »Der junge Mann?« »Ja, ein Beamter, glaube ich.«

Mein Hals war wie zugeschnürt, und ich wagte nicht, Mama anzusehen. War es möglich, daß der mit den Pattons ermordete Untermieter Papa war? Aber mehr konnten wir aus dem Kutscher nicht herausbekommen. Er hatte über die Tragödie selbst nur von seinem Kollegen Itzek gehört.

An den Toren von Neu-Uschiza legte Schmuel einen Halt vor dem Laden eines Händlers ein, um Pakete abzuliefern. Mama bezwang ihre Erregung und betrat das Geschäft in der Hoffnung, von dem jüdischen Kaufmann weitere Einzelheiten zu erfahren. Der alte Mann, gebeugt und mit schlohweißem Haar, sah im Dämmerlicht seines Ladens wie eine Gespenstererscheinung aus. Kaum hatte Mama das Thema angeschnitten, brach er in Wehklagen aus.

»Es ist entsetzlich! Ganz abscheulich! Ein unerhörtes Verbrechen! Das liegt daran, daß die Polizei keinen Pfifferling mehr wert ist. Im Grunde haben wir gar keine Polizei mehr. Wir sind alle auf Gedeih und Verderb Räubern und Wegelagerern ausgeliefert.« Seine Verzweiflung steigerte sich. »Der gute Herr von Patton! Ich habe ihn selbst gekannt! So ein hervorragender Mensch, so gütig und gerecht! In seinem eigenen Haus sterben wie eine Ratte in der Falle!«

»Ja, das ist wirklich furchtbar ... Aber haben Sie nichts von einem Untermieter gehört?« »Ach ja, den hat man wie ein Kaninchen erschossen. Der Arme hat sein Zimmer verlassen und ist gleich in den Tod gelaufen.«

Zutiefst erschüttert und wenig beruhigt in bezug auf Papas Schicksal, stiegen wir wieder in unser Gefährt und fuhren zügig in die Stadt hinein.

Das Leben ist voller Wunder – und das folgende rettete Papa:

Unsere Schwestern hatten an jenem Abend ein aufwendiges Abendessen zubereitet, und da sie wenig Erfahrung hatten, war es später geworden als üblich. Nach dem Essen hielt man sich noch mit dem Entwickeln von Fotos auf. Gegen elf Uhr sah sich Papa durch einen furchtbaren Sturm und Wolkenbrüche daran gehindert, in das Haus der Pattons zurückzugehen. In dem kleinen Wohnzimmer gab es ein Sofa, und so richteten die Zwillinge ihm dort das Bett. Der Donner grollte, und Schauer peitschten gegen die Fenster, aber Papa und seine Kinder schliefen friedlich. Und im Nachbarhaus, in dem auch Papa sich befunden hätte, wäre nicht dieser Sturm gewesen, wurden zur gleichen Zeit vier Menschen kaltblütig ermordet.

Ganz Neu-Uschiza defilierte vor den offenen Särgen von Herrn und Frau von Patton, ihrem Koch Hariton und dem jungen Gribowski, ihrem zweiten Untermieter. Ich erlitt beim Anblick der bleichen und entstellten Gesichter unserer Freunde einen furchtbaren Schock. Man hatte die schlimmsten Spuren der grauenhaften Verwüstung im Hause beseitigt, nur die dunklen Flecken auf Wänden und Decke zeugten noch von dem kürzlichen Massaker.

Wir folgten den Särgen in einem langen Geleitzug zum Friedhof. Weihrauch und Bittgebete stiegen zum gleichgültig-heiteren Himmel auf, und die beiden Gatten, die im Leben eine so harmonische Einheit gebildet hatten, wurden Seite an Seite für die Ewigkeit gebettet.

Nach ihrem Tod war das Haus versiegelt worden. Passanten, die an den geschlossenen Fensterläden vorübergingen, bekreuzigten sich und beschleunigten den Schritt. Das einstmals so friedliche Haus schien wie mit einem bösen Fluch beladen.

Im Gegensatz dazu erfuhr der Garten zuvor nie geahnte Aufmerksamkeit, vor allem nachts. Die Mär, daß hier ein Schatz verborgen liege, hielt sich beharrlich. Der einzige Mensch, der von dem Geheimnis gewußt hätte, wäre der Koch gewesen. Um es zu lüften, blieb deshalb also nichts anderes übrig, als zu graben.

Es verging keine Nacht, ohne daß ein mit einer Schaufel bewaffneter Schatzgräber über den Zaun geklettert wäre, um unter den Büschen zu graben. Manchmal war die Stellung schon besetzt, und im Dunkel der Nacht kam es dann zu einem oft blutigen Zusammentreffen. Eines Tages entdeckte die Miliz in dem verwunschenen Garten sogar eine Leiche und mußte daraufhin einen Wachposten am Zaun aufstellen. Einen Schatz aber hat nie jemand dort gefunden.

Zu allen Zeiten hat das Motiv des verborgenen Schatzes, im wörtlichen wie im übertragenen Sinne des Wortes, die Legenden beseelt. Es regte die Vorstellungskraft an und belebte Wunschträume. Diese kostbaren und seltenen Dinge, die dem, der sie zu finden vermochte, Glück bescherten, waren umgeben mit einem Hauch von Geheimnis und Hoffnung.

Zu jener Zeit wimmelte es geradezu von verborgenen Schätzen. Sie verursachten aber keine Träume, sondern nichts als Schrecken. So weit sich das heilige Rußland erstreckte, wanderten Wertobjekte aller Art, Kunstwerke, ganz zu schweigen von einfachen Familienerinnerungsstücken, Dokumente und Geld heimlich in den Schoß der Erde, in Gärten, unter Bodenplatten im Keller, in Brunnen und Grabkammern. Verstecke aufzustöbern war eine fixe Idee geworden. Man war außerstande, seine Augen in Zaum zu halten oder die bedrängende Frage: Vielleicht hier? zu verscheuchen.

Über glückliche oder tragische Zwischenfälle, die mit diesen neuen Künsten des Verbergens und des Suchens verknüpft waren, konnte man zahllose Geschichten hören. Alles zu verstecken war eine in jedermanns Leben fest verankerte Gewohnheit geworden. Man wetteiferte regelrecht im Erfindungsreichtum bei diesem neuen Sport, der zwar gefährlich, aber gerade deshalb um so aufregender war. Damals, als wir als Kinder Schatzsuchen gespielt hatten, waren unsere Chancen, wirklich einen zu finden, gleich Null gewesen. Jetzt aber verlief das Spiel in der Regel unter umgekehrtem Vorzeichen: Es ging hauptsächlich darum, seinen Besitz unauffindbar zu machen.

Noch Jahre später fand man diese Zeugnisse einer ungeheuerlichen Heimsuchung, als das Volk in seiner Gesamtheit keine andere Zuflucht, keinen anderen Freund mehr hatte als seine Erde.

Ich erinnere mich noch genau, wie tief beeindruckt wir waren, als Sascha Keppel uns in Odessa erzählte, welches Drama sich im

Nachbarhaus abgespielt hatte. Die Tschekisten wüteten derart in dem Haus, daß allenthalben in den Wohnungen Panik ausbrach. Herr Datschkow fand gerade noch Zeit, seinen Ehering, sein Taufkreuz und seine Uhr abzustreifen. Höchste Eile war geboten, es kam auf jede Sekunde an. Plötzlich hatte er einen genialen Einfall: In einer Ecke der Küche stand unbeachtet ein Gemüsekorb herum. Und so ließ er seine im Grunde lächerlichen Habseligkeiten rasch zwischen Möhren und Zwiebeln verschwinden.

Er konnte sich gerade noch von der verräterischen Stelle entfernen, da stürmten auch schon die Tschekisten in die Küche. Nach einer Leibesvisitation wurde Herr Datschkow mit dem Rücken zur Wand gestellt, während die Hausdurchsuchung vonstatten ging. Stumm und unbeweglich stand er da, aber unwillkürlich wanderten seine Augen zu dem Korb hin, was den Tschekisten nicht entging. Sie packten den Korb und kippten seinen Inhalt auf den Boden. Datschkows Schicksal war damit besiegelt: Man erschoß ihn auf der Stelle, um ein Exempel dafür zu statuieren, daß Lügen sich nicht lohne. Seine Frau blieb verschont, man ließ sie mit dem Gemüse und dem Leichnam ihres Mannes zurück.

Ungeachtet aller drakonischen Vergeltungsmaßnahmen blieben die Leute unverbesserlich und versteckten weiterhin alles, was sich irgend verstecken ließ. Einer unserer Vettern erfand ein besonders ausgeklügeltes System, das sich hervorragend bewährte. Ich nahm mir vor, im Fall des Falles darauf zurückzukommen.

Als er aus Rußland floh, nahm er als Gepäck nichts als ein Bündel sorgsam ausgewählter und vorbereiteter Kleider mit. An einem Stock über der Schulter getragen, verlieh dieses Kleiderbündel ihm das Aussehen eines jener antiken Schäfer, die für ihre Bedürfnislosigkeit berühmt waren. Außer dem Bündel hatte er nur noch einen kleinen Stoffbeutel bei sich, wie die Bauern sie für ihr Vesperbrot benutzten. Dort verstaute er seinen eher kärglichen Mundvorrat: Äpfel, Brot und harte Eier.

Doch wer hätte es gedacht ... Ohne nun im eigentlichen Sinne Goldeier zu sein, waren diese Eier nicht minder wertvoll. Der findige Cousin hatte Löcher in die Schale gebohrt und dort beachtlich große Diamanten hineingesteckt. Dann ließ er sie vorsichtig bei kleiner Hitze kochen, so daß das Eiweiß stockte, ohne jedoch

1 Als Studentin an der Universität von Tschernowitz (mit 22 Jahren)

2 (links oben) Meine Mutter zur Zeit unseres Aufenthaltes in Rumänien (zwanziger Jahre)

3 (rechts oben) Mein Vater in seinem Arbeitszimmer in unserem Haus in Chotin, Bessarabien

4 (links) Mein Mann, Wladimir Fürst Gagarin, während des Ersten Weltkrieges

5 (oben) Mein Bruder Emmanuel

6 und 7 »Villa Prijut«, das Haus meiner Schwiegereltern Gagarin, in Odessa

8 (links oben) Besuchstag im »Institut der Adelstöchter«, Anfang des Jahrhunderts

9 (links) Ein Klassenzimmer

10 (oben) Vorderansicht des »Instituts der Adelstöchter« in Kiew (heute), wo ich vier Jahre verbrachte

11 (unten) Mein Bruder Emmanuel und ich (in der Mitte) vor unserem Haus in Wassilki, dem Gut meiner Eltern (Ukraine, 1920)

12 (oben) Die Zwillingsschwestern Angeline und Madeleine

13 (unten) Kiew, der Hafen am Ufer des Dnjepr

14 (oben) Mit meinem Vater, Emmanuel und den Zwillingen Angeline und Madeleine; im Hintergrund der Dnjestr

15 (unten) Unser Gespann vor dem Haus in Chotin

16 Mit meinen ältesten Töchtern
Helene und Elisabeth 1937 in Nizza. Es war am
Vorabend unserer Abreise nach Marokko,
wo wir zwölf Jahre verbringen sollten

auszufließen. Wer hätte auch auf die Idee kommen können, daß sein bescheidenes Mahl ein Vermögen wert war? Und wenn er auch auf seiner Reise herzhaft in die Äpfel biß – das Vergnügen, die Eier anzubrechen, behielt er sich für jenseits der Grenze vor.

Auch Mama hatte eine ausgezeichnete Idee, um ihre Rubine zu retten. Sie befestigte sie mit Leim auf dem Rahmen einer Marien-Ikone und überzog sie mit Goldbronze. Die Rubine waren tatsächlich nicht auszumachen. Nur ... die Ikone ging als Ganzes verloren.

Wie ich schon mehrfach erwähnt habe, waren wir meist derart schlecht informiert, daß uns die Ereignisse jedesmal wie ein Blitz aus heiterem Himmel trafen. So kam es, daß die Einwohner von Neu-Uschiza eines Morgens, starr vor Schrecken, deutsche Truppen einmarschieren sahen. Wohin gingen sie? Und was war nun aus der Ukraine geworden?

Nach und nach erfuhren wir, daß die Sowjets unter Mißachtung der anerkannten Unabhängigkeit der Ukraine versucht hatten, sie zu annektieren. Im Gegenzug hatten die Deutschen daraufhin die Kriegstätigkeit wiederaufgenommen.

Was spielte sich in diesem Krieg eigentlich ab? Wo verlief die Front? Wir wußten rein gar nichts. Kaum hatten wir mit unseren Spekulationen begonnen, veränderte sich die Situation schon wieder: Die Deutschen verschwanden, und die Weiße Armee hielt Einzug.

Die Bevölkerung gewöhnte sich allmählich an diesen fortwährenden Wechsel der Befehlsgewalt und reagierte nicht mehr darauf. Wem konnte man denn überhaupt noch glauben? Wer am Abend noch Befehle zu geben befugt war, wurde am nächsten Morgen vielleicht schon wie ein räudiger Hund davongejagt.

Auf Wassilki war das Leben wesentlich einfacher geworden: Wir hatten keine Bediensteten mehr – alle hatten uns in weiser Voraussicht verlassen –, und wir waren darüber gar nicht böse. Es hatte sich nämlich ein unschönes, gegenseitiges Mißtrauen in sämtliche Beziehungen eingeschlichen, und so blieben wir lieber unter uns. Die einzigen hilfreichen Geister, die uns verblieben waren, waren Wassilewska und ihre dreizehnjährige Nichte Genja; aber die beiden waren ein Fall für sich.

Die blinde Wassilewska hatte keine Familie. Seit sie Witwe war, stand sie gänzlich allein auf der Welt, abgesehen von jener Nichte, die sie an Kindes Statt aufgezogen hatte. Ihre Behinderung sicherte ihr eine gewisse Immunität und das Recht auf eine rücksichtsvolle Behandlung. Sie war keine Bäuerin, weshalb sie auch keine entsprechende Tracht trug, sondern gehörte dem katholischen polnischen Landadel an, ein Umstand, den sie nie vergaß. Wassilewska war eine bewunderungswürdige Frau, die nicht nur Respekt, sondern Zuneigung wachrief. Voller Würde, schicksalsergeben und dabei doch tatkräftig, stand sie mitten im Leben und wußte über alles Bescheid. Ihre Nichte war ihr ein und alles, ihr wäre sie bis ans Ende der Welt gefolgt, um ihr beizustehen und sie zu beschützen.

Da sie schon vor deren Geburt erblindet war, hatte sie Genja nie gesehen, vermochte sich aber mit erstaunlicher Genauigkeit zu deren gesamtem Erscheinungsbild zu äußern. Sie wußte am besten von allen Menschen, was Genja stand, sie frisierte sie eigenhändig und kaufte sämtliche Kleider für sie.

Wie alle Blinden verfügte Wassilewska über ein außerordentlich gutes Gehör und konnte Nuancen unterscheiden, die für andere nicht einmal wahrnehmbar waren. Die Schattierung der Stimme gestattete ihr Rückschlüsse auf die zwischenmenschlichen Beziehungen, intuitiv erkannte sie Absichten und Stimmungen im voraus und unterschied die Wahrheit von der Lüge allein nach der Tonlage.

Außer Wassilewska und Genja lebte nur noch der junge Lukian bei uns. Er war auf dem Gut aufgewachsen und konnte sich nicht zum Fortgehen entschließen.

In jenem Sommer 1918 hatte unser Dasein auf Wassilki in vielem Ähnlichkeit mit einem Lagerleben; wir lebten von einem Tag auf den anderen, jederzeit bereit, unsere Zelte abzubrechen. Aber ungeachtet aller Mißlichkeiten und des Ungeklärten der Lage blieb das Gut für uns ein Inbegriff von Geborgenheit: Hier und nirgendwo sonst fühlten wir uns ganz wir selber.

Der Landwirtschaftsbetrieb wurde halbwegs aufrechterhalten, so gut es eben ging. Schließlich setzte ein völlig unvorhersehbares Ereignis allen Anstrengungen ein jähes Ende.

Wenn auch die Weiße Armee in den Städten vorsichtig Fuß gefaßt hatte, reichte ihr Einfluß doch kaum über deren Grenzen hinaus. Wir befanden uns in einer Art Niemandsland, für dessen Schutz sich keiner verantwortlich fühlte. Die geographische Lage hatte uns vor den großen Katastrophen bewahrt, die Kehrseite der Medaille aber war, daß wir dem Eroberungsdrang der Nachbarstaaten relativ ungeschützt ausgesetzt waren.

Eines Tages, mitten im Juli, als Herr Wojakowski gerade dabei war, Arbeiter für die Ernte der schlecht und recht bestellten Felder anzuheuern, suchte ihn ein österreichisch uniformierter, aber Ukrainisch sprechender Militär auf. Er sei von seiner Regierung beauftragt, verkündete er, die Ernte zu beschlagnahmen.

Herr Wojakowski wollte seinen Ohren nicht trauen und den unverschämten Burschen zum Teufel jagen, als er mit einem Blick durchs Fenster gewahr wurde, daß der Hof von Soldaten besetzt war und in der Hauptallee Geschütze Stellung bezogen hatten. Er war wie vom Schlag gerührt und verlangte umgehend Erklärungen: Wer gab diesen Militärs das Recht, Anspruch auf unsere Ernte zu erheben? Der Krieg war schließlich beendet, und ein Österreich-Ungarn existierte nicht mehr.

Oberst Balitzki richtete sich stolz auf: »Wir sind Galizier! Und Galizien ist eine autonome Republik!« »Also das ist das erste, was ich höre!« rief Herr Wojakowski. »Meines Wissens gehört Galizien zu Polen!«

Da brach es aus Oberst Balitzki heraus: »Wir liegen im Krieg mit Polen und verteidigen unsere Unabhängigkeit! Wenn diese Herren beim Vertrag von Versailles Galizien vergessen haben, so werden wir das eben selbst in die Hand nehmen. Im Augenblick sind wir jedenfalls damit beauftragt, die Lebensmittelversorgung unseres Landes zu sichern. Aber seien Sie unbesorgt! Wir sind keine Banditen und werden Sie ordnungsgemäß entschädigen. Wir kommen in friedlicher Absicht, und Waffen kommen nur zum Einsatz, wenn Sie Widerstand leisten.«

Die Galizier waren ursprünglich ein Teil der österreichischen Armee gewesen, deshalb trugen sie noch heute deren Uniform. Der doppelköpfige Adler hatte zwar die Flügel eingeklemmt, aber seine Infanterie tat noch ganz gute Dienste.

Am ganzen Leibe vor Erregung zitternd, lief Herr Wojakowski zu Papa, um ihn von dem Unglück, das Wassilki drohte, in Kenntnis zu setzen. Wir waren im übrigen nicht die einzigen: Sämtliche Gehöfte, die der Bauern nicht ausgenommen, ereilte das nämliche Schicksal.

Oberst Balitzki war klein von Statur, etwa in den Vierzigern, äußerst lebhaft und selbstgefällig. In der österreichischen Armee mußte er etwa den Rang eines Gefreiten oder Unteroffiziers innegehabt haben. Er trug einen alles Maß übersteigenden galizischen Patriotismus zur Schau und ließ keine Gelegenheit ungenutzt, die Polen zu beleidigen, die nun in der Nachfolge der Österreicher die Absicht hätten, Galizien zu unterjochen. Das alles machte einen ausgesprochen abenteuerlichen Eindruck, weil es schier undenkbar war, daß Polen Galizien jemals aufgeben würde. Aber wie dem auch sei, meinte Papa, die Kirchturmstreitigkeiten unserer Nachbarn gingen uns nichts an. Das einzig überzeugende Argument, das den Galiziern zu Gebote stand, waren ihre Geschütze.

Nachdem Papas Einspruch nicht den geringsten Erfolg gezeitigt hatte, beschloß er, den Stadtkommandanten von Neu-Uschiza um Hilfe zu ersuchen. Mit einem tiefen Seufzer hob dieser die Hände gen Himmel, um zu verdeutlichen, wie machtlos er sei. Er verfüge, so sagte er, nur über eine unbedeutende Besatzung, die kaum ausreiche, die öffentliche Ordnung in der Stadt zu gewährleisten. Die Nachrichten, die er von seinem Stab erhalte, klängen ziemlich bedrohlich, und er frage sich, ob man sich nicht bald aus dem Staub machen müsse.

Unterdessen hatte Oberst Balitzki die Hände nicht in den Schoß gelegt. Er setzte sich über das Fehlen einer entsprechenden Einladung hinweg und begann mit zweien seiner Offiziere, sich im Herrenhaus einzurichten.

Leutnant Antochko Gullo, jüngst noch Soldat der österreichischen Armee, war ein Bauernsohn von vierundzwanzig Jahren, linkisch und etwas furchtsam, aber insgesamt recht sympathisch. Mit naiver Begeisterung schwärmte er von Galizien und bekannte, daß er bereit sei, sein Leben für sein Vaterland zu opfern. Nur verlangte niemand dergleichen von ihm, und Opfer hatten im Augenblick allenfalls wir zu erbringen.

Hauptmann Milko Tscheka, Balitzkis zweiter Offizier, schien etwas mehr Schliff zu haben. Da er den ganzen Krieg als Gefangener in Rußland verbracht hatte, sprach er zumindest schon einmal unsere Sprache. Man roch förmlich, daß sein Dienstgrad ebenso frisch war wie der seiner Kameraden, denn Auftreten und Lebensart verrieten in jeglicher Hinsicht noch den Gefreiten.

Um die Kühle, die zwangsläufig unseren Umgang beherrschte, ein wenig abzumildern und den wenig ruhmbringenden Anlaß ihrer Anwesenheit, so gut es ging, zu verschleiern, gaben die Herren sich die größte Mühe, uns mit tausenderlei Gefälligkeiten versöhnlich zu stimmen. Der Oberst stellte uns eine Ordonnanz zur Verfügung, die uns mit Wasser und Holz versorgte, körbeweise Gemüse und Früchte heranschleppte, Erdbeeren, Johannisbeeren und Himbeeren in Fülle. Mal erhielten wir auch einen Hasen oder ein Rebhuhn, kurz: Oberst Balitzki überschüttete uns förmlich ... mit unseren eigenen Gütern. Man hätte meinen können, wir seien die Gäste und bei diesen Herren zu Besuch.

Auf dem Hof gingen die Arbeiten gut voran. Die Soldaten hatten sich inzwischen in den Wirtschaftsgebäuden eingenistet und waren zu Landarbeitern geworden. Sie ernteten mit unseren Maschinen, droschen mit unserem Mähdrescher und schlachteten unsere Kühe und Schweine. Weizen und Mais, Roggen und Gerste, Hanf, Schneckenklee und Tabak, dazu die gesamten Obsterträge, alles wurde sorgfältig eingeheimst, und nichts, rein gar nichts, vergessen. Selbst die Karauschen aus dem Teich würden in der Vorratskammer der Kantine landen. Man ließ uns eine Kuh und ein einäugiges Pferd, alles übrige wurde auf den Weg nach Galizien gebracht.

Abends, wenn unsere Offiziere erschöpft, aber tief befriedigt von der Arbeit zurückgekehrt waren, bereiteten ihre Burschen ihnen in unserer Küche das Abendessen. Genja paßte sich der neuen Situation ohne Mühe an, ja, sie schien sogar ihren Spaß daran zu haben. Emmanuel, der ihr auffallend oft Gesellschaft leistete, erklärte sich feierlich bereit, jederzeit ihre Unschuld zu verteidigen. Aber nichts geschah, was auch nur einen Schatten auf ihren untadeligen Ruf hätte werfen können – abgesehen allenfalls von Emmanuels eigenem Verhalten!

Außerdem war natürlich auch Wassilewska immer in der Nähe, um über ihre Nichte zu wachen. Sie schien die Zuneigung, die Emmanuel für Genja gefaßt hatte, durchaus zu billigen.

Ende des Sommers, als nirgendwo mehr auch nur ein Körnchen zu finden war, wurden unsere Pferde vor unsere eigenen Fuhrwerke gespannt, und die galizische Karawane verließ das Gut.

Oberst Balitzki, ganz Ehrenmann, kam, um Papa wegen der Bezahlung aufzusuchen. Der geräumige Koffer, den er anschleppte, war randvoll mit Bündeln frischgedruckter Geldscheine. Dieses Geld war nirgendwo im Umlauf, nicht einmal in Lwow (Lemberg), der Hauptstadt Galiziens. Papa hat denn auch den ganzen Berg in den Papierkorb geworfen.

Je mehr Zeit verging, desto heilloser wurde das Durcheinander. Bewaffnete Horden zerrütteten das Land, verbreiteten Angst und Schrecken und legten jegliche Feldarbeit lahm. Unvorhersehbar tauchten die Banden mal hier, mal dort auf – jeder sein eigener Herr, jeder seine eigene Heilslehre verkündend. Nur in einem waren sie sich alle gleich: Sie plünderten die Bevölkerung aus.

Wenn auch ihre markigen Leitsätze voneinander abwichen, ihre Spießgesellen waren alle gleich. Die überwiegende Mehrheit führte aus Eigeninteresse Krieg und nicht, weil sie einer bestimmten politischen Richtung den Vorzug gegeben hätte. So war es auch gar nicht selten, daß man den Umständen gemäß von einem Lager zum anderen überwechselte.

Wenn irgendwelche Landsknechte eine Stadt oder ein Dorf heimsuchten, wußte man nie, wen man vor sich hatte, da die Uniformen keine Rückschlüsse auf die Herkunft ihrer Träger mehr zuließen: sie waren deutsch oder österreichisch, russisch, ukrainisch oder kaukasisch, gerade so, wie man sie im Laufe des Krieges zusammengerafft hatte. Überwiegend aber traten sie in Zivilkleidern auf, die aus ergiebigen Straßenüberfällen, geplünderten Geschäften oder Beschlagnahmungen stammten. Die Physiognomien waren ebensobunt gemischt wie die Ausstaffierung und vermittelten einen Eindruck von der unglaublichen Vielfalt an Gesindel, das es in Rußland gab.

Mit einer lästigen Disziplin mußten sich die Männer nicht mehr herumschlagen, ihre Führer ließen sie getrost die Gunst der Kriegssituation nutzen, was bedeutete, daß sie ungehemmt plünderten, soffen und mordeten.

Besonders beängstigend wurde es, wenn eine Bande der folgenden das Terrain überlassen mußte. Die erste Sorge des Siegers der Stunde bestand nämlich darin, Erschießungen vorzunehmen. Wen? Darauf kam es nicht so sehr an: die gegnerischen Partisanen, Geschäftsleute, Miliz – eben diejenigen, die man in diesem für sie ungünstigen Augenblick gerade ergreifen konnte. Und natürlich alle, die Waffen, Lebensmittel oder Gold versteckt hatten. Ein Spitzel, der sich immer im rechten Augenblick fand, gab Hinweise für die Hausdurchsuchungen – und von denen kam man niemals mit leeren Händen zurück.

Bevor sie sich aus dem Staub machten, setzten sie noch einmal Erschießungskommandos ein, sei es, um ihr lädiertes Ansehen zu retten, sei es später, um den Rückzug vorzubereiten.

Die Bauern hatten viele der Illusionen, die sie zu Beginn der Revolution gehegt hatten, längst aufgeben müssen. Da sie sich ständiger Bedrohung ausgesetzt fühlten, verschanzten sie sich in feindlicher und mißtrauischer Abwehr und wollten von gar nichts mehr wissen. Um ihre Lebensmittel vor Plünderungen zu schützen, wählten sie eine höchst wirkungsvolle Methode: Sie vergruben sie. In jedem Garten, jedem Hof, jeder Scheune und jedem Keller gab es Löcher, die mit Reisig, Heubündeln, Mist oder Baumüll unsichtbar gemacht worden waren. Dort lagen dann unbehelligt ein Sack Körner, ein Stück Fleisch oder eine in Kohlblätter gewickelte Seite Pökelspeck. Und auch, oder besser vor allem, flaschenweise Alkohol.

Nur allzuoft wurden all diese Tricks entdeckt, was ihre Urheber teuer zu stehen kam. Eine der oftmals tragischen Geschichten, die man sich hinter vorgehaltener Hand weitererzählte, gibt einen Eindruck von der allgemeinen Stimmung. Durch Gerüchte gewarnt, hatte ein Bauer sein Schwein geschlachtet und hoch ins Dach seiner Scheune hinter Hanfgarben aufgehängt. Alsbald kamen die Halunken zu ihm, stellten das Haus auf den Kopf, steckten ihre Nase in den letzten Winkel, fanden aber nichts. Sie waren kurz davor zu gehen, als dem Bauern sein Hund zum Verhängnis wurde: Er leckte das Blut auf, das zu Boden getropft war. Das Schwein wurde entdeckt und von seinem Haken heruntergeholt; statt seiner wurde der Bauer dort aufgehängt.

Ein weiterer Zwischenfall ist geradezu ein Lehrstück dafür, wie gefährlich es ist, dem Geschwätz der Leute zu trauen. Irgend jemand hatte Reiter auf der Landstraße bemerkt und sie für die Vorhut der Kavallerie von Semjon Budjonny gehalten, einem für seine bolschewistenfreundliche Einstellung bekannten Aufrührer. Um allen Gewaltmaßnahmen zuvorzukommen und einen guten Eindruck zu machen, setzten die jüdischen Kaufleute eine mit roten Fahnen ausgestattete Delegation in Marsch, die mit den traditionellen Begrüßungszeichen Brot und Salz der Abordnung entgegengehen sollte. Aber, o Graus, die Abordnung unterstand Simon Petljura, der ein leidenschaftlicher ukrainischer Nationalist war. Brot und Salz wurden zertrampelt, und die Delegation an Ort und Stelle niedergemetzelt.

Im Norden und Osten der unendlichen russischen Ebene preisgegeben, schirmte uns im Süden der Dnjestr, die neue Grenze zu Rumänien. Der Vertrag von Versailles hatte Rumänien auf Kosten von Österreich-Ungarn, das in Agonie lag, die Bukowina und Transsylvanien zuerkannt. Bessarabien war aus dem vom Bürgerkrieg geschüttelten Rußland herausgeschnitten und ebenfalls Rumänien zugeschlagen worden. Diese umkämpften und umstrittenen Provinzen vergrößerten die Grundfläche des Königreichs Rumänien auf das Doppelte. Nunmehr das Romania Mare, kapselte es sich innerhalb seiner neuen Grenzen ein und war in erster Linie bemüht, sich vor dem in Rußland herrschenden Chaos zu schützen; so ließen die Rumänen nicht einmal mehr eine Maus in ihr Land.

Seit jegliche Verbindung zu Bessarabien unterbunden war, hatte Alt-Uschiza seine Bedeutung als Verbindungspunkt eingebüßt: Die Fähre lag auf der Böschung, verlassen und zu nichts mehr nütze. Trotzdem bestanden weiterhin Kontakte. Die neue Grenze vermochte nicht, die Bande zwischen den beiden Ufern des Dnjestr völlig zu kappen. Verwandtschaftliche Beziehungen und lebenswichtige Interessen nötigten die Anrainer dazu, alle Verbote zu unterlaufen.

Podolien stöhnte unter den Kriegsverwüstungen und besaß nichts mehr. Bessarabien hingegen erfreute sich einer etablierten Ordnung und war wohlhabend. Hunger und Elend waren nur durch ein Gewässer vom Überfluß getrennt. Kein Wunder also, daß der Schwarzmarkt aufblühte.

Man fand Mittel und Wege, die Verbindung aufrechtzuerhalten, über den Fluß hinweg, mitten durch den Fluß hindurch und mit Hilfe des Flusses. Der Dnjestr ist breit, wild und voller Stromschnellen. Das machte man sich zunutze. Die Einheimischen kannten schließlich jede Biegung, jede Bucht, jede Felsnische. Und so lernten sie schnell die Gunst der Stunde, schwer zu überwachende Stellen und die Dunkelheit für sich arbeiten zu lassen. Jedenfalls schafften es die Schmuggler noch stets, sich für die Warenübergabe zu treffen. Ihnen allein war es zu verdanken, daß man sich noch mit Tabak, Zucker, Salz, Seife und, kostbarer als all dieses, mit Ratschju, einem unverwässerten Schnaps, eindecken konnte, der bei uns schon lange nicht mehr aufzutreiben war.

Die rumänischen Grenzposten überwachten den Fluß Tag und Nacht und schossen rücksichtslos auf jedes Boot, das aus den Wellen auftauchte. Bei diesem gefahrvollen Handel gab es zahlreiche Opfer, die mitsamt ihrer Ware in den Fluten versanken. Aber nichts von alledem konnte den regen Verkehr zum Erliegen bringen. Die Schwarzhändler ließen sich nicht nur den Warenhandel angelegen sein, sondern brachten auch Menschen ans andere Ufer – ein noch risikoreicheres Unterfangen, das Helden und Tote hervorbrachte.

Vom Westen her schimmerte uns Hoffnung, aber es blieb bei einem kurzlebigen Morgenrot, das nicht zum vollen Tageslicht gedieh. Was wollten wir mehr als Ordnung und Sicherheit: Und diese fast in Vergessenheit geratenen Werte traten mit dem Einzug der polnischen Armee wieder in ihre Rechte. Freilich schienen uns die Zusicherungen der polnischen Regierung überzogen und der Ton General Krajewskis etwas großsprecherisch, als er lauthals verkündete: »Eher fließt der Dnjestr flußaufwärts, als daß die Polen Podolien aufgeben!«

So, wie es zuletzt um uns gestanden hatte, konnten wir uns aber im Grunde nichts Besseres wünschen als diesen Einzug der Polen: Seit dem Auftreten dieser disziplinierten und schlagkräftigen Armee wehte ein anderer Wind, menschliches Leben wurde wieder geachtet, die Kriminalität eingedämmt, Straßenraub unnachgiebig geahndet, und das Verstecken von Lebensmitteln war fortan überflüssig. Die Post nahm ihren Dienst wieder auf, und die Tageszeitungen erschienen regelmäßig. Auch mußte man nicht mehr jede Nacht den Himmel von Feuersbrunst erleuchtet sehen. Auf dem Markt wurden wieder Waren feilgeboten, und die Straßen galten nicht mehr als Räuberhöhlen.

Man wagte kaum zu glauben, daß so viel Glück von Dauer sein könnte. Aber unmißverständliche Signale untermauerten die Hoffnung: Die polnischen Grundbesitzer kehrten auf ihre Güter zurück. Ihre Heimkehr war um so höher zu bewerten, als ihre Besitzungen weit mehr gelitten hatten als die unsrigen. Die Abwesenheit der Eigentümer wurde geradezu als Aufforderung zum Plündern angesehen.

Die polnische Regierung gab sich die größte Mühe, die Landwirtschaft neu zu beleben, und so wurde dank ihrer Hilfe die Feldarbeit allmählich wiederaufgenommen.

Daß Podolien mit vollem Recht zu Polen gehörte, davon war alles, was sich polnisch nannte, felsenfest überzeugt. Die gesamte Elite des Landes war ihrer Ansicht nach polnisch und katholisch, und was immer Podolien an Zivilisation aufzuweisen hatte, verdankte es polnischem Einfluß. Allerdings vergaß man darüber, daß die übrige Bevölkerung einheitlich russisch und orthodox war.

Die polnischen Eliten, die es unzweifelhaft gab, waren außer sich vor Glück: Über Nacht war aus einer unterdrückten Minderheit die herrschende Klasse geworden. Unsere Nachbarn machten keinen Hehl aus ihrem Triumph, die Stunde der Vergeltung war gekommen.

Unser unmittelbarer Nachbar, Herr Regulski, der für Papa immer eine herzliche Sympathie empfunden hatte, gefiel sich jetzt in freundschaftlicher Fürsorglichkeit: »Hören Sie auf meinen Rat, werter Freund«, hob er an, »sagen Sie sich einfach, daß Sie jetzt Pole sind.«

»Sagen kann man alles«, gab Papa zu bedenken. »Aber selbst wenn ich es ihnen zuliebe wollte, könnte ich nicht einfach so meine Nationalität wechseln.« »Sie befinden sich auf polnischem

Boden und haben, soweit ich weiß, auch nicht vor, nach Rußland überzusiedeln.« »Ich gebe zu, daß Rußland mich im Moment wirklich nicht reizt.« »Sehen Sie, dann entscheiden Sie die Frage ein für allemal. Sie können von Glück sagen, daß sich Ihr Besitz in Podolien befindet. Sie kommen in den Genuß der polnischen Schutzherrschaft, also seien Sie Polens loyaler Staatsbürger.«

»Aus der Politik«, wandte Papa ein, »halte ich mich ganz raus, aber ich gestatte mir den Luxus einer eigenen Meinung, die ich für mich behalte. Ich darf Sie darauf aufmerksam machen, daß nicht ich es war, der Zuflucht bei Polen gesucht hat, sondern daß Polen zu mir gekommen ist. Letztes Jahr war es die Ukraine. Und so, wie ich letztes Jahr nicht ukrainisch geworden bin, sowenig werde ich jetzt polnisch. Und wo wir schon gerade von den Wechselfällen des Lebens sprechen, möchte ich Ihnen eine Frage stellen: Was geschieht, wenn die Polen Podolien verlassen?«

Herrn Regulskis Miene verfinsterte sich: »Wie können Sie nur an Polens Zuverlässigkeit zweifeln? Sehen Sie denn nicht, welche Kraft seiner Renaissance innewohnt? Wie hervorragend seine Armee ist? Und was eine etwaige Aufgabe Podoliens betrifft, kann ich nur die Worte von General Krajewski wiederholen: ›Eher fließt der Dnjestr flußaufwärts.‹« »Hmm ...«, machte Papa, »und da sind Sie so sicher?« »Über eine solche Möglichkeit möchte ich nicht einmal reden. Podolien ist polnisch und wird es auch bleiben. Und Sie werden zugeben, daß das nur zu seinem Besten ist. Sie wollen mir doch nicht weismachen, daß Sie lieber sähen, es teilte das Schicksal Rußlands. Und die Ukraine ... Wem wollten Sie denn den Sieg wünschen? Dem amtierenden Diktator Petljura, Budjonny, diesem Liebediener Moskaus, Zeljony, der nichts weiter ist als der Chef einer Horde von Wegelagerern, oder dem Abenteurer Machno?«

»Ich gebe Ihnen recht, daß keiner dieser Herren bei mir besondere Sympathien erweckt. Aber ich wüßte gern, wer bei den Bauern die größte Popularität genießt.« »Das kommt darauf an, je nach Zeit und Umständen. In den ihm unterstellten Gebieten ist Polen dieser Willkür mit wesentlich mehr Erfolg zu Leibe gerückt als die Regierung des Hetman Skoropadski. Und apropos öffentliche Ordnung, haben Sie irgendwelche Beschwerden?«

»Nein, keine«, meinte Papa mit einem Anflug von Ärger, »wirklich keine, ich sagte es Ihnen ja schon. Ich stehe in ausgezeichneten Beziehungen zu meinem Dorf.« »Wie schön für Sie! Anderen geht es da weniger gut.« »Die Bauern solidarisieren sich vielleicht doch weniger mit Ihrer Regierung, als Sie es sich erhofft hatten?« »Das ist nicht der springende Punkt. Das Land ist von dem Durcheinander der letzten Jahre sehr mitgenommen worden. Und es sind nicht die besten Kräfte, die da an die Oberfläche gespült wurden. Wir wollen die zukunftsweisenden Tendenzen fördern und schützen, anders gesagt, denen Sicherheit garantieren, die bereit sind zu arbeiten und nicht um ihre Ernte zittern wollen.«

Für die Polen, und zwar ausnahmslos für alle, bedeutete es die denkbar größte Seligkeit, die Wiedergeburt eines polnischen Nationalstaates erleben zu dürfen. Das erfüllte jeden Polen mit legitimem Stolz.

Dieses Volk, das niemals die Hoffnung aufgegeben und über alle Schicksalsschläge hinweg den Glauben an sich selbst bewahrt hatte, das seinen Unterdrückern nie mehr als blanken Haß hatte entgegensetzen können, dieses Volk fand endlich, nachdem es zähneknirschend jahrhundertelang gewartet hatte, sein Vaterland wieder auf der Weltkarte verzeichnet!

Die eigene Fahne im Wind flattern zu sehen, seine Sprache frei benutzen zu dürfen und eine Nationalarmee sein eigen zu nennen, all diese für jedes souveräne Land selbstverständlichen Rechte waren endlich zurückerobert worden. Wahrhaftig, es gibt nichts Bewegenderes, als eine Nation zu sich selbst finden zu sehen.

War es da nicht menschlich nur allzu verständlich, daß das Auftreten der Offiziere und Beamten oft etwas großtuerisch ausfiel und ihre Selbstgefälligkeit leicht überheblich wirkte?

In dem gleichen Maße, wie die Polen ihre Nationalität wiedergefunden hatten, war uns die unsere abhanden gekommen. Was waren wir denn nun eigentlich? Aufgrund der Tatsachen jedenfalls nicht mehr russisch. Waren wir also noch ukrainisch? Oder schon polnisch? Papa ersuchte Herrn Regulski um Aufklärung.

Dieser gab zu, daß unsere Lage nicht genau zu bestimmen sei. Das Problem der Minderheiten – denn nunmehr gehörten wir zu dieser Kategorie – werde derzeit in Warschau geprüft. Im Augenblick sei es zweckmäßig, unsere ukrainischen Pässe zu behalten. Später würden wir dann vollständig integriert. Im Prinzip jedenfalls erkannte Polen die Ukraine als eigenständigen Staat an.

Die Frage der Pässe hatte großes Gewicht, weil Emmanuel und ich nach Frankreich reisen wollten. Seit das Tor zum Westen sich einen Spalt geöffnet hatte, war es in Maßen wieder möglich, Zukunftspläne zu schmieden. Wassilki, Neu-Uschiza und Kamenez-Podolski konnten uns für unseren weiteren Werdegang nichts mehr bieten. Wir träumten davon, in Paris unsere Studien fortsetzen zu können.

Sicher war die Tatsache, daß Papa dort geboren war und Großpapa dort studiert hatte, eine Hauptursache für unsere gefühlsmäßigen Bindungen an diese westeuropäische Stadt. Mehr Gewicht aber hatte der Sachverhalt, daß wir in Frankreich Verwandte und Freunde, die mit Beginn der Revolution ausgewandert waren, würden aufsuchen können. Überdies beherrschten wir die französische Sprache einigermaßen.

Zuvor aber mußten wir noch einen Auftrag erfüllen, mit dem Papa uns betraute: uns nach Raschkow und Kapljowka verfügen und in der Bezirkshauptstadt Chotin Frau Tomaschewski aufsuchen, Großmamas Bevollmächtigte.

Es kursierte das Gerücht, daß die rumänische Regierung nach dem Abschluß der allgemeinen Bodenreform die enteigneten Grundbesitzer, wenn auch nur mäßig, entschädigen wolle, indem sie jeder Familie hundert Hektar pro Gut überließ. Vielleicht konnte man da für Großmama etwas herausschlagen. Und außerdem wußte Papa, wie sehr sie an Raschkow hing. Um sie aber richtig beraten zu können, mußte man schon vor Ort gewesen sein. Das Ziel war nicht weit entfernt, doch um es zu erreichen, mußten wir einen beträchtlichen Umweg über Lwow (Lemberg) machen, wo sich das rumänische Konsulat befand.

Das Vorhaben drohte ein Hirngespinst zu bleiben, bis eine unerwartet günstige Gelegenheit es doch Wirklichkeit werden ließ. Es war Frau Wilschewska, die uns diese Chance bot. Von den einheimischen Polen, die derzeit offizielle Ämter innehatten, war Herr Wilschewska der beliebteste. Kleingrundbesitzer und als Person eher farblos, sah er sich überraschend mit den Amtspflichten eines Präfekten betraut. Seine Ernennung verdanke er, so tuschelten die Leute, dem Einfluß seiner Frau, die eine Kindheitsfreundin von General Krajewski war.

Als nun Pani Wilschewska von Papa erfuhr, daß Emmanuel und ich eine Reise nach Lwow unternehmen wollten, offerierte sie uns einen Platz in dem Sonderzug des Generalstabs, der zwischen Kamenez und Warschau pendelte. Statt eine ermüdende Reise in einem jener überfüllten Nachkriegszüge antreten zu müssen, fanden wir uns also in einem Luxus-Express wieder, der mit Höchstgeschwindigkeit durch die kleinen Bahnhöfe fuhr und überall Vorfahrt hatte.

Die komfortable Einrichtung unseres Abteils, die Eleganz der Offiziere, der prächtige Speisewagen und mehr als alles andere die beruhigende Atmosphäre eines wohlgeordneten Landes kamen uns wie ein Traum vor. In Gedanken sah ich mich auf meiner letzten Reise in einen Viehwaggon eingepfercht: Konnte die Wirklichkeit sich derart verändert haben?

Aber da waren wir auch schon in Lwow. Die Stadt erholte sich von ihren Blessuren und schöpfte frischen Mut. Das Leben trat wieder in seine Rechte und öffnete sich einer besseren Zukunft.

Nach unseren ärmlichen, durchweg schäbigen und elenden Marktflecken erschien uns Lwow glanzvoll und überwältigend. Österreich-Ungarn hatte der Stadt seinen Stempel aufgedrückt, und alles atmete noch das Flair der k. u. k. Monarchie. Die Schilder und Straßennamen waren freilich schon geändert worden und wiesen polnische Namen auf. Aus unserem Hotel »Zum Schwarzen Adler« war »Orzel Bialy« geworden, der Weiße Adler des polnischen Hoheitszeichens.

In der Stadt herrschte reges Treiben, und alles verlief in einer so entspannten und Sicherheit vermittelnden Atmosphäre, wie wir es lange nicht mehr erlebt hatten. Wir fühlten uns, als wären wir einem Sumpf entronnen und hätten den Fuß erstmals wieder auf festen Grund gesetzt. Das erregende Gefühl, nicht nur in Polen, sondern in Europa angekommen zu sein, bemächtigte sich unser. Die Verlockungen des Abendlandes waren mit Händen zu greifen, und wir wünschten nichts sehnlicher, als Zugang zu ihnen zu bekommen.

Im rumänischen Konsulat betrachtete der für Visa-Angelegenheiten zuständige Beamte eingehend unsere Pässe und schien ratlos. Endlich ging er, den Konsul persönlich um Rat zu fragen. Kurz darauf kam er mit unseren Pässen in der Hand und strenger Miene zurück: Rumänien, erklärte er, wisse nichts von dieser Ukraine, aus der unsere Pässe stammten. Nein, ohne gültige Visa könnten wir nicht in Rumänien einreisen, noch nicht einmal, wenn wir dort Grundbesitz hätten.

Sollten all unsere Pläne ins Wasser fallen? Das wollte ich auf keinen Fall hinnehmen und machte ein Höllenspektakel, um zum Konsul persönlich vorgelassen zu werden. Emmanuel, der die Bedeutung von Rechtsvorschriften besser einzuschätzen wußte als ich, versuchte mich zur Vernunft zu bringen, aber ich war so halsstarrig, daß der Beamte schließlich nachgab.

Herr Constantinescu war ganz durchdrungen von seiner eigenen Person. Zu meinem Erstaunen sprach er nur mäßig Französisch. Er empfing uns wohlwollend und hörte aufmerksam zu, als Emmanuel ihm unser Problem unterbreitete.

Der Konsul schien nicht sonderlich beeindruckt. Nun ergriff ich meinerseits das Wort, und dies mit einem solchen Feuereifer, daß es seinen Eindruck auf ihn nicht zu verfehlen schien. Während ich unsere Bindungen an Bessarabien beschwor, sah ich, wie er auf den Klingelknopf drückte und dem Bürogehilfen auftrug, uns einen Aperitif zu bringen.

Ich hielt das Spiel schon für gewonnen, als Herr Constantinescu tief seufzte und sagte: »Ich werde die rumänischen Autoritäten konsultieren ...« Er sprach wirklich nicht gut Französisch. Als er diesen sibyllinischen Satz mehrmals falsch wiederholte, konnte ich mir nur mühsam verkneifen, ihn zu verbessern.

Dreimal kamen wir zum Konsulat zurück, und dreimal tranken wir unseren Aperitif. Aber es hieß immer nur: »Ich werde die rumänischen Autoritäten konsultieren ...« Das war alles, was dabei herauskam. Ende der Woche weigerte sich Emmanuel, diese sinnlosen Besuche fortzusetzen. Er erklärte, alles sei für die Katz, und wir müßten ohne die Visa nach Hause zurückfahren.

So schnell wollte ich aber nicht aufgeben. Einen Trumpf besaßen wir noch, und jetzt war es wohl an der Zeit, ihn auszuspielen.

Herr Regulski hatte uns seine Visitenkarte mit ein paar Empfehlungsworten auf der Rückseite mitgegeben. Die Karte war für Herrn Kosselski bestimmt, einen Großgrundbesitzer und angeblich eine einflußreiche Persönlichkeit, die nach Herrn Regulskis Meinung alle Machtbefugnisse besaß.

Emmanuel war gegen diese Unternehmung, weil er sie für vollkommen aussichtslos hielt. Er versuchte mich davon abzubringen, aber vergeblich.

Herr Kosselski wohnte im luxuriösesten Hotel von Lwow, und wir fühlten uns etwas eingeschüchtert von all dem Prunk und der abweisend überheblichen Art des Empfangschefs. Die Karte wurde auf ein kleines Tablett gelegt und von einem Diener zu Herrn Kosselski gebracht. Wir warteten bereits ziemlich lange vor der verschlossenen Tür und begannen allmählich, uns fehl am Platze zu fühlen, als die Tür heftig aufgestoßen wurde und ein älterer, sichtlich schlecht gelaunter Herr auf der Schwelle erschien und uns anraunzte: »Wer sind Sie eigentlich? Und was haben Sie hier überhaupt zu suchen?«

Herrn Regulskis Karte hatte offenkundig nicht gewirkt. Emmanuel trat einen Schritt vor, um zu erklären, warum wir gekommen seien, aber Herr Kosselski ließ ihn gar nicht richtig zu Wort kommen. »Was sagen Sie?!« schrie er wieder und war nun wirklich sehr verärgert. Er war stocktaub.

Ohne auch nur den Versuch zu machen, uns zu verstehen, zeterte er herum, als seien wir unsererseits schwerhörig.

»Sagen Sie mir gefälligst, wer Sie sind und was Sie hier wollen! Ich kenne Sie ja gar nicht!« Es war unbedingt notwendig, jetzt schnell die Situation zu erläutern, Herrn Regulski zu erwähnen, Herrn Wilschewski und Papa ... Bebend vor Erregung trat ich auf ihn zu, und da mein ohnehin spärliches Polnisch wie weggewischt war, konnte ich nur hervorstammeln: »Wir sind ... also, wir sind ... Papas Kinder!«

Ein Jammer, daß er nicht verstand, was ich gesagt hatte. Möglicherweise hätte er uns dann nicht die Tür vor der Nase zugeschlagen, wie es jetzt geschah – eine Tür, die für uns das Tor zum Abendland symbolisierte.

Um nach Kamenez-Podolski zurückzufahren, nahmen wir einen gewöhnlichen Zug und verbrachten dementsprechend die Reise stehend auf dem Gang. Der Zug ging aber nur bis Stanislaw. Und da es vor dem nächsten Morgen auch keinen Anschluß gab, waren wir gezwungen, die Nacht im Hotel zu verbringen.

Die kleinen Städte, die sich unter dem Doppeladler von Österreich-Ungarn entfaltet hatten, unterschieden sich bemerkenswert von denen auf russischer Seite. Alle sahen irgendwie adrett und freundlich aus, eben richtig europäisch. Behaglichkeit und Schönheit, die man bei uns so schmählich vernachlässigte, wurden hier großgeschrieben. Die Häuser wirkten liebevoll gepflegt, die Straßen waren gerade und von Bäumen gesäumt, die Geschäfte wirkten verlockend. Jede Stadt, ob groß oder klein, hatte ein ansehnliches Rathaus, einen Musikzirkel, eine griechisch-unierte Kathedrale, eine katholische Kirche, eine Synagoge und, nicht wegzudenken, mehrere dieser imposanten Kaffeehäuser, die mit ihren Spiegeln, Samtvorhängen und Lüstern dem Stil der Jahrhundertwende nachempfunden waren. Dort konnte man ganze Abende herumsitzen, und kein Ort der Welt war besser geeignet, um Geschäfte zu tätigen oder sich die Zeit im Gespräch zu vertreiben.

Ober im Frack wieselten mit Tabletts voll Bockbier, Kaffee und Körbchen mit Croissants umher. Ein Saalorchester spielte Operettenmelodien und Wiener Walzer. Die Männer erörterten ernsthaft und mit aufgestützten Ellenbogen die Geschäftslage, die Frauen kamen vor allem, um gesehen zu werden, Freunde zu treffen oder sich an der Musik zu erfreuen.

Noch lange nach der Annexion Galiziens durch Polen wurde unverändert österreichische Lebensart gepflegt, und Deutsch blieb die vorherrschende Sprache.

Je mehr wir uns Podolien näherten, desto größer wurden die Schwierigkeiten. Von Stanislaw nach Borschtschow kamen wir noch schlecht und recht durch, allerdings, um uns auf einer Endstation wiederzufinden. Jetzt blieben uns noch sechzig Kilometer zu überwinden, bevor wir in Kamenez-Podolski eintreffen würden.

Es gelang uns, einen offenen Schlitten zu finden, vor den zwei struppige Pferdchen gespannt waren. Die Reise versprach furchtbar zu werden, denn es herrschten Temperaturen von minus

20 Grad. Wir fuhren und fuhren, und der Schnee wurde immer undurchdringlicher. Die Pferde scheuten, blieben im Schnee stecken und bäumten sich wild auf. Der Schlitten sprang und hopste, neigte sich bedrohlich nach der einen oder anderen Seite. Und manchmal, wenn die Pferde den Weg nicht mehr unter ihren Hufen spürten, blieben sie einfach stehen. Der Kutscher trieb sie mit Peitschenhieben an und brüllte. Die vollkommen erschöpften Tiere versuchten, mit einem Satz auszuweichen, und der Schlitten kippte um. Wir kullerten hilflos in den Schnee, rappelten uns auf und halfen dem Kutscher, das Gefährt wieder flottzumachen. Dann begann der Kampf von vorne. Wir fragten uns, ob wir wohl jemals diese endlose Ebene hinter uns lassen würden.

Was uns dann letztlich rettete, war der Instinkt der Pferde. Tastend und sorgsam Huf vor Huf setzend, fanden sie irgendwann wieder auf die Straße zurück. Da wir in Kamenez-Podolski mitten in der Nacht ankamen, hatten wir alle Mühe, noch ein Zimmer im Hotel Bellevue zu ergattern – ein erbärmliches Zimmer, ungeheizt und mit zwei Eisenbetten als einzigem Mobiliar. Der Kutscher brachte unser Gepäck und konnte sich nicht verkneifen zu sagen: »Also ich werde es im Pferdestall wärmer haben!« Doch dann fügte er wie zum Trost hinzu: »Na ja, wenigstens können sich die Wanzen bei der Kälte nicht rühren ...«

Papa war ernstlich enttäuscht, als er uns unverrichteter Dinge heimkehren sah. Das Geld, das er uns mitgegeben hatte, war verbraucht, und die Hoffnung, jemals nach Raschkow oder Chotin, geschweige denn nach Frankreich zu gelangen, mußte begraben werden. Jedenfalls bis auf weiteres.

Teil II

# Ein langer Weg beginnt

# Neue Herren auf Wassilki

In dieser Nacht weckte mich ein seltsames Geräusch: Es klang wie ein Summen und schien von der rund einen Kilometer vom Herrenhaus entfernten Straße zu kommen. Der Mond schimmerte bläulich durch die Fensterscheiben und warf helle Flecken auf den Parkettfußboden. Das dumpfe Geräusch verstummte nicht und erfüllte die Luft mit einem seltsam grollenden Ton.

Beunruhigt sprang ich aus dem Bett und trat auf den Balkon. Vor mir lag der riesige Park in jenem tiefen Schlaf, der dem Tagesanbruch vorausgeht. Kein Blättchen rührte sich. Obwohl von Bäumen verdeckt, konnte man dank der erhöhten Lage des Herrenhauses die Straße zwischen den Pappeln erkennen; dort schob sich eine endlose Wagenkolonne nach Westen vor.

Durch die Entfernung und infolge der Dunkelheit war es nicht möglich, Einzelheiten wahrzunehmen. Sicher war nur, daß sich der düstere Zug bis zum Horizont erstreckte.

Aus dem Schlaf geholt wie ich, waren Papa, Mama und Emmanuel mir auf den Balkon gefolgt. »Sieht aus wie ein Militärkonvoi«, sagte Papa. »Man könnte meinen, daß er sich auf die polnische Grenze zubewegt«, bemerkte Emmanuel. »Zweifellos eine Truppenbewegung«, sagte Mama. »Was mich erstaunt«, meinte Papa, »ist seine Größe. Das sieht ja aus wie ein Exodus.« »Vor Tagesanbruch werden wir nichts Genaues erfahren«, beendete Emmanuel unsere Überlegungen, »und bis dahin sollten wir besser wieder schlafen.«

Ich weiß nicht, ob es meinen Eltern gelang, noch einmal einzuschlafen, ich jedenfalls schaffte es erst am frühen Morgen. Kaum war ich wieder wach, kehrten meine Gedanken zu den Ereignissen der Nacht zurück, und ich lief los, mich nach dem Stand der Dinge zu erkundigen. Alles war wie immer, auf der Straße tat sich nichts.

Emmanuel hatte sich auf den Weg ins Dorf begeben, um Neuigkeiten einzuholen, und Papa beschloß, nach Neu-Uschiza zu fahren und sich dort beim polnischen Oberkommando zu informieren.

Mama schien besorgt. »Wer weiß«, meinte sie, »was auf den

Straßen alles geschehen kann?« »Na wenn schon«, sagte Papa. »Morgen bin ich wieder da, und dann weiß ich zumindest mehr.«

Lukian schirrte unser Pony Tscheke und die einäugige Stute Zinka an, und Papa stieg in die Kutsche. Es war einer jener herrlichen Julitage, die die Natur mit seltener Intensität zum Leuchten bringen. Der Park, obgleich seit langem nicht gepflegt, stand in schönster Blüte. Papa betrachtete ihn aufmerksam und nachdenklich, als er die Allee hinunterfuhr. Ahnte er, daß er ihn das letztemal sah?

Ich trat wieder auf den Balkon und nutzte den Ausblick, um die Umgebung abzusuchen. Da aber alles ruhig und wie immer schien, verließ ich meinen Beobachtungsposten nach kurzer Zeit.

Um die Mittagszeit hörte ich mit einem Mal die galoppierenden Pferde einer Patrouille. Ich lief abermals zum Balkon und lehnte mich über die Balustrade: Ein Reitertrupp hielt in rasender Geschwindigkeit auf das Herrenhaus zu, setzte über die Blumenbeete hinweg und kam wenig später vor der Terrasse zum Stehen. Die Männer sprangen aus den Sätteln und banden die Pferde an den Lorbeerbäumen fest, die in Kübeln entlang der Säulenreihe aufgereiht standen. Daß diese Männer keine Polen waren, sah ich auf den ersten Blick.

Ich stürzte zur Treppe, um Mama zu warnen. Doch ich kam zu spät, in der Eingangshalle wimmelte es bereits von Menschen. Mit ihren flachen Gesichtern und den Schlitzaugen konnten das nach meinem ersten Eindruck nur Mongolen sein. Noch abenteuerlicher schien mir ihre Aufmachung: Hemden ohne Knöpfe, zerknautschte Jacken, sogar Schlafanzüge.

Einer der Männer hatte mich bemerkt und rief mir zu: »Ah, da ist ja jemand! Wir führen eine Haussuchung durch. Besitzen Sie Waffen?« Da ich völlig fassungslos dastand, wiederholte er seine Frage in grobem Ton: »Na wird's bald? Sind Sie taub? Ich habe Sie gefragt, ob Sie Waffen haben.« »Nein«, stotterte ich, »nein ...«

Der Mann sah sich um und fügte hinzu: »Sie wohnen nicht schlecht hier, wie ich sehe! Los, holen Sie den Eigentümer, wir haben mit ihm zu sprechen.« »Der Eigentümer ist nicht da«, sagte ich rasch. »Nicht da?« höhnte er. »Wohl mit den Polen abgezogen?«

»Aber nein!« entgegnete ich, »wir wissen nichts von den Polen!«

»Sie wissen nichts? Immerhin haben diese Polen Sie ganz schön protegiert! Sei's drum, unser politischer Kommissar wird sich mit diesen Fragen befassen. Das Regiment wird morgen hier sein. Und jetzt holen Sie erst einmal Ihre Eltern und sagen Sie ihnen, sie sollen uns etwas zu essen machen.«

Mit diesen Worten kehrte er mir den Rücken zu. Seine Leute hatten sich unterdessen schon ans Werk gemacht: Sie durchstöberten die Zimmer, öffneten die Schränke, stellten die Möbel auf den Kopf und rissen die Vorhänge herunter.

Meine Mutter, die ich schließlich in der Küche ausfindig machte, ahnte nichts von alledem. »Glaubst du wirklich, daß es Bolschewiken sind?« fragte sie leicht ungläubig, nachdem sie mich angehört hatte. »Bestimmt, und es sind wirklich merkwürdige Gestalten!«

»Ah, Emmanuel! Hast du schon gehört? Unser Haus ist voll von Bolschewiken!« »Ich weiß. Ich habe ihre Pferde in den Blumenbeeten stehen sehen. Zum Glück mußte Papa das nicht mit ansehen. Übrigens«, fügte er hinzu, »das heute nacht war der polnische Rückzug.«

»Möchtest du Mama nicht begleiten? Die Leute sind sehr grob und im Begriff, alles zu demolieren.« Emmanuel zuckte die Achseln. »Und wie könnten wir sie daran hindern?«

»Indem wir ihnen zu essen geben«, sagte Mama. »Komm, Emmanuel, wir müssen gute Miene zum bösen Spiel machen. Schnapp dir ein paar Hühner, Genja, und setz Kartoffeln auf. Und dann – hoffen wir mit Gott, daß alles gutgeht.«

Damit ließen die beiden mich allein. Ich saß wie auf glühenden Kohlen, spitzte ängstlich die Ohren und konnte doch nichts hören als das schaurige Gegacker im Hühnerstall, wo Genja das Geflügel jagte. So jung sie war, schnitt sie ihnen doch mit geübtem Griff die Kehle durch und warf sie in den Hof, wo sie mit abgetrenntem Kopf und gespreizten Flügeln ihre letzten, makabren Sprünge auf dem gestampften Lehmboden vollführten. Die Tiere zuckten immer noch, als Genja sie aufhob und zu Wassilewska brachte, die sich zum Rupfen auf die Treppe gesetzt hatte.

Nach einer Weile reckte die Blinde den Hals, als spürte sie einem entfernten Geräusch nach. »Sie gehen wieder«, sagte sie.

»Oder es kommen noch mehr ... Nein, sie reiten die Allee hinunter. Sie reiten zum Gutshof.« »O mein Gott!« rief ich erschrocken aus. »Sie wollen zum Verwalter!«

Herr Wojakowski war ein waschechter Pole, es stand also zu befürchten, daß man ihn den schlimmsten Repressalien aussetzte. Und da Wassilewskas Vermutung mir einleuchtend schien, ging ich ins Herrenhaus zurück, wo Mama damit beschäftigt war, im Eßzimmer den Tisch zu decken. Madeleine und Angeline halfen ihr, während Mars, ihr Hündchen, von einem Zimmer ins andere rannte und leise Jammertöne von sich gab. Er hatte sofort gespürt, daß die Besucher von vorhin Feinde waren, und wollte uns verteidigen. Doch wie?

Wassilewska hatte sich nicht getäuscht: Die Banditen waren in der Tat zum Gut geritten. Mama verhehlte ihre Besorgnis nicht. »Sie werden den unglücklichen Alten völlig verängstigen, ihn vielleicht töten ... Wenn er nur die Ruhe bewahrt, und ein bißchen Würde!«

Wojakowski, das sollte man in diesem Zusammenhang vielleicht hinzufügen, gehörte gewiß nicht zu den »Mutigen im Lande«, wie es bei uns in Rußland hieß.

Ich fragte Mama nach den Männern und wie sie sich aufgeführt hätten.

»Sie wollten unbedingt mit Papa sprechen. Wie gut, daß er heute früh weggefahren ist! Die Kerle sind der festen Überzeugung, daß wir Polen versteckt halten und Waffen besitzen, sie haben bis in die Speicherräume hinein alles durchwühlt.«

In diesem Augenblick kamen die Zwillinge, die auf der Terrasse gewesen waren, im Sturmschritt zurück. »Hört ihr die schrecklichen Schreie? Das kann nur bei Wojakowski sein!«

Das abschüssige Gelände des Parks erstreckte sich bis hinab zum Teich, und auf der anderen Seite stieg der Obstgarten zum Gutshof hin leicht an. Hinter den Bäumen versteckt, lag das Haus des Verwalters ein wenig abseits von den übrigen Gebäuden, doch drangen die herzzerreißenden, von Flüchen begleiteten Schreie deutlich hörbar bis zu uns herüber. Kein Zweifel, man setzte unserem leidgeprüften Verwalter hart zu. Selbst aus dieser Entfernung war es schrecklich, eine solch brutale Szene miterleben zu müssen und zu wissen, daß nicht einmal seine 75 Jahre Wojakowski vor dem Ärgsten bewahren würden.

Auf einen Schlag verstummten die Schreie und wichen einer spannungsgeladenen Stille. Dann dröhnte das Pferdegetrappel erneut durch die Allee und näherte sich so rasch, daß meine Schwestern und ich eben noch aus dem Zimmer fliehen konnten.

Mama empfing die unerwünschten Gäste mit der gewohnten Ruhe, während Emmanuel mit Wassilewskas Hilfe das Essen servierte. Es war ihm angeboren, auch die streitbarsten Gemüter durch seine schlichte Freundlichkeit zu besänftigen, und Wassilewska hatte durch ihr schweres Schicksal fast etwas Heiliges an sich. Selbst die hartherzigsten und erbarmungslosesten Menschen zeigten sich tief beeindruckt von der Erscheinung dieser Blinden, die stets mit ausgestreckten Händen und einem unbewegten Gesicht umherging.

Nach dem Essen setzte sich die Patrouille wieder in Bewegung, auf demselben Weg, den die Polen vor vierundzwanzig Stunden genommen hatten. In aller Eile begab sich Emmanuel zum Gutshof, um zu erfahren, was mit Wojakowski geschehen war. Er fand ihn eingesperrt in einer dunklen Abstellkammer, am Boden liegend, halbtot vor Angst, das Gesicht mit Dreck und Blut verschmiert. Was hatte man ihm vorgeworfen? Was wollte man von ihm? Er wußte es nicht. Man hatte ihn zu Boden gestreckt, mit Füßen und Fäusten traktiert und ihn zuletzt in dieses Loch gezerrt – nicht ohne ihm zu versichern, daß man beim nächsten Mal gründlicher vorgehen würde.

Auch die Lorbeerbäume und die Blumenbeete samt ihrer Einfassungen waren übel zugerichtet, die Pferde hatten irreparable Schäden hinterlassen. Die abgeknickten Zweige hingen kreuz und quer über den Balustraden, die Wunderblumen, Reseden und Stiefmütterchen waren völlig verschwunden; sie schienen den Pferden gut gemundet zu haben.

Am nächsten Morgen erschien das 363. Regiment der Roten Infanterie bei uns. Eine Abordnung der Vorhut traf als erste ein, und nun wiederholte sich das Ritual vom vorigen Tag: Alles wurde durchwühlt und umgestülpt und Mama einem strengen Verhör unterzogen. Man warnte sie: Sollte sich auch nur eine einzige Feuerwaffe in ihrem Hause finden, würde man diese auf der Stelle gegen sie richten. Papas Abwesenheit machte die Männer mißtrauisch, und sie verhörten Mama unter dem ständigen Gewedel ihrer Revolver.

Das Regiment bestand aus siebzig zerlumpten Soldaten, darunter nicht wenige, die man unterwegs als Landstreicher aufgelesen hatte. Der Kommandant war mit dem Konvoi unterwegs und wurde hier von Sidorenko vertreten, einem jungen Mann in den Zwanzigern. Hoch zu Pferde und an der Spitze seiner Männer genoß Sidorenko seine Rolle mit sichtlichem Stolz. Anmaßend und selbstgefällig mimte er den Bolschewiken und versuchte, uns allen Angst einzujagen. Doch nachdem er uns und sich mit einigen Prahlereien seines Prestiges hinreichend versichert zu haben glaubte, wich sein anmaßendes Benehmen überraschenderweise einem Gefühl der Sympathie, das ihm offenkundig Emmanuels Gegenwart einflößte. Er erzählte ihm von seinen Kriegsabenteuern, in die er sich gleich nach Verlassen des Gymnasiums gestürzt hatte. In den höchsten Tönen pries er die Revolution und das Soldatenleben, das höchst aufregend sei.

Für Sidorenko hatte sich der Krieg bislang auch nur von seiner besten und ungefährlichsten Seite gezeigt: Häuser durchsuchen, Güter beschlagnahmen, Angst und Schrecken verbreiten – das war so recht nach seinem Geschmack. Und auf diesem Gebiet konnte er weit größere Erfolge vorweisen als zuvor auf der Schulbank seines Gymnasiums.

Sidorenko schlug Emmanuel vor, der Roten Armee beizutreten. Es sei besser, fügte er hinzu, sich den Siegern anzuschließen, als zu den Verfolgten zu gehören. Emmanuel gab sich den Anschein, als wisse er diesen Rat wohl zu würdigen, und er versprach, sich die Sache ernsthaft zu überlegen. Allerdings lehnte er es entschieden ab, Sidorenko ins Dorf zu begleiten, wo dieser Lebensmittel beschlagnahmen wollte. Man kann sich das Entsetzen kaum vorstellen, das dieses Unternehmen wie auch das anschließende Massaker unter den Viehherden auslöste.

Nach einem Aufenthalt von vierundzwanzig Stunden brach das Regiment wieder auf, und wir hatten nun eine kleine Atempause.

Logischerweise sollten sich Soldaten für Notenhefte nicht sonderlich interessieren. Logisch aber ist in Kriegszeiten nur das wenigste. Und so war uns das Schicksal, das Schumanns »Carnaval« durch Sidorenkos Soldaten widerfuhr – sie wickelten blutige Fleischstücke darin ein –, ein Anlaß, uns einige Gedanken zu machen. Schließlich wollten Emmanuel und ich unseren Lieblingspartituren ein ebenso schmähliches Ende ersparen und faßten daher den Entschluß, sie noch vor Ankunft des Konvois an einen sicheren Ort zu schaffen.

Wir waren gerade dabei, unsere Noten im Salon zu sortieren, als die Tür zur Terrasse weit aufgerissen wurde und ein junger Mann völlig außer Atem hereingestürzt kam. »Besuch! Besuch!« rief er mit einer Begeisterung, als hätte er uns eine lang ersehnte gute Nachricht zu verkünden. »Macht die Zimmer fertig und stellt ein Essen für zehn Leute auf den Tisch! Darf ich mich vorstellen? Rubantschik, Regimentsfurier. Und hier kommen die Genossen, die politischen Agenten.«

Der für Quartier und Verpflegung zuständige Furier ähnelte eher einem schuleschwänzenden Gymnasiasten, der uns durch sein Temperament und seine fast kindliche Knabenhaftigkeit rasch sympathisch wurde. Sein dunkler Teint und die wunderschönen, schwarzen Mandelaugen ließen an einen Orientalen denken.

Die beiden Individuen aber, die ihm folgten, waren von ganz anderem Schlag und gewiß nicht im geringsten dazu angetan, Zutrauen zu erwecken. Schon ihr Aufzug wirkte mehr als seltsam: breite Strohhüte, Hemden ohne Knöpfe, gestreifte Hosen. Außerdem gingen sie barfuß. Einer der beiden hatte die Hosen bis zu den Knien hochgekrempelt, um seinen mit Abszessen übersäten Beinen Luft zu verschaffen.

Ohne das Wort an uns zu richten oder sich gar vorzustellen, steuerten sie geradenwegs auf die Diwane zu, um sich auszustrekken und die Füße auf die Kissen zu legen.

Als Rubantschik unser Klavier erspähte, stieß er einen Freudenschrei aus. Und Sekunden später erklang die Internationale – zum ersten Mal unter unserem Dach.

Seit sich unser Haus in eine Militärherberge verwandelt hatte, hielten wir uns vorzugsweise in den Nebengebäuden auf. Ziemlich geräumig und nach dem Auszug unserer Dienstboten unbewohnt, boten sie einen besonderen Vorteil, der uns im Notfall dienlich sein konnte: Die rückwärtigen Fenster führten auf ein undurchdringlich dichtes Gestrüpp, und dahinter begannen bereits die Felder.

Ich traf Mama in der Küche an und verkündete ihr die unmittelbar bevorstehende Ankunft neuer Gäste. »Geben Sie ihnen nichts, Madame«, beschwor Wassilewska sie. »Sie können nicht die gesamte Rote Armee ernähren. Außerdem haben wir nichts mehr anzubieten. Sollen sie doch zu den Bauern gehen, wenn sie schon behaupten, sie so zu lieben!«

»Ich weiß nicht«, meinte Mama, »ob uns etwas anderes übrigbleibt. Ist Ihnen klar, in welche Gefahr wir uns mit einer Weigerung begeben?«

»Tun Sie, was Sie für richtig halten. Ich jedenfalls würde ihnen nichts geben. Da, sie kommen!« fügte sie hinzu, wobei sie den Kopf zum Fenster drehte.

»Ich halte es für besser«, entschied Mama, »ihnen entgegenzugehen, und zwar sofort, bevor sie uns holen kommen.«

Also machten Mama, Emmanuel und ich uns auf den Weg zum Herrenhaus und betraten mit festen Schritten den Salon. Dort saß Rubantschik immer noch am Klavier, und einer der politischen Agenten zupfte an den Saiten einer Mandoline. Als der kleine Furier uns kommen sah, sprang er auf und rief: »Darf ich vorstellen? Kommandant Schwetz – die Eigentümer.«

Der Kommandant war ein gutaussehender Mann, hochgewachsen und etwa fünfunddreißig Jahre alt. Sein Benehmen und seine ganze Haltung verrieten den Berufsoffizier. Er begrüßte Mama mit aller Höflichkeit und schüttelte auch Emmanuel und mir herzlich die Hände. Wie die andern trug er keine Uniform, aber jenen stolz zur Schau gestellten Strohhut, freilich mit dem kleinen Unterschied, daß er ihn höflich abnahm, als er Mama begrüßte. Sein Hemd mit dem breiten, offenen Kragen glich eher einer Damenbluse. Darunter trug er eine an den Knöcheln eng anliegende Pluderhose und Tennisschuhe.

Der politische Kommissar Renski bezeugte uns nicht dieselbe Liebenswürdigkeit. Ein noch junger Mann, ging Renski schon leicht gebeugt; in seinem Gebaren war er linkisch und schwerfällig, und sein verdrossenes Gesicht spiegelte nichts als Mißtrauen und Feindseligkeit wider, wenn er mit zusammengekniffenen Augen sein Gegenüber musterte. Er sprach langsam und betonte jedes Wort mit übertriebener Emphase, um sich wichtig zu machen. Dabei war er höchstens 22 Jahre alt. Er trug einen blau-grau gestreiften Anzug, der eher einem Pyjama glich.

Skrinnik, der Bataillonskommandant, war ein kleiner Mann, dunkelhaarig, dunkelhäutig und gutmütig; er rauchte Pfeife und sagte nicht viel. Wie wir dank dem kaum zu bremsenden Redeschwall Rubantschiks erfuhren, nannte man den Kommandanten Kom-Polk – polk heißt auf russisch Regiment –, den Bataillonskommandanten Kom-Bat, den politischen Kommissar Wojenn-Kom (wojenny komissar) und die politischen Agenten Polit-Ruk (polititscheski rukowoditel).

In unseren Ohren klangen diese Bezeichnungen eher komisch, doch paßten sie recht gut zu dem Bild, das wir uns von der Roten Armee gemacht hatten. Das lässige Benehmen der Untergebenen in Gegenwart ihres Kommandanten, das Fehlen jeglicher Uniform und die saloppe Kleidung, all das erstaunte uns nicht.

»Wir sehen uns leider gezwungen, in Ihrem Schloß Wohnung zu nehmen«, sagte der Kom-Polk zu Mama. »Es tut uns leid, Ihnen Umstände machen zu müssen.«

Mama entgegnete, das Herrenhaus stehe ihm zur Verfügung, Lebensmittel aber gebe es keine mehr im Haus. Es sei ihr daher unmöglich, ein Essen für zehn Personen aufzutischen, wo schon die eigene Familie nichts mehr zu essen habe.

Der Kommandant zeigte sich überaus verständnisvoll und stellte keine Forderungen. Im Gegenteil, er versprach, auch uns von den Lebensmitteln zukommen zu lassen, die er im Dorf zu beschlagnahmen gedachte. Seine Leute, sagte er, würden sich um alles kümmern.

Für Mama war der Gedanke, an dieser Aktion gegen unsere Bauern – wenn auch unfreiwillig – beteiligt zu sein, höchst unangenehm, aber sie wagte nicht zu widersprechen.

Während seines Gesprächs mit Mama war mir aufgefallen, daß der Kom-Polk mehrfach einen raschen Blick zum Wojenn-Kom hinüberwarf, als fühlte er sich beobachtet. So flüchtig und diskret diese Blicke auch waren, verrieten sie doch eine innere Unruhe. Vielleicht aber bildete ich mir das alles auch nur ein.

Der politische Kommissar hatte sich in den hintersten Winkel des Salons zurückgezogen, wo er, über einen Tisch gebeugt, stand und in Papieren und Notizen blätterte. Die ruckhafte Art, wie er dies und jenes notierte, wie auch sein konzentriertes Gesicht gaben unmißverständlich zu erkennen, daß er eine Arbeit von großer Dringlichkeit und höchster Bedeutung verrichtete.

Als die Abgeordneten des Kommandanten aus dem Dorf zurückkehrten, brachten sie ein frischgeschlachtetes Spanferkel mit und entfachten auf dem Vorplatz des Herrenhauses ein wahres Höllenfeuer, um es am Spieß zu braten. Nach getaner Tat trugen sie das Tier ins Eßzimmer, und der Kommandant schickte einen Soldaten, der uns zum Essen einlud. Wenn ich »uns« sage, so meine ich damit Mama, Emmanuel und mich, denn unsere Schwestern ließen sich nicht blicken; sie zogen die Gesellschaft von Wassilewska und Genja vor.

Die Verpflegungsspezialisten mußten schon den Geruchssinn eines Spürhundes haben, um im Dorf die versteckten Vorräte zu wittern. Unseren Tisch hatten sie jetzt reichlich gedeckt und inmitten der Speisen zwei Liter Wodka aufgebaut.

Der Kom-Polk war gelöst und guter Dinge, und der Kom-Bat verlieh mit seiner heiteren Miene dem Ganzen eine fast fröhliche Note. Auch der Wojenn-Kom hatte seine Wichtigtuerei beim Anblick des Ferkels aufgegeben, das er jetzt mit Hingabe zerlegte. Er spielte den Gastgeber und plauderte ungezwungen. Weitere Militärs in unterschiedlichster Kleidung gesellten sich an den Tisch, so daß sich bald eine recht lebhafte und geräuschvolle Tafelrunde ergab.

Seltsam war unsere Situation in einer solchen Runde schon, wenngleich uns niemand mit Feindseligkeit begegnete. Im Gegenteil, Renski beispielsweise bezeugte mir zunehmend größere Aufmerksamkeit, wobei mir allerdings eher unbehaglich zumute war. Ich hatte das Gefühl, die Rolle der Maus in den Krallen einer Katze zu spielen.

Der Kom-Polk und der Kom-Bat ließen ein paar Sätze in die Unterhaltung einfließen, die mir deutlich machten, daß politische Fragen sie nicht sonderlich interessierten. Demnach lag unser Schicksal zweifelsfrei in den Händen des Kommissars.

Sobald das Festmahl beendet war, zog Mama sich zurück. Ich hatte einige Schwierigkeiten, den Kommissar loszuwerden, doch am Ende gelang es auch mir, mich aus dem Staub zu machen.

Das Regiment war im Gutshof einquartiert, und bald hörten wir unsere Offiziere durch die Allee davongaloppieren. Jetzt konnten Wassilewska und ich in aller Ruhe den Tisch abräumen. Auf der Schwelle zum Eßzimmer aber blieb ich stehen, denn ich hatte bemerkt, daß der Kommissar noch immer da war und, über den Tisch gebeugt, eine Karte studierte. Ihm gegenüber saß Skrinnik, halb hinter einer aufgeschlagenen Zeitung versteckt und ganz in seine Lektüre vertieft.

»Kommen Sie!« rief Renski. »Ich habe mit Ihnen zu reden.« Da ich trotz seines gebieterischen Tonfalls zögerte, kam er mir entgegen und nahm mich bei der Hand. »Seien Sie auf der Hut ...«, flüsterte Wassilewska mir ins Ohr.

»Setzen wir uns«, sagte der Kommissar, »und plaudern wir ein wenig. Sehen Sie, ich werde Sie Genossin nennen. Sie sind mir sympathisch, und ich würde Ihnen gern helfen. Zunächst aber: Was halten Sie von der Revolution?«

War das eine Falle? Mit seinen zusammengekniffenen Augen schien er mich scharf zu mustern, doch sein Gesichtsausdruck wirkte zugleich auch etwas merkwürdig.

»Was soll ich schon davon halten«, erwiderte ich ausweichend. »Wir leben hier weit ab von allem und sind so schlecht informiert, daß wir uns gar keine Meinung bilden können.«

»Nun, die heutige Situation ist wohl eindeutig: Sie leben in Sowjetrußland. Ich empfehle Ihnen, sich daran zu gewöhnen.«

Da ich nicht reagierte, fuhr der Kommissar fort: »Sie müssen Ihre alten Vorurteile über Bord werfen.« »Ich habe keine Vorurteile.« »Aber gewiß«, insistierte Renski, »Sie haben die Vorurteile Ihrer Klasse. Diese Klasse aber ist zum Aussterben verurteilt.« »Nun gut, dann stirbt sie eben aus. Bis dahin aber erlauben Sie mir bitte zu gehen ...«

»Nein, nein, hören Sie mir zu. Ich möchte Sie bekehren, damit Sie eines Sinnes mit uns sind. Ich möchte, daß Sie Sowjetrußland als Ihre Heimat begreifen, der zu dienen Ihre erste Pflicht sein sollte.«

»Ich halte es jetzt für meine erste Pflicht, zu gehen und meiner Mutter zu helfen, die, wie Sie selbst sehen konnten, völlig überlastet ist.«

»Sie wird auch ohne Sie zurechtkommen. Ich will Ihnen von meinen eigenen Erfahrungen erzählen, die Ihnen als Beispiel dienen können. Auch ich wurde nicht als Proletarier geboren. Ich studierte an der Moskauer Universität, als die Revolution ausbrach. Und dieser Revolution habe ich mich heute ganz verschrieben, und ich bekämpfe jeden ihrer Feinde. Vor allem die Reaktionäre. Ich bereite dem Kommunismus den Weg. Nicht alle Bauern der Ukraine sind für uns, also muß man die feindlichen Elemente ausrotten. Leider gibt es noch viel zu viele solcher Elemente, die sich der Revolution widersetzen. Es gibt zu viele reiche Bauern.«

»Wenn unsere Bauern reich sind, um so besser. Sie können sich doch nicht darüber beklagen, daß es bei uns so wenig Elend gibt.«

»Die Bauern sind unzivilisierte Wilde, die sich über rein gar nichts Gedanken machen. Sehen Sie, daß Sie hier im Herrenhaus leben, ist ein einziger Skandal. Ich kann die Einstellung der Dorfbewohner einfach nicht verstehen.«

»Wären unsere Bauern Ihnen lieber, wenn sie das Schloß angesteckt hätten?«

»Damit hätten sie zumindest den Beweis ihrer revolutionären Gesinnung erbracht. Was mich erschüttert, ist ihre Passivität.«

»Sie sind ganz einfach vernünftig und haben im übrigen nicht den geringsten Grund, meine Eltern zu hassen. Ich kann Ihnen nur wünschen, daß Sie in Ihrem Umgang mit den Bauern eine ebenso glückliche Hand haben.«

Damit war ich fraglos zu weit gegangen, und ich hätte mir vor Ärger die Zunge zerbeißen mögen. Um Renskis Mund bildeten sich strenge Falten, die mir deutlich in Erinnerung riefen, wie ungeschickt und unerfahren ich doch war. Ich mußte ab sofort besser auf der Hut sein, meine Worte genauer abwägen; denn schließlich saß ich einem politischen Kommissar gegenüber, einem Kommunisten, der den Auftrag hatte, Leute wie mich auszurotten.

»Die Bauern, Ihre Freunde«, fuhr er in ironischem Ton fort,

»werden kaum noch Gelegenheit haben, das Herrenhaus anzuzünden, das, wie ich Ihnen gleich sagen möchte, nicht länger Ihnen gehört. Ich bin also nicht bei Ihnen, sondern Sie sind bei mir zu Gast. Das Revolutionskomitee wird Sie über alle Sie betreffenden Entscheidungen in Kenntnis setzen.«

»Dann kann ich mich also nur für Ihre Gastfreundschaft bedanken.«

Renski warf mir einen lauernden Blick zu. Gewiß war er enttäuscht, mit seiner Erklärung eine so geringe Wirkung erzielt zu haben. Er hatte mir imponieren, seine Macht demonstrieren wollen; daß ich seine Worte für schlichte Angeberei halten könnte, hatte er wohl nicht erwartet.

Nach einer Weile nahm er das Gespräch in konzilianterem Ton wieder auf. »Da Sie ohne Ideale leben, möchte ich Ihnen eins mit auf Ihren Weg geben. Sie müssen sich einfach sagen, daß Sie ein neues Leben mit neuen Prinzipien beginnen. Ich selbst bin stolz darauf, von der ersten Stunde an für das neue Regime optiert zu haben. Das verdanke ich meinen Genossen, die an der Bewegung teilgenommen und mir die Augen geöffnet haben, so wie ich jetzt die Ihrigen öffnen will. Heute bin ich politischer Kommissar, das ist eine wichtige Position. Und in der Ukraine erwartet mich eine große Aufgabe.«

»Sie kennen die Ukraine nicht. Sie sind aus Moskau. Unsere Bauern verstehen nicht einmal die russische Sprache.«

»Das ist nebensächlich, unser Programm ist in allen Einzelheiten vorgezeichnet. Man wird es anwenden, sobald die Rote Armee die Polen vertrieben und die Banden von Petljura mattgesetzt hat. Krieg freilich ist nicht meine Sache, die politische Organisation, das ist mein Geschäft.«

»Und warum ziehen Sie dann mit einem Regiment durchs Land?«

Er sah mich ein wenig irritiert an, gab aber keine Antwort auf meine Frage. »Haben Sie die Schule abgeschlossen?« fragte er statt dessen in gleichgültigem Ton. »Wie alt sind Sie?«

Ich antwortete ihm, daß ich siebzehn sei und die Schule eben verlassen hätte, allerdings ohne auszuführen, daß es sich dabei um das Institut für Höhere Töchter in Odessa handelte.

»Und was sind Ihre Pläne für die Zukunft?«

»Nun«, sagte ich mit unglaublichem Leichtsinn, »ich wollte meine Sprachkenntnisse vertiefen und nach Frankreich gehen.«

»Ins Ausland?« brüllte Renski in einem plötzlichen und mir unerklärlichen Wutanfall los. »Zu den Kapitalisten flüchten? Ihr Volk verlassen, dem Sie nur Verachtung entgegenbringen? Ihre bürgerliche Mentalität retten, wo Ihnen sonst nichts zu retten übrig bleibt? Nur sollten Sie wissen, daß jedes Ihrer schönen Vorhaben schon jetzt zum Scheitern verurteilt ist!«

Je lauter Renski schrie, desto mehr schien er sich selbst in seine Wut hineinzusteigern. Am Ende seiner Tirade ließ er sich zurück in den Sessel fallen und sah mich durchdringend an: »Jetzt verstehe ich. Sie haben sich mit den Polen bestimmt gut arrangiert. Diese Laffen von Offizieren haben Ihnen wohl den Hof gemacht, ja? Und Sie waren ganz entzückt darüber, stimmt's?«

Jetzt geriet ich selber in solche Erregung, daß ich jede Vorsicht vergaß, vom Stuhl aufsprang und schrie: »Kümmern Sie sich um Ihre eigenen Angelegenheiten! Und damit Sie es wissen, Ihre Meinung ist mir völlig gleichgültig!«

Vor mir selbst erschrocken, sah ich mich um, aber da war nur Skrinnik, immer noch in seine Zeitung vertieft. Ich machte eine Bewegung zum Ausgang zu, aber der Kommissar hielt mich fest. »Unser Gespräch ist noch nicht beendet. Setzen Sie sich zurück auf Ihren Stuhl.«

Starr vor Schrecken sah ich, wie er einen Revolver zog. »Sehen Sie genau hin«, sagte er, »er ist geladen.«

Damit packte er meine Hand und drückte mich auf den Stuhl zurück. Dann legte er die Waffe auf den Tisch und wühlte in seinen Taschen. »Ah, da ist sie ja.« In der Hand hielt er eine Tafel Schokolade. »Essen Sie!« »Ich mag nicht.« »Sie werden sie essen.« »Wenn ich Ihnen doch sage, daß ich nicht mag!« »Weil es bolschewistische Schokolade ist? Hat Ihnen die polnische besser geschmeckt? Ich könnte Sie auf der Stelle erschießen, ist Ihnen das klar?« »Wegen meiner Weigerung, Schokolade zu essen?« »Wegen Ihrer ganzen Einstellung. Nun, was ist? Werden Sie jetzt die Schokolade essen?«

Er hatte offensichtlich seinen Spaß an seinem dümmlichen Spiel, während ich mich fragte, ob er am Ende gar wahnsinnig war.

Und wirklich, er griff zum zweitenmal nach dem Revolver und führte ihn langsam auf meinen Kopf zu. Mit der Waffe an der Schläfe, wagte ich kaum noch, mich zu rühren.

Ich weiß nicht, was geschehen wäre, wenn nicht der Kom-Bat endlich von seiner Zeitung aufgeschaut hätte. »Laß das, Genosse!« brüllte er mit Donnerstimme. »Das sind gefährliche Späße!«

Doch Renski brüllte zurück: »Ich weiß genau, was ich tue! Und ich bitte Sie, nicht zu vergessen, daß ich nicht Ihr Untergebener bin! Die politischen Fragen gehen Sie überhaupt nichts an!«

Offensichtlich aber war er doch zu der Erkenntnis gekommen, wie grotesk er sich aufgeführt hatte. Jedenfalls steckte Renski den Revolver wieder ein und erhob sich abrupt. »Wir werden unser Gespräch fortsetzen«, sagte er mit scheinbar unbeteiligter Stimme und verließ das Zimmer.

Skrinnik, der noch wie benommen sitzenblieb, sah mich konsterniert und kopfschüttelnd an. »Da sehen Sie, wie sie sind, die Studenten! Sie glauben, alles sei erlaubt. Der da hätte besser daran getan, in Moskau zu bleiben. Er macht uns nichts als Ärger, und er ist meiner Meinung nach ein Verrückter. Versuchen Sie ihm auszuweichen, das scheint mir ganz ratsam zu sein.« Damit nahm er seine Mütze vom Tisch, winkte mir freundlich zu und ging.

Noch ganz mitgenommen von diesem Auftritt, ging ich verstört durch die Lindenallee, die zum Teich hinunterführte. War dieser Renski wirklich verrückt? Oder war ihm bloß der Wodka zu Kopf gestiegen, dem er in beachtlichem Maße zugesprochen hatte? Hätte er geschossen, wenn Skrinnik nicht eingesprungen wäre?

Ich wußte nicht, wie weit sich die Macht der politischen Kommissare der Roten Armee in letzter Konsequenz erstreckte, aber daß sie nicht nur für die Bevölkerung ein Schreckgespenst waren, sondern auch für die Armee selbst, die sie zu beaufsichtigen hatten, das war mir schon zu Ohren gekommen. Wollte man ihre Macht nach dem hochmütigen Stolz beurteilen, den Renski aus seiner Position herleitete, dann mußte sie wahrhaft gewaltig und furchterregend sein. Offensichtlich war niemand imstande, sich seinem Willen zu widersetzen. Es lag in seiner Macht, uns den schlimmsten Repressalien auszusetzen. Was für ein Idiot mit seiner dämlichen Schokolade! Und was für ein Regime, das einem grünen Jungen von zweiundzwanzig Jahren die Macht über Leben und Tod einräumte!

Emmanuels Stimme riß mich aus meinen Gedanken auf. Er saß nicht weit von mir entfernt auf einer Bank, neben ihm ein junger Mann mit roten Haaren und dicken Brillengläsern, der sich sogleich erhob und mich höflich begrüßte.

»Das ist Doktor Michaltschenko, der Regimentsarzt«, sagte Emmanuel.

Vom ersten Augenblick an empfand ich eine große Sympathie für den jungen Arzt, der mit den andern Rotarmisten so gar nichts gemein hatte. Ein Intellektueller, wie er im Buche stand, freundlich, diskret und schüchtern, groß und hager, mit einem unschönen, traurigen Gesicht, schien er auf den ersten Blick kaum älter als zwanzig, ging aber in Wahrheit gewiß schon auf die Dreißig zu. Ich setzte mich zu den beiden und fragte mich, ob ich in Gegenwart Michaltschenkos über den Zwischenfall mit dem Kommissar sprechen sollte.

»Der Doktor kann uns gut verstehen«, sagte Emmanuel, als hätte er in meinen Gedanken gelesen. »Er hat das Schlimmste durchgemacht und eine Tragödie erlebt, die Gott uns ersparen möge.«

Ich erfuhr, daß man seine Eltern vor seinen Augen ermordet und das elterliche Haus in Brand gesteckt hatte. Der Doktor selbst war dem Massaker nur entkommen, weil er Mediziner war. Man verpflichtete ihn auf der Stelle zum Militär und zwang ihn, sich den Truppen anzuschließen. Derzeit dem 363. Regiment zugeteilt, war er mit dem Konvoi unterwegs.

»In der Hoffnung, daß Ihnen ein besseres Los als mir beschieden ist«, sagte Michaltschenko, »möchte ich Ihnen dringend ein paar Ratschläge geben. Die Lage in der Ukraine ist so verworren, daß man nicht genau weiß, wer gerade die Trümpfe in der Hand hält. Mag die polnische Armee auch auf dem Rückzug sein, so sind Petljuras Truppen noch lange nicht geschlagen, noch weniger die der Ukraine. Die Rote Armee verfolgt ein zweifaches Ziel: Sie will sich das Territorium sichern und das neue Regime einsetzen. Die Zeit der Ungewißheit wird indes noch andauern, wenngleich meiner Ansicht nach am Ende die Roten die Oberhand behalten werden. Hier auf dem Land können Sie nicht bleiben, warten Sie einen günstigen Augenblick ab und fliehen Sie in eine Stadt. Das einzige, was Sie noch retten können, ist Ihr Leben, sonst nichts. Und das ist zum gegenwärtigen Zeitpunkt schon sehr viel.«

Als ich daraufhin mein Abenteuer mit dem Kommissar erzählte, schien der Doktor nicht überrascht. Ich fragte ihn, ob er Renski für geistesgestört hielt.

»Vom medizinischen Standpunkt aus betrachtet, würde ich das verneinen. Um ihm die Maßlosigkeit und vor allem seine Arroganz abzugewöhnen, wäre eine ordentliche Tracht Prügel das beste Mittel. Im Grunde ist er ein armer Hund, ein verkrachter Student und Saisonrevolutionär, unintelligent und voller Haß. Das wird man eines Tages auch erkennen und ihn zur Rechenschaft ziehen, denn selbst in einer Unordnung wie dieser sind der Willkür Grenzen gesetzt. Renski wird scheitern. Vor seinem Untergang aber hat er Zeit genug, sehr viel Schlimmes anzurichten. Der Kom-Polk dagegen ist ein anständiger Mensch, jedem Skandal abhold und ein Feind von Plünderungen. Es mag Ihnen merkwürdig vorkommen, daß ein einfacher Soldat ohne jegliche Ausbildung ein Regiment befehligt, selbst ein so zusammengewürfeltes wie dieses. Schwetz gehörte zur kaiserlichen Garde, wußten Sie das? Vermutlich wegen seiner Körpergröße und seiner tadellosen Haltung. Ich glaube nicht, daß er sich die kommunistischen Theorien zu eigen gemacht hat, aber er ist ein tapferer Soldat, wie geschaffen für den Krieg und dafür, an die Front geschickt zu werden. Er tut, was er kann, um seine Leute von Plünderungen abzuhalten und zu verhindern, daß sie die Bevölkerung mißhandeln. Leider ist die Machtbefugnis des Kom-Polk begrenzt, eben durch die Anwesenheit des politischen Kommissars. Das demütigt ihn, und das lähmt ihn auch.«

»Und der Kom-Bat?«

»Ein rechtschaffener Mann aus Charkow, nur wenig gebildet. Er ist aus persönlichen Gründen Soldat, von der kommunistischen Lehre versteht er nicht allzuviel. 1917, als alles zusammenbrach, tat er, was jedermann tat: Er fuhr nach Hause. Zu seinem Unglück aber war das Dorf abgebrannt und seine Baba verschwunden. Man versicherte ihm, sie sei in den Flammen umgekommen, aber er machte sich darüber seine eigenen Gedanken. In seinen Augen war sie eine ganz Ausgefuchste, die sich im Schutz des Feuers auf- und davongemacht hatte. Sicher ist, daß ihn die Sache tief erschüttert hat und er die erstbeste Gelegenheit wahrnahm, zur Armee zu gehen.«

»Und Rubantschik?«

»Er ist der Sohn kleiner, jüdischer Händler und stammt aus einem Vorort von Kiew. Um sich ein höheres Ansehen zu verschaffen, gab er sich als ehemals rechtgläubiger Moskowiter aus; denn trotz aller von den Kommunisten propagierten Theorien der Gleichheit und so weiter sind die Juden in der Armee nicht sehr beliebt. Ein achtzehnjähriger Bengel, unverfroren und oft auch nervtötend, ist er doch gutmütig und letztlich unbedeutend. Die wahren Gangster, Leute, die jede Moral und jeden Skrupel über Bord geworfen haben und die man wirklich als gefährlich, als bösartig bezeichnen kann, das sind die beiden Gefolgsleute Renskis, Serpuchow und Akulkin. Akulkin ist eigentlich Lehrer an der Regimentsschule und beauftragt, die Männer auszubilden. Doch selbst, wenn er dazu in der Lage wäre, hätte er nicht die Gelegenheit dazu. Bis heute hat er nicht einen Schüler gehabt. Folglich hat Akulkin Zeit, sich alles, was ihm gefällt, unter den Nagel zu reißen und sich mit sämtlichen Alkoholika vollzuschütten, die sich auftreiben lassen. Um Serpuchow steht es nicht viel besser. Hüten Sie sich vor den beiden. Das Regiment zieht übermorgen wieder ab, warten Sie nicht so lange, bis das nächste eintrifft. Fahren Sie in eine Stadt, ganz gleich, in welche.«

Ich sah, wie Emmanuel einen Blick auf seine Uhr warf, und erriet, daß er an unsere Kuh dachte, die in einer Stunde gemolken werden mußte. Wir bedankten uns bei Michaltschenko für die Ratschläge und die Freundschaft, die er uns bekundet hatte, und nahmen den schmalen, gewundenen Pfad, der durch ein Kiefernwäldchen zu den Nebengebäuden führte.

Die Expedition in den »Dschungel«, die Emmanuel jeden Morgen und Abend in Begleitung Genjas unternahm, war stets von tausend Vorkehrungen begleitet. Genja holte sich einen großen Tonkrug aus der Küche und versteckte ihn im tiefsten Grund eines Korbes. Und Emmanuel hängte sich einen Sack mit Kleie über die Schulter.

Nach einem langen Umweg und mit wachem Blick auf das Gelände ringsum tauchten sie in das schier undurchdringliche Dikkicht ein, das sich zu beiden Seiten des schmalen Bächleins erstreckte. Sie kämpften sich durch das dichte Gestrüpp vorwärts, vorbei an den jungen, von Hopfen, Efeu und Brombeerzweigen überrankten Weiden, ehe sie dann einem engen, kaum markierten Pfad folgten, der bis zu einer kleinen, von zwei Wasserarmen umflossenen Anhöhe führte. An dieser Stelle angelangt, zogen sie ihre Schuhe aus und wateten barfuß durch das Wasser.

Hier, inmitten dieses Vorgebirges, lebte unsere letzte Kuh mit ihrem Kalb, hierher hatte Emmanuel sie gleich nach Ankunft der Roten in die Sommerfrische geschickt. Sie zu verstecken war das einzige Mittel, ihr das Leben und damit unser Hauptnahrungsmittel zu erhalten.

Der Rückweg mit dem kostbaren Milchkrug vollzog sich dann unter Anwendung derselben Vorsichtsmaßregeln, die uns an die Indianerspiele der Kindheit erinnerten.

Durch die Geräumigkeit des Herrenhauses war es uns möglich, gebührenden Abstand zu den neuen Hausherren zu wahren. Der Kom-Polk hielt mein Zimmer, der Kom-Bat das von Emmanuel besetzt. Renski hatte sich mit seinen Agenten in Papas Arbeitszimmer eingerichtet, der Doktor und Rubantschik in den Gästezimmern. Zum Glück fehlte es nicht an Platz, und so versuchte man auch nicht, uns umzusiedeln.

Nach Einbruch der Dunkelheit begaben wir uns in Mamas Zimmer und besprachen die Lage. War es ratsam, im Herrenhaus zu bleiben, oder sollten wir uns nicht besser unauffällig in die Nebengebäude verziehen? Im Augenblick schien uns außer dem unberechenbaren Politkommissar niemand zu bedrohen. Deshalb faßten wir den Entschluß, fürs erste die Stellung zu halten, wollten uns aber im Fall einer Gefahr schnell zusammenfinden können und stellten so unsere Betten in benachbarten Zimmern auf. Als wir schlafengingen, zogen wir uns nicht aus, damit wir jederzeit bereit waren, rasch aus dem Bett zu springen und zu fliehen. Verständlicherweise konnte sich keiner von uns rühmen, eine besonders gute Nacht verbracht zu haben: Die Angst hielt alle umklammert und verscheuchte jeden Schlaf.

Der nächste Morgen verkündete einen herrlichen Tag, die Natur strahlte in ihrem schönsten Glanz, und unter der heißen Julisonne öffneten sich die Blüten zu einem einzigen, riesigen Bukett. Auf dem Weg zu den Gemüsebeeten kamen Emmanuel und ich am Rosengarten vorbei, wo wir den Kom-Polk in einer Laube bemerkten. Er war allein und gab uns ein Zeichen, stehenzubleiben.

»Was für ein schönes Fleckchen Erde!« rief er uns zu und sah sich um. Dann fügte er mit gesenkter Stimme hinzu: »Ich möchte Ihnen etwas Persönliches sagen. Gehen wir hier entlang.«

Eine Zeitlang gingen wir schweigend nebeneinander her. Kommandant Schwetz schien besorgt und ergriff erst das Wort, als wir bereits auf den Feldern waren.

»Wissen Sie, was heute nacht passiert ist? Wir sind knapp einer Katastrophe entkommen, wir alle. Es fehlte nicht viel, und die offene Meuterei wäre ausgebrochen. Rund fünfzehn meiner Soldaten, betrunken und mit Handgranaten bewaffnet, sind mitten in der Nacht ins Herrenhaus eingedrungen, um Sie zu töten. Ich habe Himmel und Hölle in Bewegung gesetzt, damit sie wieder abzogen. Sie bedrohten sogar mich selbst und warfen mir vor, für Sie und Ihre Verwandten Partei zu ergreifen. Nur mit dem Revolver in der Hand konnte ich sie zur Räson bringen. Schließlich gehorchten sie, doch hing die Sache an einem seidenen Faden ... Später löschten der Kom-Bat und ich sämtliche Lichter im Haus und verriegelten die Türen. Sie kamen nicht wieder, aber keiner von uns hat bis heute morgen ein Auge zugetan.«

Als wir uns, gerührt von soviel Großmut, bei ihm bedanken wollten, fiel er uns ins Wort: »Es ging nicht nur darum, Ihnen das Leben zu retten. Sie müssen sich das vorstellen: eine handgreifliche Streitigkeit innerhalb des Regiments mitten im Krieg, und ein Kommandant, der die Grundbesitzer verteidigt!«

Ich hätte gern gewußt, wie sich der Kommissar bei dem Zwischenfall verhalten hatte, wagte aber nicht, danach zu fragen. War er zu diesem Zeitpunkt im Herrenhaus anwesend gewesen, mußte er den Lärm gehört haben. Wäre das nicht eine phantastische Gelegenheit für ihn gewesen, seine Macht zu demonstrieren. Auf welche Seite aber hätte er sich geschlagen?

Der Kommandant führte seinen Gedanken weiter aus: »Wir befinden uns in einer schwierigen Phase. Glauben Sie nur nicht, daß Sie allein davon betroffen sind. Es wird seine Zeit brauchen, bis die Wogen sich glätten. Das Vergangene ist vorbei. Sie sind jung, sehen Sie den Dingen fest ins Auge und versuchen Sie das Schicksal nicht. Ihre Bauern sind liebe, nette Leute, die Ihnen nichts Böses wollen. Heute nicht. Im Lauf der Zeit aber wird es dazu kommen, daß die Propaganda, die gewalttätigen Elemente, das Beispiel anderer Dörfer und die Versuchung, von der Situation zu profitieren, die Oberhand gewinnen. Dann wird ein winziger Funke genügen, eine gewaltige Explosion hervorzurufen. Warten Sie das nicht ab, verlassen Sie Ihre Domäne. Das ist es, was ich Ihnen sagen wollte.«

»Der Doktor riet uns dasselbe«, sagte Emmanuel. »Nur, wohin sollten wir gehen? In den Städten dürfte es nicht anders sein.«

»Dort leben Sie zumindest nicht wie hier auf dem Präsentierteller. Haben Sie Geduld, das alles wird sich legen. Ich wiederhole Ihnen, daß eine solche Unordnung unmöglich andauern kann. Sie sehen ja, die Rote Armee formiert sich bereits, und auch die Disziplin wird zurückkehren. Sobald der Krieg zu Ende ist, wird man sich mit dem zivilen Leben befassen. Dieses Leben wird nicht einfach sein, soviel steht fest, aber ich bin mir ganz sicher, daß die Exzesse der Revolution dann überstanden sind.«

Der Kom-Polk schätzte die Ordnung, und er war als echter Offizier ein Feind jeder Willkür. Da die Revolution das alte Regime besiegt und ihn in den Rang eines Kommandanten erhoben hatte, akzeptierte er sie, ohne freilich ein tieferes Verständnis für die kommunistische Lehre entwickelt zu haben; dafür hatte ihm einfach die Zeit gefehlt. Und im übrigen war das eine Angelegenheit der Intellektuellen, die sich imstande glaubten, die Verhältnisse zum Wohl der gesamten Menschheit neu regeln zu können.

»Das Regiment wird morgen aufbrechen«, fuhr der Kommandant fort, »aber ich muß Sie warnen: Renski beabsichtigt, seine Agenten bei Ihnen zu lassen. Er wird sie mit der Bildung eines Armenkomitees im Dorf beauftragen. Verstecken Sie alles, was Sie an Kostbarkeiten besitzen, aber seien Sie vorsichtig. Lassen Sie die Leute gewähren, falls sie auch bei Ihnen plündern sollten, protestieren Sie nicht, es würde Ihnen nichts nützen. Sie dürfen ihnen keinen Vorwand geben, Sie zu verhaften oder gar auf der Stelle umzubringen. Doch sobald diese Männer Ihr Haus verlassen haben, bringen Sie sich in Sicherheit. Sagen Sie keinem, wohin Sie gehen. Denn wer Ihnen heute ergeben scheint, kann morgen Ihr Feind sein. Er wird sich gegen Sie stellen, und sei es nur, um sich selbst zu retten. Es ist Zeit, zurückzukehren, denken Sie daran, was ich Ihnen gesagt habe.«

Bei diesen Worten winkte der Kommandant uns freundschaftlich zu und ging mit raschen Schritten zum Herrenhaus zurück. »Tja ...«, fing ich an. »Verdammt«, hörte ich Emmanuel flüstern und folgte seinem Blick. Nur ein paar Schritte entfernt stand der Kommissar gegen die Sonnenuhr gelehnt und beobachtete uns.

»Du liebe Zeit, die Kartoffeln!« rief Emmanuel. »Los, wir haben keine Zeit zu verlieren!«

»Bleiben Sie!« befahl Renski. »Sie!« fügte er hinzu, indem er auf mich deutete. »Ich bin nur sehr in Eile ...« »Ich sagte, Sie sollen bleiben, haben Sie mich nicht verstanden? Ich muß mit Ihnen sprechen, kommen Sie!«

Er schlug die Richtung zu jener Allee ein, durch die wir eben gekommen waren, und ging mit abgehackten Schritten vor mir her, ohne sich umzudrehen. Dabei betrachtete ich seinen Nacken, die hängenden Schultern und die Revolvertasche, die ihm über die Hüfte baumelte.

»Setzen wir uns hierher«, sagte er und hielt am Rande der Allee bei einem kleinen Heuschober an. Als wir saßen, kam er ohne Umschweife zur Sache: »Ich habe eine Beschwerde gegen Sie, von fünfzig Bauern unterzeichnet.« »Eine Beschwerde gegen mich?« »Ja, ganz recht. Ich muß Sie verhaften.« »Aber was für eine Beschwerde? Ich glaube Ihnen kein Wort.«

»Ich habe eine Befragung durchgeführt und dabei erfahren, daß Sie zusammen mit polnischen Offizieren die Bauern mißhandelt haben.«

Diese Anschuldigung war derart grotesk, daß ich mir ein Lachen nicht verkneifen konnte.

»Das bringt Sie zum Lachen? Nun, ich habe da sehr genaue Informationen, versuchen Sie lieber nicht, die Dinge zu leugnen. Sie kamen mir von Anfang an verdächtig vor. Sie sind eine Reaktionärin, eine Feindin des Volkes.«

»Nun aber …«

»Lassen Sie mich ausreden. Die Bauern beklagen sich bitter über Ihr Benehmen. Sie haben Kinder mit Ihrer Reitpeitsche geschlagen und nur zum Vergnügen Ihre Arbeiter beschimpft.«

»Das ist doch ein Witz! Wer hat Ihnen das bloß alles erzählt? Ich habe keine Feinde.«

»Da täuschen Sie sich, man haßt Sie. Ihren Bruder dagegen lieben die Bauern.«

»Mein Bruder hat viele Freunde im Dorf, das stimmt. Aber daß sie mich hassen …«

»Das ganze Dorf hat sich über Ihre öffentlichen Ausritte mit den polnischen Offizieren empört.«

»Es gab keine Ausritte mit polnischen Offizieren. Schon deshalb nicht, weil ich keinen einzigen kannte!«

»Die Klagen, die man gegen Sie vorbringt, sind äußerst schwerwiegend, und ich kann sie nicht folgenlos hinnehmen. Ich muß Sie verhaften.«

»Gut, dann verhaften Sie mich eben. Doch weshalb müssen Sie dazu noch Märchen erfinden? Sie müssen sich, denke ich, doch kaum rechtfertigen.«

»Sie reden daher wie ein Kind. Wissen Sie überhaupt, was es heißt, vor ein Revolutionstribunal gestellt zu werden? Aber hören Sie mir gut zu: Ich will Sie retten, ich will Ihnen eine Chance geben, Ihr Ansehen wiederherzustellen, weil ich Mitleid mit Ihrer Jugend habe. Ich biete Ihnen aus diesem Grunde an, der Roten Armee beizutreten.«

»Soll das ein Scherz sein?«

Sein merklich sanfter Ton bei seinen letzten Worten hatte mich zu dieser Vermutung gebracht.

»Ich scherze nicht, im Gegenteil. Es ist mein voller Ernst. Ich möchte Ihnen den Weg zu Ihrer Rettung bahnen.«

»Gibt es überhaupt Frauen in Ihrer Armee?«

»In den Dienststellen der Nachhut kann man weibliche Mitarbeiter gut gebrauchen. Krankenschwestern zum Beispiel.«

»Ich bin aber keine Krankenschwester!«

»Oder Lehrerinnen?«

»Nein, Genosse, Sie glauben doch nicht im Ernst, daß ich in der

Lage wäre, Soldaten zu unterrichten! Ich hätte viel zuviel Angst, auch nur damit anzufangen!«

Renski ergriff meine beiden Hände und war nahe daran, sie fest an sich zu drücken. Sein Gesicht hatte sich völlig verändert, und seine Stimme klang beinahe schon herzlich.

»Haben Sie keine Angst, Genossin, meine kleine Genossin ...« – er legte auf das »meine« einen Nachdruck, der mich schaudern ließ. »Ich werde Sie beschützen, ich werde Ihnen Mitarbeiter zur Seite stellen, die Ihrer würdig sind. Ihr Leben wird sinnvoll sein und abwechslungsreich, und alle Welt wird Sie vergöttern ... Ich an allererster Stelle!«

Ich versuchte meine Hände zurückzuziehen und rang um eine Antwort auf seinen ungeheuerlichen Vorschlag, doch der Kommissar, der sich zunehmend in Begeisterung redete, fuhr bereits fort: »Anstatt in diesem Loch zu versauern, werden Sie einer Gruppe junger Aktivisten angehören, die tatkräftig und aufgeschlossen sind. Anstatt der Parasit einer Gesellschaft zu sein, die von Anfang an zum Untergang verurteilt war, werden Sie am Aufbau des neuen Rußland mitwirken. Werden Sie sich klar darüber, daß die Armee Sie braucht. Und offen gestanden, auch ich!«

Er rückte näher und näher, und mich befiel eine immer heftigere Unruhe. »Die Armee kann mich bestimmt nicht gebrauchen, Genosse«, stotterte ich und versuchte von ihm abzurücken, so weit es der Heuschober erlaubte. »Mein Platz ist eher bei meiner Familie als in einem Militärkonvoi. Dort wäre ich absolut überflüssig und sehr unglücklich.«

Ich spielte die Unschuld, die nichts von der in Wahrheit recht dramatischen Situation begriffen hatte. Während ich mir den Anschein gab, als wäre ich ganz bei der Sache, dachte ich angestrengt darüber nach, wie ich dem Kommissar entkommen könnte. Es galt, Zeit zu gewinnen, den Kommandanten zu sprechen, notfalls vielleicht auch schon bei Einbruch der Dunkelheit zu fliehen.

Der Kommissar sprach derweil unverdrossen weiter: »Sie werden das Soldatenleben lieben und bis zum Sieg bei uns sein. Sie werden begreifen, daß es außer dem Kommunismus keine Rettung für Ihr Vaterland gibt. Ich werde Sie führen, ich werde Sie unterweisen, ich werde Ihr Freund und Lehrer sein.«

Und wieder rückte er näher, beugte sich zu mir vor, und diesmal drückte er mir wirklich die Hände. Aber seine Stimme klang jetzt, als ränge er um Luft, und sein Gesicht nahm einen so seltsamen Ausdruck an, daß ich mich mit einer raschen Bewegung losriß und aufsprang. »Lassen Sie mich nachdenken, Genosse ... Ich muß mit meiner Mutter sprechen.«

Meine Reaktion schien ihn verstimmt zu haben, ein böses Funkeln trat in seine Augen: »Die Meinung Ihrer Mutter interessiert mich nicht. Und sie ist im übrigen auch völlig bedeutungslos. Aber ich möchte Sie darauf aufmerksam machen, daß ich auch auf Ihre Meinung durchaus verzichten kann. Ich wollte Ihnen meine Freundschaft bekunden, als ich Ihnen einen Vorschlag machte, anstatt Ihnen Befehle zu erteilen.«

»Und Kommandant Schwetz? Was wird er sagen, wenn er eine Frau in seinem Regiment entdeckt?«

Etwas Schlimmeres hätte ich kaum sagen können, nur wurde ich mir dessen leider erst bewußt, als es schon zu spät war. Mit einem Sprung stand er mir dicht gegenüber und brüllte: »Kommandant Schwetz hat in politischen Angelegenheiten überhaupt nichts zu sagen! Ich treffe meine Entscheidungen, ohne Kommandant Schwetz nach seiner Meinung zu fragen! Haben Sie mich verstanden? Ich bin Kommandant Schwetz keine Rechenschaft schuldig! Und wenn ich Sie rücksichtsvoll behandelt habe, dann geschah das allein aus persönlichen Gründen. Ich wollte Ihnen keine Angst einjagen, ich wollte nur Ihre Freundschaft. Sie gefallen mir, und ich hoffte, auch Ihnen zu gefallen.«

»Ich dachte, ich sei für Sie eine verdächtige Person, eine Reaktionärin und Volksfeindin?«

Renski lächelte sarkastisch. »Ich finde Sie recht amüsant: Sie wissen, daß ich Sie erschießen kann, und Sie wollen mich verhöhnen.«

»Ich wiederhole nur Ihre eigenen Worte. Aber das war vielleicht nur so dahingesagt. Wie am Ende auch die Sache mit der Beschwerdeschrift der Bauern ...«

Wieder so ein unverzeihlicher Patzer. Konnte ich meine Zunge nicht in Zaum halten? Und wie immer bemerkte ich meinen Fehler zu spät. Andererseits aber flößte mir der Kommissar einen solchen

Abscheu ein, daß ich mich einfach nicht beherrschen konnte und mich selber Worte aussprechen hörte, die ich besser für mich behalten hätte.

Ich hielt den Atem an: Würde er auf der Stelle explodieren? Nein, er ging auf meine Bemerkung überhaupt nicht ein, sondern schlug im Gegenteil wieder einen umgänglicheren Ton an, ergriff erneut meine Hand und sagte: »Hören Sie, wir wollen uns nicht streiten. Bei unserem Feldzug möchte ich eine Freundin bei mir haben, keine Feindin. Wir verstehen uns bestimmt sehr gut, Sie werden schon sehen.«

Demnach zweifelte er nicht an meiner Zustimmung, einer Zustimmung, die für ihn rein formaler Natur war, wie er eben deutlich zu verstehen gegeben hatte. Ich begriff, daß sein Entschluß feststand und der Rest nichts als Komödie war.

Trotz allem aber versuchte ich, an seine Vernunft zu appellieren: »Genosse Kommissar, ich bitte Sie, dieses Vorhaben aufzugeben. Es kann gar nicht so gehen, wie Sie sich das vorstellen, es wird nur Unannehmlichkeiten mit sich bringen. Die Soldaten Ihres Regiments sind weit weniger gelehrig, als Sie vielleicht glauben. Denken Sie nur an die letzte Nacht …«

Abermals mußte ich mir auf die Zunge beißen, denn um ein Haar hätte ich den Kommandanten verraten.

Renski warf mir einen argwöhnischen Blick zu. »Ah, Sie haben sie gehört?«

»Nun, wissen Sie, unser Flügel liegt zwar ziemlich weitab, aber …«

»Wenn ich dagewesen wäre, hätten die Kerle das niemals gewagt. Bei diesem Gesindel kann man nur mit der Faust durchgreifen.«

»Genau das meinte ich. Und was meine Person betrifft, so könnten Sie mich niemals gegen Ihre Soldaten verteidigen. Wenn ich wenigstens eine Proletarierin wäre …«

»Dann würden Sie mir weit weniger gefallen.«

Jetzt kam er mir so nahe, daß ich seinen Atem im Gesicht spürte. Zweifellos nahm die Angelegenheit einen unguten Verlauf.

»Wir werden einen Pakt der Freundschaft mit einer kommunistischen Umarmung schließen!« rief er und umfaßte meine Taille. Ich stieß ihn mit aller Kraft zurück, außerstande, meinen Abscheu und meine Angst vor ihm länger zu verbergen.

»Lassen Sie mich!« schrie ich ganz außer mir. »Ich weiß, worauf Sie hinauswollen! Das ist schändlich und unehrenhaft!«

»Ah, so sehen Sie das!« schrie Renski zurück. »Nun gut, Sie haben es nicht anders gewollt!«

Und damit machte er auf dem Absatz kehrt und lief ein paar Schritte durch die Allee. Dann aber drehte er sich plötzlich um und sagte, jedes einzelne Wort betonend: »Unser Regiment bricht morgen früh auf. Sollte ich zu diesem Zeitpunkt sehen, daß Sie nicht bereit sind, uns freiwillig zu begleiten, werde ich die notwendigen Maßnahmen ergreifen, Sie zu verhaften und unter Bewachung ins Militärgefängnis bringen zu lassen. Mit Ihrer Mutter und Ihren Schwestern wird man ebenso verfahren. Was Ihren Bruder betrifft, so wird er zwangsverpflichtet. Mehr habe ich Ihnen nicht zu sagen.«

Diesmal ging er wirklich und ohne sich umzudrehen.

Die Lage schien aussichtslos. Gleichwohl mußte ich Mittel und Wege finden, mich aus der Affäre zu ziehen. Als ich Mama von dem Ultimatum des Kommissars berichtete, erschrak sie zutiefst. Unsere letzte Hoffnung, meinte sie, sei der Kommandant Schwetz. Schließlich hatte er uns noch in der letzten Nacht vor den meuternden Soldaten gerettet und vor weiteren Gefahren gewarnt. Doch würde er uns auch dem Kommissar gegenüber verteidigen? Gleichviel, wie gut oder schlecht unsere Chancen in dieser Hinsicht standen, wir mußten es versuchen. Also ging ich zum Kom-Polk.

Ich traf ihn im Eßzimmer an, wo er zusammen mit dem Kom-Bat Skrinnik, über eine Karte gebeugt, saß. Er schien etwas Ähnliches geahnt zu haben, denn während er mir zuhörte, warf er seinem Genossen Blicke stillschweigenden Einverständnisses zu. »Ich werde mit Ihrer Mutter sprechen«, erklärte er und stand auf.

Ich lief in die Küche, traf aber nur Emmanuel an. »Es sieht böse aus«, sagte ich, »wir sitzen ganz schön in der Klemme.«

Als Emmanuel sich meine Geschichte angehört hatte, bemerkte er: »Bei diesem Kerl erstaunt mich überhaupt nichts mehr. Vor allem aber dürfen wir jetzt nicht die Nerven verlieren. Renski blufft zwar nur, aber er kann uns auch restlos fertigmachen. Wir können ihn nur daran hindern, wenn wir Ruhe bewahren.«

Hätte Renskis Drohung nur mir und nicht der ganzen Familie gegolten, wäre meine Flucht noch eine mögliche Rettung gewesen. Ich hätte mich im Gebüsch verstecken können und mich dort bis zum Aufbruch des Regiments nicht mehr von der Stelle gerührt. Oder ich hätte mich als Bäuerin verkleiden und im Dorf Zuflucht suchen können. Auf dem Friedhof vielleicht, der abseits lag und mit seinen Bäumen und dem Gesträuch genügend Schutz bot. Mir zu Ehren hätte man kaum eine Treibjagd veranstaltet und den Aufbruch verschoben! Der Gedanke aber, meine Familie den Wahnsinnstaten des Kommissars auszusetzen, verbot mir von vornherein jeden Gedanken an eine Flucht.

Als Emmanuel und ich uns zu Mama begaben, trafen wir sie im Gespräch mit dem Kommandanten an. »Ich kann nur wiederholen«, meinte er, zu uns gewandt, »was ich eben schon zu Ihrer Mutter sagte. Ich sehe nur einen Weg für Sie, aus dieser Sache herauszukommen: Spielen Sie das Spielchen mit. Gehen Sie zu Renski, mein Fräulein, und sagen Sie ihm, Sie seien einverstanden. Bitten Sie ihn, daß er Sie in der Krankenabteilung beschäftigt und Sie Doktor Michaltschenko unterstellt. Halten Sie sich stets in dessen Nähe auf und vertrauen Sie ihm. Er ist ein guter und anständiger Mann, der Sie mit allen Mitteln und nach besten Kräften beschützen wird. Ich werde ihn sofort in Kenntnis setzen. Leider werde ich den Kommissar nicht daran hindern können, seinen Willen durchzudrücken, aber ich verspreche Ihnen, daß Sie schon nach ein paar Tagen, sobald wir Feindesland betreten haben, wieder entlassen werden. Versuchen Sie nicht zu fliehen, das wäre nur gefährlich und würde Sie ins Unrecht setzen. Und Sie« – damit wandte er sich an Emmanuel – »setzen alles daran, um in der Nähe Ihrer Schwester zu bleiben.«

Emmanuel war fassungslos: Er sollte Mama in einem solchen Augenblick allein lassen? Was sollte aus ihr werden, wenn außer den Kindern und einer Blinden niemand mehr bei ihr war? Hatten Renskis Agenten am Ende vor, sie aus dem Haus zu jagen? Würden sie sie nicht mißhandeln, ihr alles wegnehmen?

»Ich weiß sehr wohl, wie problematisch das für Sie ist«, sagte Schwetz, »aber ich sehe keinen anderen Weg. Es gilt, die unmittelbar drohenden Gefahren abzuwenden. In meinen Augen sind Renskis Agenten zu allem fähig, und ich mißbillige das Vorgehen des Kommissars mit allem Nachdruck. Mehr aber kann ich nicht tun. Verstehen Sie mich recht: Ich kann einem politischen Kommissar nicht den offenen Krieg erklären. Renski wäre imstande und leider auch berechtigt, mich zu verhaften, unter dem Vorwand, ich wäre ein Sympathisant der Konterrevolution. Ich kann Ihnen nur auf indirektem Wege helfen, indem ich mich an die oberste Heeresleitung wende.«

Arme Mama, sie war völlig durcheinander. Gleichwohl gelang es ihr, mit fester Stimme zu sagen: »Passen Sie gut auf meine Tochter auf, Kommandant, Ihr Schutz ist alles, was uns bleibt.«

Den Ausdruck »Genosse« gebrauchte Mama nicht, und was sie sagte, klang ein wenig nach »Ancien régime«. Noch mehr aber erinnerte die Geste des Kommandanten daran, als er sich erhob und ihr die Hand küßte. »Ich gebe Ihnen mein Ehrenwort«, sagte er mit ernster Stimme, »daß der Doktor und ich gut auf Ihre Tochter aufpassen werden.«

Fest entschlossen, mich an die Anweisungen des Kom-Polk zu halten, erwartete ich mit Spannung die Rückkehr des Kommissars, der zu einer Inspektion ins Dorf gefahren war. Nervös lief ich auf der Terrasse hin und her und bereitete meine Rede vor, als ich seine Kalesche in die Allee einbiegen sah. Wieder und wieder spielte ich meine Rolle durch: In erster Linie mußte ich meine Antipathie unterdrücken, und vor allem mußte ich meine Lügen mit einem liebenswerten Lächeln kaschieren. Ich wollte sogar so weit gehen, mich für mein brüskes und unüberlegtes Verhalten zu entschuldigen und zu sagen, ich hätte die edelmütigen Gedanken des Kommissars nur falsch interpretiert.

In meinem tiefsten Innern fühlte ich mich durch die Gewißheit gestärkt, daß der Kommandant und zweifellos auch die anderen Offiziere auf unserer Seite standen. Selbst wenn der Politkommissar über eine schier grenzenlose Macht verfügte, würde er es doch nicht wagen, sich sämtliche Kader zu Feinden zu machen. Zumindest glaubte ich das.

Das erste Ziel, das ich erreichen mußte, war, uns die Repressalien seiner beiden Agenten vom Leibe zu halten. Ich mußte Renski dazu bringen, daß er sie anwies, ihren Übereifer zu zügeln. Mir war klar, daß die Haltung des Kommandanten nicht allein von seinem Gerechtigkeitssinn oder seiner Sympathie für uns bestimmt war. Soviel konnte man von einem »Klassenfeind« nicht erwarten. Ihm ging es in erster Linie um die Disziplin seiner Truppe, und die war, wie der Zwischenfall der vergangenen Nacht bewiesen hatte, höchst gefährdet. Das Regiment näherte sich der Grenze und würde bald das Kampfgebiet erreichen. Schwetz lag daran, uns noch vor diesem Zeitpunkt loszuwerden, und um das zu erreichen, würde er all seine Möglichkeiten ausschöpfen.

Ich traf den Kommissar in der Bibliothek an, wo er sich wie üblich mit Karten und Papieren umgeben hatte. Neben ihm stand Papas Schreibmaschine. Als er mich in der Tür erblickte, setzte er eine arrogante Miene auf und warf mir einen langen prüfenden Blick zu.

»Genosse Wojenn-Kom«, begann ich, als hätte ich seine feindselige Miene nicht bemerkt, »ich habe über Ihr Angebot nachgedacht, meinen Bruder und mich in die Armee aufzunehmen. Sie haben völlig recht, unser Leben hier ist wenig sinnvoll. Unter der Leitung des Doktors könnten wir hingegen mithelfen, Kranke zu pflegen, Leiden zu lindern ...«

Renskis Haltung veränderte sich schlagartig. Er sprang auf, lief mir entgegen und ergriff meine Hände: »Ich gratuliere! Ich wußte ja, daß Sie ein vernünftiges Mädchen sind. Man wird Sie als Krankenschwester einstellen. Der Doktor wird entzückt sein, wir müssen es ihm sofort sagen!«

Da Renski nie etwas tat, ohne sich gebührend in Szene zu setzen, verkündete er auch diese Neuigkeit in einem hochtrabenden, theatralischen Ton: »Genosse Doktor! Hiermit übergebe ich Ihnen eine Mitarbeiterin, die eine große Last von Ihren Schulter nehmen wird! Und ihr Bruder wird uns von sämtlichen Büroarbeiten erlösen.«

Das Gesicht Michaltschenkos drückte grenzenloses Erstaunen aus, es gab keinen Zweifel, daß der Kommandant ihn noch nicht über die Komplikationen informiert hatte, die ihn erwarteten.

»Aber ich brauche doch niemanden«, sagte er in aller Offenheit. »Sie wissen doch selbst sehr gut, daß es außer einem Schnupfen hier und da ...«

Renski fiel ihm ins Wort: »Genosse, ich bin fest entschlossen, unsere Krankenabteilung neu zu organisieren, und ich bitte Sie inständig, mich das auch tun zu lassen.«

Michaltschenko schwieg und warf mir einen verständnislosen Blick zu. Hätte ich wie ein armes, verschrecktes Opfer ausgesehen, wäre ihm alles klargeworden. Meine Ruhe aber brachte ihn völlig aus der Fassung. Ich konnte es darum kaum erwarten, ihm baldmöglichst den wahren Sachverhalt zu enthüllen.

»Wir werden Ihrer Mutter ein Dokument aushändigen«, sagte der Kommissar, »das den Beitritt ihrer Kinder zur Roten Armee bescheinigt. Mit einem solchen Zeugnis in der Hand wird sie von keinem mehr etwas zu befürchten haben. Im Gegenteil, sie hat sich damit ein Anrecht auf allgemeine Wertschätzung erworben.«

Bei dieser Ankündigung zersprang mir fast das Herz vor Freude: Die eine der beiden Partien war bereits gewonnen. Der Gedanke, daß Mama ab sofort außer Gefahr sein würde, gab mir neuen Mut. Und jetzt mußte ich auch niemandem mehr vorheucheln, wie zufrieden ich war.

Renski aber fuhr fort zu schwadronieren: »Sie werden das Soldatenleben lieben! Das habe ich Ihnen schon einmal gesagt, Genossin. Wir sind wie eine große Familie, wir, die andern, die Krieger. Wenn Sie so wollen, sind wir Brüder. Das einzige, das uns fehlte, war bislang eine Schwester. Und die werden wir nun dank meiner Bemühungen haben. Sie werden Leichtigkeit und Lächeln in unser karges, entbehrungsreiches Leben bringen!«

In diesem Augenblick erschien Kom-Bat Skrinnik in der Tür, und der Kommissar beeilte sich, auch ihm die gute Nachricht zu verkünden: »Genosse Kom-Bat! Ich stelle Ihnen unsere neue Mitarbeiterin vor. Sie und ihr Bruder haben sich soeben freiwillig für den Hilfsdienst unseres Regiments gemeldet.«

»Mitarbeiterin?« staunte Skrinnik.

»Ganz recht. Verwundert Sie das? Finden Sie es nicht ganz natürlich, daß diese jungen Leute ihren Beitrag zur gemeinsamen Sache leisten wollen?«

»Nein, weiß Gott nicht«, murmelte Skrinnik. »Aber ich kann mir beim besten Willen nicht vorstellen, was sie in der Armee tun könnten ... Zumindest, was das Fräulein betrifft. Es ist Krieg, es wird Schlachten geben ...«

»Genau, es wird Verwundete geben. Und da kann niemand die Hände einer Frau ersetzen, um die Leiden zu lindern.«

»Aber dazu braucht man Erfahrung ... Das Fräulein erscheint mir doch sehr jung ...«

»Gewöhnen Sie sich an, sie Genossin zu nennen«, unterbrach Renski ihn barsch. »Und überlassen Sie es mir, unsere Mitarbeiter auszusuchen!«

Skrinniks skeptische Reaktion hatte unterdessen Renskis Argwohn geweckt, seine Miene verfinsterte sich. Diese seltsamen Stimmungswechsel kamen sehr plötzlich bei ihm, und seine Wutausbrüche schienen mir so unbegründet wie seine Anfälle von Begeisterung. Er sah mich argwöhnisch an.

»Spielen Sie mir vielleicht etwas vor? Wenn Sie glauben, sich damit retten zu können, dann täuschen Sie sich. Es wird Ihnen nicht gelingen. Ich rate Ihnen, sich mir gegenüber loyal zu verhalten.«

»Aber Genosse, warum sollte ich mich retten wollen? Jetzt, wo mir klargeworden ist, von welch großem Vorteil mein Beitritt in die Armee für mich ist? Nein, ich wollte ganz im Gegenteil nur rasch meine Koffer packen!«

Sein Gesicht hellte sich zusehends auf, und als ich mich in Richtung Tür bewegte, rief er mir mit fröhlicher Stimme nach: »Nehmen Sie nur das Notwendigste mit! Bei uns Soldaten ist es nicht üblich, sich mit zuviel Gepäck abzuschleppen!«

Das waren freilich nichts als schöne Sprüche: Nur für das »Notwendigste« seiner siebzig Leute zog das Regiment immerhin eine Kolonne von sechzig Wagen hinter sich her!

Noch am selben Abend erreichte uns eine alarmierende Nachricht, die Papa betraf. Lukian kam allein aus Neu-Uschiza zurück, zu Fuß. Papas Reise hatte in einem Gefängnis geendet ... Wie Lukian berichtete, fuhr die Kutsche, noch mehr als zehn Kilometer von der Stadt entfernt, über das flache Land, als plötzlich wie aus dem Nichts ein Reitertrupp auftauchte und ihnen den Weg versperrte. Papa wurde zum Aussteigen gezwungen, brutal durchsucht und seiner Börse beraubt. Danach ging die Reise unter schärfster Bewachung weiter und endete im Gefängnis.

Lukian, der am nächsten Tag wieder freigelassen wurde, verließ die Stadt auf schnellstem Wege und kehrte zurück, ohne Papa noch einmal gesehen zu haben. Seiner Ansicht nach aber hielten sie ihn noch immer fest. Neu-Uschiza war in der Hand der Roten Armee.

# Ein Abschied für immer?

Unsere Auffahrt, die von Hecken gesäumte Allee, verlief in einer geraden, ansteigenden Linie bis zum Herrenhaus und mündete dort in einer Schleife, die rund um ein großes, kreisförmiges Rasenstück führte. An eben dieser Schleife hatten früher unsere Equipagen gestanden, wenn sie abfahrbereit auf die letzten Anweisungen warteten. Wurden die Pferde vom langen Stehen allmählich nervös und begannen, unruhig mit den Hufen zu scharren, dann führten die Kutscher die Tiere einmal um das Rondell, um sie zu besänftigen.

Diese Bilder einer weit zurückliegenden Vergangenheit kamen mir wieder in den Sinn, als ich die drei Wagen jetzt hinter dem Rasenstück aufgereiht stehen sah. Diesmal aber waren es jämmerliche Pferde, ihr Zaumzeug verwahrlost und dürftig zurechtgeflickt. Und anstelle der Kutscher saßen Soldaten hoch oben auf den Böcken. Nur die Kaleschen waren schön und nahmen sich im Vergleich zur Ärmlichkeit ihrer Gespanne recht seltsam aus. Die Fahrzeuge stammten aus unseren Remisen, wo man sie der fehlenden Pferde wegen lange Zeit ihrem Schicksal überlassen hatte.

Als ich sie jetzt vor dem Perron stehen sah, wußte ich, was der Kommissar mit seinen rätselhaften Worten gemeint hatte: »Ich habe noch eine Überraschung für Sie ...«

An einem strahlend schönen Julimorgen, unter dem Blütendach duftender Rosenlauben, spielte sich eine Abschiedsszene ab, die mir für alle Zeit in allen Einzelheiten in Erinnerung bleiben wird: Mama, ruhig und gefaßt, aber bleich wie der Tod; neben ihr unsere Schwestern, die Augen voller Tränen; Wassilewska mit leicht zurückgewandtem Kopf, das Gesicht unbewegt und aufmerksam wie immer; Genja, vor Angst ganz verstört, trotz allem aber neugierig und hellwach; der Kom-Polk in vorgetäuschter Gleichgültigkeit, sichtlich um eine distanzierte Haltung bemüht; der Kom-Bat, die Pfeife im Mundwinkel, mit komplizenhafter Miene und einem leicht ironischen Lächeln; Serpuchow und Akulkin, arrogant wie immer und sich bereits als Herren und Gebieter fühlend; der Doktor, trauriger denn je; der Kommissar, aufgeblasen und autoritär;

schließlich Emmanuel und ich, beide kaum in der Lage, unserer Gefühle Herr zu werden.

In einiger Entfernung standen ein paar Bäuerinnen, die uns verschreckt und neugierig beobachteten. Die Nachricht von unserem Abtransport hatte sich offenbar wie ein Lauffeuer in der gesamten Umgebung verbreitet, und so hatten sie der Versuchung, an diesem Schauspiel teilzunehmen, einfach nicht widerstehen können. Sie alle weinten ein paar Tränen, zum Beispiel die alte Anna, Stepans Mutter, die Mama so oft gepflegt hatte; oder die Großmutter von Lukian, die uns im Sommer immer Pilze und Erdbeeren aus dem Wald mitbrachte; und schließlich die kleine Theodora, von der die weißen Tauben stammten, die ich im Speicher des Mezzaningeschosses aufzog. All diese Freundinnen von Kindheit an, diese Wegbegleiterinnen und Zeuginnen unserer ersten Schritte, zweifelten nicht daran, daß unser Schicksal schon an der nächsten Kreuzung besiegelt sein würde.

Bevor er in seine Kutsche stieg, verabschiedete sich Kommandant Schwetz von Mama, um sich sogleich und ohne ein weiteres Wort zu entfernen. Doktor Michaltschenko küßte ihr die Hand und sagte mit bewegter Stimme: »Ich habe bereits eine Schwester, und von jetzt an werde ich zwei haben ...«

Auch der Kommissar, ganz Grandseigneur, kam auf sie zu und streckte ihr die Hand entgegen. Diese Hand aber blieb in der Luft stehen, und man hörte, wie Mama mit großem Ernst und klarer Stimme sagte: »Es gibt einen Gott, vergessen Sie das nicht.«

Renski war für einen Augenblick sprachlos. Dann aber fand er zu seiner anmaßenden Frechheit zurück und keifte: »Halten Sie den Mund! Oder ich erschieße Sie auf der Stelle! Das haben Sie jetzt von Ihrer Arroganz! Sie werden die Bauern nicht mehr unterdrücken! Die Stunde ist gekommen, daß Sie sich für Ihre Verbrechen verantworten!«

Daraufhin machte er kehrt und ging auf seine Kutsche zu. Schweigend, wie zu Eis erstarrt, standen wir eine Zeitlang da, keiner wagte auch nur zu atmen. Dann aber wandte sich Mama zu uns um, umarmte und segnete uns.

Auf ein Zeichen des Kommandanten stieg ich in seinen Wagen und setzte mich neben ihn. Skrinnik nahm uns gegenüber Platz.

Dann ergriff der Soldat auf dem Bock die Zügel, ließ die Peitsche knallen und trieb die Pferde an. Ich versuchte, noch einen Blick auf Mama zu erhaschen, doch das Verdeck der Kutsche war schon heruntergelassen und nahm mir die Sicht.

Wir fuhren die Allee hinunter, durch das Parktor und dann am Teich entlang. Am Gutshof angekommen, machten wir für längere Zeit Halt, da der startbereite Konvoi die Anweisungen des Kommandanten erwartete.

Während die Offiziere mit ihren Soldaten verhandelten, instruierte der Kommissar zwei Bauern, die ihm inbrünstig zuhörten. Diese beiden waren die schlimmsten Banditen im ganzen Dorf, und ausgerechnet sie hatte Renski mit der Aufgabe betraut, das Revolutionskomitee zu bilden.

Auf dem Weg durchs Dorf begegneten wir keiner Menschenseele. Ich betrachtete die Kirche, die Schule, die weißen Kreuze auf dem Friedhof und die hohen, aus Korbweide geflochtenen Zäune. Erst am Dorfausgang sahen wir ein paar Bäuerinnen, die an Palisaden lehnten und uns neugierig musterten. Hunde bellten hinter den Umzäunungen.

Danach fiel die Straße steil ab ins Tal, zum Bett des Flusses Uschiza. Ihre scharfen, ja abenteuerlichen Zickzackkurven, die quer durch die Felslandschaft und über zerbrochene Schieferplatten führten, machten die Pferde scheu und ließen die Kutschen ächzen und beängstigend knarren. So blieb uns nichts anderes übrig, als zu Fuß hinter ihnen herzugehen, in gebührendem Abstand zu unseren Equipagen, deren Räder unangenehme Staubwolken aufwirbelten.

So schroff und abweisend die beidseitigen Steilhänge der Schlucht waren, so grün, fruchtbar und einladend zeigte sich das Tal. Anmutige Weiler, Gärten und Gemüsekulturen erstreckten sich wie ein riesiger, buntgefleckter Teppich ins Endlose. Eine wurmstichige Holzbrücke verband die beiden Ufer miteinander. Dicht am Wasser, vom Grün des Ufers verborgen, stand eine alte Mühle, deren mächtiges Schaufelrad von der Strömung angetrieben wurde und sich unter ständigem Geklapper drehte. Die Türen zur Mühle waren allerdings geschlossen, das ganze Anwesen lag wie ausgestorben da.

Im Schatten einer Linde, die sich mit ihrem breiten Geäst über einen Brunnen neigte, machten wir Halt. Die Soldaten tränkten die völlig erschöpften Pferde und legten sich selbst unter den Weiden zur Ruhe. Der Kom-Polk und der Kom-Bat ließen uns eine Weile allein, um sich ungestört über militärische Angelegenheiten unterhalten zu können. Der Kommissar umkreiste mehrmals die Mühle, als hätte ihr verlassener Anblick seinen Argwohn erregt. Seit seinem Wutausbruch heute früh hatte er kein Wort mehr gesagt und sich mürrisch und verbiestert zurückgezogen.

Somit blieben wir allein mit dem Doktor zurück und setzten uns zu ihm auf den Brunnenrand. Doch schien der Ärmste so bedrückt wie zuvor und mit seinen Gedanken ganz woanders zu sein.

Nach der Ruhepause galt es, den gegenüberliegenden Steilhang zu überwinden, wobei sich der Aufstieg als derart schwierig erwies, daß wir kaum vorankamen. Die Sonne brannte erbarmungslos. Als der Weg immer steiler wurde, sahen wir uns ein weiteres Mal gezwungen, die Kutschen zu entlasten und eine größere Strecke Weges zu Fuß zurückzulegen. Dabei folgten wir einem Ziegenpfad, der durch spärlich bewachsenes Unterholz führte und uns ein wenig Schutz vor der glühenden Sonne bot.

Mit einem Mal aber fühlte ich eine grenzenlose Müdigkeit, die ich verzweifelt zu bekämpfen suchte. Aber ich schaffte es nicht. Alles verschwamm vor meinen Augen, und dann umgab mich tiefste Dunkelheit. Wie man mir später sagte, war ich am Rand des Pfades zusammengebrochen.

Als ich wieder zu mir kam, sah ich, wie sich Emmanuel und der Doktor über mich beugten. Ein paar Schritte weiter stand der Kommandant, der uns erschrocken ansah und mit erregter Stimme zu Renski sagte: »Lassen Sie sie doch nach Hause fahren! Das führt doch zu nichts!«

»Ach was!« erwiderte der Kommissar. »Sie wird sich schon daran gewöhnen!« Und damit setzte man mich wieder in die Kutsche, die ich von da an nicht mehr verließ.

Als wir Schlucht und Felsen endlich hinter uns gelassen hatten, gelangten wir in eine Ebene, die sich unermeßlich weit und gleichförmig bis zum Horizont erstreckte. Endlich, monoton und verlassen lag die Straße vor uns. Der dichte Staub, den wir aufwirbelten, hüllte uns ein, verfolgte uns, erstickte die Pferde.

Gegen zwei Uhr erreichten wir schließlich unser erstes Etappenziel, das Dorf Kruschanowka am Dnjestr. Es lag wie ausgestorben da, und die Leere in den Straßen erstaunte mich. Früher hätte das Auftauchen einer Equipage, eines Reiters oder auch nur eines schlichten Passanten allgemeine Neugier erregt. Die Kinder wären auf die Straße gelaufen, die Frauen in den Türen erschienen, verschreckte Hühner gackernd aufgeflogen und die Hunde fast an ihrem frenetischen Gebell erstickt, während sie die Kutschen verfolgt hätten. Menschenleer und totenstill, schien die Straße, die uns jetzt empfing, einer anderen Welt anzugehören. Und jetzt erinnerte ich mich auch daran, daß Sidorenko mit seinen Leuten kurz zuvor durch dieses Dorf gekommen sein mußte.

Mit militärischer Rücksichtslosigkeit jagten unsere Kutschen auf das Haus des Priesters zu und kamen erst in der Hofeinfahrt langsam zum Stehen. Noch im selben Augenblick öffnete sich die Tür, mehrere Frauen stürzten uns gleichzeitig entgegen und riefen uns Willkommensgrüße zu.

Wir betraten einen bescheiden eingerichteten Salon. Renski, der das gegenseitige Vorstellen übernahm, hatte zu seinem üblichen, autoritären Ton zurückgefunden: »Ein paar Freunde, die zum Mittagessen gekommen sind. Renski, politischer Kommissar, Kommandant Schwetz, Bataillonschef Skrinnik, Doktor Michaltschenko und unsere Mitarbeiterin.«

Das war ich. Sämtliche Blicke richteten sich auf mich und erdrückten mich fast. Ich wußte, was sie dachten. Es war peinlich und beschämend. Ich wartete nur auf eine Gelegenheit, ihnen meine wahre Lage zu erklären. Dann setzten wir uns um einen großen runden Tisch, während die Familie des Priesters sich in der Küche zu schaffen machte.

»Das Reich der Frauen!« sagte der Kommissar mit seinem widerlichen Grinsen. Als wolle er diese Bemerkung dementieren, betrat in diesem Augenblick ein junger Mann das Zimmer. Er trug das Gewand eines Seminaristen – schwarze Jacke, schwarze Hosen und einen Gürtel mit kupferner Schnalle – und stellte sich als der Pope Nadolski vor.

Ich sah ihn erstaunt an, denn es war das erste Mal, daß ich einen Priester in Schüleruniform sah. Wie ich später erfuhr, war er sogar erst jüngst ordonniert worden und hatte sich aufgrund der schwierigen Lage noch keine Priestergewänder beschaffen können. Nadolski lebte hier zusammen mit seiner Mutter, einer Tante und seinen drei Schwestern. Seine junge Frau war im Augenblick nicht da.

Rege und geschäftig, in einem ständigen Kommen und Gehen, deckten unsere Gastgeberinnen den Tisch, setzten uns eine Flasche Wodka sowie Salzgurken und Heringe vor, um den ersten Hunger und Durst zu stillen. In der Küche wanderten derweil schon Hühner in den Topf. Es bahnte sich eine Mahlzeit an, die zweifellos an die letzten Reserven der häuslichen Vorratshaltung ging. Ich schämte mich, einer der ungebetenen Gäste zu sein, zu den Nutznießern einer allein von der Angst diktierten Gastfreundschaft zu gehören.

Renski hingegen fühlte sich wie zu Hause und hörte nicht auf, sich in großspurigen Reden zu ergehen. Kommandant Schwetz rauchte schweigend vor sich hin, Skrinnik konzentrierte sich ganz auf die Gurken, und der Doktor kippte ein Glas Wodka nach dem anderen hinunter. Als das Essen auf den Tisch kam, war die Flasche leer. Der Kommissar zerlegte die Hühner und bediente uns höchstpersönlich. Mich überschüttete er förmlich mit Aufmerksamkeiten, empfahl mir, mich zu stärken, schenkte mir zu trinken ein und erzählte unentwegt Anekdoten.

Kaum aber war die Mahlzeit beendet, setzte er seine finsterste Miene auf, rückte den Revolver zurecht und ging aus dem Haus, mit Sicherheit, um eine Inspektionsrunde durchs Dorf zu machen. Doktor Michaltschenko atmete erleichtert auf und schlug Emmanuel vor, sich ein wenig in dem Heuschober auszuruhen, den man vom Fenster aus im Garten sehen konnte.

»Schließen Sie sich den Damen an«, sagte der Kom-Polk zu mir und stand auf. Zu Nadolskis Mutter gewandt, fügte er hinzu: »Ich möchte Sie bitten, das Fräulein für diese Nacht zu beherbergen.«

»Aber gewiß doch!« rief sie aus. »Das wollte ich Ihnen schon selbst vorschlagen.«

Von Neugier geplagt, scharten sich sämtliche Frauen der Familie um mich und brachten mich in ein Zimmer, nicht ohne die Tür vorsorglich zu schließen. Sichtlich verlegen, suchte Frau Nadolski nach den passenden Worten, mich nach den Gründen meiner Reise mit dem Regiment zu fragen. Und so erzählte ich ihr in allen Einzelheiten, was sich ereignet hatte und wie ich in meine jetzige Lage geraten war.

Ein einstimmiger Chor von Mitleids- und Sympathiebekundungen war die Antwort. Ohne meine Eltern persönlich zu kennen, kannten die Nadolskis sie doch dem Namen nach und wußten auch, in welcher Gegend unser Besitztum lag.

In der Annahme, daß ich als Mitarbeiterin der Roten Armee über die neuesten Ereignisse auf dem laufenden war, überschütteten meine neuen Freundinnen mich mit Fragen: Sind diese Soldaten richtige Bolschewiken? Wohin geht ihre Reise? Wohin sind die Polen abgezogen? Was ist aus den Ukrainern geworden? Was wird die Zukunft bringen?

Ich versicherte ihnen, daß ich ebensowenig wüßte wie sie und daß meine »Genossen« mir keine Geheimnisse anvertrauten. Ich konnte die Dinge nur nach dem Augenschein beurteilen, doch schien mir unser Zug auf eine Operation von großer Tragweite hinzudeuten. Zweifellos marschierte die Rote Armee auf die polnische Grenze zu. Aus alledem aber etwas für die Zukunft schließen zu wollen …

»Vielleicht ist es Zeit für uns«, sagte eines der jungen Mädchen, »den Dnjestr zu überqueren.«

Die gesamte Familie war, wie ich erfuhr, für eine jederzeit mögliche Flucht gerüstet und hatte sich als Ziel das rumänische Ufer ausgesucht.

Bewundernd sah ich diese Frauen an: Noch nie hatte ich so viele Schönheiten auf einmal gesehen. Alle drei Schwestern des jungen Popen hatten regelmäßige, geradezu klassische Züge und große, dunkle Augen unter gewölbten Brauen. Selbst die Mutter und die Tante standen trotz ihrer leicht ergrauten Haare der Schönheit dieser Mädchen in nichts nach.

Ein leises Klopfen an der Tür kündigte uns Vater Nikolaus an, der sich ebenfalls unter großer Anteilnahme mein Abenteuer erzählen ließ. »Machen wir doch einen Spaziergang«, schlug er vor,

»auf den Felsen werden wir niemandem begegnen und frei miteinander reden können.«

Heimlich stahlen wir uns durch die Küche aus dem Haus, Nadolski, seine Tante und ich. Ein schmaler Pfad führte durch üppig behangene Himbeersträucher zum hinteren Ende des Gartens. Da sich der Zaun, von Brombeeren berankt, unter der Last der Zweige fast bis zur Erde neigte, brauchten wir nur darüberzusteigen, um hinaus auf ein weites, unbebautes Terrain zu gelangen, das sich bis zu den Windungen des Dnjestr und den Steilhängen dahinter erstreckte. Dort setzten wir uns auf einen abgeflachten Stein, der wie ein kleiner Balkon über dem freien Raum schwebte. Ein leichter Wind wehte durch das Tal und vertrieb die aufgeheizte Luft des schwülen Tages. Die schrägen Strahlen der untergehenden Sonne warfen goldene Reflexe auf die Windungen des Flusses.

»Eine herrliche Aussicht, nicht wahr?« meinte Vater Nikolaus.

»Und uns zu Füßen Bessarabien!« seufzte Frau Antonow, seine Tante. »Wie gern ich schon dort wäre ...«

»Nach Bessarabien zu gehen«, erklärte Vater Nikolaus, »ist bei uns zur Obsession geworden.«

»An Ihrer Stelle hätte ich mich längst in Sicherheit gebracht und versucht, den Dnjestr zu überqueren«, sagte Frau Antonow zu mir.

»Wir haben Angst vor Repressalien«, erwiderte ich, »vor allem wegen unserer Familie. Haben Sie sich den Kommissar genau angesehen?«

»Er hat eine merkwürdige Art, Sie anzustarren. Wie er dabei die Augen zusammenkneift, ist einfach widerwärtig.«

»Wenn es nur das wäre ... Er ist leider ein gefährlicher Mann und ein Verrückter obendrein. Glücklicherweise ist wenigstens Kommandant Schwetz ein anständiger Mensch. Er hat uns versprochen, die notwendigen Schritte zu unternehmen, daß wir bald entlassen werden.«

»Das hätte ich nicht gedacht«, sagte Frau Antonow, »letztlich ist er doch auch ein Bolschewik. Sagen Sie mir, wie nennen Sie diese Banditen eigentlich?«

»Kom-Polk heißt Regimentskommandant, Wojenn-Kom politischer Kommissar und Kom-Bat Bataillonskommandant. Das ist der kleine, etwas gedrungene Mann, der so gern Salzgurken ißt.«

»Diese Schwachköpfe.«

»Hören Sie«, sagte Vater Nikolaus, »ich scheue mich fast, Ihnen Ratschläge zu geben, aber ich denke mir folgendes: Wenn Sie wirklich der Überzeugung sind, daß der Kommandant sein Versprechen halten wird, dann sollten Sie nichts überstürzen. Ich habe den Eindruck, daß Sie sich im Augenblick in keiner unmittelbaren Gefahr befinden. Allerdings wäre es waghalsig, die Reise in einer solchen Begleitung länger als irgend nötig auszudehnen.«

»Der Doktor steht auf unserer Seite.«

Der junge Priester seufzte: »Ach, der Doktor. Der versucht doch nur, die eigene Verzweiflung im Alkohol zu ertränken. Und was könnte er im übrigen auch gegen die Militärchefs ausrichten?«

»Ich verhehle Ihnen nicht«, gab Frau Antonow zu, »daß man, wenn man Sie in Gesellschaft dieser Banditen sieht ...«

»Ich weiß. Und es ist mir sehr peinlich, solche Vermutungen auszulösen.«

»Sehen Sie sich das Dorf da vorn gut an«, sagte Vater Nikolaus. »Wir können zum rumänischen Ufer keine Verbindung mehr aufnehmen, aber unsere Augen sind uns geblieben. Diese so streng bewachte Grenze kann uns nicht daran hindern, das Leben am anderen Ufer doch aufmerksam zu verfolgen. Die Menschen dort drüben arbeiten und bestellen ihre Felder, es mangelt ihnen an nichts. Man treibt die Kühe zur Tränke an den Fluß, man führt die Schafe über die Hänge der Hügel. Die Frauen waschen im Fluß und legen ihre Wäsche an der Böschung zum Trocknen aus. Kinder kommen mit ihren Hunden zum Schwimmen. Wenn man bedenkt, daß auch wir das einmal hatten, ohne je zu überlegen, daß dieses ganz banale Glück eines Tages unerreichbar für uns werden könnte!«

»Ich kann die Rumänen gut verstehen«, meinte Frau Antonow, »sie fürchten sich vor unserem Durcheinander und riegeln sich zu Recht vor uns ab. In ihren Augen sind wir wie Aussätzige.«

»Schmuggler haben die Überfahrt trotz allem immer wieder geschafft«, sagte ihr Neffe, »aber sie setzten dabei jedesmal ihr Leben aufs Spiel.«

»Der Tag wird kommen«, erklärte Frau Antonow, »wo ich ihrem Beispiel folgen werde.«

»Das gilt auch für mich«, bestätigte Vater Nikolaus, mehr zu sich selbst gewandt.

»Ich möchte, daß Sie eines wissen«, wandte sich Frau Antonow wieder zu mir, »kommen Sie zu uns, wenn Sie sich am Ende doch zur Flucht entschließen sollten. Wir werden Sie mit zuverlässigen Fährleuten bekannt machen.«

»Aber verlieren Sie kein Wort darüber«, bedrängte mich der Priester, »zu niemandem. Ein unvorsichtiges Wort kann Sie ins Verderben stürzen.«

»Keine Angst, mein Bruder und ich, wir sind eben dabei, unsere ersten Erfahrungen zu sammeln. Aber wir müssen unbedingt unsere Eltern wiedersehen, bevor wir, so oder so, eine Entscheidung treffen.«

»Wir sollten umkehren«, sagte Vater Nikolaus und erhob sich, »es ist Zeit, ans Abendessen zu denken. Für das Wohl aller Beteiligten ist es unerläßlich, daß dieser Tag ohne Zwischenfälle zu Ende geht und Ihre ›Genossen‹ einen günstigen Eindruck von unserem Haus mitnehmen.«

Abermals herrschte in der Küche reges Treiben und Hantieren: Frau Nadolski hatte einen großen Topf mit Borschtsch und einen Krautauflauf vorbereitet. Nur gab es keinen Wodka mehr im Haus, ein Umstand, über den die Ärmste sich große Sorgen machte: »Wir brauchen unbedingt Alkohol für die Soldaten, sie mögen nichts lieber als das!«

»Was soll's«, meinte Frau Antonow gelassen, »sie haben genug getrunken, vor allem der Doktor. Mir ist es sogar sehr recht, wenn sie zur Enthaltsamkeit gezwungen sind.«

Ich hielt mich in nächster Nähe der Familie auf, fest entschlossen, sie bis morgen früh nicht mehr zu verlassen. Und so nahm ich auch hocherfreut Frau Nadolskis Einladung an, gemeinsam mit ihnen in der Küche zu essen. Doch leider rief der Wojenn-Kom nach mir. Und so mußte ich ihm ins Eßzimmer folgen und mich neben ihn setzen.

Als Vater Nikolaus die dampfende Terrine in die Mitte des Tisches stellte, ergriff Renski die Schöpfkelle, hielt sie mir hin und rief: »Sie werden uns heute abend servieren! Mit diesem köstlichen

Borschtsch soll Ihre Mitarbeit beginnen! Sie werden eine Atmosphäre der Freundschaft und Herzlichkeit schaffen, die für die Moral der Truppe so kostbar ist!«

Ich servierte den Borschtsch, doch an der Atmosphäre änderte sich deshalb nichts, sie blieb reichlich gespannt. Indes gab es etwas, sie zu stimulieren: eine Flasche Wodka, die der Doktor aus seinem Brotbeutel zog. Niemand machte eine Bemerkung, denn alle wußten längst, was auch ich bald erfahren sollte: Der Doktor besorgte sich unter Vorlage ärztlicher Bescheinigungen in den Apotheken reichlich Alkohol.

In bester Stimmung, machte der Kommissar mir die dümmlichsten Komplimente, die er mit seinen Angebereien und politischen Parolen vermischte. Der Kom-Bat betrachtete ihn mit spöttischen Blicken, ohne jedoch an der Unterhaltung teilzunehmen. Die Augen Michaltschenkows verschleierten sich zusehends und nahmen einen undefinierbaren Ausdruck an.

Um den Kommissar endlich loszuwerden, sagte ich ihm, daß sich mein Schwächeanfall von heute früh zu wiederholen drohte und ich mich daher niederlegen müßte. Der Doktor zerteilte für einen Augenblick die Schwaden, die sein Gehirn umnebelten, griff meine Worte auf und bestätigte sie. So konnte ich dann glücklicherweise unbehelligt in der Küche verschwinden. Eine der Schwestern des Popen überließ mir ihr Bett und zog auf ein schmales Kanapee im Zimmer ihrer Mutter um.

Da das Pfarrhaus nicht eben groß war und die Familie recht zahlreich, hatten die Bewohner auch vor unserer Ankunft schon ziemlich beengt gelebt. Viel Platz stand nicht zur Verfügung, und selbst der war nur bedingt verfügbar: Der Salon diente zugleich als Eßzimmer, als Vestibül und als Zimmer des Priesters. Vater Nikolaus bot sein Bett dem Kommandanten an und legte für Skrinnik eine Matratze auf den Boden, um selber mit Sack und Pack auf dem Speicher Quartier zu beziehen. Die übrigen Genossen mußten sich mit schlichten, auf dem Holzfußboden ausgelegten Strohsäcken begnügen. Emmanuel hatte den Kommissar zum Bettnachbarn.

Als ich meinen Bruder am nächsten Morgen in leicht angeschlagenem Zustand antraf, fragte ich ihn, ob er auf seinem Strohsack nicht hätte schlafen können.

»Wenn ich nicht geschlafen habe, dann lag das nicht an dem Strohsack, sondern am Kommissar. Der hat noch stundenlang Reden gehalten und mir Geheimnisse anvertraut. Wie es scheint, hat er eine rückhaltlose Zuneigung zu mir gefaßt! Dabei bedauert er nur eins: daß meine Schwester mir so wenig ähnlich ist. Und so gab er mir den Auftrag, dich dahingehend zu beeinflussen und dir zu raten, weniger hochnäsig zu sein.«

Unser Aufbruch war für sieben Uhr festgesetzt, da man die morgendliche Kühle ausnutzen wollte. In aller Eile tranken wir den Kaffee aus gebrannter Gerste, den unsere Gastgeber uns vorsetzten. Dann verabschiedete ich mich in der Küche von den Nadolskis, die ihr Versprechen wiederholten, uns helfen zu wollen.

Die zweite Etappe unseres Weges, der quer durch ein flaches, abgeholztes Gebiet führte, war lang und monoton. Lustlos trotteten die Pferde über die staubige Straße, schüttelten nur schnaubend die Köpfe. Dann und wann gab Skrinnik den Soldaten das Zeichen zum Anhalten und pflückte tellergroße Sonnenblumen ab, deren Kerne er liebevoll herausholte und mit vollen Händen verteilte.

Endlich zeichnete sich wieder ein Dorf am Ende der Ebene ab, und der Gedanke an einen so greifbar nahen Zwischenhalt belebte Pferde und Passagiere gleichermaßen.

Auch dieses Dorf schien verlassen, wir begegneten keiner Menschenseele. Ein paar Hunde schlugen an, als die Kutschen vorüberrollten, einige Köpfe tauchten verstohlen hinter den kleinen Sprossenfenstern auf, und das war schon alles. Wie zuletzt hielten die Wagen auch hier vor dem Pfarrhaus an. Skrinnik stieg aus und klopfte an die Tür. Doch sie blieb verschlossen, hinter den Fensterläden rührte sich nichts. »Die Vögel sind ausgeflogen«, sagte der Kommandant und prüfte eingehend die verriegelte Tür.

»Feinde der Revolution, Reaktionäre«, stieß Renski zwischen den Zähnen hervor.

Der Kom-Polk zuckte die Achseln. »Sie ziehen Ihre Schlüsse sehr rasch. Was wissen Sie schon von den Leuten? Vielleicht sind sie tot. Wir sollten uns an den Schullehrer wenden.«

»Aber wo ist hier die Schule?« warf Skrinnik ein. »Und wen sollten wir danach fragen?«

Ein Gebäude sah ganz nach Schule aus: häßlich, trostlos, ohne Garten, ohne Umfriedung, nicht weit von der Kirche ins Zentrum eines kahlen, kleinen Platzes gesetzt. Skrinnik wollte eben an die Tür klopfen, als sie schon stürmisch von innen aufgerissen wurde. Ein junger, verwahrlost aussehender Mann kam mit ausgebreiteten Armen auf uns zu: »Meine Freunde! Meine teuren Freunde«, rief er pathetisch, »ich habe Sie schon mit Ungeduld erwartet! Treten Sie ein, kommen Sie! Alles, was ich besitze, gehört Ihnen! Mir tut nur leid, daß es so wenig ist. Ach, könnte ich Sie doch so empfangen, wie ich es mir wünschte!«

Ich warf einen raschen Blick auf den Kommissar: Das war wohl eine Begrüßung ganz nach seinem Geschmack ... Wir folgten dem jungen Mann durch einen dunklen, schmutzigen Flur und betraten ein spärlich möbliertes Zimmer. Der Redefluß unseres Gastgebers war noch immer nicht versiegt: »Ich werde rasch ins Dorf laufen und versuchen, ein paar Vorräte für Sie aufzutreiben. Ich brauche nur zu sagen, daß es für Sie ist! Für Gäste wie Sie kann nichts gut genug sein, und jeder wird sein Bestes geben!«

Und damit war er auch schon bei der Tür. »Warten Sie, warten Sie!« rief der Kommissar. »So laufen Sie mir nicht weg! Ich muß mit Ihnen reden!«

Aber der Schulmeister war schon auf der Straße und tat so, als hätte er nichts gehört. Mit der Aussicht auf ein schlechtes Essen und ein unbequemes Nachtlager ging Renski in übelster Laune durch die Zimmer. Die Tatsache, daß die Familie des Lehrers abwesend und die gesamte Schule wie leergefegt war, erregte seinen Argwohn.

»Sie sind alle verschwunden, genau wie die aus dem Pfarrhaus«, stellte er verärgert fest. »Im Gefolge der Polen vermutlich.«

Als der Lehrer zurückkam, brachte er nur ein paar Eier und trokkenen, salzigen Käse mit. Entgegen seiner optimistischen Prognose hatte sich die Bevölkerung nicht allzu großzügig gezeigt.

»Wie, Sie haben keinen Wein?« fragte Renski, während er mit verdrießlicher Miene die bescheidene Ausbeute begutachtete.

»Wein?« rief der Lehrer verständnislos aus. »Das war doch das allererste, das uns ausging!« »Ah ja. Und Milch?« »Milch? Aber wir haben doch keine Kühe mehr. Das hier ist Ziegenkäse.«

»Dann essen wir eben, was da ist«, griff der Kom-Bat ein, der schon ganz andere Dinge erlebt hatte. Im Gegensatz zu dem jungen Kommissar war Skrinnik kein blutiger Laie, sondern hatte im Lauf der Jahre alle Nachteile, aber auch die selteneren Glücksfälle des Kriegsalltags kennengelernt. Und so fügte er mit einem listigen und komplizenhaften Lächeln hinzu: »Der Konvoi wird in zwei, drei Stunden hier sein. Warten Sie nur ab, bis unsere Leute sich da dranhängen ... Ich verspreche Ihnen ein weitaus besseres Abendessen ...!«

Wir wußten nicht, wie Kommandant Schwetz die Verbindung mit dem Generalstab aufrechterhielt, aber daß es sie geben mußte, wurde uns klar, als man ihm noch am selben Tag eine dringliche Nachricht übermittelte. Kaum im Dorf angekommen, verschwand er für geraume Zeit und kehrte mit besorgter Miene und zum Aufbruch drängend zu uns zurück.

Es war noch immer heiß und die Pferde nur wenig ausgeruht, als wir wieder in unsere Kutschen stiegen. Diesmal mußte ich in Michaltschenkos Kalesche ausweichen, weil ein uns unbekannter Soldat meinen Platz bei den Offizieren eingenommen hatte. Der Doktor selbst schien woanders untergekommen zu sein, und so waren Emmanuel und ich endlich einmal allein. Das war ein unverhofftes Glück, wenngleich die Gegenwart zweier Soldaten uns nicht erlaubte, offen miteinander zu sprechen. Bei Anbruch der Dunkelheit erreichten wir Studeniza, einen größeren Marktflecken am Dnjestr. Hier trafen wir den Pfarrer samt seiner Frau auch im Hause an.

Der Lärm, den die Räder unserer Kutschen auf dem steingepflasterten Hof verursachten, mußte uns der Hausherrin schon angekündigt haben, denn sie stand bereits mit einem strahlenden Lächeln in der Tür und hieß uns willkommen – auf ukrainisch! Für mich klang es, als hätte sie ihre Sätze einzig zu diesem Zweck einstudiert. Leider war dies, wie ich bald begriff, aus einem Irrtum heraus geschehen: Sie hatte unsere Bolschewiken zunächst für Ukrainer gehalten.

Noch vor kurzem war die Gegend, in der wir uns hier befanden, Schauplatz von Truppenbewegungen und heftigen Kämpfen gewesen, und unsere roten Weggefährten wiesen in der Tat, da sie keine Uniformen trugen, eine täuschende Ähnlichkeit mit den Soldaten Petljuras auf.

Um die Ärmste davor zu bewahren, sich durch dieses Mißverständnis weiter in Gefahr zu begeben, trat ich rasch auf sie zu, tat, als fragte ich nach der Toilette und flüsterte ihr ins Ohr: »Es sind Bolschewiken, hüten Sie sich ...« Sie erbleichte und sprach jetzt auf russisch weiter, wobei sie ihr Lächeln vervielfachte. Sobald sie aber konnte, entfloh sie in die Küche, wohin ich ihr wenig später folgte.

Dort stand zu meiner größten Überraschung ein reichgedeckter Tisch, dessen Überfluß mir nach dem dürftigen Mahl der letzten Etappe wie ein Wunder erschien. Bevor wir auf andere Themen zu sprechen kamen, setzte ich sie über meine Lage in Kenntnis, um mir ein Nachtlager in ihrer Nähe zu sichern.

Noch ganz erschüttert von der gefährlichen Dummheit, die ihr vorhin unterlaufen war, dankte sie mir für mein rasches Eingreifen und versprach, mich in einem abgelegenen Winkel ihres Hauses unterzubringen. Dann fragte sie mich nach den jüngsten Ereignissen, und ich erzählte ihr das wenige, das ich wußte. Ihrerseits erklärte sie mir nun die Ursache ihres Irrtums: Vor weniger als vierundzwanzig Stunden hatte sie ein ganzes Heer von Ukrainern in ihrem Haus beherbergt. Die Speisen auf dem Tisch waren die Reste des Festmahls vom Abend zuvor.

Wir sprachen bereits mit gesenkter Stimme und einem ständigen Blick zur Tür, aber um noch sicherer zu gehen, flüsterte ich ihr ins Ohr: »Und wo sind die Ukrainer jetzt?« »Ich habe keine Ahnung. Ich weiß ja nicht einmal, wer hier gegen wen kämpft.« »Warum sind Sie hiergeblieben?« »Weil das alles, für uns jedenfalls, wie ein Blitz aus heiterem Himmel kam und es keine Fluchtmöglichkeit mehr gab. Unsere Kinder sind in Kiew, seit Monaten warten wir auf Nachricht von ihnen. Hier, in Studeniza, sahen wir sie nacheinander alle vorüberziehen: Deutsche, Österreicher, Polen, Ukrainer ... Nur die Bolschewiken fehlten uns noch.«

»Und wie kam es, daß Sie sich so reich mit Lebensmitteln versorgen konnten? Das Land scheint doch wie ausgezehrt.«

»Das waren Petljuras Leute ...«

»Das wird Ihnen heute abend von Nutzen sein …«

Da die Frau des Popen sich am Abend zuvor für die Ukrainer mächtig angestrengt hatte, gab es in der Tat ein hervorragendes Diner. Die Erinnerung an diesen Abend ist mir über die Jahre lebhaft im Gedächtnis geblieben, als ein fremdartiges und farbenprächtiges Bild. Vom ersten Augenblick an und entgegen aller Logik entstand eine Atmosphäre rund um den Tisch, die man nur als herzlich und freundschaftlich bezeichnen konnte. Es war, als hätte jeder einzelne im Bedürfnis nach einer Ruhepause die Sorgen auf den nächsten Tag verschoben.

Der Wojenn-Kom strahlte und aß mit gesundem Appetit, er lobte die Hähnchenpastete, übergoß seine Warenki – eine Art russischer Ravioli mit Quark – noch zusätzlich mit saurer Sahne und kostete ausgiebig von den marinierten Champignons. Die ukrainische Wurst war die ganze Wonne des Kom-Bat, und der Doktor langte zwischen unzähligen Gläsern Wodka bei jeder der Speisen tüchtig zu. Der Kommandant wandte sich mit Komplimenten an den Hausherrn und dankte ihm für seine großzügige Gastfreundschaft. Der Pope wiederum nahm den Dank mit Freude entgegen, allerdings ohne sich ein Wort über den Ursprung dieses Überflusses entlocken zu lassen. Vom Kommissar dazu gedrängt, fing Skrinnik an, Geschichten zu erzählen. »Hören Sie gut zu«, sagte Renski in vertraulichem Ton zu mir, »Sie können dabei viel über den Geist und die Seele des russischen Volkes erfahren!«

»Kennen Sie die Geschichte mit Peter dem Großen und dem Floh?« fragte der Kom-Bat. Es lag auf der Hand, daß er sie erzählen wollte, die Frage hatte er nur der Form halber gestellt. »Die kennt doch jeder«, brummte der Doktor, dem jeder Sinn für Humor abging.

»Erzählen Sie schon!« rief der Kommissar. »Der Genosse Doktor ist selber schuld, wenn er sich nicht dafür interessiert!«

»Also gut«, begann Skrinnik. »Wie Sie vermutlich wissen, war Peter der Große ein Freund der Technik. Und um ein technisches Handwerk zu erlernen, reiste er oft nach Amstredam in Deutschland.« »Amsterdam«, korrigierte ihn Michaltschenko. »Und Amsterdam ist, dies nur zu Ihrer Information, die Hauptstadt von Holland.«

»Schon möglich«, meinte der Kom-Bat unbeirrt. »Er fuhr jedenfalls dahin, um Maschinen zu bauen.« Der Doktor zuckte nur noch mit den Achseln, griff aber nicht mehr ein. Statt dessen wandte er seine Aufmerksamkeit dem Wodka zu.

»Und dann? Und dann?« drängte Renski. »Wieder in Rußland, verfiel der Zar in so grüblerische Gedanken, daß er keinen Schlaf mehr fand. Wie war es nur möglich, daß diese Teufel von Deutschen ein solches Geschick entwickelt hatten? Und war es denkbar, daß die Russen ähnlich komplizierte Maschinen herstellen konnten? Das raubte dem Zaren den Schlaf. Und eines Tages, es war der Geburtstag des Zaren ...«

»Ha ha ha!« unterbrach Renski ihn, »das dichten Sie aber dazu! Ist ja egal, machen Sie weiter!«

»Nun gut. An diesem Tag also empfing der Zar den Besuch von dem Minister seines Cousins, des Königs von Preußen. Dieser Minister überreichte ihm ein Gastgeschenk, das der König mitgeschickt hatte. Es war ein goldenes Döschen. Der Zar öffnete es und sah, daß die Dose leer war! Schon glaubte er an einen dummen Scherz und wollte seinem Ärger Luft machen, als der preußische Minister sich verneigte und sprach: ›Möge Seine Majestät doch etwas genauer hinsehen! Ganz unten in der Dose ist noch etwas.‹ Als der Zar sie jetzt aufmerksamer betrachtete, sah er einen stählernen Floh auf einem winzigen Samtkissen sitzen. Als er ihn berührte, sprang der Floh in die Luft und setzte sich auf den Ärmelaufschlag seines Kaftans. ›Donnerwetter‹, rief der völlig verblüffte Zar, ›das sind mir vielleicht Tricks! Wie haben diese Teufel es nur geschafft, einen Floh aus Stahl zu konstruieren, einen Floh, wie er leibt und lebt und der genauso gut springen kann?‹

Er war so überwältigt und so neidisch auf die Deutschen, daß sich seine Stimmung immer mehr verdüsterte. Nach ein paar Tagen hielt er es nicht mehr aus, und er ließ seine Handwerksmeister kommen, um ihnen den deutschen Floh zu zeigen. Der Schmied prüfte ihn eingehend und sagte dann: ›Seine Majestät braucht sich keine Sorgen zu machen. Seine Majestät möge mir den Floh für drei Tage anvertrauen. Ich verbürge mich mit meinem Leben dafür.‹ ›Gut‹, sprach der Zar, ›nimm ihn mit.‹ Nach drei Tagen kam der Schmied zurück und überreichte dem Zaren, nachdem er ihn mit einem Kniefall bis zum Boden begrüßt hatte, die goldene Dose. Der Zar öffnete sie und sah hinein: Neben dem deutschen Floh saß ein zweiter, dem ersten völlig gleich. ›Oh!‹ rief der Zar aus. ›Es ist dir gelungen, den gleichen Floh noch einmal anzufertigen!‹ ›Nein‹, erwiderte der Schmied, ›nein, Eure Majestät, es ist nicht der gleiche.‹ Da sah sich der Zar den Floh genauer an: Der Neue war an den vier Füßen beschlagen!«

»Haha!« lachte der Kommissar, »ich liebe diese Geschichte, und Sie erzählen Sie sehr gut, auch wenn Sie sie auf Ihre Art etwas ausgeschmückt haben. Und womit hat Peter der Große den Schmied belohnt?«

»Das weiß ich nicht. Vermutlich hat er ihn zum Grafen gemacht.« Renski lachte jetzt noch lauter: »Graf von Floh! Seine Nachfahren wußten sicher nicht, wie man stählerne Flöhe fabriziert, aber Grafen sind sie bis heute!«

»Und hier noch eine Geschichte, die in einem Bahnhofsrestaurant spielt«, verkündete Skrinnik, offensichtlich von seinem Erfolg beflügelt. »Also, zwei Reisende, ein Russe und ein Jude, steigen aus dem Zug und gehen ins Restaurant, um sich zu stärken. Beide bestellen sie einen gebackenen Fisch. Als der Ober sie nebeneinander auf einer Platte bringt, stellen die beiden fest, daß sie von ungleicher Größe sind: Der eine ist groß, der andere klein. Der Jude bedient sich als erster und nimmt den großen Fisch. Das nimmt der Russe ihm übel und bemerkt in scharfem Ton: ›Wenn ich mich an Ihrer Stelle befunden und mich als erster hätte bedienen dürfen, dann hätte ich den kleinen Fisch genommen und den großen meinem Tischnachbarn überlassen.‹ Der Jude hebt unbeeindruckt die Schultern und sagt: ›Aber Sie haben ihn doch, den kleinen Fisch, was beklagen sie sich?‹«

Renski lachte laut los, brach aber plötzlich jäh ab. »Das ist eine rassistische Geschichte und gar nicht so komisch. Das sollten Sie sich klarmachen, Genosse Kom-Bat!«

Skrinnik starrte ihn fassungslos an, er konnte einfach nicht begreifen, was an seiner Geschichte rassistisch sein sollte. Doch hatte die Reaktion des Kommissars ihn so verstört, daß er keine weiteren Geschichten mehr zum Besten gab.

Diese Nacht verbrachte ich in einer Abstellkammer auf einem

großen, mit alten Teppichen belegten Kabinenkoffer. Da sich die Tür nicht verriegeln ließ, blockierte ich sie mit dem Koffer, aber niemand versuchte, mich zu überfallen; und so schlief ich fest und friedlich.

Kitajgorod war eine schöne, völlig weiße Stadt, die hoch oben über einer Felsenschlucht lag. Hier drängten wir ausnahmsweise nicht dem Pfarrer, sondern dem Gemeindearzt, Dr. Krassin, unseren unerwünschten Besuch auf.

Der Arzt und seine Frau, auch sie war Medizinerin, begrüßten uns herzlich, ohne uns etwas vorzujubeln oder Komödie zu spielen. Ihr Empfang war schlicht, natürlich und würdevoll.

Da die beiden völlig von unserer Ankunft überrascht wurden, hatten sie nichts Besonderes anzubieten. Deshalb beschloß unser Gastgeber, eine Runde durch die Läden zu machen. Aufgrund seiner guten Beziehungen zu den Kaufleuten konnte er damit rechnen, ein paar Lebensmittel aufzutreiben. In der Zwischenzeit holte seine Frau sämtliche Flaschen hervor, die ihr verblieben waren, was Renski sehr für sie einnahm.

Als ich sie nach dem Badezimmer fragte, zeigte sie mir selbst den Weg. Anstatt mich aber dort allein zu lassen, zog sie die Tür rasch hinter uns zu und fragte mich unumwunden, wer ich sei und warum ich in Gesellschaft dieser Soldaten reise. So erzählte ich ein weiteres Mal meine Geschichte, der sie mit lebhaftem Interesse lauschte, als handelte es sich um einen Kriminalroman.

»Wenn ich Sie recht verstanden habe, dann sind Sie beide Gefangene, ohne danach auszusehen«, folgerte sie und betrachtete mich mit sichtlicher Sympathie. »In zwei Tagen aber, mein liebes Kind, werden Sie das Gebiet militärischer Operationen erreicht haben. Und was wird dann mit Ihnen geschehen?«

Ich erklärte ihr, daß wir uns bei den ärztlichen Versorgungsstellen der Nachhut melden sollten, wüßten aber nicht, wo diese seien.

»Was für Versorgungsstellen? Und was für eine Nachhut? Das kommt mir alles sehr verdächtig vor. Und wenn Sie meine Meinung hören wollen, dann laufen Sie weg, bevor es zu spät ist. Ihr Kommissar mißfällt mir außerordentlich, es war Abscheu auf den ersten Blick. Ihr Schicksal liegt mir sehr am Herzen. Zählen Sie auf uns, wenn es nötig sein sollte, wir können Sie beherbergen, Sie verstecken. Nein, nein, danken Sie mir nicht, das ist ganz selbstverständlich, und ich kann mich gut in Ihre Mutter hineinversetzen. Aber jetzt sollten wir wieder zu den ›Genossen‹ zurück, es wäre nicht gut, wenn sie uns für Verschwörer hielten.«

Der Vorstoß des Doktors war von Erfolg gekrönt gewesen, uns wurde eine ausgezeichnete Mahlzeit vorgesetzt. Nicht minder erfolgreich war Krassins Kollege gewesen: Michaltschenko hatte sich mit zwei Litern Alkohol eingedeckt. Das Rezept, nach dem er verfuhr, war recht einfach: Fügte man dem reinen Alkohol kochendes Wasser hinzu, entstand eine Art Wodka, der durchaus trinkbar sein mußte – zumindest nach den von unserem Arzt konsumierten Mengen zu urteilen. Nachdem Frau Krassin ihm eine ganze Weile bei seinem einsamen Gelage zugesehen hatte, bemerkte sie in aller Offenheit: »Lieber Kollege, ich rate Ihnen, sich zu mäßigen. Wenn nicht, werden Sie ein schlimmes Ende nehmen.« »Das habe ich bereits«, erwiderte Michaltschenko traurig. »Schlimmer kann es gar nicht kommen.«

»Ich verstehe Sie nicht!« rief Renski. »Da nehmen Sie an den großen historischen Ereignissen unseres Vaterlandes teil, sind nützlich, ja unersetzlich, und dabei in einer so düsteren Stimmung, als folgten Sie einem Trauerzug!«

Auf Renski übte der Alkohol die entgegengesetzte Wirkung aus: Unter seinem Einfluß konnte der Kommissar eine lärmende Jovialität entfalten und für kurze Zeit sogar seine unselige Rolle vergessen.

Der Kommandant wiederum trank in Maßen und hütete sich, die Kontrolle über sich selbst zu verlieren. Im Bewußtsein seiner Verantwortung, wollte er sich nicht kompromittieren. Seinem Beispiel folgend, blieb auch der Kom-Bat stets nüchtern. Wenn er sich auch vor dem Kommissar fürchtete, so empfand er Schwetz gegenüber nichts als den größten Respekt.

Unsere Gastgeberin ließ sich durch die Gegenwart ihrer bewaffneten Tischgenossen nicht im mindesten einschüchtern. Ich zuckte innerlich zusammen, als sie mit einem Mal unverblümt erklärte, die kommunistischen Ideen in keiner Hinsicht teilen zu können.

Die Monarchie, sagte sie, sei für Rußland die beste Regierungsform.

Anstatt sie nun aber auf der Stelle zum Schweigen zu bringen, wie es seine Pflicht gewesen wäre, rief Renski überraschenderweise nur hochtrabend aus: »Jedem seine Meinung! Aber Sie werden die Ihre noch ändern, das sage ich Ihnen voraus. Die Zukunft gehört uns!« »Vielleicht«, erwiderte Frau Krassin. »Nur wäre das nicht zum Wohle Rußlands.«

Dann hob man die Tafel unvermittelt auf, weil Kommandant Schwetz darauf drängte, den Marsch so schnell wie möglich fortzusetzen. Alles ging derart schnell, daß ich keine Gelegenheit mehr fand, mit Frau Krassin unter vier Augen zu sprechen. Ihr herzlicher Händedruck aber und der Ausdruck auf ihrem Gesicht bestätigten mir, mit welch guten Gedanken sie Emmanuels und meinen Weg begleitete.

Der Aufstieg war lang und mühselig. Die Pferde strauchelten ständig auf der unebenen, zerfurchten und mit Steinen übersäten Straße. Unter der brennenden Sonne lastete eine schwüle, reglose Luft schwer auf uns. Ich saß allein in einer Kalesche und dachte nach. Alles in allem schien mir unsere Situation weniger dramatisch, als ich bei unserer Zwangsrekrutierung zunächst befürchtet hatte. Momentan stand alles zum Besten, und der Kommissar machte nicht einmal den Versuch zu einem seiner sonderbaren, stets mit Drohungen verbundenen Annäherungsversuche. Im Gegenteil, seit Tagen schon mimte er mir gegenüber den Kavalier und wurde nicht müde, seine Freundschaft zu Emmanuel zu verkünden.

Hatte er gar seine Meinung geändert? Wenn das der Fall war, konnte man die Hoffnung hegen, daß er sich unserer Entlassung nicht widersetzen würde. Die Front befand sich schon in nächster Nähe, die Auseinandersetzungen mit einer feindseligen Bevölkerung nahmen nicht ab; die politische Propaganda beschäftigte ihn mehr und mehr: All das zusammen konnte bei seinem launenhaften Wesen durchaus diesen blödsinnigen Einfall verdrängt haben, der ihm in Wassilki gekommen war. Andererseits mußte man bei einem Menschen von so labilem Charakter die schlimmsten Kehrtwendungen befürchten. Also doch Flucht? Aber zu welchem Zeitpunkt? Ich sagte mir, daß die militärischen Probleme, je näher wir der Front kamen, desto stärker in den Vordergrund rückten und alles andere vergessen ließen. Eines Tages auch uns …

Unterdessen hatte die Kutsche die Hochebene erreicht, und die Pferde wurden angehalten, um sie eine Weile verschnaufen zu lassen. In diesem Augenblick hörte ich hastige Schritte, die sich meinem Wagen näherten. Sekunden später sprang der Kommissar aufs Trittbrett und warf sich mit hochrotem Gesicht, völlig außer Atem und stark nach Alkohol riechend, mit voller Wucht auf den Platz neben mir. »Los, fahren Sie!« rief er dem Kutscher zu, der sofort gehorchte. Und dann, zu mir gewandt: »Ich habe mit Ihnen zu reden. Es geht um Ihr ganzes Betragen, das ich so nicht hinnehmen kann. Sie müssen mir gegenüber liebenswürdiger sein.«

Ich zuckte zusammen. Sollten sich seine Gefühle für mich doch nicht abgekühlt haben? War das alles nur ein Wunschtraum von mir gewesen? »Was meinen Sie mit liebenswürdig, Genosse, ich verstehe nicht recht …«

»Hören Sie auf, mir aus dem Weg zu gehen. Ich bin nicht Ihr Feind, im Gegenteil. Und Sie haben mir auch einiges zu verdanken: Ohne mich hätte man Sie erschossen!«

»Erschossen? Aber wer hatte denn vor, mich zu erschießen, wenn nicht Sie?«

»Was für ein absurder Gedanke! Ich habe Sie verteidigt. Dank meiner Fürsprache hat Ihnen der Revolutionsrat eine Gnadenfrist gewährt. Aber lassen wir das. Mir liegt vor allem daran, Ihnen zu sagen, daß mein Wohlwollen sich nicht darin erschöpft hat. Zu Ihren Gunsten und selbst auf die Gefahr hin, als parteiisch zu gelten, habe ich eine Reihe von Maßnahmen ergriffen. Wissen Sie, daß ich meine Agenten in Wassilki zurückließ? Und wissen Sie auch, warum?«

»Um ein Revolutionskomitee zu bilden. Eben jenes Komitee, das mich, wie Sie sagen, schon verurteilt hat, bevor es sich überhaupt konstituieren konnte.«

»Nun, das sind rein politische Angelegenheiten. Aber davon sprach ich nicht. Vielmehr wies ich meine Agenten an, alle Gegenstände mitzunehmen, die ich für Sie ausgesucht habe.«

»Was für Gegenstände?«

»Alles, was Ihnen das Leben angenehm macht: Ihr Klavier, Ihre Bücher, Ihr Fernglas … Ich dachte, daß es Sie freuen würde, all diese alten Freunde wiederzusehen.«

»Soll das ein Scherz sein?«

»Nein, es ist mir sehr ernst damit. Denn ich will, daß Sie ein komfortables Leben führen.«

»Und wohin bringt man jetzt die ganzen Sachen?«

»Das wird sich bald zeigen. Noch sind wir unterwegs, und das Wichtigste ist, daß wir uns gut verstehen. Ich brauche Sie in meiner Nähe, denn ich habe mich in Sie verliebt.«

Ich versuchte, so leicht wie möglich darüber hinwegzugehen: »Aber hören Sie, Genosse, es ist Krieg! Und wohl kaum der geeignete Zeitpunkt für einen Flirt.«

»Ich wiederhole Ihnen, ich meine es sehr ernst. Ich möchte Sie heiraten.« Damit ergriff er meine Hand und fuhr fort: »Ich glaube zwar nicht an Gott, aber wenn es Ihnen lieber ist, lassen wir uns kirchlich trauen.«

»Aber nein doch, ich will noch gar nicht heiraten. Ich bin erst siebzehn …«

»Und ich zweiundzwanzig. Das paßt wunderbar zusammen.«

Er hielt noch immer meine Hand, die ich ihm trotz meines Widerwillens nicht zu entziehen wagte.

»In ebendieser, in Ihrer Equipage werden wir nach Wassilki zurückfahren und im Schloß wohnen, in Ihrem Schloß …«

»Das Schloß ist, wie Sie selbst verkündet haben, für das Volk requiriert worden.«

»Dann werfen wir eben das ganze Gesindel hinaus. Im übrigen arbeite ich für das Volk und habe darum mehr als jeder andere ein Anrecht darauf. Sie werden meine Adjutantin sein, und zusammen kümmern wir uns dann um das Dorf. Eine herrliche Zeit steht uns bevor!«

Sein absurder Heiratsantrag hatte mir die Sprache verschlagen, ich wußte einfach nicht, was ich sagen sollte. Dann kam mir der Gedanke, daß Renski womöglich am Sieg der Revolution zu zweifeln begann und sich schon jetzt eine bürgerliche Zukunft sichern wollte. Mit meiner Hilfe, die er sich zu erzwingen suchte, indem er seine derzeitige Machtposition voll ausnutzte. Emmanuels und meine Situation, das sah ich in aller Deutlichkeit, konnte sich dadurch nur verschlimmern, und unsere Flucht schien problematischer denn je.

Da ich noch immer schwieg, griff der Kommissar seine Rede wieder auf. »Sie denken gewiß, daß ich ein eingefleischter Kämpfer bin, und ich habe Ihnen ja selbst oft genug gesagt, wie sehr ich das Soldatenleben liebe. Im Grunde meines Herzens aber bin ich ein sehr empfindsamer Mensch, der Liebe und Zuneigung braucht. Ein Nichts kann mich rühren ... Sehen Sie, ich habe noch immer die Worte Ihrer Mutter im Ohr: ›Es gibt einen Gott, vergessen Sie das nicht!‹ Im ersten Augenblick machte mich das so wütend, daß ich sie angebrüllt habe. Heute aber sehe ich sie immer noch mit zum Himmel erhobener Hand auf dem Perron stehen. Glauben Sie, daß sie mir noch böse ist?«

»Was könnte Ihnen das schon ausmachen!«

»Es wäre mir peinlich. Ich möchte schließlich ein gutes Verhältnis zu meiner Schwiegermutter haben.«

Er ließ nicht locker. Trotzdem, ich mußte ihn unbedingt davon abbringen: »Ich glaube kaum, daß dies der richtige Zeitpunkt ist, um Heiratspläne zu schmieden. Wer weiß, ob wir morgen noch am Leben sind?«

»Den Krieg sollten wir den Militärs überlassen. Sprechen wir lieber von uns. Und um damit zu beginnen, sollten wir Du zueinander sagen. Der erste Satz, den ich damit bilde, heißt: Ich liebe dich!«

Mit diesen Worten beugte er sich über mich und zog mich in seine Arme. Hätte ich ihn nicht mit aller Kraft zurückgestoßen, er wäre imstande gewesen, mir seine Lippen auf den Mund zu drükken. Mein Stoß traf ihn so unerwartet, daß er statt dessen fast aus dem Wagen fiel. Ohne zu überlegen sprang ich von meinem Sitz auf und wollte mich schon auf die Straße stürzen, als der Kutscher völlig entsetzt an den Zügeln riß und die Kalesche mit einem fürchterlichen Ruck zum Stehen brachte.

»Vorsicht, Fräulein!« schrie er aus Leibeskräften. »Sie stürzen sich zu Tode!«

Ich schlug rücklings zu Boden, und als ich aufsah, stand der

Kommissar über mir auf dem Trittbrett und betrachtete mich, zitternd vor Wut: »So also lautet Ihre Antwort! Nun, man wird sehen, wohin Sie das führt!«

Sobald sich der Kutscher vergewissert hatte, daß der Kommissar abgezogen war, warf er mir einen mitleidigen Blick zu und trieb die Pferde wieder an. Die finstersten Gedanken quälten mich. Soviel stand fest: Ich war außerstande, ein erträgliches Verhältnis zu Renski aufrechtzuerhalten, ohne dabei meine Sicherheit aufs Spiel zu setzen. Die Flucht war dringlichst geboten, gleich, mit welchen Gefahren dies auch immer für mich verbunden war.

Zunehmend von militärischen Aufgaben in Anspruch genommen, hatte Kommandant Schwetz andere Probleme zu lösen als die meiner Beziehung zu seinem politischen Kommissar. Und Doktor Michaltschenko war nur selten greifbar und mit seinen Gedanken meist irgendwo in den Wolken.

Meine trüben Gedanken führten mich fast zwangsläufig nach Wassilki zurück: Was war dort seit unserer Abreise geschehen? Waren Serpuchow und Akulkin immer noch da? Wie hatten sie Mama behandelt? Schwebte sie in Gefahr? Und saß Papa immer noch im Gefängnis?

Um die Pferde zu tränken, hielt unsere Karawane auf dem Marktplatz eines kleineren Fleckens an. Ich nutzte die Gelegenheit, Emmanuel zu suchen. Der erste aber, dem ich begegnete, war der Kommandant; eigentlich hatte ich ihn für abwesend gehalten.

»Ah, da sind Sie ja«, sagte er, »ich habe Sie schon gesucht. Was haben Sie bloß dem Kommissar getan? Er ist ganz außer sich. Ich sagte Ihnen doch, wie vorsichtig Sie sein müssen.«

Nachdem ich ihm den Vorfall geschildert hatte, zuckte er mit den Achseln: »Wenn ich nur wüßte, wie Sie da wieder herauskommen. Sie müssen im Augenblick sehr auf der Hut sein, er wird Sie überwachen.«

Je mehr wir uns Galizien näherten, desto verheerender machten sich die Folgen von Krieg und Revolution bemerkbar. Osarensi, ein großes, vormals blühendes Dorf, war zur Hälfte abgebrannt und lag wie ausgestorben da. Auch das weitläufige, düstere Gebäude im Zentrum des Dorfes, die ehemalige Kaserne für den Grenzschutz, schien verlassen. Allerdings hatte der Kommandant von seinen Boten die Auskunft erhalten, daß der Priester und seine Familie darin wohnen würden.

Als sich auf unser wiederholtes Klopfen nichts rührte, versuchte Skrinnik, das Türschloß mit Gewalt zu öffnen, indem er einen dikken Nagel hineinschlug. Die Tür gab nach, wir traten ein und befanden uns in einem dunklen Flur. Zu beiden Seiten standen Türen offen, und wir blickten in nichts als leere, mit Staub und Abfällen übersäte Zimmer.

Nur eine der Türen war verriegelt, und hinter ihr mußte sich der Priester mit seiner Familie versteckt halten. Der Kom-Bat schlug mehrmals dagegen, aber ohne Erfolg.

»Lassen Sie es gut sein«, sagte der Kommandant. »Es kommt doch nichts dabei heraus. Und wenn schon, es spielt keine Rolle.«

Renski hätte gewiß nicht so rasch aufgegeben, doch seit der Szene in der Kutsche war er verschwunden.

»Kommen Sie«, sagte Schwetz zu Skrinnik, »wir haben keine Zeit zu verlieren.« Damit entfernten sich die beiden mit raschen Schritten, ohne auch nur einen Blick auf uns zu werfen.

In der Ortschaft wimmelte es von Soldaten, soweit man sie unter den vielfältigsten, abenteuerlichsten Kostümen überhaupt als solche identifizieren konnte. Mit Bündeln und Säcken beladene Karren verstopften sämtliche Straßen.

»Ich glaube, daß sich niemand mehr für uns interessiert«, sagte Emmanuel. »Und wenn wir sofort fliehen?« »Nein, nein, das wäre unklug. Wir wissen ja nicht, was sich im Kopf des Kommissars zusammenbraut. Und mit Sicherheit werden wir überwacht.«

Wir gingen durch ein schmales Gäßchen, das in mehrfacher Windung zwischen den Zäunen entlangführte, vorbei an schweigenden Häusern und verlassenen Höfen. Keine Menschenseele weit und breit, kein Hund, nicht einmal ein Huhn oder eine Gans waren zu sehen. Bald waren wir außerhalb des Dorfes angelangt und von weiten, menschenleeren Feldern umgeben. Ich erzählte Emmanuel von dem jüngsten Übergriff des Kommissars und von meinem kurzen Gespräch mit dem Kommandanten.

»Du siehst«, bemerkte Emmanuel, »ich habe recht gehabt. Dieser Verrückte wird uns nicht aus den Krallen lassen.«

»Aber du hast wenigstens das Glück, ihm zu gefallen.«

»Du gefällst ihm noch besser.«

»Ach komm, du weißt doch, was ich sagen will. Dich wird er gehen lassen. Wütend ist er nur auf mich.«

»Glaubst du wirklich an seine Zuneigung zu mir? Das war doch alles bloß gespielt. Jedenfalls pfeife ich darauf.«

»Seit wir die Grenze erreicht haben, ist der Kom-Polk auch nicht mehr derselbe. Und was den Doktor betrifft ...«

Wir setzten uns auf eine Anhöhe, von der aus man das Dorf, die Wälder dahinter, den Steilhang einer Schlucht sowie schier endlose Mais- und Weizenfelder überblicken konnte. Um uns in der Gegend orientieren zu können, suchten wir sie mit den Augen ab und prägten uns ein paar markante Punkte ein. Dabei bemerkten wir einen alten Bauern, der unter einem Apfelbaum am Straßenrand saß. In der Hoffnung, mit ihm ins Gespräch zu kommen, kletterten wir den Abhang hinunter und setzten uns zu ihm. Doch der Alte erwies sich als äußerst mißtrauisch, er musterte uns mit feindseligem Blick. Emmanuel bot ihm Tabak an und versicherte ihm, daß wir harmlose Spaziergänger seien, ohne jeden Kontakt zu den Militärs der einen oder anderen Seite.

Am Ende hatten wir den Alten so weit, daß er uns glaubte und uns sogar Schwarzbrot und eine Zwiebel anbot. Jetzt, nachdem das Eis gebrochen war, rückte er auch mit der Sprache heraus und erklärte uns, der Priester wohne sehr wohl in der Kaserne, öffne aber niemandem die Tür. Er sei erst vor kurzem in den Ort gekommen, um den alten Priester zu ersetzen, der ermordet worden sei.

»Ermordet?« rief ich entsetzt.

»Ja doch ... Es war an einem Sonntag, und Vater Anton zelebrierte eben die Messe, als die Banditen kamen. Mein Wort darauf, daß wir bis heute nicht wissen, wer sie waren. Nur so viel steht fest, daß sie mit Gewehren in der Hand in die Kirche eindrangen. Von Panik ergriffen, rannten die Leute dem Ausgang zu, nur Vater Anton rührte sich nicht, er blieb vor dem Altar stehen, das Kruzifix in den Händen. Da drückten die Banditen alle auf einmal ab, und Vater Anton stürzte, von Kugeln durchsiebt, zu Boden. Diese Elenden schämten sich nicht, über die Leiche hinwegzusteigen und den Altar zu plündern. Sie nahmen das Ziborium mit, die Leuchter und ein in Silber gefaßtes Evangeliar. Nur das Kruzifix fand man später unter der Leiche des Priesters wieder, er hielt es noch fest an seine Brust gedrückt.«

»Und die Banditen?«

»Die haben zwei Tage lang nur gesoffen und die Bevölkerung derart terrorisiert, daß niemand es wagte, die Kirche zu betreten und Vater Antons Leiche herauszuholen. Er blieb vor den Chorschranken liegen, mit dem Gesicht zu Boden. Verstehen Sie jetzt, weshalb der neue Priester so mißtrauisch ist?«

»Und warum lebt er in dieser Kaserne?«

»Das Pfarrhaus ist noch immer versiegelt. Vater Anton war ein alter Mann, der allein lebte. Seine Angehörigen aufzufinden, ist in der gegenwärtigen Zeit nicht einfach.«

Als wir zur Kaserne zurückkehrten, trafen wir niemanden an. Die Soldaten hatten die Kutschen für die Nacht eingestellt und die Pferde mitgenommen. Im Dorf selbst herrschte ein noch regeres Leben als zuvor, und die mit Menschen und Gütern voll bepackten Karren blockierten die gesamte Straße.

Daß man die Pferde der Bauern beschlagnahmte, gehörte in dieser Zeit zu den übelsten und verheerendsten Maßnahmen. Die Bauern selbst mußten tagelang alles Erdenkliche in ihren Fuhrwerken durch die Gegend transportieren, von den Truppen bis zur Beute von deren Raubzügen. Dies alles geschah ohne jegliche Entschädigung, und im ärgsten Fall liefen die Ärmsten auch noch Gefahr, daß sie zu guter Letzt den Militärs ihre Fahrzeuge überlassen und zu Fuß nach Hause zurückkehren mußten. Ganz zu schweigen von ihren Höfen, die sie unbewacht und unbestellt hatten zurücklassen müssen.

»Ich glaube nicht, daß wir unseren Genossen sonderlich fehlen werden, wenn wir uns für diese Nacht ein Privatquartier suchen«, sagte Emmanuel. »Diese Kaserne, die in alle Himmelsrichtungen offensteht, sagt mir überhaupt nicht zu. Ich habe den Kommandanten schon gebeten, uns bis morgen früh zu beurlauben.«

Wir machten uns also auf den Weg, unsere Vorgesetzten von unserem Vorhaben zu benachrichtigen. Wir trafen allerdings nicht den Kom-Polk, sondern nur den Kom-Bat an, der uns sichtlich nervös zuhörte.

»Gehen Sie, wohin Sie wollen! Niemand braucht Sie jetzt. Und Sie können auch ganz sicher sein«, fügte er mit einem kurzen, spöttischen Lächeln hinzu, »Renski ist auf einer Inspektionstour.«

Anschließend gingen wir von Tür zu Tür. Wir klopften, wir riefen, wir brachten alle unsere Argumente vor, doch ohne Erfolg: Keine der Türen öffnete sich. Mutlos geworden, kehrten wir zur Kaserne zurück, wo ich mit einer solchen Ausdauer an die Tür des Priesters klopfte, daß sie sich schließlich doch einen Spaltbreit öffnete. Ein bleiches und besorgtes Gesicht tauchte in der schmalen Öffnung auf. »Ich kann Sie nicht empfangen«, sagte eine harte Stimme.

»Wir bitten Sie auch nicht, uns zu empfangen, Vater, sondern uns lediglich zu sagen, wohin wir gehen können. Nennen Sie uns einen Speicher, eine Scheune vielleicht ... Irgendeinen Ort, wo wir die Nacht verbringen können.«

»Warten Sie ...« Nach kurzer Zeit ging der Türspalt wieder auf. »Gehen Sie zur Sakristei. Und morgen früh schließen Sie bitte die Tür hinter sich zu und legen diesen Schlüssel unter den Stein.« Ein Schlüssel fiel uns vor die Füße, die Tür schlug zu, und der Riegel wurde wieder vorgeschoben.

Wir warteten den Einbruch der Dunkelheit ab, um uns dann heimlich zur Seitentür der Kirche zu schleichen, die zur Sakristei führte. Dort tasteten wir uns zögernd voran, entdeckten aber dank Emmanuels Feuerzug eine dicke Wachskerze auf einem Leuchter. In einer Ecke lagen Strohsäcke, an den Wänden standen Bänke aufgereiht. Und so konnten wir in einem unverhofften Komfort unser Nachtlager aufschlagen. In der Stille und dem Frieden der alten Kirche verströmte die leise flackernde Kerze einen milden Honigduft.

Schon bei Tagesanbruch waren wir wieder auf den Beinen. Wir

verließen unseren Zufluchtsort und trafen den Marktplatz in brodelnder Erregung an. Bis an die Zähne bewaffnete Soldaten sattelten ihre Pferde, machten sich an den Karren zu schaffen, waren bald hier, bald dort. Wie durch einen bösen Zauber hatte sich die Atmosphäre völlig verwandelt: Das war nicht mehr das uns mittlerweile schon vertraute Durcheinander eines Bürgerkriegs, das war schlichtweg Krieg.

Unsere Kutschen, bereits angespannt und in Reihen aufgestellt, signalisierten den unmittelbar bevorstehenden Aufbruch. Kommandant Schwetz hatte sich von Strohhut und offenem Hemd getrennt und eine Khakiuniform mit einem quer über die Brust geschnürten Patronengürtel angelegt. Von Soldaten umringt, nahm er unsere Anwesenheit nicht einmal wahr und bemerkte uns erst, als er in seine Kalesche stieg. »Ah, da sind ja die Kinder! Steigen Sie in den Wagen des Kommissars, denn der ist für ein paar Tage nicht da.«

In Renskis Kutsche saßen bereits drei Soldaten, deren Khaki-Hemden mit der Zahl 363 in roter Tinte gekennzeichnet waren und die demnach zu unserem Regiment gehörten. Bei meinem Anblick konnten sie ihre Überraschung kaum verhehlen. Und so fragte einer der drei: »Wie, Sie kommen mit uns, Genossin Fräulein …? Haben Sie denn keine Angst vor Kanonen?«

Sie rückten zusammen, um uns Platz zu machen. Dann setzte sich die Kutsche in Bewegung.

»Aber sagen Sie doch«, insistierte der Mann, »was und wohin Sie eigentlich wollen.« Ein anderer zupfte ihn am Ärmel: »Kapierst du denn nicht?«

Ich spürte, wie mir das Blut in die Wangen stieg. »Es war auf Befehl des Kommandanten …«, stotterte ich.

»Donnerwetter! Der verliert keine Zeit!« Sie brachen in Gelächter aus. »Sollten Sie einmal Lust auf Abwechslung haben … denken Sie an mich!« kicherte der eine.

»Und der da, wer ist das?« fragte ein anderer und zeigte auf Emmanuel. »Mein Bruder.« Jetzt lachten sie noch lauter. »Dann bin ich Ihr Patenonkel!«

»Meine Schwester ist Mitarbeiterin des Wojenn-Kom des Regiments«, sagte Emmanuel mit fester Stimme.

»Des Wojenn-Kom?« rief der Soldat, jetzt in merklich anderem Ton.

»Jawohl, des Wojenn-Kom Renski. Er hat meine Schwester für politische Aufgaben verpflichtet.«

Die drei Männer verstummten, ohne ihr Unbehagen verbergen zu können. Ich wollte schon von der medizinischen Abteilung und von Dr. Michaltschenko sprechen, um die zwielichtige Rolle, in die Emmanuel mich hineingedrängt hatte, weit von mir zu weisen. Aber ich hatte gar keine Zeit mehr dazu, denn Emmanuel war schon dicht an meinem Ohr und flüsterte mir auf französisch zu: »Sei still …«

Endlich ging mir ein Licht auf: Im Schatten des Kommissars war ich von einer unangreifbaren Immunität, und meine Person gab keinen Anlaß mehr für Spötteleien, sondern flößte im Gegenteil Angst ein. Ohne jeden Versuch, Emmanuels Behauptung durch Nachfragen zu prüfen, legten die Soldaten sofort ein anderes Verhalten an den Tag: Sie sprachen in einem freundschaftlichen, zuweilen gar unterwürfigen Ton mit mir. Das kostete sie nichts, und klüger war es auch. Und so waren uns der Kommissar und sein übler Ruf zum erstenmal von Nutzen – ausgerechnet in einem Augenblick, wo wir selbst den Kopf in der Schlinge hatten!

Um die Mittagszeit erreichten wir Sagorjany, eine kleine, von Truppen, Artillerie und Militärkolonnen überfüllte Grenzstadt. Männer in zerknitterten Uniformen und Kostümen jedweder Art, bärtige Veteranen und Milchgesichter, Reiter mit Pferden aller Rassen, ratlose Bauern mit ihren Karren – das ganze chaotische Sammelsurium der Roten Armee hatte die Ortschaft in ein riesiges Militärlager verwandelt.

Unsere Kutsche hielt vor einem Hotel, das sich trotz schlimmster Schäden noch einen Hauch seiner ehemaligen Größe und Eleganz bewahrt hatte. In den verwüsteten Zimmern standen die Türen offen, zerschlagene Möbel lagen über die Böden verstreut. Sämtliche Zimmer zur Straße hin waren vom Generalstab belegt. Im ehemaligen Ehrenhof drängten sich Pferde und Fuhrwerke.

Es war völlig aussichtslos, in diesem Durcheinander nach Befehlshabern zu suchen und sie um Direktiven zu bitten. Und da unsere eigenen Offiziere sich nunmehr äußerst selten und meist nur von Ferne blicken ließen, blieb uns nur der eine Weg, der eigenen Initiative zu vertrauen. Wir hatten auch das Glück, an der Rückseite des Hauses noch unbelegte und sogar mit ein paar Möbeln ausgestattete Zimmer zu finden.

Im Hof, wo man eine Art Kantine eingerichtet hatte und Lebensmittel verteilte, drängten sich die ausgehungerten Soldaten, und auch Emmanuel mischte sich ins Gewühl. Am Ende gelang es ihm, Brot und ukrainische Wurst zu ergattern.

Auch die neuesten Nachrichten brachte er mit: Die Polen setzten ihren kampflosen Rückzug fort, und die Roten Truppen hatten bereits die Grenze überschritten. Unser Regiment sollte den Marschbefehl abwarten und bis dahin in Sagorjany stationiert bleiben.

Die Entscheidungen, die uns persönlich betrafen, erfuhren wir aus dem Mund des Kommandanten. In Sagorjany habe ein Kriegsrat stattgefunden, in dessen Verlauf er, Schwetz, auch die Frage aufgeworfen habe, was mit den Hilfskräften geschehen solle, die seinem Regiment unterstünden. Er hatte hinzugefügt, daß diese Hilfskräfte praktisch arbeitslos und völlig überflüssig seien. Überdies habe es Doktor Michaltschenko kategorisch abgelehnt, unqualifizierte Mitarbeiter in seiner Dienststelle zu beschäftigen. Auch der Plan, von dem während der Stationierung des Regiments im Hinterland die Rede gewesen sei, nämlich eine Schule für Soldaten einzurichten, sei zum gegenwärtigen Zeitpunkt, da man sich bereits im Kampfgebiet befinde, nicht zu realisieren. Da nun das Personal, das zu diesem Zweck verpflichtet worden sei, diese Dienste nicht versehen könne, habe er um ihre Entlassung gebeten.

Außerdem, so habe er vor dem Kriegsrat hinzugefügt, zwinge ihn die Sorge um die Aufrechterhaltung der Disziplin, in aller Deutlichkeit darauf hinzuweisen, daß die Anwesenheit einer Frau in der Armee – eine Situation, für die er im übrigen nicht im geringsten verantwortlich sei – ein schlechtes Beispiel darstelle, das sich die Soldaten zum Vorbild nehmen könnten.

Da der Kommissar an der Sitzung nicht teilgenommen hatte, waren die Ausführungen des Kommandanten zunächst einstimmig gebilligt worden. Doch kaum hatte Renski von der Entscheidung des Rats erfahren, als er auch schon schärfsten Protest einlegte. Die von der politischen Abteilung vollzogenen Handlungen, erklärte er, hätten nichts mit der Militärverwaltung zu tun, folglich seien die von ihm verpflichteten Personen auch nicht vom Kommandanten abhängig. Über sie zu verfügen sei allein den politischen Stellen vorbehalten. Die Gründe zu nennen, die zum Engagement besagter Hilfskräfte geführt hatten, hielt der Kommissar nicht für notwendig.

Unter dem Eindruck dieser harschen Zurechtweisung war Schwetz und seinen Genossen nichts weiter übriggeblieben, als sich zu fügen. Doch das Verhältnis zwischen ihm und dem Kommissar war von diesem Tag an derart vergiftet, daß der Kom-Polk schon um seine eigene Karriere zu fürchten begann.

Die folgenden Tage verliefen ohne einen weiteren Zwischenfall. Emmanuel und ich blieben weitgehend uns selbst überlassen. Offensichtlich wurden wir nicht überwacht, und unseren vormaligen Reisegefährten begegneten wir nur noch gelegentlich. Den Kommandanten mochten wir mit unseren Problemen nicht mehr behelligen, um so weniger, als er uns allem Anschein nach aus dem Weg zu gehen schien.

Eines Morgens erregte die Ankunft einer neuen Militärkolonne, die mit einem fremdartigen Geklirr und Geschepper den Hof erfüllte, allgemeine Aufmerksamkeit. Als wir dann zahlreiche Pferdewagen vor der Fassade des Hotels auffahren sahen, erkannten wir auch die Fuhrleute und stellten zu unserer größten Überraschung fest, daß sie allesamt aus Wassilki kamen. Entgegen jeglicher kommunistischen Lehre fühlten wir uns sofort mit ihnen solidarisch. Nichts wäre mir lieber gewesen, als mit ihnen zu reden, doch wagten wir uns nicht in ihre Nähe, um sie nicht unnötig zu kompromittieren.

Dann sah ich mir die Fuhrwerke der Reihe nach an und hätte fast laut aufgeschrien: Die gesamte Fracht stammte aus unserem Herrenhaus. Ich erkannte unseren Eisschrank, der mit den Füßen nach oben direkt neben Mamas Harmonium stand. Das Klavier, das einen ganzen Wagen für sich allein beanspruchte, ähnelte in seiner schrägen Seitenlage einem gekenterten Schiff. Dazu die Bücher, wahllos in offenen Kisten aufgehäuft; die Teppiche, die zusammengerollt als Sitzbänke dienten; die Bilder, übereinandergestapelt und lieblos gegen die Leitern gelehnt ... Das schlimmste Massaker aber hatten die »Transporteure« beim Geschirr angerichtet: Kristall und Porzellan waren ohne jede Verpackung und aufs Geratewohl in Kisten und Kartons geworfen worden – was Wunder, daß man jetzt nur noch einen einzigen Scherbenhaufen sah.

Gewiß, im Angesicht der Massaker, die man in diesen Jahren unter den Menschen anrichtete, zählten die »Morde« an den Dingen, selbst an den teuren und kostbaren Gegenständen, noch zu den geringsten Übeln. Gleichwohl muß ich zugeben, daß sich mir beim Anblick von Mamas Teeservice das Herz zusammenzog. Als Erinnerung an ihre Mutter hatte sie es über die Jahre hin sorgsam gehütet und nur zu besonderen Anlässen benutzt. Diese zierlichen, blauen und so leicht zerbrechlichen Tassen hatten unsere Familienfeste begleitet, und mir schien in diesem Augenblick, als sei mit ihnen auch unsere Vergangenheit in Scherben gegangen.

Da der Kommissar noch immer nicht aufzufinden war, wurde die Liste der geraubten Gegenstände dem Kom-Polk übergeben. Schwetz übersah mit einem Blick den hohen Wert der Beute und ließ ein paar Soldaten kommen, die den Fuhrleuten zur Hand gehen sollten.

Skrinnik, der gern lachte und sich nie das Komische einer Situation entgehen ließ, winkte uns zu sich und bemerkte: »Da ich die Liste nun einmal habe, will ich Sie Ihnen auch vorlesen. Hören Sie gut zu, dann wissen Sie, was Sie der Armee alles zum Geschenk machen.«

Man hatte die Liste auf Papas Schreibmaschine getippt, die sich natürlich gleichfalls in der Sammlung befand. Und da alles gewissenhaft aufgeführt war, erfuhr ich auch, daß sich sämtliche Kleider von mir, von Mama und auch von meinen Schwestern unter den beschlagnahmten Sachen befanden. Für Skrinnik ein Grund mehr, laut loszulachen: »Also wirklich! Ein Krocket-Spiel, ein Schachspiel, das mag ja noch angehen, auch die Bilder und der Leuchter ... Aber Frauenkleider ...! Was wollen wir bloß damit anfangen?«

Der gesunde Menschenverstand des verdienten Soldaten sträubte sich gegen einen solchen Unfug, der die armen Fuhrleute tagelange Arbeit gekostet hatte.

Doch sollte sich an diesem Morgen noch weit mehr ereignen. Nur wenig später wurden wir in das Büro des Kommandanten gerufen, der uns in der Tür stehend empfing. Er schien nervös und sehr in Eile: »Ich muß an die Front«, sagte er. »Zuvor aber möchte ich, daß Sie eines wissen: Man wird Sie verhaften und nach Kamenez-Podolski bringen, um Sie dort der Tscheka zu übergeben. Das ist Renskis Werk, ich kann nichts dagegen tun. Wenn man Sie verhört, sagen Sie die Wahrheit und haben Sie keine Angst. Ich bin sicher, daß man Ihnen glauben wird, und schließlich wird man Sie auch laufen lassen.«

Seine Stimme klang so wenig überzeugend, daß wir den Eindruck hatten, er hätte diese aufmunternden Worte nur zur Beschwichtigung seiner eigenen Befürchtungen gesagt. Dann drückte er uns hastig die Hand und ging rasch hinaus, als fürchtete er, schon zuviel gesagt zu haben. Durch die offenstehende Tür sahen wir ihn in den Sattel springen und durchs Tor verschwinden.

»Wie schön«, sagte Emmanuel, »das könnte also unsere letzte Reise sein.«

Der nächste Akt ließ nicht lange auf sich warten: Zwei bewaffnete Soldaten tauchten auf, um uns zu verhaften. Sie befahlen uns, mit ihnen zu kommen. Ich wollte noch schnell meine Reisetasche holen, die ich in einem Schrank gelassen hatte, aber sie war mir gestohlen worden.

Die Soldaten schoben uns auf einen kleinen, zweirädrigen Karren, wo wir uns auf einen quer darübergelegten Strohsack hockten. Dann setzte sich der eine von ihnen vorn auf das Brett, das als Kutschbock diente, und der andere hinten auf einen Strohballen – und ab ging die Fahrt.

Stunden und Stunden holperte der Karren über die steinige Straße, bis wir völlig durchgerüttelt waren, gepeinigt von der stechenden Sonne, vom Straßenstaub, von Hunger und Durst, wie zerschlagen von den Erschütterungen des elenden, ungefederten Vehikels. Müde und deprimiert, sprachen wir kein Wort miteinander. Wir wußten, was es bedeutete, der Tscheka überstellt zu werden, und daß uns kaum eine Aussicht auf Rettung blieb. Welcher Vergehen beschuldigte man uns? Der Kommissar würde gewiß eine erdrückende Anklageschrift verfaßt haben, die man Wort für

Wort akzeptieren müßte. Dagegen konnte unsere armselige Wahrheit mit Sicherheit nicht ankommen. Würde man uns überhaupt zu Wort kommen lassen? In welcher Version hatte Renski unsere Geschichte wiedergegeben? Und war unsere Inhaftierung lediglich ein Racheakt mir gegenüber, oder verfolgte sie als Machtdemonstration auch den Zweck, den Kommandanten zu demütigen? Soviel war gewiß: Wir würden allein vor unseren kommunistischen Richtern stehen, und allein schon aufgrund der Tatsache, daß wir Kinder von Großgrundbesitzern waren, durften wir mit nichts anderem als einem harten Urteil rechnen.

Der Tag neigte sich bereits, als unser trostloses Gefährt vor dem Tscheka-Gebäude anhielt. Die zertrümmerten Fensterscheiben und das zerschossene Mauerwerk erinnerten daran, was diese Stadt im Lauf der letzten Monate durchgemacht hatte.

Unsere Wächter brachten uns in einen großen, verwahrlosten Raum, dessen Boden mit Zigarettenkippen und Abfällen aller Art übersät war. Männer saßen oder standen an den von Akten überladenen Tischen, andere liefen geschäftig von einem Raum zum anderen. Einer unserer Aufseher übergab dem gleich bei der Tür sitzenden Tschekisten ein versiegeltes Schreiben.

»Gefangene!« verkündete er.

Bevor der Tschekist den Umschlag öffnete, musterte er uns von Kopf bis Fuß. Er schien überrascht: »Weshalb sind Sie angeklagt?« fragte er.

Zum Fürchten sah er nicht aus. Im Gegenteil, er schien mir eher sympathisch. Diese Chance mußten wir nutzen und sein Vertrauen gewinnen. Also sagte ich ihm, daß unsere Angelegenheit vertraulich sei und ob wir ihn um ein persönliches Gespräch bitten dürften.

»Gut«, sagte er, »folgen Sie mir.«

Damit führte er uns in einen Raum, in dem sich außer einem Holzrost, dem tristen Überbleibsel eines türkischen Diwans, kein einziges Möbelstück befand.

»Setzen Sie sich«, sagte der junge Mann zerstreut, die Augen auf Renskis Brief gerichtet.

Wir bewegten uns also auf jenes Skelett eines Diwans zu, konnten uns aber angesichts seiner scharfkantigen Bretter nicht zum

Sitzen entschließen. Der Tschekist hob die Augen, und alle drei prusteten wir los vor Lachen.

»O ja«, sagte er, »unsere Möbel sind wirklich in einem trostlosen Zustand. Aber jetzt erzählen Sie mir, was Ihnen zugestoßen ist.«

Psychologisch hat das Lachen eine unglaubliche Macht. Ein komisches Wort, eine einzige witzige Bemerkung kann das grimmigste Gemüt verwandeln. Selbst die niederträchtigsten Charaktere verspüren zuweilen das Bedürfnis nach Entspannung und gelöster Heiterkeit. Ein Mensch, der lacht, kann nicht im selben Augenblick grausam sein, ausgenommen natürlich in Fällen besonderer Perversion.

Nun hatte unser Tschekist ohnehin nichts Grausames an sich, doch jetzt, wo er lachte, war er ganz und gar zum Freund geworden. Ich fühlte mich beruhigt und hoffnungsfroh und erzählte ihm unser Abenteuer von Anfang an, vom Eintreffen des 363. Regiments in Wassilki bis zum heutigen Tag. Dabei ließ ich keine Einzelheit unerwähnt und verschonte weder den Kommissar noch dessen Agenten. Ich erzählte meine Geschichte mit solcher Inbrunst, daß der junge Mann, sichtlich beeindruckt, mir bis zum Schluß zuhörte, ohne mich auch nur einmal zu unterbrechen.

»Da, lesen Sie!« sagte er und hielt mir Renskis Brief entgegen.

Emmanuel und ich lasen ihn gemeinsam, wobei es uns selbst unter den Augen des Tschekisten nicht möglich war, unser Erstaunen und unsere Wut zu unterdrücken. Der Kommissar beschuldigte uns darin, an einer Verschwörung gegen die Sowjetmacht teilgenommen und uns an konterrevolutionären Aktivitäten beteiligt zu haben. Der Hauptanklagepunkt aber lautete auf Spionage im Dienst der Polen.

»Ich glaube das nicht«, sagte der junge Mann, »diese Anschuldigungen kommen mir mehr als unwahrscheinlich vor. Das Ganze riecht förmlich nach persönlicher Rachsucht, die mit Politik nicht das mindeste zu tun hat. Wenn wir uns mit den privaten Liebesgeschichten unserer Agenten befassen müßten, dann kämen wir wohl kaum noch dazu, an die Revolution zu denken. Seitens der politischen Kommissare aber erstaunt mich längst nichts mehr. Und was Sie betrifft, so kann ich den Umstand, daß Sie aus einer bürgerlichen Familie stammen, wahrlich nicht als Schuld ansehen. Weshalb es auch ungerecht wäre, Sie dafür zu bestrafen. Nur kann ich das leider nicht selbst entscheiden. Ich muß diesen Brief dem Tribunal zustellen. Aber ich werde einen Bericht beifügen, der meine persönliche Überzeugung darlegt. In zwei, drei Wochen wird man Sie vor Gericht zitieren oder, schlimmstenfalls, ein zweites Mal verhaften. Im Prinzip müßte ich Sie einsperren, aber ich sehe keine Notwendigkeit dafür. Fürs erste werde ich Sie nur in unser Quartier bringen lassen. Kommen Sie morgen früh wieder hierher zurück, dann gebe ich Ihnen weitere Instruktionen. Wenn Sie mir Ihr Wort geben, sich vor zwölf Uhr zurückzumelden, werde ich Sie auch nicht überwachen lassen.«

Dieses Versprechen gaben wir ihm unverzüglich und dankten ihm für sein salomonisches Urteil.

»Fragen Sie morgen nach dem Genossen Iljin«, fügte er noch hinzu. »Warten Sie, ich lasse einen Agenten kommen, der Sie zum Quartier der Tscheka bringen wird.«

Dieser Agent kam ein paar Minuten später lächelnd und mit ausgestreckter Hand auf uns zu. »Genosse Somin«, stellte er sich vor.

Dank seiner geographischen Lage und der majestätischen Zitadelle besaß Kamenez-Podolski trotz seiner Rückständigkeit einen gewissen Reiz. Über einer Biegung des Flusses Smotritsch auf einem Felsplateau gelegen, beherrschte die Stadt das Tal und hob sich von weitem sichtbar aus der Ebene heraus.

Obwohl es immerhin die Hauptstadt Podoliens war, gab es im Kamenez unserer Kindheit nichts, das irgendwie auf die Errungenschaft moderner Zivilisation hätte verweisen können. Seine engen und schlecht gepflasterten Straßen wiesen stellenweise noch die runden Steine auf, die drei Jahrhunderte zuvor von den Türken verlegt worden waren. Eine Verbesserung der sanitären Einrichtungen war nicht einmal in Aussicht gestellt, und das ganze Verkehrswesen mußte von antiquierten Pferdewagen bewältigt werden; in den ausgedienten Phaetons für maximal vier Personen drängte sich eine unvorstellbare Zahl von Fahrgästen, und die Pferde wurden bis an die Grenze ihrer Kraft ausgenutzt, ja regelrecht gequält. Daß die kürzlich fertiggestellte Eisenbahnlinie in einer Entfernung von zehn Kilometern an der Stadt vorbeiführte, erschwerte das Leben und den Handel beträchtlich.

Neben seiner Kathedrale besaß Kamenez ein Krankenhaus, zwei Gymnasien, technische Schulen und Kaufhäuser. Verschiedene Hotels erinnerten mehr noch als alles andere ans Mittelalter: das »Hotel Paris« etwa oder das »Hotel London«. Das »Sankt-Petersburg-Hotel« zählte selbst für die anspruchslosen Verhältnisse von Kamenez nicht zur »Luxus-Klasse«; man war eben der Meinung, daß ausländische Namen in höherem Ansehen standen.

Das eigentliche Schmuckstück von Kamenez aber war – und ich bin sicher, sie ist es noch heute – die türkische Festung, deren Mauern dem Lauf der Flußwindung folgten und die sich mit ihren Zinnen, Bastionen und Türmen hoch gen Himmel reckte. Diese Festung zierte sämtliche Postkarten und war mit einem Text in russisch und französisch versehen, was für eine Zeit, in der es noch keinen Tourismus gab, äußerst selten vorkam. Auf französisch konnte man hier lesen: »Générale vue de la turce fermeté«.

Offensichtlich hatte der Verfasser mit Hilfe eines Wörterbuchs übersetzt und nicht den richtigen Begriff für die Festung gefunden; »fermeté« jedenfalls heißt »Festigkeit«, »Beharrlichkeit«. Und um die weibliche Endung für das Adjektiv »turc« zu bilden, hatte er sich ein wenig zu genau an die Regeln der französischen Grammatik gehalten. Letztlich aber waren dies keine schwerwiegenden und somit entschuldbare Fehler.

Die neuen Viertel von Kamenez sahen schon anders aus. Hier fand man hübsche Häuser, von Gärten umgeben, und die breiten Straßen waren mit Bäumen bepflanzt. In den Wohnungen hatte auch die Hygiene Eingang gefunden, so daß sie fast schon europäisch anmuteten.

Das Haus, das man für die Tscheka beschlagnahmt hatte und das jetzt als Wohnheim diente, lag in einem dieser Viertel, und es hatte, trotz der zerschlagenen Fensterscheiben und des verwüsteten Gartens, noch Reste seiner früheren Schönheit bewahrt. So waren die Balustraden der Terrasse und der Balkone noch immer von Kletterrosen überrankt, die in voller Blüte standen und wie durch ein Wunder überlebt hatten.

Wir folgten dem Genossen Somin quer durch die Räume, deren Türen offenstanden. Mehrmals stolperten wir fast über die Dreck- und Abfallhaufen, die über sämtliche Parkettfußböden verteilt lagen. Oder wir stießen uns an Möbeln, deren Innerstes nach außen gekehrt war, und mußten über Berge von zerschlagenem Geschirr und zerfledderten Büchern hinwegsteigen. Eine breite Treppe, harfenförmig geschwungen und mit einem wunderschönen, aber grausam verdreckten Teppich belegt, führte zu den Wohnräumen in der ersten Etage.

Dort überließ uns Genosse Somin der Gesellschaft eines Matrosen von imponierender Körpergröße sowie eines flinken Juden, der sich wie ehemals unser Rubantschik um Haushalts- und Versorgungsfragen kümmerte. Der Matrose musterte uns mit argwöhnischem Blick und fragte dann: »Seid ihr Bauern?«

In der Tat ließ weder unser derzeitiges Erscheinungsbild noch unsere undefinierbare und vom Straßenstaub nahezu farblos gewordene Kleidung irgendwelche Rückschlüsse auf unsere Herkunft und Stellung zu. Emmanuel nutzte diesen Umstand und erwiderte mit fester Stimme: »Ja.«

»Und was habt ihr hier verloren?«

Als wir ihm erklärten, wie man uns infolge gewisser Schwierigkeiten mit einem Kommissar der Tscheka übergeben hatte, schien der Matrose hellhörig zu werden.

»War dieser Kommissar ein Bourgeois?«

»Ein Student«, erwiderte Emmanuel.

»Ein Student?« rief der Matrose in plötzlicher Wut. »Also ein Bourgeois! Diese Studenten kennen wir zur Genüge! Sie sind nicht das Volk. Falsche Fuffziger sind das, Schweinehunde allesamt!«

Dann musterte er uns noch eingehender als zuvor, als fragte er sich, ob wir wohl unsererseits zum Volk gehörten. Zum Glück war es ziemlich dunkel in dem Zimmer, das einzige Licht kam von einer angeschlagenen und verrußten Petroleumlampe. Ein paar Elektrokabel hingen von der Decke bis zum Boden, Glühbirnen aber gab es hier keine.

»Wo kommt ihr her?« fragte der Matrose nach längerem Schweigen.

Die Antwort blieb uns zum Glück erspart, denn Genosse Somin

betrat genau zur rechten Zeit das Zimmer. »Die Hauseigentümer erwarten Sie zum Abendessen«, verkündete er liebenswürdig, »kommen Sie, ich werde Sie begleiten.«

Unterwegs erzählte er, daß das Haus früher den Kamenskis gehört habe, reichen Grundbesitzern in dieser Region. Als ehemalige Hausherren lebten sie hier im Erdgeschoß, wo man ihnen mit Rücksicht auf ihr hohes Alter zwei Zimmer gelassen hatte. Wir ahnten schon, daß unser Besuch ihnen aufgedrängt worden war und daß Somin auf ihre Kosten den Gastgeber spielte. Es war uns mehr als peinlich, die Lage der Kamenskis derart zu mißbrauchen, doch wagten wir nicht zu protestieren. Wir folgten Somin, der vollständig die Rolle des Hausherrn übernommen hatte, durchs Treppenhaus zurück ins Erdgeschoß.

»Sie, Genossin Mitarbeiterin«, sagte er zu mir, »werden heute nacht bei Frau Kamenski bleiben. Sie ist bereits im Bilde. Nein, danken Sie mir nicht, das ist ganz selbstverständlich. Unsere Freunde da oben sind nicht sehr diszipliniert und die Nächte oft ziemlich laut.«

Das alte Ehepaar empfing uns in einem riesigen Zimmer, das vordem vermutlich der Salon gewesen war. Jetzt häuften sich die Dinge in solcher Menge darin, daß es eher einem Möbellager glich. Den letzten verfügbaren Platz nahm ein großer, ovaler Tisch mit weißer Tischdecke ein, der für die Bedürfnisse der beiden Alten sichtlich zu groß geworden war.

Klein, zusammengeschrumpft und wie erstarrt saßen sie da, von einer Art Betäubung erfaßt, die sie vor jedweder Emotion bewahrte und wohl längst eine unüberwindliche Barriere zwischen ihnen und der Wirklichkeit errichtet hatte. Somin sprach in einem vertrauten und fürsorglichen Ton mit ihnen, ohne sich von dem abwesenden Ausdruck ihrer Gesichter stören zu lassen. Nachdem er Emmanuel ermahnt hatte, später in das Nachtquartier zurückzukehren, schüttelte Somin uns die Hände und ging mit lässigen Schritten hinaus.

Kaum waren wir allein mit den beiden Alten, glaubten wir schon, eine Veränderung wahrzunehmen, einen Schimmer von Interesse, ja fast so etwas wie Sympathie in ihren Augen lesen zu können. Um so enttäuschter war ich, als sie so schweigsam und verschlossen blieben wie zuvor, das uns natürlich ebenfalls nicht unbedingt zu Vertraulichkeiten anregte. Mit einer Geste wies Frau Kamenski uns zu Tisch, und wir setzten uns, ohne ein Wort miteinander zu wechseln. Gegen Ende der Mahlzeit wurde die Atmosphäre etwas freundlicher, so daß ich von unserer wahren Identität sprechen und erzählen konnte, welche Folge von Ereignissen uns bei der Tscheka hatte landen lassen.

Doch traurig stellte ich fest, daß alles, was wir durchgemacht hatten, unsere Gastgeber gleichgültig ließ. Ich fragte mich sogar, ob sie mir glaubten. Gleichwohl aber wurden sie selbst ein wenig mitteilsamer und sprachen ihrerseits mit größerer Offenheit. Wie sie uns erzählten, hatten sie den Entschluß gefaßt, den Rest ihres Lebens in diesem Haus zu verbringen, ganz gleich, welchen Bedingungen und Schikanen man sie auch aussetzen würde. Ich fragte, ob sie keine Angst hätten, eines Tages verhaftet, deportiert oder getötet zu werden.

»Nun gut«, sagte Herr Kamenski, »dann verhaften sie uns eben. Und wenn es ihnen Spaß macht, sollen sie uns doch töten. Gott möge ihnen vergeben, die Zeit trägt die Verantwortung dafür, nicht der einzelne. Wir haben unser Leben gelebt und müssen sterben, so oder so. Wo läge da der Unterschied?«

Während er sprach, schweiften meine Blicke zu zwei nebeneinander stehenden Konzertflügeln, zu den Bücherschränken mit reichem Schnitzwerk und dicht an dicht gestellten Büchern darin, zu den Glasvitrinen mit Kristall und teurem Porzellan. Die Sorgfalt, mit der die beiden all diese Kostbarkeiten aufbewahrt hatten, bezeugte ein enges Verbundensein mit den Erinnerungen an ihre Vergangenheit. Was würde mit diesen letzten Zeugnissen einer versunkenen Welt geschehen, wenn es eines nicht mehr allzufernen Tages ihre Hüter, eben diese beiden Alten, nicht mehr gäbe? Die im restlichen Teil des Hauses verstreuten Dinge in ihrem erbärmlichen Zustand vermittelten eine recht deutliche Vorstellung davon.

»Es muß schrecklich sein, dieses Massaker an all dem mitanzusehen, das Ihnen lieb und teuer ist«, sagte ich in Gedanken an Wassilki.

»Ach wissen Sie«, meinte Herr Kamenski, »sollen sie doch tun, was sie wollen. Wir können das alles nicht mit ins Grab nehmen.

Unsere Kinder sind in Sicherheit, sie sind jung und bei bester Gesundheit. Was wollen wir mehr?«

»Sie leben in Rumänien«, ergänzte Frau Kamenski, »sie sind rechtzeitig gegangen ... Von Zeit zu Zeit geben sie uns Nachricht, die uns von Schmugglern übermittelt wird.«

Als Emmanuel sich verabschiedet hatte, um sich bei den Tschekisten zurückzumelden, richtete Frau Kamenski mir auf einem Diwan im großen Salon ein Bett her.

»Sie haben Glück«, meinte sie, »daß wir noch zwei Zimmer haben. Aber das wird nicht mehr lange dauern. Wir müssen unser Schlafzimmer räumen und die Betten hierherstellen. Ich frage mich, wie wir das schaffen sollen ...«

In dieser Nacht konnte ich trotz quälender Müdigkeit lange nicht einschlafen. Mein ganzer Körper schmerzte, und ich warf mich unruhig von einer Seite zur anderen. Auch mein Schlaf war unruhig und immer wieder unterbrochen von unerwarteten Geräuschen, die mich vor Angst hochfahren ließen. Im Dämmer meines Halbschlafs schien es mir, als hörte ich Schüsse, Schreie und Stöhnen. Und im Halbdunkel des Zimmers verwandelten sich die Schnitzereien der Möbel in Ungeheuer, die sich auf mich stürzen wollten, um mich zu zermalmen. Ich war verloren, wenn ich nicht floh, aber ich blieb wie mit Ketten an mein Bett gefesselt. Und kaum schlief ich wieder ein, begann der Alptraum von neuem.

So schlimm meine Nacht auch gewesen sein mag, so war sie doch immer noch besser als die, die Emmanuel auf der Tschekisten-Etage verbrachte. Die Versammlung der Genossen ging recht schnell in ein Saufgelage über, und dies war mit einem solchen Lärm verbunden, daß das ganze Viertel davon widerhallte. Der an der Kreuzung postierte Milizsoldat ging mehrmals unter den Fenstern auf und ab und warf besorgte Blicke nach oben. Nun ja, es war eben das Tscheka-Haus ... Und so verzog er sich wieder.

Gegen ein Uhr nachts hatte Emmanuel genug davon und flüchtete unter die Treppe, wo er bis zum Morgengrauen auf dem Fußboden lag, mit seinem Mantel als Kopfkissen. Mitten in der Nacht war dann ein heftiges Gewitter losgebrochen, und die schwülwarme, überhitzte Atmosphäre hatte, von Sturmböen verjagt, einer kalten Regenfront das Feld geräumt. Die nächtlichen Schreie, die mich vor Angst zu Eis erstarren ließen, waren also keine Ausgeburten meiner Phantasie gewesen: Die Natur hatte ihr Getöse mit dem Lärm jener Orgie vermischt, die sich über meinem Kopf abspielte – eine wahre Walpurgisnacht.

Wie versprochen, begaben wir uns am frühen Morgen und trotz heftigster Wolkenbrüche wieder zur Tscheka. Genosse Iljin war nicht da, und man sagte uns, daß wir in der Eingangshalle auf ihn warten sollten. Wir warteten zwei Stunden lang und hatten schon fast die Hoffnung aufgegeben, als er endlich erschien.

»Ah, Sie sind das«, sagte er zerstreut, »ich hatte Sie ganz vergessen. Schön, daß Sie zurückgekommen sind. Sie müssen ein gutes Gewissen haben. Man wird in Ihrer Sache noch diesen oder jenen befragen müssen, bis dahin aber sind Sie frei. Gehen Sie zu Ihren Verwandten nach Hause. Adieu, ich bin in Eile.«

Als erstes kehrten wir zu den Kamenskis zurück, um uns zu verabschieden und ihnen für die Gastfreundschaft zu danken. Ein intensives Glücksgefühl ließ uns förmlich fliegen: Frei! Was würde Genosse Renski sagen, wenn er die Neuigkeit erführe? Sein Brief hatte die beabsichtigte Wirkung verfehlt ...

Wir durften nicht eine Minute Zeit verlieren, wir mußten die Tscheka, die Front und insbesondere den Machtbereich dieses verfluchten Kommissars so schnell wie möglich hinter uns lassen. Man soll das Schicksal nicht herausfordern.

Freilich hatten wir keinen Pfennig Geld in der Tasche und mußten deshalb die achtzig Kilometer lange Strecke von Kamenez bis Wassilki zu Fuß zurücklegen. Das würde nicht leicht werden, noch dazu, da die Wege teils vom Steinschlag der Schluchten, teils vom Hochwasser der Wildbäche überschwemmt waren.

Was es bedeutete, frei zu sein, wurde uns erst beim Verlassen der Stadt in vollem Umfang bewußt. Wir marschierten allein durch den prasselnden Regen und wateten durch die Wasserlachen, bis unsere Schuhe, vom Schlamm durchtränkt, so schwer wurden, daß wir sie ausziehen mußten. Doch ließ uns die Freude zwei Stunden lang munter drauflos marschieren, jeder bewältigte Kilometer entfernte uns ein Stück weiter aus der Gefahrenzone.

Schon bald ließen unsere Kräfte jedoch merklich nach. Die

Kälte saß uns in den Knochen, und die Füße bluteten von den scharfen Kieselsteinen der Straße. Es war so bitterkalt geworden, daß selbst die schweren körperlichen Anstrengungen uns nicht mehr aufzuwärmen vermochten. Zu allem Übel kannten wir den Weg nicht genau, denn der dichte Regen nahm uns die Sicht und verdüsterte den Horizont. Gleichwohl blieb uns nichts anderes übrig als weiterzulaufen.

Irgendwann kam zwangsläufig der Punkt, wo wir am Ende unserer Kräfte angelangt waren. Die kahle Steppe dehnte sich vor unseren Augen endlos aus, wir sahen nichts als durchweichte Erde und Regen. Doch, einen Anhaltspunkt gab es: Oberhalb eines Brunnens erhob sich ein Kalvarienberg. Und von dort gingen fünf Straßen aus, die allesamt überschwemmt waren und hier von der Kreuzung aus völlig gleich aussahen. Welche war die richtige?

Wir setzten uns auf den Brunnenrand und warteten auf irgendeinen Menschen, der vorbeikommen würde. Der Regen schlug uns fast waagerecht ins Gesicht, peitschte uns wie mit Riemen, und ein schwerer, nasser Wind fuhr uns unter die Kleider, blähte sie auf und klatschte sie wieder auf die Haut. Eine Sintflut wie diese lud kaum zu einer Reise ein, und eine lange Zeit rührte sich folglich auch überhaupt nichts auf der Straße.

Endlich aber schien ein Schutzengel unsere Not bemerkt und uns einen Hoffnungsschimmer ausgesandt zu haben. Ein Karren, bespannt mit zwei kleinen, schmutzigen Pferden, tauchte aus den Schwaden auf und näherte sich unserem Hügel. Tief in seinen Karren verkrochen, dick vermummt und mit einem Sack über dem Kopf, saß ein Bauer darin, der, als wir heftig winkend und rufend vor seinen Pferden herliefen, endlich aus seiner Höhle herauskroch, den Sack vor seinen Augen teilte und die Tiere anhielt. »Schlechtes Wetter«, meinte er gelassen.

Leider erfüllte sich unsere Hoffnung nicht, ein Stück des Weges in seiner Karre zurücklegen zu können, da der Mann in eine andere Richtung mußte. Doch konnte er uns immerhin erklären, welche der fünf Straßen für uns die richtige war. Und so machten wir uns wieder auf den Weg.

Es war fast Nacht, als wir Kitajgorod erreichten. Daß zur gleichen Zeit der Regen aufhörte, schien uns der reinste Hohn. Durchnäßt bis auf die Knochen, bis zu den Hüften mit Schlamm bedeckt, mit nackten, blutigen Füßen, erregten wir beträchtliches Aufsehen, alle Passanten drehten die Köpfe nach uns um. Als Frau Krassin uns vor der Tür stehen sah, stieß sie einen Schrei aus und erhob beide Arme zum Himmel.

Entkrustet, gewaschen und in Bademäntel gehüllt, die unsere Gastgeber uns geliehen hatten, solange unsere eigenen Sachen in der Küche trockneten, konnten wir eine Stunde später guten Gewissens im Eßzimmer erscheinen. Als Frau Krassin merkte, wie ausgehungert wir waren, ließ sie uns in aller Ruhe essen und stellte ihre Fragen erst, als das Abendessen beendet war.

Anschließend hörte sie sich unsere Geschichte mit einer solch großen Teilnahme an, daß sie ständig dazwischenrufen mußte: »Da sehen Sie's! Man darf niemals verzweifeln! Ist es nicht ein Wunder, selbst im innersten Bereich der Tscheka Menschen wie dem Genossen Iljin begegnet zu sein?«

Am nächsten Morgen verschaffte uns Dr. Krassin eine Kutsche, das hieß, er überredete einen seiner Patienten, uns in dessen Kutsche mitzunehmen. Und so konnten wir einen Teil des Weges, auf Heuballen sitzend, bis zu einem kleineren Marktflecken fahren. Dort setzte unser Chauffeur uns ab, und dort hatten wir auch das Glück, einen Bauern aus unserem Dorf zu treffen, der der Roten Armee eine Fuhre beschlagnahmten Weizens abzuliefern gehabt hatte und jetzt mit leerem Wagen zurückfuhr. Während der ganzen Fahrt beklagte sich der Bauer über das schwere Unglück, das unser Land heimgesucht hatte. Niemals habe er Schlimmeres erlebt: die Felder verwüstet, die Ernten verbrannt, die Dörfer geplündert, die Menschen in Not und Elend gestürzt. Überall würden die Guten verfolgt und die Bösen in den Himmel gehoben. All das könne nur eins bedeuten: den Weltuntergang.

Vor dem Portal unseres Herrenhauses setzte der Alte uns ab und fuhr weiter ins Dorf.

Nein, ich will weder unsere noch Mamas Gefühle bei unserem Wiedersehen schildern. Wir waren angekommen, abgerissen, erschöpft, ein jämmerlicher Anblick, aber unversehrt. Statt dessen will ich nur berichten, was sich nach unserem Aufbruch mit dem Regiment in Wassilki ereignet hatte.

Kaum waren unsere Equipagen hinter dem Portal verschwunden, als Genosse Akulkin sich in einen völlig anderen Menschen verwandelte. Als erstes zückte er seinen Revolver und sprach fortan nur noch mit der Waffe in der Hand mit Mama. Von der Servilität und kriecherischen Höflichkeit, die er dem Kommissar gegenüber an den Tag gelegt hatte, war nichts mehr zu spüren. Er war jetzt der Herr im Haus, und daran wollte er keinen Zweifel lassen.

Er befahl Mama, vor seinen Augen sämtliche Schränke, Truhen und Kommoden zu öffnen, und suchte sich aus, was ihm gefiel. Dann beschlagnahmte Genosse Serpuchow im Dorf ein paar Fuhrwerke, ließ sie vorfahren und haushoch beladen. Nach beendeter Operation machten die beiden politischen Agenten sich aus dem Staub und wurden nicht wieder gesehen.

Wie nach einem Sturm herrschte unvermittelt wieder Ruhe im Lande, allerdings eine vorläufige und bedrohliche Ruhe. Am Tag nach der Abreise der letzten Bolschewiken empfing Mama den Besuch Iwan Dowganjes, des Bürgermeisters von Wassilki.

»Wie ich hörte«, sagte er, »haben die politischen Agenten des letzten Regiments Sie ausgeraubt. Ich bin gekommen, Ihnen das volle Mitgefühl des Gemeinderats und auch das meinige auszusprechen. Glauben Sie mir, Madame, daß wir über die Vorgehensweise des Kommissars äußerst empört sind. Was können wir für Sie tun?«

Mama erwiderte, man könne überhaupt nichts tun, vor allem jetzt, da das Regiment abgezogen sei.

»Wir haben daran gedacht, Protest zu erheben. Wie der Kommissar uns erklärte, gehört die Domäne uns. Folglich haben die Mitarbeiter des Kommissars, als sie das Schloß ausraubten, das Dorf bestohlen. Wir haben also einen ausgezeichneten Vorwand, die Rückgabe aller gewaltsam beschlagnahmter Gegenstände aus diesem Haus zu verlangen. Sehen Sie, gnädige Frau, ich habe meinen Mitbürgern stets zur Vernunft und Bedachtsamkeit geraten, und bis jetzt befolgten sie auch meinen Rat. Aber versetzen Sie sich einmal an ihre Stelle: Sie wollen gewiß nicht die Hand nach Ihrem Besitz ausstrecken, aber wenn sie schon darauf verzichten, dann wollen sie auch nicht, daß dies zugunsten einzelner geschieht, die keinerlei Rechtsansprüche auf unser Gemeinwesen haben. Verstehen Sie mich recht, wir brauchen nichts von den Dingen, die man Ihnen gestohlen hat, ich will nur diesen Umstand nutzen, um Ihnen behilflich zu sein. Geben Sie mir die Liste der beschlagnahmten Gegenstände, damit ich sie meinem Protestschreiben beifügen kann.«

Mama gab ihm die Liste, die Iwan Dowganje sorgsam zusammenfaltete und in seine Brieftasche legte. Jetzt, wo die Roten sich verzogen hatten, war er sich seiner Bedeutung für das Dorf sicherer als je zuvor. Mit diesem Schreiben, erklärte er, werde er Gerechtigkeit fordern ... Aber wo? Und bei wem?

Papa hatte man wieder freigelassen, zweifellos weil er keine Feinde besaß und niemand ihm etwas Böses wünschte. So konnte er in seine Zweitwohnung in Neu-Uschiza zurückkehren und versuchen, mit uns in Wassilki Kontakt aufzunehmen.

In dieser Wohnung aber wartete eine kleine Überraschung auf ihn. Während er im Gefängnis saß, hatten die Tschekisten bei ihm hereingeschaut. Der Hauseigentümer, der ehrenwerte Kaufmann Abramowitsch, hatte ihnen die Schlüssel nicht verweigern können. Er selbst hatte sich mit seiner Familie eingeschlossen und traute sich nicht, auch nur die Nasenspitze durch die Tür zu stekken. Doch die gewaltigen Hiebe mit der Axt, die Papas Schreibstube kurz und klein schlugen, waren auch für ihn nicht zu überhören gewesen.

»Es war ja so furchtbar!« erzählte Herr Abramowitsch mit pathetischer Gebärde. »Es war, als hätten sie mir den Schädel zertrümmert!« Das war nun freilich allem Anschein nach doch ein wenig übertrieben.

Alles, was Papa besessen hatte – Geld, Wertpapiere, Dokumente –, war aus dem total verwüsteten Zimmer verschwunden, selbst unsere Taufkreuzchen, die nebeneinander in einem Kästchen aufgereiht lagen, ja sogar Papas Anzüge, seine Smokings mit den dazugehörigen Hemden, sein Morgenrock und die Pantoffeln.

Im Augenblick gab es keine Soldaten mehr in der Stadt, für die leidgeprüfte Bevölkerung Grund genug, endlich einmal tief durchzuatmen. Denn in dieser Zeit atmete man nur stoßweise ein und aus, immer dann, wenn es Luft zum Atmen gab. Denn es war schlicht unmöglich, die Ereignisse des folgenden Tages vorauszusehen; das Bibelwort »Jeder Tag hat seine Plage« hätte man nicht besser als durch diese Bürgerkriegszustände veranschaulichen können.

Da Papa nicht nach Wassilki zurückkehren wollte, machte sich Mama, jetzt nach unserer Rückkehr, begleitet von unseren Schwestern und Mars, dem treuen Pudel, auf den Weg nach Neu-Uschiza, um wieder bei ihm zu sein. Zu Fuß und nur mit einem Sack auf der Schulter, verließ sie für immer unsere Bleibe, die sie so sehr geliebt hatte. Schluchzend nahmen auch Wassilewska und Genja Abschied von uns allen: Die beiden wollten in ihr Heimatdorf zurückkehren.

Emmanuel suchte Zuflucht im Dorf, wo er viele Freunde hatte. Er wußte noch nicht genau, was er in nächster Zukunft tun sollte, und so war es ihm vorerst lieber, das Herrenhaus und seine Umgebung nicht ganz zu verlassen.

Was mich betraf, so stand mein Entschluß fest: Ich wollte versuchen, den Dnjestr zu überqueren und Chotin zu erreichen. Mit Wassilewskas Hilfe war es mir gelungen, mich als Bäuerin zu verkleiden. Denn als das Schloß geplündert wurde, hatte die Blinde – wie immer in Kenntnis sämtlicher Vorgänge – den Tschekisten erklärt, daß die gestickte Bluse und der schwarze Rock, den sie in meinem Zimmer gefunden hatten, ihrer Nichte gehörten und sie darum die Genossen bäte, sie ihr zu lassen. So konnte ich mich als Ukrainerin verkleiden und hatte eine zusätzliche Chance, unerkannt durchzukommen.

## Die Reise beginnt

Die Familie Nadolski empfing mich mit derselben Herzlichkeit wie beim ersten Mal. Voller Teilnahme erkundigten sie sich nach meinem Ergehen und beglückwünschten mich, den Krallen des Kommissars entkommen zu sein. Renski selbst, soviel stand fest, hatte hier bei keinem angenehme Erinnerungen hinterlassen.

Während des Abendessen im Kreis der Familie und an demselben Tisch, an dem ich früher mit den »Genossen« gegessen hatte, war vornehmlich von einem Thema die Rede: vom Dnjestr. Jeder vertrat dabei seine eigene Ansicht, die er darzulegen und zu begründen suchte. Frau Nadolski fürchtete sich vor einer heimlichen Überfahrt: Allzuhäufig habe man, zumindest gerüchteweise, von gescheiterten Fluchtversuchen mit tragischem Ausgang gehört. Wie es hieß, waren die Rumänen nichts als Verräter, die den Leuten das gesamte Geld aus der Tasche zogen und sie anschließend mit Schüssen verjagten. Frau Antonow, ihre Schwester, war da anderer Meinung. Für sie konnte es nichts Schlimmeres geben, als in Rotrußland zu bleiben und Leuten vom Schlage eines Renski ausgeliefert zu sein. Und wo sollten die Chancen, ausgeraubt zu werden, besser stehen als hier?

Der junge Priester wirkte unschlüssig und deprimiert. Zu den politischen Tragödien kam für ihn sein persönliches Dilemma: Vater fühlte sich offenbar orientierungslos und schien nicht mehr zu wissen, wie er seinen Pflichten nachkommen konnte. Er zweifelte an seiner Berufung.

Einer seiner Schwestern wiederum zerriß die Sorge um ihren Mann fast das Herz. Er war in Kiew geblieben, und sie hatte seit Wochen nichts mehr von ihm gehört. Nach Rumänien zu gehen hieß für sie soviel, wie eine unüberwindbare Barriere zwischen ihr und ihm zu errichten. Hierbleiben, sich versteckt halten und warten – das war in ihren Augen die einzige Möglichkeit, ihn jemals wiederzusehen.

In meinem Fall sah das alles natürlich anders aus, und jedermann billigte meinen Entschluß. Gleich nach meiner Ankunft hatte Vater Nikolaus mit den ihm bekannten Schmugglern Kontakt aufgenommen und erste Verhandlungen geführt. Um mich so gut es ging mit der Topographie des anderen Ufers vertraut zu machen, führte er mich nochmals zu der Stelle, an der wir zehn Tage zuvor miteinander geredet hatten. Wir setzten uns auf dieselbe Felsplatte über dem Fluß, und er zeigte mir die Schleichwege durchs Gehölz, beschrieb die nähere Umgebung.

»Klopfen Sie bei Vater Gregorij Sosnow an die Tür«, sagte er, »ich bin sicher, daß er Ihnen helfen wird.«

Als er sehnsüchtig zur anderen Seite hinübersah, wußte ich, daß er nichts so sehr wünschte, als meinem Beispiel zu folgen. Und als müsse er sich von einer drückenden Last befreien, vertraute er mir die Gründe seiner Qual und seiner Zweifel an.

»Sie haben sich bestimmt schon gefragt, warum ich Priester geworden bin ... Nun, mit diesem Gedanken bin ich aufgewachsen, und ich habe mir die Frage, ob ich wirklich dazu berufen bin, nie gestellt. Im Seminar behandelte man uns wie zukünftige Priester, und wir konnten uns für die Zukunft auch nichts anderes vorstellen. Vom ersten Tag unseres Studiums war das eine ausgemachte Sache. Ich hatte mich auch nie gefragt, ob mein Vater gläubig war und welche Vorstellung er sich von seinem geistlichen Auftrag machte. Er fühlte sich als Glied in einer Kette, und er hat, wie ich glaube, nie daran gedacht, aus dieser Kette auszubrechen. Ich frage mich manchmal, ob er überhaupt bemerkte, daß ich mir nicht so sicher war, daß mich Zweifel quälten. Ich war noch Seminarist, als er mir eines Tages sagte: ›Du wirst mein Nachfolger sein. Du wirst für die Gemeinde und unsere Familie sorgen. Ich habe ein schwaches Herz, wie du weißt, und kann jederzeit plötzlich sterben. Ich hinterlasse dir mein Testament, darin du meine letzten Wünsche findest. Ich habe auch etwas Geld beiseitegelegt, das du zu deinem Amtsantritt brauchen wirst.‹

Eines Tages, als ich noch in Kamenez war, aber meine Abschlußexamen schon hinter mir hatte, erhielt ich ein Telegramm meiner Mutter mit der Nachricht, daß mein Vater gestorben war. Noch am selben Tag kehrte ich nach Hause zurück und traf meine Familie in größter Bestürzung an. Meine Mutter, für die Vaters Tod völlig überraschend gekommen war, hatte gänzlich den Kopf verloren. Zu allem Unglück blieben Papiere, Testament und Geld unauffindbar verschwunden. Als die ersten Trauertage vorbei waren, kam mir jäh zu Bewußtsein, daß ich vor der Entscheidung meines Lebens stand. Das Bistum teilte mir mit, daß meine Ordinierung, aus Achtung vor meinem Vater und angesichts der Umstände, schon jetzt erfolgen könne und daß ich gleich danach die Gemeinde übernehmen solle. Zuvor aber müßte ich heiraten.

Diese Bedingung brachte mich in große Verlegenheit, denn ich kannte kein einziges junges Mädchen, das mein Leben mit mir hätte teilen mögen, und ich selbst war auch in keine verliebt. Mit Erschrecken stellte ich zum einen das Fehlen jeglicher Begeisterung bei mir fest, zum andern aber auch meine Unfähigkeit, aus dem Bannkreis auszubrechen, der mich gefangenhielt.

Wunder sind die Früchte des Glaubens, das weiß ich. Und eben weil mein eigener Glaube nicht unerschütterlich war, übte das Wunder, das sich ereignen sollte, eine entscheidende Wirkung aus. Ich hatte einen Traum, einen ganz ungewöhnlichen. Was ich träumte, hätte sich ebensogut in Wirklichkeit abspielen können. Es war dunkel, und ich ging allein zur Kirche. Ich trat ein wie jeden Tag, doch ging ich nicht wie sonst auf den Altar zu, sondern auf die hintere Wand mit der Auferstehungsikone, vor der ich stehenblieb. In diesem Augenblick wurde ich wach.

Ich hatte so deutlich geträumt, daß ich ganz erstaunt war, in meinem Bett zu liegen. Ohne den anderen ein Wort davon zu erzählen, wartete ich die Zeit der Frühmesse ab und ging dann zur Kirche – in aller Ruhe und, um bei der Wahrheit zu bleiben, eher neugierig als innerlich bewegt. Wie in meinem Traum ging ich auf die Auferstehungsikone zu und wartete, darauf gefaßt, ein Zeichen zu erhalten. Aber nichts geschah. Ich bemühte mich inständig, den Traum in allen Einzelheiten zu rekonstruieren, um seinen Sinn zu begreifen. Ich preßte meinen Kopf gegen die Leiste des Rahmens und flehte zu Gott, mich zu führen. Plötzlich spürte ich, wie sich das Bild bewegte. Ich drückte noch fester, die Ikone fiel von der Wand und gab eine kleine Nische frei. Hier nun fand ich alles, wovon mein Vater gesprochen hatte: das Geld, die Papiere und das Testament.

Seit Beginn der Revolution hatte mein Vater die Repressalien und Verfolgungen gefürchtet, denen der Klerus in Rußland ausgesetzt war. Und weil seiner Ansicht nach auch die Ukraine vor dieser Gefahr nicht gefeit und eine bolschewistische Invasion jederzeit möglich war, hielt er es für klüger, das Kostbarste, das er besaß, in ein Versteck zu bringen, das nur er allein kannte. Sein plötzlicher Tod ließ ihm nicht mehr die Zeit, seiner Frau den Ort zu nennen.

Sie werden sicher verstehen, daß mich das alles sehr erschütterte. Von diesem Tag an verbot ich mir die ständigen Grübeleien und fügte mich in mein Los, den von Gott und meinem Vater vorgezeichneten Weg zu beschreiten. Ich heiratete ein junges Mädchen, das ich nur wenig kannte und das, wie ich nach kurzer Zeit begriff, mich nicht liebte. Heute frage ich mich oft, ob wir nicht töricht waren, uns so strikt an die Vorschriften zu halten und ein gemeinsames Leben zu beginnen, ohne zu überlegen, wie es um unsere Herzen bestellt war.

Indem ich Priester von Kruschanowka wurde, konnte ich auch die Probleme lösen, die ansonsten auf meine Familie zugekommen wären. Das Pfarrhaus gehörte uns nicht, und wäre ein anderer Priester an meine Stelle getreten, hätten wir es verlassen müssen. Wohin aber hätten wir gehen, wovon leben sollen? Und welchen Beruf hätte ich mit meiner theologischen Ausbildung ausüben können? Mein Gott, ich war zwanzig Jahre alt und trug die ganze Verantwortung!«

»Und – und Ihre Frau?« Ich stellte diese Frage nur zögernd, weil ich sie für indiskret hielt, doch ging Vater Nikolaus ganz unbefangen darauf ein.

»Meine Frau, nun, sie hat niemals ein Zeichen des Himmels empfangen und sich auch nie bemüht, sich mit diesem Leben abzufinden. Dieses Dorf, die Einsamkeit hier, die Autorität meiner Mutter …«

Ich verstand den jungen Priester und wußte, in welchem Konflikt er sich befand. Er war jetzt zweiundzwanzig Jahre alt, und das Wunder, das ihm den Weg gewiesen hatte, hatte ihm dennoch nicht den Glauben wiedergegeben. Die Zweifel quälten ihn weiterhin, doch blieb ihm nun keine Wahl mehr. Die Kirche selbst war bedroht, und seine Pfarrkinder konnten von heute auf morgen zu Feinden werden.

Eine lange Zeit saß er schweigend da, die Augen starr aufs andere Ufer gerichtet.

»Auch die Rumänen sind orthodoxe Christen«, sagte ich, »Sie könnten einen Ruf erhalten …«

»Ich frage mich, ob ich überhaupt Priester bleiben werde«, meinte er unvermittelt, und ich spürte, wie er selbst bei diesen Worten erschrak.

In dieser Situation wurde mir schlagartig bewußt, wie frei ich selber war. Auch wenn ich alles verloren hatte, Heimat, Familie, Vermögen, besaß ich doch jenen unschätzbaren Reichtum, der Freiheit heißt. Den wahren Sinn dieses Wortes habe ich in diesem Augenblick zum erstenmal erfahren: Ohne jede Bindung zu sein, zu nichts und zu niemandem zu gehören, keinerlei Wurzeln mehr zu haben – das ließ alles möglich erscheinen. Mein Land war nicht mehr mein Land, und kein anderes würde je das meine werden.

Ich verspürte eine Leichtigkeit, als könnte ich jeden Augenblick auf- und davonfliegen; und zugleich spürte ich eine kämpferische Leidenschaft, die mich glauben ließ, ich könnte alles durch mich selbst erreichen – ich erlag dem Reiz des Unbekannten.

Der Bruch mit der Vergangenheit vollzieht sich nicht immer ohne Schmerzen. Nachts, wenn ich allein war und auf dem kleinen, lederbezogenen Kanapee im Eßzimmer lag, weinte ich oft heiße Tränen in Gedanken an Mama, Papa, meine Familie und alle, die ich kannte und liebte und womöglich nie mehr wiedersehen würde. Bilder aus meinem bisherigen Leben zogen an meinen inneren Augen vorbei und zerrissen mir das Herz. In meinem neuen Leben würde alles anders sein, gut oder schlecht oder beides, in jedem Fall aber anders.

War ich nicht eine Egoistin, wenn ich allein die Flucht ergriff, nur, um die eigene Haut zu retten? Ich ließ die Meinen in einer schwierigen Situation zurück, von Gefahren umgeben, und ich würde nicht einmal erfahren, wenn ihnen etwas zustieße! Sollte ich nicht doch bleiben und das Schicksal mit ihnen teilen? Nein. Denn wäre ich dort und hätte Renski auf den Fersen, würde ihnen das nur um so mehr Unglück bringen. Und außerdem, zog ich nicht als Kundschafterin aus, um neue Welten zu erkunden? Wer wußte denn, ob sie nicht eines Tages meinem Beispiel folgen würden?

Trotz meines Kummers und meiner Zweifel wußte ich, daß ich gehen mußte und würde, auch auf die Gefahr hin, mein Leben aufs Spiel zu setzen, ohne einen Pfennig in der Tasche und ohne die geringste Ahnung, was mich erwartete. Ich spürte, das war das Ende eines Kapitels und der Beginn eines neuen. Ich hatte einen Fuß bereits im Steigbügel …

In einem Maisfeld verkrochen, warte ich, angespannt lauschend, ohne mich zu rühren. Die hohen, schon gelb gewordenen Halme schützen mich nur schwach vor den glühenden Strahlen der Mittagssonne. In den schmalen, lanzenförmigen Blättern, die längst hart und ausgetrocknet sind, raschelt es leise, und es knistert wie trockenes Holz. Ich halte die Ohren gespitzt und wage kaum zu atmen – aus Angst, ich könnte den leisen Pfiff überhören, der mir das Signal zum Aufspringen gibt.

Ich wage es nicht, mich noch tiefer ins Gestrüpp der Halme zu verkriechen und in seinem wenig zuverlässigen Schatten Schutz zu suchen, ich wage nicht, mich von dem schmalen Pfad zu entfernen. Ich habe Angst, mich auch nur die eine Sekunde ablenken zu lassen, die ich bräuchte, um den Ärmel meiner Bauernbluse anzuheben und einen Blick auf die kleine Uhr an meinem Handgelenk zu werfen; ich habe Angst, nur einen Schritt vor das Feld zu treten, um den steinigen Abhang zu erkunden, der zum Dnjestr führt. Von meinem Schlupfwinkel aus sehe ich nichts als den gelben Maiswald und eine abschüssige Kurve des Weges.

Der junge Schmuggler muß ganz in meiner Nähe sein. Er wird das gegenüberliegende Ufer beobachten und auf den günstigsten Augenblick warten, um sich auf das Boot zu stürzen, das zwischen Felsen verborgen liegt.

Es ist heiß, die Luft drückend schwül, sie schimmert vor Helligkeit. Das kleinste Geräusch – der Flügelschlag eines Vogels, das Summen eines Insekts, das Rascheln eines Blattes – läßt mich hochfahren.

Die Zeit scheint stillzustehen. Allmählich aber verschieben sich die Schatten. Ich muß seit Stunden hier sein. Ich warte noch immer, ganz verkrampft vom langen Sitzen und ständig auf dem Sprung loszulaufen. Vom Bruchteil einer Sekunde hängt mein Leben ab. Plötzlich ertönt das Signal, und alles geht rasend schnell. Wie aus dem Nichts taucht der Schmuggler neben mir auf, packt mich am Arm und zerrt mich zum Weg, den wir geduckt und fast im Fluge nehmen. Nur wenige Meter noch, und wir sind am Boot, in das ich buchstäblich geworfen werde.

Unter den Rudern liegend, steuert der junge Mann auf die Strömung zu. Unter mir höre ich das Wasser klatschen und über mir das Knarren der Ruder. Je weiter wir kommen, desto stärker schwankt das Boot, um gleich darauf wie eine Nußschale auf den Wirbeln und Stromschnellen zu tanzen. Wir haben die Mitte des Flusses erreicht.

Als ich kurz den Kopf über den Rand strecke, sehe ich, daß wir den Dnjestr diagonal durchteilen und uns mit hoher Geschwindigkeit dem rumänischen Ufer nähern. »Runter!« schreit der Fährmann und wirft sich selbst auf den Boden. Im selben Augenblick höre ich Schüsse knallen.

Wir werden stärker abgetrieben, aber die Strömung verringert sich merklich. Der junge Mann rudert mit aller Kraft. »Das waren die Russen«, sagt er.

Im Augenblick sind wir außerhalb ihrer Reichweite. Ein waldiges Uferstück bietet uns Schutz, so daß wir ungefährdet anlegen können. Alles ist still, kein Mensch ist zu sehen. Ein Kieselstrand, die Uferböschung, dahinter die ersten Bäume eines spärlich bewachsenen Waldgebietes.

»Beeilen Sie sich!« ruft der junge Mann. »Verstecken Sie sich in dem Wald da hinten! Und viel Glück!«

Ich springe aus dem Boot und steige so schnell ich kann den Abhang hinauf, ohne mich noch einmal umzudrehen. Beim Klettern halte ich mich an Zweigen und Felsvorsprüngen fest. Als ich endlich den Wald erreicht habe und den Fluß überblicken kann, ist das Boot verschwunden. Mein Fährmann ist vermutlich der Strömung gefolgt und flußabwärts gefahren, um den Dnjestr mehrere Kilometer unterhalb unserer Ablegestelle wieder zu überqueren.

Eine Zeitlang war ich noch wie betäubt, ich hatte es geschafft, ich war in Rumänien. Ich war allein und besaß nichts mehr. Alles war jenseits des Dnjestr geblieben, selbst meine Nationalität. Noch konnte ich die Breite dieser Kluft nicht ganz ermessen, nicht in diesem entscheidenden Augenblick. Alles, was ich empfand, war ein Taumel der Freude und Erleichterung. Ich hätte die Erde segnen können, auf die ich meinen Fuß gesetzt hatte, ich hätte sie küssen mögen. Das andere Ufer hatte mir alles genommen, dieses hier gab mir zumindest die Hoffnung zurück.

Ich sah mich um. Der Wald erstreckte sich bis zum Gipfel des steil ansteigenden Berghangs, und der schmale, zur Hälfte von Unkraut überwucherte Weg mußte ins nächste Dorf führen. Aufgrund meines bäuerlichen Kostüms hoffte ich, unbemerkt durchzukommen: Ich trug eine Bluse mit langen, bestickten Ärmeln, einen schwarzen, dicht gefältelten Rock, der oberhalb des Saums mit Reihen vielfarbiger Bänder besetzt war, ein himmelblaues Kopftuch mit langen Fransen und um die Taille einen breiten Gürtel aus geflochtener Wolle. Mein Haar trug ich in langen, über den Rücken fallenden Zöpfen.

Der Gürtel war besonders kostbar, enthielt er doch in einem verborgenen, in die Falten genähten Täschchen alles, was ich noch besaß. Ein Vermögen freilich war das nicht: Meine Reichtümer bestanden aus einem Anhänger aus altem Silber, den Mama mir geschenkt hatte, einem kleinen, goldenen Kreuz und ein paar Silberrubeln, die, wie ich fürchtete, längst nicht mehr im Umlauf waren. Zusammen mit meiner Armbanduhr aus schwarzem Nickel und einem kleinen Rubinring war dies mein ganzer Besitz. Ich warf noch einen letzten Blick auf den Dnjestr und die Welt dahinter, die ich verlassen hatte. Dann marschierte ich los.

»Halt!« Zehn Schritte weiter versperrte mir ein Soldat den Weg, das Gewehr im Anschlag. Jetzt ist alles aus, dachte ich. Der junge Bursche von der Küstenwache mußte von hier oben aus unsere Überfahrt beobachtet haben. Nach einer Weile ließ er das Gewehr sinken, kam näher und sprach mich mit völlig unverständlichen Worten an.

Ich versuchte ihm mit Gesten zu erklären, daß ich ins Dorf wollte, doch schien ihn das nicht zu interessieren. Er zeigte auf den Dnjestr und brachte erneut das Gewehr in Anschlag. Ich blieb starr und regungslos stehen, als er mich durchsuchte. Da ich kein Gepäck bei mir hatte, durchsuchte er auch das Gebüsch, doch ohne Erfolg. Nun stieg er sogar den Abhang hinunter – irgendwo mußte doch ein versteckter Koffer sein. Unverrichteter Dinge kam er wieder zurück.

Wieder hielt er mir seinen Karabiner vor die Nase. Ich zeigte mit ausgestreckten Händen auf das Dorf, als wollte ich ihn anflehen, mich ziehen zu lassen. Dabei rutschten mir die bestickten Ärmelbündchen über das Handgelenk, und der Soldat entdeckte meine Uhr. Er sprang auf mich zu und griff nach meiner Hand. Erst wollte er nur die Uhr, und als er sie hatte, nahm er auch den Ring.

Da mir nichts anderes übrigblieb, als mich zu fügen, überließ ich ihm beides ohne Widerstand. Im übrigen war das auch nur gerecht: Ich kam als Eindringling in ein Land, das er zu schützen hatte. Und Eintritt muß man überall bezahlen.

Nachdem er meine armseligen Juwelen eingesteckt hatte, riß er mir das Kopftuch herunter. Natürlich wollte er wissen, ob ich Ohrringe trug. Glücklicherweise nicht, denn in seiner Hast hätte er sie mir gewiß samt den Ohren abgerissen. Beglückwünschen konnte ich mich auch zu meinem Einfall, meine bescheidene Börse in den Gürtel einzunähen.

Die ganze Szene hatte nur einige wenige Minuten gedauert, und es sah ganz danach aus, als entspräche seine Vorgehensweise nicht unbedingt den Vorschriften ... Mit einer Geste wies er auf den Pfad, als wollte er mir die Erlaubnis zum Weitergehen erteilen, warf sich das Gewehr über die Schultern und ging mit großen Schritten in der entgegengesetzten Richtung davon.

Langsam folgte ich den Windungen des ansteigenden Weges, der zum Dorf führte. Mein Herz schlug wie wild bei dem Gedanken, daß jeder Schritt mich ein wenig mehr vom Dnjestr entfernte und mich jener freien, fast schon vergessenen Welt näherbrachte, nach der ich mich so gesehnt hatte.

Unterwegs begegnete ich keiner Menschenseele. Erst an der letzten Biegung liefen mir zwei Bäuerinnen über den Weg, mit Wollballen bepackt, die sie zum Waschen zum Fluß hinuntertrugen. Leichten Schrittes und ohne sich ängstlich umzusehen, lachend und plaudernd, bewegten sie sich so frei und ungezwungen, daß ich nur staunen konnte. Um sie nicht unnötig auf mich aufmerksam zu machen, wandte ich den Kopf zur Seite und beschleunigte meinen Schritt. Immerhin konnte ja mein ukrainisches Kostüm ihnen durchaus merkwürdig vorkommen, denn die Frauen Bessarabiens kleideten sich anders. Seit es keine Verbindung mehr zum jenseitigen Ufer gab, war das abseits der großen Straße gelegene Dorf bestimmt nicht sehr belebt, und gewiß kannten die Dorfbewohner sich alle untereinander. Eine Fremde, die allein unterwegs war, mußte ihnen darum zwangsläufig auffallen. Aber sie gingen an mir vorbei, ohne mich anzusprechen.

Die ungepflasterte Straße, die durch das Dorf führte, lag still und friedlich da. Die Bauern waren noch nicht von den Feldern zurück, und so sah ich nur ein paar Kinder, die in ihren langen, weißen Hemden am Straßenrand spielten.

In einer Kuhle aus schwarzem Schlamm suhlte sich ein wohlig grunzendes Mutterschwein, umgeben von zahlreichen Ferkeln, die sich gegenseitig schubsten, anrempelten und dabei fröhlich quiekende Schreie ausstießen. Auch diese Familie, dachte ich, freut sich ihres Lebens.

Im Zentrum des Dorfes angelangt, sah ich die Kirchentür einen Spaltbreit offenstehen. Ich schlüpfte hinein und sah mich furchtsam um. Aber die Kirche war leer, und man hörte nichts als das leise Knistern der brennenden Öllämpchen vor den Ikonen. In diesen Mauern herrschte ein geradezu unwirklicher Friede.

Das Haus des Priesters lag nur wenige Schritte von der Kirche entfernt, leicht zu erkennen an seinem schiefergedeckten Dach, den gestrichenen Fensterläden und der von wildem Wein überrankten Außentreppe. Mit all dem unterschied es sich merklich von den Bauernhäusern, die mit Stroh gedeckt und von hohen Palisaden aus geflochtener Weide umzäunt waren. Ich nahm mein Herz in beide Hände und zog an der Kette, die neben dem Eingang hing und eine kleine Glocke mit schrillem Klang ertönen ließ. Es dauerte eine ganze Weile, bis sich die Tür ein wenig öffnete und der Kopf eines Jungen in dem schmalen Spalt erschien.

»Was wollen Sie?« fragte er auf ukrainisch.

»Ich möchte Pater Gregori sprechen.«

Die Tür ging wieder zu, der Junge verschwand. Ich wartete lange und hätte fast ein zweites Mal geläutet, als die hohe Gestalt Pater Gregoris in der Tür erschien. »Sie wünschen ...?« fragte er und sah mich prüfend an.

»Pater Gregori, kann ich mit Ihnen sprechen?«

Er schien zu zögern. »Aber wer sind Sie?«

»Ein Flüchtling«, sagte ich in vertraulichem Ton, »ich habe den Dnjestr überquert ...«

Das Gesicht des Priesters verdüsterte sich, er warf einen ängstlichen Blick über den Platz, als wollte er sich vergewissern, daß mich auch niemand gehört hatte. »Also kommen Sie von der anderen Seite?« flüsterte er.

Als er einen Schritt zurücktrat, mußte ich an den Ausspruch Frau Antonows denken: »In ihren Augen sind wir so etwas wie Aussätzige.« Dieser Empfang verwirrte mich, ich hatte mir vorgestellt, mit offenen Armen aufgenommen zu werden. Und jetzt begegnete mir der Priester mit ängstlicher Zurückhaltung, ja mit sichtlichem Mißtrauen.

Ich berief mich auf die Nadolskis, nannte ihm die Namen meiner Eltern und vor allem den meiner Großmutter, deren Besitztümer sich in dieser Gegend befanden. Das schien ihn ein wenig zu beruhigen, zumindest ließ er mich jetzt eintreten.

»Sehen Sie«, sagte er, als wir uns auf komische, mit grünem Plüsch bezogene Bambusstühlchen gesetzt hatten, »sehen Sie, das Grenzgebiet steht seit zwei Monaten unter Standrecht, und es ist offiziell verboten, mit dem anderen Ufer Verbindung aufzunehmen oder Flüchtlinge zu beherbergen. Wir müssen vorsichtig sein, sehr vorsichtig ...«

»Ich will Sie nicht in Schwierigkeiten bringen, Vater«, sagte ich enttäuscht. »Ich wollte Sie nur bitten, mich aufzunehmen, bis ich eine Möglichkeit gefunden habe, nach Chotin zu kommen.«

»Sie aufnehmen ...?« Der Gedanke schien ihn nicht sonderlich zu begeistern. Als in diesem Augenblick eine dicke Frau mit rundem, rosigen Gesicht im Salon erschien, rief der Pater erleichtert aus: »Da kommt ja meine Frau!« Und zu ihr gewandt, fuhr er fort: »Das Fräulein ist eben erst in Rumänien angekommen, als Flüchtling. Ihre Eltern haben Güter in Bessarabien. Sie bittet uns, sie fürs erste aufzunehmen.«

Angesichts des erstaunten Ausdrucks in den Augen der guten Frau erinnerte ich mich meiner bäuerlichen Verkleidung und erläuterte ihr kurz die Umstände meiner Flucht.

»Mein armes Kind!« rief sie aus. »Man hätte Sie auf dem Dnjestr töten können!« Ich wußte, daß sie mich aufnehmen und mir zu essen geben würde, denn seit heute morgen … Sie brachte mich denn auch gleich ins Eßzimmer, holte mir ein Glas Milch und ein Stück Kohlauflauf. Ich war eben dabei, ihr von den Geschehnissen auf der anderen Seite des Dnjestr zu erzählen, als Pater Gregori, gefolgt von einem jungen Mann, sich zu uns gesellte.

»Mein Sohn Sergei«, sagte er und setzte sich. »Er ist Student.«

Da Sergei über die Begleitumstände meiner Ankunft allem Anschein nach Bescheid wußte, wurde mir klar, daß die Angelegenheit zwischen ihm und seinem Vater schon besprochen worden war. Der junge Mann setzte sich mir gegenüber und sah mich lange an.

»Wir alle verstehen die Gründe Ihrer Flucht und bewundern Ihren Mut«, sagte er schließlich. »Ich hätte nicht anders gehandelt. Aber ich muß Ihnen sagen, daß es mit dem Grenzübertritt nicht getan ist. Sie haben die Grenze illegal und mit der Hilfe von Schmugglern überschritten. Und das ist ein schwerwiegendes Vergehen, das strafrechtlich verfolgt wird. Sie müssen im schlimmsten Fall sogar mit Ihrer Ausweisung rechnen. Wenn wir Sie bei uns aufnehmen, machen wir uns der Mittäterschaft schuldig. Im übrigen wird es nicht lange dauern, bis man Sie hier findet. Darum sind mein Vater und ich der Meinung, daß es nur eine vernünftige Lösung für Sie gibt, nämlich die, selbst zum Grenzschutz zu gehen und dem dortigen Offizier Ihren Übertritt in unser Land zu melden. Glauben Sie nicht«, fügte der junge Mann lächelnd hinzu, »daß dieser Mann ein Werwolf ist, im Gegenteil. Er ist ein charmanter Mensch, ich kenne ihn sehr gut.«

»Sergei«, warf Frau Sosnow ein, »überlege dir gut, was du sagst. Wenn der Leutnant beschließt, das unglückliche Kind auszuweisen, dann schickt er es in den Tod.«

»Nein, nein«, protestierte ihr Sohn, »das würde er niemals tun.«

»Was weißt denn du. Vielleicht hält er es für seine Pflicht.«

»Im Augenblick sind sie sehr streng«, gab auch Pater Gregori zu bedenken, »sehr streng. Sie haben einen äußerst ungünstigen Zeitpunkt erwischt. Es gab Unruhen im Land, und seither sind die Vorschriften noch strenger als zuvor.«

»Ihre einzige Chance, in Rumänien bleiben zu dürfen«, sagte Sergei, »ist ein korrektes Verhalten. Sich freiwillig zu melden ist weit klüger, als sich erwischen zu lassen. Es würde beweisen, daß Sie guten Willens sind und nichts zu verbergen haben. Wohlgemerkt, das ist nur ein guter Rat. Wenn Sie es vorziehen, sich erst bei Ihrer Ankunft in Chotin zu melden, werde ich dem Leutnant nichts sagen. Zunächst aber: Wie wollen Sie überhaupt bis Chotin kommen? Die Bauern haben alle Hände voll zu tun, es ist Erntezeit, und Sie werden keinen Wagen finden. Außerdem werden die Straßen überwacht, man könnte Sie nicht nur nach Ihren Papieren, sondern auch nach einem Passierschein fragen. Nun, Sie haben weder das eine noch das andere. Und was machen Sie dann?«

»Ich habe nie daran gedacht, mich zu verstecken ... Ich dachte nur, daß ich in Chotin mehr Möglichkeiten hätte, weil man meine Familie dort kennt ... Und ich hatte auch keine Ahnung, daß die Grenze so scharf bewacht wird.«

»Das ist nicht schwer zu verstehen«, sagte Sergei, »die Rumänen wollen ihr Land vor dem Chaos bewahren, das in der Ukraine herrscht. Und im übrigen wäre das Land, wenn man die Grenzen nicht geschlossen hätte, von der Flut der Flüchtlinge überschwemmt worden.«

»Kommt es denn vor, daß man Flüchtlinge, die man an der Grenze erwischt hat, wieder zurückschickt?« fragte ich voller Angst.

»Ja«, sagte Sergei, »ich will da ganz offen sein. Und manchmal sogar unter dem Feuer russischer Wachtposten.«

»Es hat sogar Fälle gegeben«, ergänzte Pater Gregori, »wo man von beiden Seiten geschossen hat.«

»Und diese sind weder hüben noch drüben angekommen.«

»Nein, der Dnjestr hat sie behalten.«

»Im Winter kommt es auch vor, daß ein paar Wahnsinnige versuchen, den vereisten Fluß zu überqueren, indem sie von Scholle zu Scholle springen. Wenn man sie erwischt, braucht man sie nur unter die Eismassen zu tauchen.«

»Es gibt noch ein anderes Mittel, Flüchtlinge loszuwerden«, sagte Sergei. »Man bringt sie in eine abgelegene Schlucht, wo man sie unter dem Vorwand, sie hätten den Wachtposten zu entkommen versucht, einfach aus dem Wege räumt. Glauben Sie mir«, fuhr er fast beschwörend fort, »es ist wirklich das beste, wenn Sie sich unverzüglich in den Schutz Leutnant Niculescus begeben. Allein die Tatsache, daß Sie sich ihm anvertrauen, wird ihn daran hindern, bei Ihnen ähnliche Mittel anzuwenden. Er wird sich kaum mit Ihnen belasten wollen und Sie daher den Militärbehörden überstellen, die sich just in Chotin befinden.«

»Also ist er auch für Ihren Transport zuständig«, sagte Pater Gregori, »und das Reiseproblem wäre damit gleichfalls gelöst!«

»Ich verstehe«, murmelte ich, »mein Schicksal liegt ganz in den Händen dieses Leutnants.«

»Er wird Sie schon nicht ins Verderben stürzen«, beteuerte der Student, »ich sage es noch einmal, er ist äußerst charmant.«

»Du vergißt, was man sich von ihm erzählt«, warf Frau Sosnow ein. »Über seine Art, Schmuggler zu verhören, kursieren die seltsamsten Gerüchte. Wer das Pech hat, ihm in die Hände zu fallen ...«

Sergei zuckte die Achseln. »Was soll er eurer Meinung nach denn tun? Seine Vorgesetzten verlangen drakonische Maßnahmen von ihm, er ist für seine Abteilung verantwortlich und muß über alles Rechenschaft ablegen. Und ihr wißt ja, wie schwer es ist, den Schmuggel in den Griff zu kriegen.«

»Darum braucht man aber die Gefangenen noch lange nicht zu foltern!«

»Gerüchte! Nichts als Gerüchte!« entgegnete Sergei verärgert.

»Gerüchte, die durchaus ein Körnchen Wahrheit enthalten. In der Nähe der Grenzstation hat man Schreie gehört ... man hat Dinge bemerkt ...«

»Hören Sie doch auf damit, Mama. Das alles hat doch nichts mit dem Fall des Fräuleins zu tun.«

Mein Entschluß stand fest: Ich würde mich bei dem Leutnant melden. Ich fragte Sergei, ob ich ihn jetzt sofort aufsuchen könne.

»Morgen. Heute abend ist er unterwegs.«

»Um so besser«, sagte Frau Sosnow, »so können Sie sich noch etwas ausruhen und von all den Aufregungen erholen. Ich kann mir vorstellen, wie schwer es für Sie war, Ihre Familie zu verlassen. Noch dazu unter solchen Umständen!«

»In was für einer Zeit wir doch leben«, seufzte Pater Gregori, »was für eine Zeit!«

Ich für meinen Teil gab mich keinen Illusionen mehr hin: Meine Prüfungen waren noch längst nicht ausgestanden, nur die Rahmenbedingungen hatten sich verändert. Und nichts garantierte mir einen glücklichen Ausgang. Auf der Flucht vor dem Wolf war ich der Wölfin in die Klauen geraten, nichts weiter.

Oder doch, alles hatte sich im Grunde verändert: Alles, was sich mir fortan an Schwierigkeiten in den Weg stellte, war das Resultat meiner eigenen Handlungen, ich allein war dafür verantwortlich. Als Bittstellerin hatte ich Rumänien betreten, was konnte also der Leutnant dafür, wenn ich die Gesetze seines Landes übertrat?

Zugegeben, ein wenig fühlte ich mich auch berechtigt, Rumänien um Gastfreundschaft zu bitten, da meine Vorfahren hier gelebt hatten und Ländereien besaßen. Und war meine Großmutter denn nicht zur Hälfte Moldauerin?

Mein Entschluß, meine Ankunft zu melden, erleichterte Pater Gregori wie auch dessen Sohn, und er entspannte die Atmosphäre merklich. Als man sich zur Abendessenszeit zu Tisch begab, genoß ich in vollen Zügen und trotz meiner Sorgen das vorzügliche Mahl. Der Unterschied zwischen dem Leben hier und dem unsrigen war so gravierend, daß er mich in jedem Augenblick überwältigte. Die köstlichen Speisen auf dem Tisch, die Gespräche, die um die kleinen Probleme des Alltagslebens kreisten, die unerwarteten, aber kaum dramatisch zu nennenden Vorkommnisse in diesem Land – all das erschien mir wie ein Traum.

Als man mir nach dem Abendessen ein Bett auf dem schmalen Kanapee im Salon hergerichtet und mich allein gelassen hatte, setzte sich der Traum fort. Mein Kopf dröhnte, meine Gedanken überschlugen sich, und die Zukunft erschien mir ein übers andere Mal zugleich voller Schrecken und voller Glückseligkeiten zu sein. Was aber in diesem Tumult meiner Empfindungen die Oberhand gewann, war ein Gefühl des Triumphs: Ich hatte es geschafft, ich war durchs Feuer gelaufen!

Lange Zeit lag ich da, ohne einschlafen zu können, angespannt, die Ohren gespitzt, das kleinste Geräusch registrierend. Das Trappeln eines Pferdes, ein bellender Hund, eine zuschlagende Tür ließen mich hochfahren. Danach aber stieß ich einige Seufzer der Erleichterung aus und sank, wie von einem Alptraum befreit, auf meine Kissen zurück.

Der Mond schien hell durchs Fenster und füllte den Salon mit seinem bläulichen Schimmer. Bei uns drüben färbte sich der Himmel hingegen rot, erleuchtet von Feuersbrünsten ... O diese Ruhe, diese Gewißheit, in Sicherheit zu sein! Morgen werde ich die Freunde vom Abend zuvor gesund und munter wiedersehen, denn nichts wird ihnen im Lauf der Nacht zugestoßen sein ... Frau Sosnow mit ihrem lieben Lächeln, Pater Gregori, sie alle werden da sein ... Und ich werde den Leutnant sehen ... Ach ja, der Leutnant! Wie würde er mich empfangen? Wenn er beschließen sollte, mich über den Dnjestr zurückzuschicken, würde ich ihm den Gehorsam verweigern. Sollte er mich erschießen, wenn es ihm gefiel.

Und was erwartete mich später in Chotin? Ob Großmamas Verwalter dort noch lebte? Was war vom Herrenhaus auf Raschkow übriggeblieben? Und wie sah es überhaupt dort aus? Früher war ich ein- oder zweimal mit meinen Eltern dort gewesen, aber ich hatte nicht mehr die geringste Erinnerung an diese Besuche, oder nur eine äußerst vage: breite, von niedrigen Häusern gesäumte Straßen, jüdische Läden in der Hauptstraße, die Kathedrale ... War da nicht noch etwas? Ach ja, die türkische Festung am Ufer des Dnjestr, die wichtigste und größte im Reigen der Zitadellen, mit denen die Türken vor drei Jahrhunderten ihre Grenzen befestigt hatten.

Die Anlage von Chotin beeindruckte vor allem durch ihre gewaltigen, von Zinnen bekrönten Mauern, die den Fluß überragten. Mit ihren Kasematten, dem Zeughaus, den Pulverkammern, den von Kanonen starrenden Bollwerken, den Verliesen für die Gefangenen und dem Hinrichtungshof war sie zu ihrer Zeit die Festung schlechthin gewesen.

Die wilden Stürme der letzten Jahre mochten viel verändert und zerstört haben, doch diesem gigantischen Bauwerk hatten sie gewiß nichts anhaben können, dazu hätte es mehr als eines Krieges oder politischer Umwälzungen bedurft.

In meinem unruhigen Schlaf jener ersten Nacht in Rumänien vermischte und verwirrte sich alles ineinander: Bilder von hinter mächtigen Schutzwällen verschanzten Türken, mit Krummsäbeln bewaffneten Reitern, schweren, gußeisernen Kanonen und der gesamten Maschinerie eines vor dreihundert Jahren geführten Krieges verwoben sich mit Szenen, wie ich sie vor wenigen Stunden erst erlebt hatte, mit Bildern von bewaffneten Horden, von Gewehren und Handgranaten.

Als ich am nächsten Morgen erwachte, war meine erste Reaktion ein Freudensprung: Ich hatte es nicht geträumt, ich war tatsächlich in Rumänien! Was mich an Schwierigkeiten auch erwarten mochte, es kam mir weniger wichtig vor. Was bedeuteten sie schon im Vergleich zu denen, die hinter mir lagen? Nein, nichts und niemand konnte mir noch Angst einjagen oder die Freude verderben.

Während ich das Bettzeug aufräumte, fragte ich mich gleichwohl, ob ich die kommende Nacht nicht im Gefängnis verbringen würde ...

Die Familie des Priesters hatte sich fast vollzählig im Eßzimmer versammelt. In der Mitte des Frühstückstisches prangte eine mächtige Kaffeekanne, daneben ein Krug mit frischer Milch, ein großes Stück Butter, Konfitüren, Honig, Weißbrot ... So viele Köstlichkeiten auf einmal, ich konnte nur noch staunen.

»Haben Sie gut geschlafen?« fragte Frau Sosnow liebevoll. »Es tut mir leid, daß ich Sie nicht besser unterbringen konnte. Hoffentlich haben Sie sich richtig ausgeruht.«

Ich versicherte ihr, daß ich in meinem ganzen Leben noch keine so wundervolle Nacht verbracht hätte. Und das stimmte tatsächlich aufs Wort.

»Der Kaffee ist nicht besonders gut«, fuhr sie fort, »in unseren Läden gibt es keinen guten Kaffee mehr. Wenn ich an den von früher denke! In diesem Jahr waren auch die Kirschen sauer, ich weiß nicht warum. Ich habe viel Zucker daran getan, weit mehr als sonst, aber die Konfitüre schmeckt einfach nicht.«

»Das Leben ist nicht einfach heutzutage«, seufzte Pater Gregori, »wirklich nicht.«

Ich bemühte mich gar nicht erst, meine Gedanken und mein Erstaunen über ihre kleinen Sorgen zum Ausdruck zu bringen. Wozu auch? Ich wußte Bescheid, und sie nicht – sie würden wohl auch niemals erfahren, wie geringfügig ihre Probleme waren. Das hoffte ich zumindest.

Sergei, der eben am Frühstückstisch erschien, war bester Laune. »Guten Morgen«, sagte er zu mir, »ich habe den Leutnant getroffen. Er zeigte sich sehr verständnisvoll, genau, wie ich es Ihnen sagte. Ich war mir da ganz sicher. Er wird selbst herkommen, sobald seine Verpflichtungen das zulassen.«

Frau Sosnow warf mir einen ängstlichen Blick zu, auch Vater Gregori schien etwas besorgt, und ich selbst fühlte einen Stich in der Magengegend. Nur Sergei blieb fröhlich und aufgeräumt.

»Haben Sie nicht …?« Frau Sosnow zögerte und wurde rot: »Haben Sie kein anderes Kleid?«

»Ich verstehe nicht ganz«, murmelte ich, »finden Sie meins denn so anstößig? Für mich war es eine Chance mehr, mein Leben zu retten …«

»Oh, entschuldigen Sie, ich sagte das nur aus Sympathie …«

Sie wurde noch röter dabei, während Pater Gregori teilnehmend den Kopf schüttelte. Pferdegetrappel im Hof unterbrach das Gespräch. »Der Leutnant«, sagte Sergei.

Ein junger Mann mit sehr dunklem Teint, dunkelhaarig und in eine schneidige, hellgraue Uniform gezwängt, trat mit raschen Schritten ein. Er ging auf die Dame des Hauses zu und küßte ihr galant die Hand, begrüßte Pater Gregori und wandte sich dann zu mir, lächelnd und mit ausgestreckter Hand. Allem Anschein nach hatte Sergei ihm gesagt, daß ich kein Wort rumänisch konnte, denn er sprach mich in fließendem Französisch an.

»Seien Sie willkommen in unserem Land, Mademoiselle!«

»Danke, Leutnant«, stotterte ich, ganz gerührt von soviel Freundlichkeit. »Aber Sie wissen doch sicher … Ich meine, daß …«

Er lächelte diebisch. »Ich weiß, ich weiß, der Dnjestr …«

Dabei wies er mit der Hand in dessen ungefähre Richtung, um unvermittelt ernst zu werden. »Wir sollten miteinander reden, einverstanden?«

Er nahm sich einen Stuhl und gab mir ein Zeichen, ihm gegenüber Platz zu nehmen. Alle Augen waren auf uns gerichtet, Frau Sosnow sah uns mit Besorgnis, vor allem aber mit Neugier an. Es tat mir leid, daß sie unserem Gespräch nicht folgen konnte, verstand sie doch kein Wort Französisch. Pater Gregori, dieser Sprache so wenig mächtig wie seine Frau, zog die Kette seines Brustkreuzes ständig hin und her und fuhr sich mit der Hand durch das dichte Haar. Sergei rauchte schweigend und ohne uns anzusehen.

»Ich verstehe sehr gut, was Sie in unser Land getrieben hat«, begann der Leutnant, »und ich möchte Sie vorab meiner Sympathie versichern. Nur darf ich Ihnen nicht verschweigen, daß ich dazu verpflichtet bin, gerichtlich gegen Sie vorzugehen.«

Da ich nichts dazu sagte, fuhr er fort: »Sie haben sich einen sehr ungünstigen Zeitpunkt ausgesucht.«

»Ich habe mir überhaupt nichts ausgesucht. Ich bin geflohen, solange ich noch fliehen konnte.«

»Ja gewiß. Sie konnten wohl auch nicht wissen, daß es hier ... nun, daß es hier zu einigen Zwischenfällen kam, in deren Folge man den Notstand ausgerufen hat. Die illegalen Überfahrten und der Schmuggel werden zur Zeit streng geahndet. Ich bin für den Grenzbezirk verantwortlich und kann nicht so tun, als wüßte ich nichts von Ihrem heimlichen Übertritt.«

»Werden Sie mich ins Gefängnis stecken?«

Der Leutnant lachte. »Nein, nein, keine Sorge.«

»Oder mich ausweisen?«

»Nein, auch das nicht.«

»Denn das sage ich Ihnen gleich: Dahin zurückkehren werde ich nicht.«

»Die Entscheidung hängt nicht von mir ab.«

»Was werden Sie also mit mir machen?«

»Sie der Kommandantur von Chotin übergeben.«

Damit wandte er sich Sergei zu und sprach lange auf rumänisch mit ihm. Der Priester und seine Frau lebten sofort wieder auf, während mir zunächst nichts übrigblieb, als, frei nach Auber, die Stumme von Portici zu spielen.

»Hören Sie«, sagte der Leutnant, wieder zu mir gewandt, in einem freundschaftlichen Ton ohne jede Förmlichkeit, »alles wird gutgehen, wenn Sie einen kühlen Kopf bewahren. Heute morgen noch schicke ich einen Verbindungsoffizier nach Chotin. Sie werden Unteroffizier Dumitrescu begleiten, der Sie zur Kommandantur bringen wird. Ich selbst schreibe noch einen Bericht über Ihren Fall und überlasse es dem Generalmajor, eine Lösung vorzuschlagen.«

»Dem Generalmajor?«

»Ja. Da wir es mit einem Belagerungszustand zu tun haben, sind Grenzverletzungen Sache der Militärbehörden. Wenn die strafrechtliche Untersuchung beendet ist ...«

»Strafrechtliche Untersuchung?«

»Erstaunt Sie das?«

»Ich verstehe das nicht! Für mich liegen die Dinge eindeutig auf der Hand: Man hat mich in meinem Land verfolgt, und ich bin nach Rumänien geflohen. Wir haben Verbindungen zu Bessarabien, Güter, Ländereien ...«

Der Leutnant unterbrach mich: »Ich muß jetzt den Bericht aufsetzen.«

Damit holte er ein Notizbuch und einen Bleistift aus der Tasche und legte beides auf den Tisch. »Also. Name? Geburtsdatum?« Er schrieb alles auf.

»Geburtsort?«

»Moskau.«

»Hm ... Ein mißlicher Umstand. Ich war der Meinung, Sie stammen aus Bessarabien.«

»O nein! Das heißt, wir kommen aus dem Norden, haben aber immer in der Ukraine und in Bessarabien gelebt.«

Dann erzählte ich von Wassilki, von Raschkow, von Kapljowka. Ich nannte ihm auch den Namen des Notars Tomaschewski, man konnte ja nie wissen. Der Leutnant notierte alles, überlas das Geschriebene und dachte einen Augenblick nach. »Sind Sie ganz sicher, in Moskau geboren zu sein?«

»Aber hören Sie, Herr Leutnant, ich habe alles verloren, aber nicht mein Gedächtnis!«

»Wir setzen hier ›in Raschkow geboren‹ ein ... Fürs erste. Nachher sehen wir weiter. Das wird die Dinge erleichtern.«

So kam es, daß sich mein Geburtsort um eintausend Kilometer nach Westen verschob und ich mich plötzlich in eine Rumänin verwandelt sah. Daß Niculescu eine falsche Angabe in mein Dossier eintrug, erstaunte mich zwar, aber er wußte sicher besser als ich, was in solchen Fällen geboten war. Er kritzelte noch irgend etwas in sein Büchlein, klappte es zu und steckte es wieder in die Tasche.

»Sagen Sie mir noch, wo genau Sie die Grenze überquert haben.«

Noch eben rechtzeitig erinnerte ich mich an seine gnadenlose Jagd auf Schmuggler und war auf der Hut. Diese Leute hatten mir zwar eine schwindelerregende Summe für ihr Geleit nach Rumänien abgeknöpft, aber ich verdankte ihnen die Freiheit, eine, wie ich allmählich zu begreifen begann, nur bedingte Freiheit. Mir gegenüber hatte sich der Leutnant von seiner menschlichen Seite gezeigt, doch sah er ganz danach aus, als würde er auch seinen Preis dafür verlangen: Gefälligkeit gegen Gefälligkeit.

Ich wollte die Schmuggler nicht verraten und erwiderte ausweichend: »Da hinten, hinter dem Wald, so genau kann ich das nicht sagen.«

»Waren Sie allein?«

Diese Frage stellte er wie nebenbei, und zweifellos in dem Glauben, daß ich in meiner Naivität meine ganze Odyssee erzählen und ihm damit meine Leidensgenossen ausliefern würde.

»Ich war allein!« beteuerte ich. »Allein mit meinem jungen Schmuggler!«

Ich biß mir auf die Lippen, bestimmt hatte ich schon zuviel gesagt. »Ich habe ihn nicht so genau angesehen«, fügte ich hastig hinzu, »vielleicht war er auch schon älter. Es ging ja alles so schnell!«

Natürlich glaubte er mir kein Wort. Denn schnell geht so etwas nie. Ganz abgesehen von den Vorgesprächen, den Feilschereien um den Preis und den sonstigen Vorbereitungen, liegt man stundenlang auf der Lauer, behält die Grenze im Auge und gibt acht auf das Signal des Komplizen am anderen Ufer. Ohne Komplizen wäre eine solch gefährliche Überfahrt unmöglich, und der Leutnant wußte das. Ich quälte mich bei dem Gedanken, meine Fluchthelfer in Gefahr gebracht zu haben, denn mit dem Priester hatte ich ganz offen darüber gesprochen. Sergei erschien mir nicht ungefährlich, und so versuchte ich mir alles, was ich ihm gesagt hatte, ins Gedächtnis zurückzurufen.

Der Leutnant änderte seine Taktik und sagte in strengem Ton:

»Ich rate ihnen, die Wahrheit zu sagen. Das wird Ihrer Sache nicht schaden, im Gegenteil.«

»Aber ich habe doch alles gesagt!« beteuerte ich nervös. »Mehr weiß ich nicht!«

»Haben Sie dafür bezahlt?« fragte Niculescu in schroffem Ton.

»Ja … natürlich. Aber auf der ukrainischen Seite, das schwöre ich Ihnen!«

Er brauchte ja nur den Versuch zu machen, sich an den Schmugglern der anderen Seite zu vergreifen!

»Wer hat Sie am rumänischen Ufer erwartet?«

»Niemand, das habe ich bereits gesagt. Pater Gregori war der erste, mit dem ich sprach.«

Das war im übrigen nicht einmal gelogen, denn mit dem Soldaten hatte ich mich nur mit Gesten verständigt. »Wie spät war es, als Sie anlegten?«

Da sich die Frage auf den Vortag bezog, war es unglaublich dumm von mir, mechanisch den Ärmel anzuheben und auf eine Uhr zu schauen, die ich längst nicht mehr besaß. Hastig streifte ich den Ärmel aufs Handgelenk zurück, doch dem Leutnant war die Bewegung keineswegs entgangen.

»Es muß … lassen Sie mich nachdenken … es muß so gegen drei Uhr gewesen sein.«

»Der Grenzer war also nicht auf seinem Posten? Nun, es ist ja auch die Stunde seines Rundgangs. Ich werde die Leute vom Grenzschutz danach fragen. Es wäre auch möglich, daß er sich ganz in Ihrer Nähe befand. Haben Sie ihn nicht bemerkt?«

»Ich habe niemanden gesehen.«

»Wie man mir sagte, hatten Sie kein Gepäck bei sich. Aber etwas Schmuck vielleicht, ein wenig Geld?«

»Nein, ich hatte wirklich nichts bei mir, bis auf diesen kleinen Ring …«

Ich sprach nicht weiter, aber es war schon zu spät: Die Augen des Leutnants glitten über meine Finger. Aber er sagte nichts und stand auf.

»Ich werde jetzt einen Bericht und meinen Brief an den Generalmajor aufsetzen. Unteroffizier Dumitrescu wird Sie am frühen Nachmittag abholen.«

Wir hörten seinen Hengst scharren und schnauben, danach sein schwächer werdendes Getrappel auf der Straße. Kaum war der Leutnant fort, als wieder Leben in die kleine Versammlung kam. Frau Sosnow hatte instinktiv erkannt, daß es in meinem Gespräch mit dem Leutnant um die aufregendsten Dinge ging, und wäre vor Neugier fast gestorben. Ich konnte nicht anders, als ihr alles in allen Einzelheiten zu wiederholen.

»In ein paar Stunden also werde ich Sie verlassen«, beendete ich seufzend meinen Bericht. »Aber ich werde nie vergessen, wie gütig Sie zu mir waren.«

Jetzt, wo sie mich bald schon los sein würden, schien es ihnen leid zu tun, in der Sache mit Niculescu eine solche Eile an den Tag gelegt zu haben. Und so sangen sie ein Loblied auf den General, von dem mein Schicksal abhing, doch es lag auf der Hand, daß sie nicht das Geringste über ihn wußten. Ob er sich wohl persönlich mit meiner Angelegenheit befassen würde? Wohl kaum. In einer Provinz, die dem Land eben erst einverleibt worden war und in der es noch immer gärte, hatte er gewiß Wichtigeres zu tun. Und die Zahl derer, die heimlich die Landesgrenzen überschritten, ging in die Tausende. Warum also sollte ihn mein Fall mehr als irgendein anderer interessieren?

Während des Mittagessens überhäufte man mich mit Aufmerksamkeiten. Pater Gregori entkorkte eine Flasche Wodka, man trank auf meine Gesundheit und das Gelingen meiner Zukunftspläne – als ob es für den Augenblick um mehr ginge als um den einzigen, bescheidenen Wunsch, nicht im Gefängnis zu landen.

Frau Sosnow trug marinierte Champignons und, als Grundlage für den Schnaps, Hering mit rohen Zwiebeln auf. Danach servierte das Dienstmädchen einen von Kartoffeln umrahmten Braten, den Pater Gregori selbst zerlegte. Ein Pflaumenkuchen bildete den krönenden Abschluß des wundervollen Essens.

Doch die Begeisterung meiner Gastgeber wirkte erkünstelt und war kaum dazu angetan, das allgemeine Unbehagen zu übertünchen. Ich kam nicht los von der Zwangsvorstellung, dies könnte meine letzte Mahlzeit sein, die Henkersmahlzeit. Obwohl ich mich nach Kräften bemühte, mich heiter und sorglos zu geben, konnte ich doch an nichts anderes mehr denken als an meine Reise mit diesem Verbindungsoffizier, die mich fatal an einen Gefangenentransport erinnerte. Auch meine Gastgeber schienen sich nicht eben wohl in ihrer Haut zu fühlen, und ihre optimistischen Zukunftsprognosen klangen wenig überzeugend.

Gegen zwei Uhr, als der Unteroffizier erschien, saßen wir immer noch am Tisch. Er war noch jünger, als ich ihn mir vorgestellt hatte; wäre seine Uniform nicht gewesen, hätte ich ihn vermutlich für einen Schuljungen gehalten. Ein charmantes, zugleich schüchternes Lächeln ging über sein frisches Gesicht und hellte seine feinen, regelmäßigen Züge auf, als er mir, nachdem er sich vorgestellt hatte, zu verstehen gab, daß er sich meiner Person zu bemächtigen gedachte. Das also war mein Kerkermeister.

Durch unser beider Jugend war es immerhin möglich, daß zwischen uns ein Gefühl der Sympathie, ja fast der Kameradschaft entstand. Trotz der widrigen Umstände hätten wir gern miteinander geredet, aber leider sprach er nur Rumänisch, und so mußten wir uns damit begnügen, uns gegenseitig zuzulächeln.

Die gesamte Familie des Priesters, das Dienstmädchen, der kleine Junge, der gestern den Kopf durch die Tür gesteckt hatte und ein paar Neugierige aus der Nachbarschaft hatten es sich nicht nehmen lassen, bei meiner Abreise Spalier zu stehen. Der Pferdewagen mit den beiden Soldaten auf dem Kutschbock erinnerte mich unangenehm an die Ereignisse vor zwei Wochen, nur war es diesmal kein kommunistischer Polit-Kommissar, der über mein Schicksal zu bestimmen hatte, sondern ein rumänischer General. Und was seinerzeit mein schlimmstes Verbrechen gewesen war, meine großbürgerliche Herkunft, war jetzt gewissermaßen der höchste Trumpf, den ich in Händen hielt.

In raschem Tempo und Staubwolken aufwirbelnd, durchquerten wir das Dorf, fuhren danach aber nicht auf der Straße weiter, sondern auf einem schmaleren Weg, der zu einem abgelegenen Gebäude, offenbar der Grenzstation führte. Dort ließ mich der junge Unteroffizier aussteigen und brachte mich in ein trostloses Militärbüro, wo Leutnant Niculescu mich erwartete.

»Ich wollte Ihnen noch eine gute Reise wünschen«, sagte er liebenswürdig, »und Ihnen noch einmal anempfehlen, sich in allen Ihren Erklärungen mit der größten Offenheit zu äußern.«

Er ging mir langsam auf die Nerven mit seinen Forderungen nach Offenheit. Fast schien es, als wollte er mir Betrug und Täuschungsmanöver unterstellen. Getrickst hatte bislang freilich nur einer, und zwar er selbst, als er meinen Geburtsort fälschte.

»Und jetzt ...« Damit gab er dem Soldaten, der an der Tür stand, ein Zeichen, worauf dieser die beiden Türflügel aufstieß. Ich konnte einen Schrei nicht unterdrücken: Wer hier schreckensbleich von zwei Kameraden ins Büro gezerrt wurde, war kein anderer als mein unglückseliger Grenzsoldat. Flehend und verzweifelt sah er mich an, als könnte ich ihm das Leben retten.

»Kennen Sie diesen Mann?« fragte der Leutnant.

»Nein, nein«, stotterte ich, »ich habe ihn nie gesehen!«

Nicolescu lächelte ironisch: »Und das da?« Er hielt meine Uhr und meinen Ring in der Hand.

Also hatte man den armen und offensichtlich nicht sehr intelligenten Soldaten erwischt. Seine Gier nach zwei kleinen, wertlosen Gegenständen war ihm zum Verhängnis geworden. Ich nahm sie mechanisch an mich und stand da, ohne ein Wort zu sagen, wie versteinert. Man führte den Ärmsten ab, worauf der Leutnant einen merklich veränderten Ton anschlug.

»Vergessen Sie das alles. Ich bin dazu verpflichtet, die Disziplin meiner Leute aufrechtzuerhalten. Sie haben damit nichts zu tun.«

»Ich flehe Sie an, seien Sie nachsichtig mit diesem Mann, es war ja wirklich nur eine Kleinigkeit, und ich selbst legte auch keinen Wert darauf ... Er hätte auf mich schießen können ... Ich verdanke ihm also mein Leben.«

»Es wird ihm nichts Schlimmes geschehen, das verspreche ich Ihnen. Doch sollten Sie jetzt aufbrechen, damit Sie noch vor Einbruch der Dunkelheit in Chotin ankommen. Unteroffizier Dumitrescu wird mir von Ihnen berichten, und ich bin ganz sicher, daß es nur gute Nachrichten sein werden.«

# Wie in einem Traum

Als wir Chotin erreichten, herrschte schon tiefste Dunkelheit. Unser Wagen bog in die breite, von wenigen Petroleumlampen nur schwach beleuchtete Hauptstraße ein und holperte laut scheppernd und knarrend über ein Pflaster aus schlecht verlegten Steinen. Die Häuser zu beiden Seiten der Straße verloren sich im Dunkel, alles lag wie ausgestorben da, und nur das Geräusch unserer Räder unterbrach die Stille.

Als wir vor einem düsteren Gebäude mit geschlossenen Fensterläden anhielten, schwante mir schon, daß dies ein Gasthaus war. Der Unteroffizier sprang aus dem Wagen, ging zur Tür und zog an der Glocke. Erst nach wiederholtem Läuten aber öffnete sich langsam ein Fenster und ließ in dem schmalen Spalt den Kopf einer alten Frau erkennen. Dumitrescu sprach mit ihr und wies mit der Hand in meine Richtung, woraus ich schließen konnte, daß er nach einem Zimmer für mich fragte. Doch wies ihn die Alte mit einer unmißverständlichen Geste ab und schloß das Fenster.

Da stand er nun, ratlos und perplex: Was sollte er mit mir anfangen, jetzt, mitten in der Nacht? Also ging ich selbst zur Tür, klopfte und sprach die Wirtsleute auf russisch an. Diesmal öffnete sich die Tür, und ein alter Mann im Kaftan tauchte auf. Ich flehte ihn an, mir ein Eckchen für die Nacht zu überlassen. Ich hätte in der Kommandantur etwas zu regeln und müßte gleich morgen früh dort erscheinen.

Der Wirt schien überrascht, stellte aber keine Fragen. Dann gab er mir zur größten Erleichterung meines Unteroffiziers ein Zeichen, mit ihm zu kommen. Er zündete eine Kerze an und ging durch einen langen Flur vor mir her, stieg eine steile Treppe hoch und öffnete mir eine Tür. »Da«, sagte er, »das ist alles, was ich Ihnen anbieten kann.«

Es war eine armselige kleine Kammer, kahl und schmutzig, nur mit einem eisernen Bett und einem Stuhl möbliert. Der Wirt stellte die Kerze auf das Fensterbrett und sah mich lange an. »Wer sind Sie?« fragte er.

In kurzen Worten erzählte ich ihm von meiner Flucht aus Rußland und fragte ihn, ob er den Notar Tomaschewski kenne. »Tomaschewski! Aber gewiß doch! Wer in Chotin würde Tomaschewski nicht kennen?«

»Er ist der Vermögensverwalter meiner Großmutter.«

Diese Information zeitigte genau die Wirkung, die ich mir versprochen hatte: Das Mißtrauen wich der gebührenden Achtung. Ich nannte ihm die Namen meiner Großmutter und meines Onkels Rostislaw, deren Besitztümer nur vier Kilometer von Chotin entfernt lagen und die der Alte gut kannte. Bevor er mich allein ließ, versicherte er mir: »Sie brauchen nichts zu befürchten, Tomaschewski holt Sie da schon raus!«

Am nächsten Morgen war ich kaum mit dem Anziehen fertig, als es an der Tür klopfte: Meine Eskorte stand schon bereit und erwartete mich. Dumitrescu empfing mich mit seinem entwaffnenden und leicht verlegenen Lächeln, als wollte er sich entschuldigen, mir in aller Herrgottsfrühe schon so viele Unannehmlichkeiten zu bereiten. Er hatte die Uniform gewechselt, sah elegant und gepflegt aus. Ich dagegen kam mir reichlich komisch vor in meiner zerknitterten Bluse, die schon ganz grau vom Straßenstaub war.

Die ausgeruhten Pferde zogen uns in flottem Tempo durch die Stadt, die mir jetzt, im Schein der Morgensonne, ganz anders erschien als am Abend zuvor. Mit ihren breiten, schlecht gepflasterten Straßen, mit den niedrigen, von Gärten umgebenen Häusern und den Akazien entlang der Gehsteige ähnelte sie unseren Ortschaften in Podolien. Chotin schien eine kleine, friedliche und todlangweilige Stadt zu sein.

Die Kommandantur war in dem Gebäude der ehemaligen Bezirksregierung untergebracht, dessen Portal von Wachtposten umstanden war. Wir durchquerten die große Eingangshalle, dann einen langen Flur und landeten schließlich in einem Büro, wo ein nicht mehr ganz junger Offizier hinter einem Schutzwall aus Akten saß. Dumitrescu wechselte ein paar Sätze auf rumänisch mit ihm, schlug die Hacken zusammen, drückte mir, unverständliche Worte murmelnd, die Hand und zog sich zurück. Ich habe ihn nie wiedergesehen.

»Oberst Atanasiu«, stellte der Offizier sich vor, nachdem er aufgestanden war und sich galant vor mir verbeugt hatte. »Ich glaube, wir können uns auf französisch unterhalten.«

Zu meiner unendlichen Erleichterung sprach er es fließend, die Aussicht, meine Geschichte in Gesten wiedergeben zu müssen, hatte mich doch stark beunruhigt. Dann setze er sich wieder hinter seinen Schreibtisch und bedeutete mir, ihm gegenüber Platz zu nehmen. »Ich bin über Ihre Angelegenheit im Bilde«, sagte er, »und ich hoffe, Ihnen behilflich sein zu können.«

Das schien mir ein guter Anfang, und ich fühlte mich gleich schon sicherer. Alles würde sich finden. Das Wichtigste war, ihn davon zu überzeugen, daß ich eine harmlose Person war und daß bekannte Persönlichkeiten dieser Region das bestätigen konnten, beispielsweise der Notar Tomaschewski.

Kaum hatte ich diesen Namen genannt, als der Oberst einwarf: »Ich weiß nicht, ob er sich zur Zeit in Chotin aufhält, er ist viel unterwegs.«

Also kannte er ihn immerhin. Ich glaubte mich schon gerettet, als er einen Satz hinzufügte, der alle meine Hoffnungen zunichte machte: »Wenn er für Sie bürgen möchte, könnte ich Sie vorläufig auf freien Fuß setzen, ich meine, bis zu Ihrem Prozeß.«

»Prozeß?« Ich glaubte, nicht recht gehört zu haben.

»Aber ja doch, Mademoiselle, Sie haben illegal und ohne Papiere die Grenze überquert. Rumänien ist kein Taubenschlag.«

»Hören Sie, Herr Oberst, ich war auf der Flucht, man hat auf mich geschossen! Wer denkt denn da an Papiere!«

»Ich weiß. Das Problem ist nur, daß die Grenzverletzungen in Gebieten, die unter Standrecht stehen, Sache der Militärgerichte sind.«

»Ja, das hat Leutnant Niculescu mir auch gesagt ... Und wenn dieses Militärgericht mir das Asylrecht verweigert?«

Oberst Atanasiu wich der Frage mit einer vagen Geste aus.

»Ich kehre keinesfalls in die Ukraine zurück.«

»Sie scheinen fest entschlossen zu sein.«

»Lieber lasse ich mich erschießen«, ergänzte ich in dramatischem Tonfall.

»Nun, nun, wir sind doch keine Ungeheuer, die junge Mädchen erschießen.«

»Mich zurückzuschicken wäre noch grausamer.«

»Die Entscheidung liegt beim General. Zunächst aber sollten Sie versuchen, sich mit dem Advokaten Tomaschewski zu treffen. Ich lasse Sie von einem meiner Soldaten begleiten.«

»Oh, vielen Dank, Sie sind sehr liebenswürdig. Aber ich finde den Weg schon allein.«

»Nein, ich bestehe darauf. Warten Sie in der Eingangshalle auf Ihren Begleiter.«

Und so verließ ich die Kommandantur in Begleitung eines Soldaten, auf den ich durchaus hätte verzichten können. Zu meinem größten Erstaunen aber ließ er mich am Portal nicht allein, sondern heftete sich an meine Fersen. Also hatte man ihn nicht zu meiner Begleitung abgestellt, sondern um mich zu überwachen.

Ich hatte meine Mühe, Tomaschewskis Haus zu finden, denn die Stadt dehnte sich und die Straßen ähnelten einander sehr. Da auch der Soldat mir kaum von Nutzen war, fragte ich Passanten nach dem Weg und landete schließlich vor einer Villa, deren üppig mit Fayencen und kleinen Säulen bestückte Fassade einen ebenso schlechten wie kindlichen Geschmack verriet.

Plötzlich kam mir wieder in Erinnerung, wie lächerlich ich selbst in meinem lädierten Ukrainerkostüm aussah, und dazu noch mit diesem Soldaten am Rockzipfel. Was sollte Großmamas achtbarer Vermögensverwalter von mir denken?

Statt Tomaschewski öffnete mir eine alte, verhutzelte Dame mit einem hochgezwirbelten Dutt auf dem Kopf die Tür, ließ mich aber vorerst nicht eintreten. Ich erklärte ihr kurz, wer ich sei, und fragte sie, ob ich den Notar sprechen könne. Nach einem Augenblick des Zögerns bat sie mich doch herein. Natürlich folgte der Soldat mir auf dem Fuß.

»Was ist das für ein Soldat?« fragte die alte Dame erstaunt. »Und was will der hier?«

»Man hat ihn mir aufgedrängt, auf der Kommandantur. Um mich zu überwachen vermutlich.«

»Ah ja … Er soll in der Diele warten.«

Damit wies sie ihm einen Stuhl neben der Tür und führte mich in den Salon.

»Ich bin Fräulein Tomaschewski, die Schwester Ihres Vermögensverwalters. Mein Bruder ist auf Reisen, aber vielleicht kann ich Ihnen helfen.«

Als ich ihr von meiner Flucht aus Wassilki erzählte, zeigte sich Fräulein Tomaschewski sehr beeindruckt von meinem Abenteuer und der Gefahr, in die ich mich begeben hatte. Auch meiner so schwer geprüften Familie gegenüber brachte sie ihre volle Sympathie zum Ausdruck. Und was die von Oberst Atanasiu geforderte Bürgschaft betraf, so wollte sie schon dafür sorgen, und zwar jetzt sofort. Wir setzten gemeinsam eine detaillierte Erklärung auf, die sie abschließend unterzeichnete.

»Wenn dieses Schreiben nicht genügt, sollten Sie zu Ihrer Tante gehen, der Baronin Dorff.«

»Baronin Dorff? Wer ist das?« fragte ich erstaunt.

»Sie scheinen nicht ganz auf dem laufenden zu sein. Aber Sie kommen ja auch aus einer anderen Welt. Wer die Baronin Dorff ist, müßten Sie freilich wissen.«

»Wenn es sich dabei um Tante Anna handelt, dann wäre sie eine Cousine meines Vaters, die ich aber nicht persönlich kenne.«

»Eben die ist es, und sie lebt mit ihren beiden Kindern seit einem Jahr hier in Chotin, im Haus von Baron Rosen.«

»Also hat Onkel Gregor ein Haus in Chotin?«

Als sie den Abgrund meiner Unwissenheit erkannte und sah, daß ich nicht einmal über die meine eigene Familie betreffenden Neuigkeiten informiert war, erklärte sie mir die Lage wie folgt:

»Sie müssen wissen, daß Ihre Großmutter mit ihren drei Töchtern in Odessa lebt. Leider in den ärmlichsten Verhältnissen! Und mein Bruder hat sie in seiner Eigenschaft als Vermögensverwalter vor den rumänischen Behörden vertreten und sich für ihre Interessen eingesetzt. Nun trat aber nach dem Anschluß Bessarabiens an das Königreich Rumänien eine Agrarreform in Kraft, und zwar nicht nur in den neu hinzugekommenen Provinzen, sondern im ganzen Land. König Ferdinand ging mit seinem Beispiel voran, indem er seine Ländereien an die Bauern verteilte. In Bessarabien durfte der Grundbesitz hundert Hektar Ackerland pro enteignetem Grundbesitz nicht überschreiten, der Rest wurde vom Staat gegen eine Entschädigungssumme vereinnahmt.

Meinem Bruder ist es gelungen, daß man seiner Klientin trotz ihrer Abwesenheit diesen Anteil zuerkannte, und diese hundert Hektar wurden in Kapljowka für sie reserviert.

Ungewiß ist noch immer, was aus den Wäldern werden soll, der Innenminister hat noch keine Entscheidung getroffen. Nur eins scheint schon jetzt unwiderruflich festzustehen: Auch die Wälder werden enteignet. Wenn die Diskussionen noch andauern, dann nur, um den Entschädigungssatz festzulegen. Man erhofft sich dabei höhere Veranschlagungen als jene, die von der Regierung für bebautes Land gewährt worden sind. In der Tat hatten die Eigentümer Staatsobligationen erhalten, deren realer Wert nur dreißig Prozent des Nominalwerts darstellte. Hinzu kommt die lächerlich niedrige Veranschlagung für die Ländereien selbst, die auf dreißig Prozent ihres eigentlichen Wertes festgelegt wurde. Doch ist dies im übrigen von geringer Bedeutung, insofern nämlich, als diese Obligationen nicht übertragbar sind und, wie man munkelt, bald annulliert sein werden.

Die Aufteilung der Ländereien ging nicht schmerzlos vonstatten, man stieß dabei auf tausend Hindernisse, die sich nicht ohne weiteres aus dem Weg räumen ließen. Die Böden waren nicht überall von gleicher Qualität, die Dörfer mehr oder weniger bevölkert, mehr oder minder wohlhabend. Jedes Dorf hielt dafür, daß die Ländereien seines Adelsherrn ihm allein gehören sollten, und man weigerte sich, den weniger begüterten Nachbarn etwas zum Ausgleich abzutreten. Überall kam es zu Aufständen und blutigen Auseinandersetzungen, die zu schlichten nur unter größten Mühen möglich war. Ein Bauer, wissen Sie, neidet dem anderen Bauern mehr, als er je einem Grundbesitzer neiden würde.

Trotz allem war wieder Ordnung eingekehrt, und die Bauern, die sich der Plünderung schuldig gemacht hatten, hielten es für klüger, sich der gestohlenen Dinge wieder zu entledigen. So entdeckte man in den Wäldern ganze Möbellager und Bruchstücke von Möbeln, oder man fischte Stühle, Tische und Schränke aus dem Dnjestr. Um sich bei den Behörden lieb Kind zu machen, nahmen die Dorfbürgermeister persönlich die Ermittlungen auf. Die aus Raschkow und Kapljowka schleppten eine Menge von Dingen an, die sie bei meinem Bruder hinterlegten. Zusammen mit den Sachen, die von den Hausverwaltern aus brennenden Häusern gerettet worden waren, ergab das eine stattliche Anzahl von Kisten und Kartons, die, mit den unterschiedlichsten Gegenständen gefüllt, in einer Scheune gestapelt wurden.

Wir waren hier, als Baron von Rosen, der Mann Ihrer Tante Olga, aus Odessa kommend in Chotin eintraf. Wußten Sie, daß er im Krieg ein Bein verloren hat? Er trug eine Prothese, mit deren Hilfe er wieder gehen konnte.

Der Baron blieb mehrere Monate in Chotin, und er nutzte die Zeit gut: Er verpachtete das seiner Schwiegermutter zugestandene Grundstück, verkaufte sämtliche Wertgegenstände, die noch aufzutreiben waren, und kaufte ein Haus in Chotin, wohin er alles ihm noch Verbliebene schaffen ließ. Er verkaufte auch die vorzeitige Ernte der an sein Haus grenzenden Obstgärten. Dann tauschte er das so erwirtschaftete Geld in Goldstücke um und versteckte sie – in seiner Prothese!

Da Odessa in jenen Tagen noch nicht in der Hand der Bolschewiken war, konnte er für die Rückreise den Seeweg nehmen. Die Stadt mußte mit einer Flut von Flüchtlingen fertig werden, die in der Hoffnung aus dem Norden dorthin gekommen waren, Rußland über das Schwarze Meer verlassen zu können. Aus Moskau angereist, hielt sich auch Baronin Dorff in Odessa auf.

Nun wissen Sie wohl, daß Baron Dorff, der kurz zuvor an der Front gefallen war, und Baron von Rosen Vettern sind, so wie ihre Frauen Cousinen. Indem sie sich auf diese doppelte Verwandtschaft berief, bat die Baronin Dorff den Baron von Rosen, ihr zu helfen, was dieser in großzügiger Weise auch tat, indem er sie nach Chotin schickte. Mein Bruder erhielt von ihrer Großmutter die Erlaubnis, ihr Geld zu geben und ihr das Haus, das ihr Schwiegersohn in Chotin gekauft hatte, zur Verfügung zu stellen. Das war, so glaubte man, nur für eine Übergangszeit gedacht, da die Baronin eigentlich nach Serbien weiterreisen wollte, wohin sich ihre Brüder geflüchtet hatten. Leider aber war diese Reise in Chotin beendet, und die Baronin macht uns nicht den Eindruck, sie fortsetzen zu wollen.

Ich weiß nicht, ob Baron von Rosen sich klar darüber war, in welchem Maße die Anwesenheit seiner Cousine den Geldbeutel seiner Schwiegermutter belasten sollte. Die Baronin erlaubt sich eine Lebensweise, die zu finanzieren mein Bruder sich weigert, müßte er sie doch auf Kosten seiner Klientin, Ihrer Großmutter, finanzieren, die ihrerseits in größter Armut in Rußland lebt. Was nun als vorübergehender Aufenthalt gedacht war, dauert nun also schon ein Jahr an. Und wie bereits gesagt, ein Ende ist nicht absehbar.

Mittlerweile ist jede Korrespondenz mit Odessa unmöglich geworden, da auch diese Stadt den Bolschewiken in die Hände fiel. Und Baron von Rosen ist trotz seiner schweren Kriegsverletzung an die Front zurückgekehrt und seitdem nicht wieder aufgetaucht. Für meinen Bruder ist das höchst unangenehm, und er sieht auch keine Möglichkeit, dieses Problem zu lösen.«

Ich spürte, wie unsympathisch meine Tante Fräulein Tomaschewski war, und fragte mich, warum. Denn ich konnte nicht glauben, daß einzig die Sorge um Großmamas Interessen der Grund dafür war. Es mußte noch etwas anderes geben, etwas, worüber sie nicht sprach. Da erinnerte ich mich, daß Papa einmal den schlechten Charakter von Tante Anna und vor allem ihren Hochmut erwähnt hatte. Offensichtlich hatte sie sich nicht verändert.

»Sie sollten zu ihr gehen«, wiederholte die alte Dame, »und sie bitten, Sie bei sich aufzunehmen. Schließlich ist es Ihr Haus, oder doch so gut wie ...«

»Ja, gewiß, ich werde sie aufsuchen ... Aber sie um etwas zu bitten würde ich mich niemals trauen. Noch eine Frage: Ist von dem Herrenhaus noch etwas übriggeblieben?«

Fräulein Tomaschewski seufzte: »Nein. Nicht das geringste. Es fällt mir schwer, Ihnen das sagen zu müssen, aber früher oder später hätten Sie es doch erfahren. Das Herrenhaus ist abgebrannt.«

»Und das von Kapljowka?«

»Genau weiß ich es nicht, aber ich fürchte ...«

»Ich verstehe. Alles in allem ist unserer Familie nicht mehr als das Haus in Chotin geblieben.«

»Ja, und diese hundert Hektar, die einen gewissen Ertrag abwerfen.«

Und dieses Ertrags nahm sich, wenn ich recht verstanden hatte, jetzt die Baronin Dorff an. Ob sie überhaupt soviel Großzügigkeit besaß, mich aufzunehmen? Der bevorstehende Besuch bei ihr lag mir schon jetzt wie ein Stein im Magen, der durch logische Argumente nicht aufzulösen war. Ich bedankte mich bei Fräulein Tomaschewski für ihre Hilfe und die guten Ratschläge und sah nach meinem Soldaten. Der schlief friedlich auf seinem Stuhl, den Duft nach Kaserne um sich verbreitend.

»Los, alter Freund, auf geht's!« rief ich und rüttelte ihn wach.

Wenn er auch meine Worte nicht verstand, so begriff er doch die Geste und sprang rasch auf die Füße. Und so nahmen wir unsere Wanderung wieder auf, diesmal aber mit einer genauen Wegbeschreibung ausgestattet, die Fräulein Tomaschewski uns mitgegeben hatte.

Da es in Rußland üblich war, Cousins und Cousinen ersten Grades der Eltern mit »Onkel« und »Tante« anzureden, hatte man auch bei uns, wenn von der Baronin Dorff die Rede war, stets von Tante Anna gesprochen. Ich wußte nur wenig über sie, einzig, daß sie zum Moskauer Zweig der Gagarins gehörte. In seiner Jugend, der Zeit seiner Studien an der Universität, hatte Papa ihre Eltern oft besucht und gesagt, Tante Anna habe deren Liebenswürdigkeit bestimmt nicht geerbt. Wie würde sie mich wohl heute empfangen?

Von Hecken und Gärten umsäumt, lag das Haus des Barons von Rosen, wie man diese letzte familiäre Zufluchtsstätte nannte, weitab vom Zentrum in einer ruhigen Straße. Dank der Beschreibung Fräulein Tomaschewskis erkannte ich es sofort: eine weiße Fassade, zwei mächtige Kastanienbäume vor dem Eingang, ein von Tannen umfriedeter Rasen. Alles entsprach der Beschreibung, ich mußte also glücklich angekommen sein. Ich ging über die wenigen Stufen zur Haustür und zog an der Klingel.

Eine hübsche Kammerzofe mit einem adretten, spitzenbesetzten Schürzchen öffnete mir und blieb überrascht auf der Schwelle stehen. »Was wünschen Sie?« fragte sie schließlich und sah sowohl mich als auch den Soldaten mit unverhohlener Neugier an.

»Ich möchte die Baronin Dorff sprechen«, sagte ich in bestimmtem Ton.

»Frau Baronin hat ihr Zimmer noch nicht verlassen. Frau Baronin empfängt zu dieser Stunde noch nicht. Und wer sind Sie, wenn ich fragen darf?«

Ich dachte nicht daran, ihr meine Abenteuer zu erzählen, was im übrigen, da sie mich für eine Bäuerin halten mußte, auch kaum von Interesse für sie gewesen sein würde. Was mich indes erstaunte, war die Tatsache, daß sich meine Tante um die Mittagszeit noch nicht angezogen hatte. Mit einer erklärenden Geste wies ich den Soldaten an, sich auf einer der Bänke unter den Kastanienbäumen zu setzen und dort auf mich zu warten.

»Geben Sie mir etwas zu schreiben«, sagte ich zu dem Kammermädchen, ohne auf ihre Frage einzugehen. Sie zog erst ein Gesicht, brachte mir dann aber Papier und Bleistift. Ich schrieb ein paar Zeilen und setzte meine Unterschrift darunter. »Bringen Sie das der Baronin.«

Die junge Frau warf mir einen argwöhnischen Blick zu, bequemte sich dann aber doch, meine Botschaft zu überbringen. Mit erstauntem Gesicht kam sie zurück und öffnete mir die Tür zum Salon, ohne einen Ton zu sagen. Ich befand mich in einem großen Zimmer, das mit den unterschiedlichsten, aber so geschmackvoll arrangierten Möbeln ausgestattet war, daß es einen sehr vornehmen Eindruck machte. Ein Perserteppich von beachtlicher Größe – man erkannte noch die verblichenen Reste einer Sintflutdarstellung – bedeckte den Fußboden und verlieh dem gesamten Salon einen Anflug von Wärme und Behaglichkeit, ja sogar einen Hauch von Wohlstand. Ein breiter türkischer Diwan mit zwei dazu passenden Sesseln, ein Klavier, Lehnstühle, eine hohe Lampe mit einem Schirm aus verblichener Seide, Bücherregale, an den Wänden alte Kupferstiche – ich wühlte in meinen Kindheitserinnerungen, um herauszufinden, in welchen Räumen des Herrenhauses von Raschkow das alles einmal gestanden hatte.

Ein Geräusch riß mich aus meinen Gedanken, ich hörte rasche, abgehackte Schritte vor der Tür und sah mich gleich darauf der Baronin Dorff gegenüber. Alles an ihr, angefangen bei ihrer Art zu gehen und einem gegenüberzutreten, verriet, daß sie eine Persönlichkeit war und daß es eine Ehre bedeutete, von ihr empfangen zu werden. Was auf den ersten Blick an ihr auffiel, war das üppige, fast weiße Haar, das sie in einer hochgesteckten Rolle trug. Ihr matter Teint und die großen, leicht vorstehenden Augen schienen ein Gegenstand sorgfältiger Pflege zu sein, doch verrieten sie auch den dezenten Gebrauch von Lidschatten und Schminke. Ihre Kleider waren schlicht, elegant und teuer.

Ihre ganze Erscheinung strahlte ein so fest gegründetes Gefühl der Überlegenheit aus, daß sämtliche Revolutionen der Welt daran gescheitert wären. Kein Unglück, keine Katastrophe, nichts hätte ihr die Überzeugung, diese innere, tiefste Gewißheit ihres eigenen Wertes rauben können. Mochte die Welt auch untergehen, bis zum letzten Atemzug würde sie sich den Massen überlegen fühlen, allein durch ihre Geburt, durch ihre Herkunft. Die kleinen Mißgeschicke des Lebens konnten diesem Selbstwertempfinden rein gar nichts anhaben.

Nun waren so gut wie alle Mitglieder meiner Familie bescheidene Menschen, und zwar von einer Bescheidenheit, die oft schon an Schüchternheit grenzte. Und weil auch ich im Grunde meines Herzens und trotz meines leicht aufbrausenden Wesens ziemlich schüchtern war, fühlte ich mich der Persönlichkeit meiner Tante vom ersten Augenblick an unterlegen. Die Tatsache, daß sie es war und nicht ich, die sich von meiner Großmutter Almosen erbat und von ihrer Güte lebte, konnte daran nichts ändern.

»Marussja?« sagte die Baronin und streckte mir die Hand entgegen. »Wie ich mich freue, daß Sie aus Rußland geflohen sind! Setzen Sie sich doch und erzählen Sie mir alles.«

Ich schilderte ihr, wie ich die Grenze überquert hatte und nach Chotin gekommen war. Als ich ihr abschließend von meinem Gespräch mit Oberst Atanasiu erzählte, schien sie höchst entzückt und machte mir sogleich einen Vorschlag.

»Ich werde den General aufsuchen. Ich kenne ihn, er wurde mir bei den Grubenskis vorgestellt. Ein reizender Mensch, und für einen Rumänen ziemlich gut erzogen. Aber was nicht ist, ist eben nicht. Man muß sie nehmen, wie sie sind.«

Ein leises Klopfen an der Tür unterbrach uns. »Treten Sie ein, Wera«, sagte die Baronin, »was gibt es?«

»Der Soldat von Mademoiselle läßt fragen, ob Sie bald fertig sind. Er muß zur Kommandantur zurück.«

»Was für ein Soldat?« fragte Tante Anna erstaunt.

So erklärte ich ihr, daß der Oberst mich von einem Soldaten bewachen ließ und daß dieser ambulante Zuchthausaufseher, mit einem Karabiner bewaffnet, derzeit unter einer ihrer Kastanien saß.

Die Baronin lachte aus vollem Herzen und sagte zu Wera: »Sagen Sie ihm, daß das Fräulein bei mir zu Mittag speisen wird, und bitten Sie den Mann in die Küche. Versuchen Sie ihm zu erklären, daß ich das Fräulein hier behalten werde und er sich nicht mehr um sie zu kümmern braucht. Geben Sie ihm ein Mittagessen.«

»Sehr wohl, Frau Baronin«, sagte Wera und verließ den Salon.

»Nach dem Essen werde ich Sie zur Kommandantur begleiten und Sie offiziell in meine Obhut nehmen. Und weil es immer besser ist, sich an den Chef persönlich zu wenden, spreche ich gleich mit dem General. Er wird entzückt und geschmeichelt sein, mir eine Gefälligkeit erweisen zu können.«

Während wir noch sprachen, klopfte es zum zweitenmal an der Tür. Undenkbar, daß man vor der Baronin erschien, ohne zuvor um Erlaubnis gebeten zu haben. Zweifellos aber kannte sie das leichte Pochen, denn sie rief auf englisch: »Come in, John!«

Ein Junge von ungefähr fünfzehn Jahren, der mir in seiner blauen Bluse mit Matrosenkragen und den kniekurzen Hosen etwas merkwürdig angezogen schien, stand stocksteif in der Tür, ließ aber die großen, dunklen Augen in stummer Frage abwechselnd von mir zur Baronin und zurück schweifen.

»Mein Sohn«, sagte Tante Anna und ergänzte dann, zu ihm gewandt: »Come and greet Marussja, she is a cousin of ours.« (Komm und sag Marussja guten Tag, sie ist eine Cousine von uns.)

John senkte den Kopf und sah zu Boden. Dann kam er etwas linkisch auf mich zu und ergriff meine ausgestreckte Hand. Er schien nur aus Demut und Gehorsam zu bestehen. »What were you going to ask me?« fragte seine Mutter ihn, und fügte zu mir gewandt hinzu: »Ich weiß nicht, ob Sie englisch sprechen.«

In diesem Punkt konnte ich sie beruhigen. Um aber nicht als aufdringlich zu erscheinen, trat ich an eines der Fenster und sah auf die Straße hinunter. Nichts regte sich, alles schien in der strahlenden Sonne dieser ersten Augusttage friedlich vor sich hinzudösen. Auch mein Soldat war von seinem Platz unter der Kastanie verschwunden, offenbar befand er sich bereits in Gesellschaft der Köchin.

Als ich mich wieder dem Salon zuwandte, war John nicht mehr zu sehen. Wera hatte seinen Platz gegenüber der Baronin eingenommen und nahm jetzt deren Anweisungen entgegen.

Im angrenzenden Eßzimmer stand ein großer, bereits für das Mittagessen gedeckter Tisch. Noch immer auf der Suche nach Dingen, an die ich mich erinnern konnte, fiel mein Blick auf einen großen Überseekoffer mit zwei am Deckel befestigten Vorhängeschlössern, deren Vorhandensein mir ungewöhnlich erschien. Tante Anna war meinem Blick gefolgt und sagte, jetzt wieder auf französisch: »Sie sehen sich den Koffer an? Nun, es gibt noch einen zweiten, der in der Diele steht. Vielleicht sind sie von Nutzen für Sie. Ich weiß nicht, was sie enthalten, vermutlich aber finden Sie ein paar Kleidungsstücke darin. Daß sie der neuesten Mode entsprechen, möchte ich bezweifeln, aber es ist immerhin etwas. Da Tomaschewski die Schlüssel hat, sollten Sie ihn darum bitten.«

»Wie könnte ich es wagen, sie auch nur zu berühren! Die Sachen gehören meiner Großmutter und meinen Tanten, nicht mir!«

»Ich bin mir ganz sicher, daß keine von ihnen sich weigern würde, sie Ihnen zu schenken. Schließlich brauchen Sie einen Ersatz für das Kostüm, das Sie tragen. Einstweilen könnte ich Ihnen etwas leihen, denn Ihre Verkleidung hat ihre Schuldigkeit getan, und es gibt keinen vernünftigen Grund, sie auch weiterhin zu tragen. In diesem Aufzug gehen Sie mir jedenfalls nicht zur Kommandantur zurück. Kommen Sie, Wera, ich werde Ihnen ein paar Sachen für das Fräulein geben. Und nach dem Mittagessen richten Sie ihr bitte das Zimmer neben dem Salon her, es wird zur Zeit nicht bewohnt, steckt aber voll mit altem Plunder. Das Fräulein wird bei mir wohnen.«

Als wir uns eine Stunde später um den Eßtisch versammelten – Tante Anna, John, seine Schwester Any und ich –, trug ich eine hübsche weiße Bluse und einen grauen Rock, der ein wenig zu kurz für mich war, weil ich größer war als Tante Anna. Bei einem jungen Mädchen wie mir aber spielte das wohl keine so große Rolle.

Any, ein blasses Kind, sah kränklich aus. Ihr unscheinbares, reizloses Gesicht hatte nichts von der dunklen Schönheit ihres Bruders. Mit gesenkten Augen saßen die beiden da, sahen schweigend auf ihre Teller und antworteten auf die wenigen Fragen ihrer Mutter nur in kurzen, ehrerbietigen Sätzen. Die Baronin sprach nur Englisch mit ihnen. Any konnte angeblich auch nur ein paar Brokken Russisch, was mir bei einem Kind, das in Moskau aufgewachsen und Rußland nie verlassen hatte, wenig glaubhaft schien.

Die Baronin plauderte in einem leichten Tonfall und wechselte jedesmal, wenn das Dienstmädchen zum Servieren erschien, vom Russischen ins Französische über. Übrigens war ich die einzige, die sie, wenn sie mit mir sprach, wie eine Erwachsene behandelte. Dabei stand ich den Kindern altersmäßig viel näher, weshalb mir deren devote Haltung auch überaus peinlich war. Doch schienen die englischen Gouvernanten, die die beiden erzogen hatten, ihnen diese strengen Vorschriften eingebleut zu haben, zu denen auch der Grundsatz gehörte, bei Tisch zu schweigen.

Inzwischen aber waren beide längst keine kleinen Kinder mehr, und Gouvernanten würden kaum noch kommen, sie zu plagen. Die Gewohnheit aber war geblieben. Und die Mutter, die ihre Kinder »Baby John« und »Baby Any« nannte, sah mir nicht so aus, als wolle sie die Zügel lockern.

Nach dem Essen gingen Tante Anna und ich in den Salon, wo Wera uns Kaffee servierte. John hatte sich sofort verdrückt, und auch Any zog sich, gefolgt von ihren zwei kleinen Hunden, auf ihr Zimmer zurück, wo sie, wie ich bald danach erfuhr, ihr eigenes Leben führte, untätig und einsam.

Für ihren Gang zur Kommandantur mit einem entzückenden Sonnenschirm aus naturfarbener Spitze gewappnet, ließ die Baronin den Soldaten rufen. Sie schien das ganze Unternehmen in vollen Zügen zu genießen und fand es besonders originell und witzig, in Begleitung eines bewaffneten Soldaten durch die Straßen zu promenieren.

Als wir vor dem Hauptquartier angelangt waren, gab sie ihm aber so eindeutig zu verstehen, daß er sich verziehen möge, daß der Ärmste nicht mehr wußte, an was oder wen er sich halten sollte. Nach dem ausgezeichneten Mittagessen in der Küche dieser Dame hatte er wohl begriffen, daß sie eine wichtige Persönlichkeit war. Aber hatte sie darum das Recht, einen militärischen Befehl zu unterwandern?

Tante Anna sprach kein Wort Rumänisch, doch schien sie das keineswegs zu stören. Sie zog ihr Visitenkärtchen aus der Tasche und wies einen der Soldaten vor dem Eingangstor an, einen Offizier zu rufen.

Wenn sie glaubt, dachte ich bei mir, mit ihrer Visitenkarte die Kommandantur aus den Angeln heben zu können, dann macht sie sich eine ganze Menge vor. Aber es waren keine drei Minuten vergangen, als ein Offizier in der offenen Eingangstür erschien und uns mit raschen Schritten entgegenkam. Tante Anna hielt ihm graziös die Hand entgegen, die der Offizier mit einer tiefen Verbeugung küßte.

»Würden Sie mich bitte ins Büro des Generals begleiten«, sagte sie auf französisch, als sei dies das Selbstverständlichste auf der Welt. »Ich habe eine persönliche Angelegenheit mit ihm zu besprechen.«

»Frau Baronin«, stotterte der Offizier verlegen, »der General ist beschäftigt. Er ist eben aus Bukarest zurückgekehrt, ich kann ihn jetzt nicht stören.«

Sie hörte überhaupt nicht auf seine Einwände und steuerte, den Offizier auf ihren Fersen, resolut der Eingangshalle entgegen.

»Geben Sie ihm meine Karte und sagen Sie ihm, daß ich ihn dringend sprechen muß«, sagte sie und klappte ihren Sonnenschirm zu.

»Ich will es versuchen ... ich will sehen, ob das möglich ist ...«, stammelte der Offizier in höchster Bedrängnis. »Würden Sie bitte solange Platz nehmen?«

Wir setzten uns in eine Ecke der Halle. Die Baronin schien sehr mit sich zufrieden und nicht eine Sekunde am Erfolg ihrer Mission zu zweifeln.

»Wie es aussieht, sprechen sie hier alle Französisch«, bemerkte ich. »Das erleichtert vieles.«

»Eine europäische Sprache müssen sie auch lernen, wie sollten sie sich sonst verständlich machen?«

Als unser Offizier nach ein paar Minuten wieder auftauchte, wirkte er noch ehrerbietiger als zuvor. »Der General erwartet Sie, Frau Baronin, würden Sie die Güte haben, mir zu folgen.«

Tante Anna warf mir einen boshaften Blick zu, als ob sie sagen wollte: »Sehen Sie, so einfach ist das ...« Und dann entschwand sie in Begleitung des Offiziers.

Allein in meiner Ecke, sah ich mir den turbulenten Betrieb in der Eingangshalle an. Türen gingen auf und wurden geräuschvoll zugeschlagen, Männer in Uniform liefen geschäftig von einem Büro ins andere. Im Vorübergehen warfen sie mir kurze, freundliche Blicke, bisweilen ein Lächeln zu. Diesmal war ich hübsch angezogen und trug auch keine Zöpfe mehr, sondern einen Knoten im Nacken. Meine Anwesenheit an diesem Ort und inmitten der Soldaten war schon ungewöhnlich, und ich kam mir ein wenig lächerlich vor, zumal die Zeit verstrich und meine Tante einfach nicht wiederkam.

Als sie endlich, nach einer geschlagenen Stunde und noch immer in Begleitung des Offiziers, wieder auftauchte, stieß ich einen Seufzer der Erleichterung aus.

»Ich habe«, sagte sie befriedigt, »alles arrangiert. Bis auf weiteres hat man Sie mir anvertraut. Wie es scheint, sind sie dazu verpflichtet, die Sache strafrechtlich zu verfolgen, wobei ich mich frage, was es da zu verfolgen gibt. Alle Welt hier kennt Ihre Familie, und ich habe mich persönlich für Ihre politische Loyalität verbürgt. Doch scheint bei den Rumänen der Grundsatz zu gelten: Warum einfach, wenn es auch umständlich geht. Der General war übrigens äußerst liebenswürdig.«

»Wie soll ich Ihnen jemals für Ihre Hilfe danken, Tante Anna?«

»Aber nicht doch, das war alles ganz einfach. Ach ja, ich glaube, Sie sollen sich jetzt ein Papier besorgen ...« Und, zum Offizier gewandt: »Habe ich das recht verstanden, Hauptmann?«

Sie hatte, und man nannte mir auch das Büro, wo ich mich zu melden hatte: Es war kein anderes als das von Oberst Atanasiu.

Bevor ich mich in Richtung Korridor begab, bemerkte ich noch, daß Tante Anna vor dem Portal von einer Kalesche erwartet wurde und mit des Hauptmanns Hilfe einstieg.

»Ah!« rief der Oberst bei meinem Eintreten entzückt aus. »Sie haben sich aber immens verändert! Erlauben Sie mir zu sagen, daß Sie mir so viel besser gefallen. Nun gut. Wie ich sehe, nutzen Sie Ihre Zeit und wissen sich recht gut zu helfen.«

»Das gilt nicht für mich, sondern für meine Tante.«

»Der General ließ mich wissen, daß er die Bürgschaft der Baronin Dorff für ausreichend hält. Ich werde Ihnen eine provisorische Aufenthaltsgenehmigung ausstellen, doch nur unter der Bedingung, daß Sie Ihren Wohnsitz nicht ändern. Wir vertrauen Ihnen, aber ich warne Sie: ein Fluchtversuch …«

»Hauptmann!« schrie ich in einer plötzlichen, nicht zu beherrschenden Wut. »Warum sollte ich Ihrer Meinung nach fliehen? Darum bin ich nicht unter Lebensgefahr nach Rumänien gekommen!«

»Schon gut, schon gut«, beschwichtigte mich der Oberst in väterlichem Ton. »Es war nur meine Pflicht, Sie darauf aufmerksam zu machen. So, und hier ist Ihre provisorische Aufenthaltserlaubnis. Bewahren Sie sie sorgfältig auf. Und vergessen Sie nicht, daß man Ihnen damit sehr entgegengekommen ist, daß Sie Rumänien gegenüber verpflichtet sind.«

»Ich glaube, daß meine Großmutter diese Verpflichtung mit drei Besitztümern beglichen hat …«

»Oh, Sie sind nicht auf den Mund gefallen!« Damit stand er auf und gab mir die Hand. »Ich wünsche Ihnen viel Glück.«

»Noch eine Frage, Oberst … Ich möchte die rumänische Armee nicht länger um einen ihrer Soldaten berauben …«

Atanasiu lachte schallend: »Den ziehe ich wieder ab, da können Sie ganz beruhigt sein. Nur sollten Sie wissen, daß es seine Aufgabe war, für Ihre Sicherheit zu sorgen.«

»Also bin ich in Ihrem Land in Gefahr?«

»Gehen Sie, gehen Sie!« sagte der Oberst und öffnete mir die Tür. »Ich muß mich um andere Probleme kümmern. Und um Leute, die keine Tanten haben, die sie aus der Affäre ziehen.«

Die neue Welt, die sich mir eröffnet hatte, glich auch weiterhin einem Traum. Nach dem endgültigen Bruch mit der Vergangenheit kam sie mir unwirklich und so derart phantastisch vor, daß ich schon fürchtete, sie könnte sich wie ein lockender Traum verflüchtigen.

Gewiß, die Sorge um meine Lieben quälte mich noch immer, vor allem in der Nacht. Die Stille und der Frieden, die mich hier umgaben, riefen Gedanken und Erinnerungen in mir wach, die mich mit Schrecken erfüllten. Der Gegensatz zwischen meiner Sicherheit und der ständigen Gefahr, der sie alle auf der anderen Seite des Dnjestr ausgesetzt waren, trat mir in seiner ganzen, grausamen Realität vor Augen und vermittelte mir das Gefühl, schuldig zu sein. Mein Glück kam mir wie ein Verbrechen vor, und ich machte mir die schlimmsten Vorwürfe, mich aus einem brennenden Haus gerettet und meine Familie den Flammen überlassen zu haben. So quälte ich mich bis zur Morgendämmerung, um schließlich auf meinem tränennassen Kissen einzuschlafen.

Doch schon der neue Tag zog mich unwiderstehlich in seinen Bann, die Freude an meiner traumhaft schönen neuen Welt hatte mich wieder. Alles an dieser Welt, in der jeder das Recht zu leben hatte, kam mir wie ein Wunder vor.

Mit Weras Hilfe räumte ich mein Zimmer auf und schaffte alles beiseite, was man in dem wilden Durcheinander wie in einem Möbellager hier angehäuft hatte. Ich richtete mich in einer neuen und zugleich vertrauten Umgebung ein, mit Dingen in meiner Nähe, die weit zurückliegende und undeutliche Erinnerungen in mir wachriefen.

In einer Schublade fand ich eine wunderschöne kleine Brosche aus venezianischem Mosaik und eine kunstvoll gearbeitete Uhr aus altem Silber, die sich als Anhänger tragen ließ. Ich heftete mir beides an das Oberteil meines Kleides und versuchte mich zu erinnern, ob ich den Schmuck schon einmal bei meiner Großmutter oder einer der Tanten gesehen hatte.

Wenn ich in meinem Bett aus geschnitztem Eichenholz lag, sah ich die Zweige eines blühenden Rosenstrauchs vor meinem Fenster und hörte die Vögel auf dem Dachfirst zwitschern. Die zärtlichen Strahlen der Morgensonne verkündeten mir einen neuen, glücklichen Tag, und ich sprang aus dem Bett, zitternd vor Freude.

Tante Anna genoß ihre Rolle einer guten Fee. Weniger als ich konnte man auch kaum besitzen, und so machte mich die kleinste Kleinigkeit schon überglücklich. Da sie beschlossen hatte, eine Garderobe für mich zusammenzustellen, nahm sie mich in die Läden mit und suchte als erstes die Stoffe aus. Wera empfahl uns eine Schneiderin, die Kleider und Wäsche für mich nähte. Bereits nach einer Woche war ich gebührend ausgestattet und hatte den verängstigten Ausdruck, der sich auf den Gesichtern aller Rußlandflüchtlinge beobachten ließ, für meine Person abgelegt.

Wenn meine Tante Freunde besuchte, begleitete ich sie und mußte natürlich jedesmal von meinen Abenteuern erzählen, was regelmäßig großen Eindruck auf meine Zuhörer machte. Sie sahen darin nur eine Bestätigung dessen, was sie schon immer gesagt hatten: Das Chaos regierte in unserem Vaterland, das Chaos und eine Bande wildgewordener Fanatiker.

Obwohl Chotin die Hauptstadt eines wichtigen Distrikts war, konnte es sich ohne Bahnanschluß nur wenig entwickeln: Das Leben stagnierte. Und wenn die ehemaligen Grundeigentümer hier Häuser kauften, dann deshalb, weil es anderswo kaum besser aussah und ein Großteil ihrer Landsitze den Unruhen zum Opfer gefallen war. Was den Stürmen der Revolution standgehalten hatte, lag im allgemeinen zu ungeschützt, um gegen die Gefahren eines Raubüberfalls oder die Ausschreitungen der Bevölkerung gewappnet zu sein, die sich nach den Ereignissen der jüngsten Zeit noch kaum beruhigt hatte.

Die für die öffentliche Ordnung zuständigen Behörden empfahlen denn auch all denen, die über die notwendigen Mittel verfügten, die Übersiedlung in die Stadt. Und so kam es, daß sich in Chotin eine ziemlich geschlossene Gesellschaft »besserer Leute« gebildet hatte, die sich untereinander besuchte, sich gegenseitig zum Diner einlud, die neuesten Nachrichten austauschte und die Frage nach dem Schicksal ihrer Wälder als ein die Gemüter aller bewegendes Thema endlos diskutierte. Man klagte über die gegenwärtigen Zustände, man betrauerte das unglückliche Rußland und beschwerte sich über die Rumänen, die man als primitiv und »unterentwickelt« bezeichnete. Was indes keinen daran hinderte, den höheren Offizieren des Hauptquartiers Einladungen zu schicken oder die leitenden Beamten um diese oder jene »kleine« Gunst zu bitten.

Wem es gelungen war, den Generalmajor zu fassen zu bekommen, fühlte sich besonders begünstigt und ging soweit, sich damit zu brüsten – freilich nicht ohne dabei anzumerken, daß dies nur selbstverständlich sei und in erster Linie der General sich geschmeichelt fühlen müsse.

Da sich das Schicksal der Wälder noch immer und mittlerweile schon chronisch in der Schwebe befand, fuhr man nach Bukarest, um beim Minister des Inneren Bittschriften einzureichen und von dort, je nach dem Winde, der in den Ministerien wehte, gute oder schlechte Nachricht zu überbringen.

Mit einer ganzen Serie von Prozessen und Verwaltungsstreitigkeiten befaßt, war der Notar Tomaschewski ständig auf Reisen, entweder in Polen, wo er in der Nähe von Lwow (Lemberg) selbst ein Anwesen besaß, oder in der Bukowina beziehungsweise in Bukarest, wo er sich als Interessenvertreter seiner Klienten mit den Gerichten herumschlug. In Erwartung seiner Rückkehr lag Tante Anna ständig auf der Lauer, weil sie sich von ihm ihre Geldbörse frisch auffüllen lassen wollte. Doch hatte Tomaschewski längst eine Strategie entwickelt, sie über seine Schritte im unklaren zu lassen und ihren Besuchen auszuweichen.

Die Baronin erschien Tag für Tag erst zum Mittagessen, nachdem sie den Vormittag vor ihrem Frisiertisch und unzähligen Kristallflakons, geheimnisvollen Töpfchen aus Glas und kleinen Köfferchen verbracht hatte, die niemand auch nur berühren durfte. Wenn die Köchin Nina zu ihr ging, um Direktiven für die mittägliche Speisenfolge und die notwendigen Besorgungen einzuholen, stand sie während dieser ganzen Unterredung im Gang, den Kopf dicht an die verschlossene Tür gepreßt, um jeden der dahinter ergehenden Befehle genau erfassen zu können.

Schon bald merkte ich, daß sich in der großen, hellen und freundlichen Küche ein Leben abspielte, das sich von den offiziellen Verhaltensmaßregeln in diesem Haus merklich unterschied und eigenen Gesetzen folgte. So fiel mir auch auf, daß John häufig in der Küche war und sich, sobald er den Einflußbereich seiner Mutter verlassen hatte, in einen ganz anderen Jungen verwandelte, in ein richtiges Ekel, widerspenstig, arrogant und unerträglich. Er piesackte die Köchin, machte sich über Wera lustig, naschte, durchwühlte sämtliche Schränke und ließ sich kleine Sondermahlzeiten servieren. Da er leicht erregbar war und zum Jähzorn neigte, konnte er auch gewalttätig werden. Mehr als einmal verrieten die spitzen Schreie der beiden Küchenmädchen, daß es zu Handgreiflichkeiten gekommen war.

Aufgeschreckt von einem Geräusch, das eines Tages aus dem Erdgeschoß zu mir drang und nur von zerspringenden Gläsern kommen konnte, ging ich hinunter, um nachzusehen. Der »kleine Baron«, wie Tante Anna ihren Sohn von den Dienstboten nennen ließ, spielte mit Kristallgläsern Murmeln, die er aus einer der von Tomaschewski hier deponierten Kisten herausgekramt hatte. Ein solcher Vandalismus in einem Haus, das ihm und seiner Familie Gastfreundschaft gewährte, war mir schlichtweg unverständlich. Ich fragte mich, ob die Baronin über den wahren Charakter ihres Sohnes Bescheid wußte.

Sie hatte es sich zur Gewohnheit gemacht, ihn in ihr Zimmer kommen zu lassen, wo sie ihn dazu zwang, sich endlose, oft stundenlang dauernde Reden auf englisch anzuhören. Dann saß er nur schweigend und mit gesenkten Augen da und wartete auf ihre Erlaubnis, endlich gehen zu dürfen.

Im Lauf der Zeit fand ich heraus, daß die Baronin gehässig war, geplagt von ihrem Überlegenheitskomplex und dem Bedürfnis, die eigene Verbitterung über ihre Lage in diesem kleinen Chotin an irgendeinem anderen auszulassen. Als Prügelknaben benutzte sie John, ohne sich je Gedanken zu machen, was sie ihm damit antat.

Any hingegen wurde schonend behandelt und liebevoll umsorgt. Und so hing das kleine Mädchen auch sehr an seiner Mutter, die es gleichwohl ein abgekapseltes und ungesundes Leben führen ließ – ein Leben, das zu seinem frühen Tod führen sollte.

»Wollen Sie morgen mit mir auf das Fest gehen?« fragte Tante Anna während des Abendessens. »Ich habe eine Einladung bekommen. Man lädt mich ja immer ein. Aber Sie sollten sich da keinen Illusionen hingeben, Chotin ist eben Chotin ... Wer genau diese Festlichkeiten organisiert und welchen Heiligen zu Ehren, weiß ich immer noch nicht. Es spielt im übrigen auch keine Rolle. Die Schirmherrschaft haben die Rumänen übernommen, für die sie die beste Gelegenheit sind, ihr Wohlwollen der Bevölkerung gegenüber zu bekunden. Der General wird persönlich und ganz offiziell in dem Pavillon erscheinen, der den bedeutenden Persönlichkeiten vorbehalten ist. Sie haben gewiß schon bemerkt, daß man im Stadtpark eine Menge solcher Pavillons und Kioske errichtet hat. Ein Buffet wird aufgebaut werden, ein Orchester spielen, Attraktionen sind geplant ... ich kann mir das schon vorstellen. Zuletzt noch ein Ball und was weiß ich noch alles.«

Tante Anna hatte diese Auskünfte soeben bei den Kasimirs eingeholt, wo sie zum Tee geladen gewesen war. Trotz ihres ironischen Tonfalls wußte ich, daß sie an der Gala teilnehmen würde, auch wenn diese in Chotin stattfand und in ihren Augen nur ein lächerliches Fest darstellte.

Als ich hinsichtlich meiner Toilette einige Zweifel äußerte, weil meine Garderobe in der Tat kein Abendkleid enthielt, erklärte Tante Anna, daß sie mir schon etwas Passendes leihen würde. So spielte ich also Mannequin und probierte die Kleider, die sie aus ihren Schränken zog, der Reihe nach an. Die endgültige Auswahl aber bestimmte selbstverständlich sie: ein blaßgrünes Taftkleid und ein dazu passendes Jäckchen. Beides stand mir ausnehmend gut, noch nie zuvor war ich mir vergleichsweise elegant vorgekommen.

Sie selbst trug ein hinreißendes Ensemble aus malvenfarbener Seide, das ihr wundervolles, silbernes Haar vorzüglich zur Geltung brachte. Als ich ihr ein aufrichtiges Kompliment machte, sagte sie mit selbstzufriedenem Lächeln: »Ich darf nicht vergessen, daß ich für die Stadt Chotin ein exotischer Vogel bin und die Leute hier förmlich darauf brennen, die Toiletten einer Hofdame der Kaiserin zu sehen.«

Um acht Uhr hielt eine Kalesche, mit zwei schönen Braunen bespannt, vor der Außentreppe, und zwei junge Leute stiegen aus. »Ah, da sind sie ja«, sagte die Baronin, »die Neffen von Nicola Grubenski. Sie haben versprochen, uns abzuholen.«

Vor der Enteignung hatte Nicola Grubenski zu den reichsten Grundbesitzern Bessarabiens gehört. Heute besaß er nur noch die regulären hundert Hektar Land und ein Haus in Chotin. Die Baronin sah ihn regelmäßig, vor allem seit Grubenskis Frau zu einem Besuch ihrer Eltern nach Kischinew gefahren war. Die beiden Neffen verbrachten zur Zeit ihre Ferien in Chotin.

Sehr jung noch, aber weltgewandt und voll ins gesellschaftliche Leben eingebunden, sprachen beide ein tadelloses Französisch und überhäuften Tante Anna mit Aufmerksamkeiten und Komplimenten, so daß sich ihre Stimmung zusehends hob und sie sich voller Elan in das Abenteuer dieses Abends stürzte.

Kaum hatten wir das Portal des beflaggten und von Lampions beleuchteten Stadtparks durchquert, als ich mich schon von diesem märchenhaft schönen, festlichen Anblick gefangen fühlte. Das Gedränge fröhlicher Menschen, die im bunten Lichterschmuck schimmernden Pavillons, die schnellen, das Stimmengewirr übertönenden Läufe des Orchesters, die Bäume, von den Scheinwerfern in ein silbriges Licht getaucht – all das erschien mir so wundervoll, daß mir fast schwindelig wurde.

In einem Restaurant, das von Laub umrankt und mit chinesischen Lampions geschmückt war, hatte man einen Tisch für uns reserviert. Andere Gäste schlossen sich unserer Gruppe an, und Baronin Dorff nahm, wie es ihrem Rang entsprach, am oberen Ende der Tafel Platz. Champagner perlte in den Gläsern und schuf eine Atmosphäre spontaner Herzlichkeit. Ein Oberst älteren Jahrgangs machte Tante Anna unermüdlich den Hof und flüsterte ihr ständig irgend etwas ins Ohr, was ihr, wie ich bemerkte, überaus zu gefallen schien. Ich bemerkte auch, daß die Brüder Grubenski boshafte Blicke austauschten.

Ich selbst amüsierte mich königlich. Meine Tischnachbarn brachten mich ständig zum Lachen und hörten nicht auf, mir Liebeserklärungen zu machen. Als ich eben mein Champagnerglas erheben wollte und, schon leicht beschwipst, nach den passenden Worten für meinen Trinkspruch suchte, sah ich plötzlich Leutnant Niculescu vor mir stehen. Er betrachtete mich lächelnd und mit einem halb freundschaftlichen, halb spöttischen Ausdruck.

Der Schock dieses unerwarteten Wiedersehens holte mich unversehens in die Wirklichkeit zurück: Ich begriff mit einem Mal, wie zerbrechlich mein Glück doch noch immer war. Gleichwohl gelang es mir, meine Bestürzung zu verbergen und den Leutnant meiner Tante und den Freunden vorzustellen.

Die Baronin richtete einen durchdringenden Blick auf den jungen Offizier und bedeutete ihm, an ihrer Seite Platz zu nehmen, worauf der Oberst mißgelaunt das Gesicht verzog, aber nichts weiter sagte und sich auf sein Glas konzentrierte.

»So schnell wird die Baronin ihn nicht loslassen«, meinte

Michail Grubenski mit einem boshaften Blick auf Tante Anna. »Um so besser! Ein Hoch auf die Frau Baronin!«

Dann griffen die beiden Brüder ihre unterhaltsamen Plaudereien wieder auf, aber ich hörte, von der Anwesenheit Leutnant Niculescus gänzlich gefangengenommen, nur noch mit halbem Ohr zu. Immer wieder warf ich heimliche Blicke in seine Richtung, doch lauschte er der Baronin mit gesenktem Kopf und schien nicht mehr an mich zu denken. Schließlich aber kam der Moment, in dem Tante Anna die angestrengten Versuche des vernachlässigten Obersts bemerkte, das verlorene Terrain zurückzuerobern. Der Leutnant nutzte die Gelegenheit, sich ihr zu entziehen, kam zu uns zurück und setzte sich neben mich.

»Ihre Tante hat mir von den Hindernissen erzählt, die Sie bei Ihrer Ankunft in Chotin überwinden mußten«, sagte er lachend. »Sie müssen zugeben, daß ich ein guter Prophet war.«

»Nur bin ich leider noch nicht endgültig aus der Klemme! Die Gastfreundschaft, die man mir hier gewährt, ist nur vorläufig.«

Ohne darauf einzugehen, sprach er von anderen Dingen. Aber ich wurde das Gefühl nicht los, daß er mehr über meine Angelegenheit wußte, als er zugeben wollte. Das wundervolle Fest jedenfalls hatte für mich seinen Reiz verloren.

Als er sah, daß meine Augen sich verdüsterten, sagte er in aufgeräumtem Ton: »Die Baronin erwies mir die Ehre, mich zu einer Tasse Tee einzuladen. Ich werde also das Vergnügen haben, Sie morgen wiederzusehen.« Wenig später verließ er uns, und das Fest ging weiter. Doch gelang es mir nicht, mich so unbeschwert wie zuvor daran zu freuen. Der Zauber war verflogen, und die scherzhaften Plaudereien meiner jungen Tischgenossen kamen mir längst nicht mehr so komisch vor.

Als Leutnant Niculescu wie angekündigt am nächsten Tag erschien, um der Baronin seine Aufwartung zu machen, saß ich nur schweigsam und in Gedanken verloren da. Tante Anna dagegen war über den Besuch des jungen Offiziers sichtlich entzückt und schien ganz in ihrem Element zu sein. Ich wußte, daß sie mich beobachtete, ohne mich anzusehen, und ich spürte, daß es ihr durchaus nicht mißfiel, mich in einer Situation zu erleben, die mir zum Nachteil gereichte.

Später, als der Leutnant gegangen war, sagte sie wie nebenbei zu mir: »Sie sahen nicht so aus, als hätte der Besuch Leutnant Niculescus Sie sonderlich entzückt.«

»Doch, doch«, protestierte ich, »nur kam mir bei seinem Anblick meine ungeklärte Lage wieder zu Bewußtsein. Und wenn er mich ansah, lag manchmal ein seltsamer Ausdruck in seinen Augen.«

»Vielleicht fand er Sie nicht mehr so hübsch wie gestern abend«, bemerkte sie achselzuckend.

## Ein langer, langer Weg

Die Zeit verstrich, ohne daß sich weitere Katastrophen einstellten. Im Lauf der Tage und Wochen legte sich auch die Unruhe, die meine Begegnung mit Leutnant Niculescu in mir wachgerufen hatte. Mein Leben war mit neuen Eindrücken angefüllt, die mich gar nicht die Zeit finden ließen, Spekulationen über meine Zukunft anzustellen.

Die Brüder Grubenski, denen sich ihre aus Kischinew gekommene Cousine Sophie angeschlossen hatte, organisierten Wanderungen, Picknicks und Ausflüge zu Pferde – Gelegenheiten, die ich mir natürlich nicht entgehen ließ. Eines Tages erstiegen wir auch die türkische Festung und gelangten bis zum oberen Burgfried. Von dort aus sahen wir jenseits des Flusses die Ebenen Podoliens zu unseren Füßen liegen, die sich friedlich, still und unermeßlich weit am Horizont verloren. Nichts deutete auf die Tragödien, die Verheerungen und erbitterten Kämpfe hin, die sich noch vor kurzem um ihren Besitz abgespielt hatten. Gleichwohl überfiel mich mit einem Mal eine tiefe Traurigkeit, ich konnte die Augen nicht losreißen von der Weite dieses Horizonts. Da hinten, jenseits dieser grünen Felder, lebten meine Eltern, Emmanuel und meine Schwestern, da hinten lag Wassilki …

Die anderen hatten meine Traurigkeit bemerkt und versuchten, mich abzulenken. So steuerten wir gemeinsam ein Brauhaus an, das sich zu Füßen der Festung befand. Es war ein großer Betrieb, leicht baufällig zwar, aber bekannt für sein gutes Bier, das im ganzen Land getrunken wurde.

Dort angelangt, schlug uns ein widerlicher Geruch entgegen, der das gesamte Gebäude erfüllte und sich rund um die mächtigen Fässer noch verstärkte. Angesichts der trüben, mehr als unappetitlichen Flüssigkeit, die darin unter einer grünlichen Schaumschicht gor, war es schwer vorstellbar, daß aus dieser Brühe einmal klares, schäumendes Bier werden sollte.

Michail Grubenski, der gern den Clown spielte, um uns zum Lachen zu bringen oder auch unser ungläubiges Staunen hervorzurufen, erklärte aus purer Prahlerei, daß er von dieser scheußlichen

Brühe kosten werde. Und tatsächlich tauchte er einen Becher in das Faß. Wir glaubten schon, daß er sich auf der Stelle übergeben müßte, aber er hielt sich tapfer und versicherte uns, es sei ein köstliches Gebräu.

Als wir später zum Dnjestr hinabkletterten und uns an das steinige Ufer setzen wollten, tauchte augenblicklich ein Wachtposten vor uns auf und erklärte, wir hätten die Festungsanlage unverzüglich zu verlassen.

»Erzählen Sie mir von Ihrem Ausflug«, sagte Tante Anna während des Abendessens.

Nachdem ich ihr unsere Kletterpartie, den Besuch im Brauhaus und Michails Heldentat geschildert hatte, bemerkte sie: »Sie haben großes Glück gehabt, in Chotin junge Leute aus guter Familie zu finden. Zu normalen Zeiten dürfte es in dieser Stadt nicht allzu viele davon geben. Nach all den umwälzenden Ereignissen aber trifft man Leute in Ecken, wo man sie nie vermutet hätte.«

»Was spielt die Stadt Chotin schon für eine Rolle, wenn man hier der Petersburger Gesellschaft begegnet«, sagte ich ziemlich unbedacht, da ich weder Sankt Petersburg noch dessen Gesellschaft kannte.

»Aber ich bitte Sie«, protestierte Tante Anna denn auch sofort, »so kann man das nicht sagen. Die Leute können tun, was sie wollen, der Kleinstadtmief von Kischinew wird immer an ihnen haftenbleiben. Aber man darf nicht zu anspruchsvoll sein. Und wenn es auch nicht ganz das Wahre ist, so kommt es ihm doch immerhin schon nahe.«

Beschämt senkte ich die Augen auf meinen Teller, denn ich wußte ja, daß die Baronin mich für noch provinzieller als die Grubenskis hielt. Um zu »unseren Kreisen« gezählt zu werden und sich diesen Ehrentitel zu verdienen, bedurfte es ganz anderer, noblerer Voraussetzungen. Für mich stand Tante Annas Würde außer Zweifel, doch eben darum war ich bisweilen überrascht, welche Freunde sie sich aussuchte. Dieser Leutnant Clopotar beispielsweise war ein ungehobelter Bauer, der sich nicht einmal eines annehmbaren Äußeren rühmen konnte. Im Gegenteil, mit seinem pickligen Gesicht, dem fettigen Haar und seinen schlechten Zähnen wirkte er geradezu abstoßend. Gleichwohl gehörte er zu ihren eifrigsten Besuchern, und ich fragte mich oft, worüber die beiden wohl sprechen mochten, und vor allem wie; denn Clopotar war nur des Rumänischen mächtig.

Auch andere Militärs erschienen regelmäßig bei der Baronin zum Tee, und jedesmal schien sie hocherfreut über ihren Besuch. Da sie die unterschiedlichsten Ränge bekleideten, brauchte sie eine Menge Fingerspitzengefühl, um peinliche Begegnungen zu vermeiden. Im Rumänien jener Jahre spielten die gesellschaftlichen Unterschiede eine große Rolle, und so ging es nicht an, daß beispielsweise Oberst Draguescu dem Leutnant Clopotar eben dann begegnete, wenn dieser und die Herrin des Hauses die Köpfe zusammensteckten. Angesichts eines ranghöheren Offiziers verging selbst einem Clopotar das selbstbewußte Gebaren.

Da ich selbst an diesen Teestündchen nicht teilnahm, kannte ich die Freunde meiner Tante auch nur wenig. Wenn sie aber Oberst Draguescu erwartete, lag ich allein deshalb schon auf der Lauer, weil ich unbedingt seinen Hengst sehen wollte. Der kleine John teilte meine Leidenschaft für Pferde, und so rannten wir aus dem Haus, sobald der Galopp des prächtigen Rappen vor der Hecke zu hören war und wir ihn vom Straßenrand aus gebührend bewundern konnten.

Der Oberst sprang gewandt vom Sattel und warf die Zügel seinem Burschen zu, der ihm auf einem kräftigen Braunen folgte. Da es nicht einfach war, den temperamentvollen Hengst zu beruhigen, verfolgten wir mit angehaltenem Atem den Tanz der beiden Pferde und die Manöver des Burschen, sie zu besänftigen.

Oberst Draguescu war ein kleiner, schweigsamer Mann, der stets wie aus dem Ei gepellt schien und eine Miene unergründlicher Rätselhaftigkeit aufsetzte, der nur wenig zu entnehmen war. Wie die Baronin mir einmal zuflüsterte, hatte er ihr große Dienste erwiesen, und sie sprach nur Gutes über ihn.

Eines Tages, als Tante Anna sich die Geistlosigkeiten des dicken Herrn Osadza anhörte und ich im Salon das Mauerblümchen spielte, öffnete Wera leise die Tür und gab mir ein Zeichen herauszukommen.

»Ein junger Mann fragt nach Ihnen«, sagte sie geheimnisvoll, »er ist in der Küche.« Ich überlegte noch, wer das wohl sein könnte, als ich ihn auch schon sah: Emmanuel, meinen Bruder!

Tief bewegt und überwältigt von dem unerwarteten Wiedersehen, ging ich mit ihm in den Garten, wo wir ungestört miteinander reden konnten. Auch er hatte die Grenze mit Hilfe von Schmugglern überquert, aber an einer anderen Stelle als ich, nicht so weit von Wassilki entfernt. Nach Chotin war er zu Fuß gekommen, und bis jetzt wußte kein Mensch etwas von seiner Ankunft.

Er hatte mir einen Brief von Mama mitgebracht und erzählte mir, was seit meiner Abreise zu Hause geschehen war. Unsere Eltern und die drei Schwestern lebten in Neu-Uschiza, wo sie zur Zeit nicht behelligt wurden. Dafür aber war unser Anwesen bis in die letzten Winkel von der Soldateska besetzt, der Park verwüstet, das Herrenhaus zur Kaserne geworden. Die Bauern hatten sich in ihren Löchern verkrochen und die Felder sich selbst überlassen. Nur das in aller Eile gebildete Revolutionskomitee entfaltete eine rege Tätigkeit, die, zumindest im Augenblick, darin bestand, das Dorf zu terrorisieren. Die blutigen Zwischenfälle ließen sich kaum noch zählen, die Garben auf den Feldern gingen in Flammen auf, die Kirchen dienten als Munitionsdepots.

Emmanuel hatte die letzten Wochen bei Bauern verbracht, die ihn beherbergten und bis zum Schluß versteckt hielten.

Anschließend erzählte ich, was ich in der Zwischenzeit erlebt hatte. Ich sprach von Tante Anna und warnte Emmanuel vor ihrem autoritären Charakter, wobei ich hinzufügte, daß sie geradezu die Verkörperung des Ancien régime sei und entsprechend behandelt werden müsse.

Emmanuel zuckte die Achseln. »Das Ancien régime! Die Welt bricht zusammen, und es wird Zeit, sich darüber klarzuwerden.«

»Bitte, gib dir ein wenig Mühe und hofiere sie ein bißchen, sie ist sehr empfänglich dafür.«

»Ich hasse diese alten Herrschaften, die sich für den Nabel der Welt halten. Die Welt pfeift darauf. Aber mach dir keine Sorgen, ich werde mein Bestes tun.«

Ich wartete den günstigsten Zeitpunkt ab und ging dann mit Emmanuel ins Haus zurück, wo ich Tante Anna in Beratungen mit der Köchin antraf. Man hatte ihr die Nachricht von der Ankunft meines Bruders bereits überbracht. Ich spürte sofort, daß er ihr nicht gefiel, aber sie ließ sich nichts anmerken und schlug vor, für ihn dieselben Schritte wie in meinem Fall zu unternehmen.

Wenn ich so zurückblicke, glaube ich, sie machte sich Sorgen und fragte sich, wie lange dieser Exodus wohl noch andauern würde. Doch blieb ihr nichts anderes übrig, als gute Miene zum bösen Spiel zu machen. Man stellte ein Bett für Emmanuel in Johns Zimmer, der sich hocherfreut zeigte über die Gesellschaft dieses unerwarteten Cousins.

Während des Abendessens, das nicht ganz ungezwungen verlief, stellte die Baronin Fragen über die Ereignisse in der Ukraine, die Emmanuel zurückhaltend beantwortete, ohne das Geschehen zu dramatisieren oder die Bolschewiken und die Revolution verdammen zu wollen. Er fügte sogar hinzu, daß es noch zu früh sei, sich über eine Entwicklung ein Urteil zu bilden, die noch kaum zu überschauen und in vollem Gärungsprozeß begriffen sei.

Wie ich später erfuhr, zog Tante Anna aus seinen Darstellungen den Schluß, Emmanuel sei dem Feind gegenüber zu nachsichtig. Und so hat sie ihn denn selbst als einen »Bolschewiken« bezeichnet.

Wie immer hielt John den Mund, aber ich bemerkte, daß er mit gespitzten Ohren zuhörte und mit sichtlicher Ungeduld den Moment erwartete, wo er den Faden wieder aufnehmen konnte.

»Was haben Sie jetzt vor, wo Sie nun einmal in Rumänien sind?« fragte Tante Anna.

»Ich werde versuchen, hierzubleiben«, antwortete Emmanuel.

Als Tante Anna und Emmanuel am nächsten Tag zur Kommandantur gingen, blieb ich zu Hause und ließ mir später von ihrem Vorstoß berichten, der nicht besser hätte ausgehen können: Man hatte Emmanuel eine provisorische, der meinen vergleichbare Aufenthaltsgenehmigung ausgestellt. Demnach mußten die Auskünfte, die man über uns eingeholt hatte, positiv gewesen sein. Auch sein Name wurde auf die Akte gesetzt, und er erhielt dieselben Ratschläge. Jetzt galt es nur noch, die Entscheidung der mit unserem Fall befaßten Behörden abzuwarten.

Tante Anna war fest davon überzeugt, daß das Spiel gewonnen sei. Das Verdienst daran schrieb sie allein ihrer Person zu, und sie gefiel sich darin, allen ihren Freunden zu erzählen, sie hätte uns gerettet, was ja in einem gewissen Sinn auch stimmte.

»Wir müssen unbedingt zu Notar Tomaschewski«, sagte Emmanuel einige Tage später. »Er vertritt schließlich Großmamas Interessen und, was das Wichtigste ist, er verfügt über die Gelder. Ohne ihn konsultiert zu haben, können wir keine Pläne machen. Er allein kann einen Weg finden, mit Großmama Verbindung aufzunehmen und ihr unsere Ankunft in Rumänien mitzuteilen.«

Dieser Schritt war in der Tat von lebenswichtiger Bedeutung. Und wir hatten tatsächlich das Glück, ihn bei sich zu Hause anzutreffen.

Tomaschewski war ein Mann mittleren Alters mit strengen Zügen und einem durchdringenden Blick. Er empfing uns äußerst liebenswürdig und ließ sich von unserer Flucht und den Ereignissen in der Ukraine berichten.

»Was Ihre Aufenthaltserlaubnis betrifft«, sagte er, »so kann ich gar nichts für Sie tun, nur im Notfall die Bürgschaft meiner Schwester mitunterzeichnen. Aber ich bin überzeugt, daß die rumänischen Behörden Ihnen Asylrecht gewähren. Ebenso sicher bin ich mir, daß Ihre Großmutter mir erlauben wird, Sie auf ihre Kosten zu unterstützen. Darum werde ich Ihnen eine monatliche Summe auszahlen, eine bescheidene Summe, da ich die Kosten berücksichtigen muß, die durch die Anwesenheit der Baronin Dorff entstehen. Ich hoffe aber«, fügte er nach kurzem Schweigen hinzu, »daß dieser Betrag Ihnen zumindest die Fortsetzung Ihrer Studien erlaubt. Sie könnten die Universität besuchen und zu diesem Zweck nach Tschernowitz (Czernowitz) übersiedeln.«

Er ging zu seinem Schreibtisch und kramte in der Schublade. »Nehmen Sie, es sind dreitausend Lei für den Anfang. Ach ja, das hätte ich beinahe vergessen: Es konnten zahlreiche Kleidungsstücke aus dem Herrenhaus von Raschkow gerettet werden. Hier sind die Schlüssel zu den Kabinenkoffern, die in Ihrem Hause stehen. Schauen Sie einmal nach, ob Sie etwas brauchen können.«

Eines Morgens, als Emmanuel und ich am Frühstückstisch saßen, tauchte eine seltsame Gestalt vor den Fenstern auf und stand nur wenige Augenblicke später bei uns im Eßzimmer. Es war eine Frau mit gebeugtem Rücken, die einen dicken Schal um den Kopf und einen mantelartigen Überwurf trug, der ihr bis zu den Knöcheln reichte. Schon beim Eintreten verneigte sie sich mehrmals und sagte mit monotoner Stimme:

»Guten Tag, mein Fräulein, guten Tag, mein junger Herr! Ich bin Grunja Schilin, erinnern Sie sich an mich? Ich habe bei Ihrer Großmutter und Ihrem Onkel, Herrn Rostislaw, gedient und bin gekommen, Sie willkommen zu heißen und nach dem Wohlergehen meiner geliebten Herrschaft zu fragen.«

Es fiel uns schwer, in dem verhutzelten Weiblein die tatkräftige, geistreiche Grunja zu erkennen, die Frau des Verwalters von Kapljowka. Man habe ihr, sagte sie, die Nachricht vom Eintreffen der Enkelkinder Frau Belskis überbracht, und seitdem sei es ihr ständiger Wunsch gewesen, uns zu sehen.

Wir erzählten ihr, was wir von Großmama und den Tanten wußten, aber das war wenig genug. Und über Onkel Rostislaw konnten wir ihr nur berichten, daß er seit Beginn der Revolution verschollen war; bei seiner Staatstreue und seiner Unfähigkeit, diese Einstellung zu ändern oder auch nur seine Zunge in Zaum zu halten, stand allerdings das Schlimmste zu befürchten.

Grunja fand kein Ende, sich über ihr Leben zu beklagen, daß seit dem Tod ihres Mannes, Moses Schilin, überaus schwierig geworden sei. Sie lebe noch immer in Kapljowka, im selben Haus wie früher, das unser Onkel Rostislaw ihrem Mann verkauft habe.

Über den wahren Sachverhalt wußten wir ungefähr Bescheid: Unmittelbar nach der Verkündung des Enteignungserlasses war es Moses Schilin aufgrund seiner Behauptung, er hätte die Domäne stets auf eigene Kosten bewirtschaftet, gelungen, daß ihm ein beträchtlicher Teil des Besitzes unserer Familie zugestanden wurde. Das Haus, das Onkel Rostislaw für seinen Verwalter hatte bauen lassen, war von der Agrarreform nicht betroffen. Durch einen weiteren Kunstgriff verschaffte sich Moses die Möglichkeit, auch das Haus an sich zu bringen: Er erklärte den Behörden, Onkel Rostislaw habe es ihm verkauft. Die rumänischen Beamten gingen der Sache nicht weiter nach, und so war es dabei geblieben.

Die Rückkehr Onkel Rostislaws hätte alles verderben können.

Schon das Auftauchen seines Neffen und seiner Nichte war beunruhigend, und so verlor Grunja keine Zeit, ihre Maßnahmen zu treffen und lästigen Nachforschungen von unserer Seite zuvorzukommen. Unter ständigen Lobreden auf die Verdienste unserer Großmutter breitete sie die Geschenke aus, die sie uns mitgebracht hatte: Butter, Obst, Geflügel.

»Besuchen Sie mich einmal in Kapljowka«, wiederholte sie ein ums andere Mal. »Aber gehen Sie nicht zum Herrenhaus! Ich bitte Sie inständig, gehen Sie nicht hin! Es wäre viel zu schmerzlich für Sie. Und wozu sollte es auch gut sein. Man kann die Ruinen nicht wieder aufrichten, sowenig, wie man die Toten zum Leben auferwecken kann.«

Die Ruinen? Hatte das Herrenhaus von Kapljowka also dasselbe Schicksal erlitten wie das von Raschkow? Grunja fuhr unbeirrt fort mit ihrer Litanei, ohne nähere Angaben zu machen. Trotz ihrer Warnung beschlossen wir, nach Kapljowka zu fahren und uns an Ort und Stelle ein Bild zu machen.

Eines schönen Morgens wanderten wir also über die Landstraße und erreichten nach einer halben Stunde Fußweg Kapljowka. An der Kreuzung, von der aus ein Privatweg zur Domäne führte, stand die Windmühle Jakob Lesnitzkis, die mit ihren großen, gezackten Flügeln wie von der Natur selbst in die Landschaft eingebettet schien. Hundert Meter weiter begann der abschüssige Waldweg zum Herrenhaus, das in der Tiefe des Tals verborgen lag.

Über die Mühle und den Müller erzählte man sich schreckliche Geschichten, denn wie alle Welt wußte, war Jakob Lesnitzki der Anführer einer gefährlichen Räuberbande und seine Mühle der Unterschlupf für Diebe gewesen. Früher hatte man gemunkelt, daß sich in dunklen Nächten hinter den geschlossenen Läden der schmalen Fenster lautlose Schatten bewegten, nur hin und wieder von einem flüchtigen Lichtschein begleitet. Die Heldentaten der Kumpane Lesnitzkis waren so berühmt-berüchtigt, daß allein schon der Anblick der Mühle jeden erschaudern ließ und furchtsame Neugier weckte.

Sie befand sich auf dem Grund und Boden Onkel Rostislaws, und zwar aufgrund eines Pachtvertrags, der seine Gültigkeit längst verloren hatte. Darum hatte unser Onkel schon unzähligemale versucht, die Mühle wieder loszuwerden, aber ohne Erfolg. Da Lesnitzki bereits mehr als einmal von den Gendarmen besucht worden war, hatte er sich in weiser Voraussicht auf weitere Besuche auch das nahe liegende Waldgebiet angeeignet, gab es doch hier die sichersten Verstecke.

Doch nichts ist vollkommen, und am Ende kam die Polizei dem alten Fuchs auf die Schliche: Jakob Lesnitzki wanderte ins Gefängnis. Nach langer Abwesenheit kehrte er zurück und machte als guter Nachbar Onkel Rostislaw seine Aufwartung. »Ich habe«, erklärte er würdevoll, »sehr für meine politische Einstellung leiden müssen.« Groß wie er war und mit seinem schönen Patriarchenbart wirkte er fast majestätisch.

»Ah«, sagte Onkel Rostislaw, »gut, daß Sie mir das sagen, denn ich dachte schon, weil Sie die Postkutsche ausgeraubt haben.«

Empört wies Lesnitzki das von sich, mußte sich insgeheim aber wohl eingestehen, daß Onkel Rostislaw recht gut Bescheid wußte. Die Rolle des Märtyrers und politischen Helden spielte er gleichwohl weiter. Ganz alte Schule, operierte er nie auf eigenem Gebiet, und in der näheren Umgebung Kapljowkas blieb die Chaussee von seinen Überfällen verschont.

Ich glaube nicht, daß ihn das Gefängnis zu einem tugendhafteren Menschen gemacht hatte, bestimmt aber zu einem klügeren; denn er wurde nie wieder gefaßt.

Der bewaldete Abhang, an dessen Fuß sich das Herrenhaus befand, wies die unterschiedlichsten Baumarten auf, die sich in einer reizvollen, malerischen Unordnung miteinander vermischten. Da standen jahrhundertealte Eichen und schlanke, hochgewachsene Buchen dicht neben dem Ahorn mit seinem breit ausladenden Geäst; Nußbaum und Hornstrauch hielten sich selbst dort, wo der Hang am steilsten war, knorrige Pflaumenbäume schienen sich in den Spalten des Kalkfelsens festzukrallen, und hier und da überragte eine Pappel das vielfältige Grün wie ein schlankes Minarett. Unten im Tal folgte ein Wasserlauf in mehrfacher Windung den wechselnden Formen des Geländes; hier floß er tosend wie ein Wildbach durch sein zu enges Bett, um gleich darauf breit und gemächlich über die silbergrauen Schieferplatten dahinzufließen.

Das war der Wald, wie wir ihn in Erinnerung hatten. Und obwohl wir wußten, wie sehr sich alles verändert hatte, versuchten wir unbewußt, diesen Wald unserer Kindheit wiederzufinden.

Die Mühle diente uns als Anhaltspunkt für die Stelle, wo der Privatweg abzweigen mußte. Diesen Weg aber gab es nicht mehr. Und vor uns erstreckte sich nichts als ein kahler Felsabhang, nur stellenweise mit spärlich nachwachsendem Strauchwerk bedeckt und von Unkraut überwuchert.

Abwärts kletternd, kämpften wir uns durch das Gestrüpp bis zu der Stelle, wo das Herrenhaus stehen mußte. Vor uns, von Steinhaufen umgeben, erhob sich der Rest einer Mauer. Das war alles.

Nur das große, ovale Wasserbecken, das leerstand und rissig geworden war, sowie der Sockel seiner früheren Fontäne erinnerten noch an die vergangene Größe und ließen jetzt in schmerzlicher Ironie an ein Grabmonument denken. Zwischen den Fliesen, auf denen sich grüne Eidechsen sonnten, hatte sich Löwenzahn breitgemacht.

Wir setzten uns an den Beckenrand. »Hm ...«, sagte Emmanuel, »ich kann es kaum glauben.«

»Es ist fast wie ein Symbol«, seufzte ich, »die gesamte Vergangenheit ist zerstört. Wir müssen unsere Existenz auf neuen Fundamenten errichten. Aber wir sind ja noch jung, so jung wie dieser Wald, der überall schon nachwächst. Laß uns nach Hause gehen, wir haben genug gesehen.«

Als wir wieder an der Mühle vorbeikamen, blieb Emmanuel stehen. »Ich frage mich, ob der alte Gauner immer noch hier wohnt. Ich könnte schwören, daß er Mittel und Wege gefunden hat, aus der neuen Situation Kapital zu schlagen, und daß er sich mit den Rumänen bestens verträgt. Bestimmt hat er ihnen erzählt, was er alles durchgemacht hat, als die Russen ihn wegen seiner Sympathien für die Moldau verfolgten.«

Die Tage vergingen, und der September kam mit seinem goldenen Licht, einer noch immer wärmenden Sonne und mit seinen prächtigen Farben und den tiefdunklen Nächten. Die abgeernteten Felder schienen in einer friedlichen Stille auszuruhen. Vom Sommer ausgetrocknet, floß der Dnjestr in einem schmaler gewordenen Bett ruhig dahin, und das Leben in Chotin verlief in festen und so wenig aufregenden Bahnen wie das der umliegenden, ländlichen Gegenden.

Wir hatten zwar nicht vergessen, wie ungewiß unser Schicksal war, doch schien uns ein glücklicher Ausgang von Tag zu Tag wahrscheinlicher. Bestimmt hatten die Rumänen erkannt, daß wir harmlose Menschen waren und ihren Schutz verdienten.

Ein Soldat, der eines Morgens bei uns erschien und einen Brief mit dem Siegel der Siguranca, des rumänischen Sicherheitsdienstes, überbrachte, zerstörte diese Illusion jäh: Wir hätten, hieß es darin, unverzüglich auf der Kommandantur zu erscheinen und die uns betreffenden Direktiven entgegenzunehmen. Das Schreiben war lakonisch abgefaßt, sein Überbringer wortkarg und von einer undurchdringlichen Miene.

Von Unruhe erfaßt, hofften wir nichtsdestoweniger, daß es sich dabei nur um eine Verlängerung unserer Aufenthaltserlaubnis handelte. Mit finsterem Gesicht stand der Soldat wie angewurzelt da und wiederholte nur einen einzigen Satz, den wir schließlich dank der ihn begleitenden Gesten verstehen konnten. Zur Bekräftigung seiner Worte legte er die Hand ans Gewehr, was soviel heißen sollte, daß es sich um einen offiziellen Befehl handelte und es gefährlich wäre, sich ihm zu widersetzen. Dann kehrte er uns abrupt den Rücken zu und ging. Diese ungehobelte Art, uns zur Kommandantur zu laden, verhieß nichts Gutes.

»Wir gehen direkt zu Oberst Atanasiu«, sagte ich entschlossen, denn ich hatte die Absicht, Tante Annas Methode anzuwenden.

Eine ausgezeichnete Methode – falls sie sich anwenden läßt. Nur kam alles ganz anders: Schon im Eingang zum Gebäude der Siguranca hielt ein Soldat uns an, warf einen Blick auf die Vorladung und führte uns, ohne ein Wort zu sagen, durch die Flure, jedoch nicht zu Atanasius Büro, sondern in die entgegengesetzte Richtung. Wir betraten einen kahlen, nüchternen Raum und sahen uns einem uniformierten Beamten gegenüber, der uns kaum beachtete und uns auch nicht zu Wort kommen ließ. Er hielt uns nur ein Blatt Papier vor die Nase, dessen Text zu entziffern uns mühelos gelang: Wir hatten uns morgen früh hier zu melden, um nach Tschernowitz überstellt zu werden.

Schweigend kehrten wir zurück. Alles schien sich schlagartig verändert zu haben. Wir wußten, daß dieses Tschernowitz – oder Tschernauti, wie die Rumänen es nannten –, von dem wir geträumt hatten, nicht nur eine Universitätsstadt war, sondern auch der Sitz des Militärgerichts.

Die Baronin zeigte sich von ihrer freundlichsten Seite. Sollte sie sich tatsächlich durch unsere Abreise auch erleichtert gefühlt haben, so war dies ihrem herzlichen Tonfall zumindest nicht anzumerken. Und John bedachte in seiner Empörung die Rumänen mit Worten, die nicht zu den feinsten zählten. Wera, die sich gern am Unglück anderer weidete und stolz auf die guten Beziehungen war, die sie selbst zu den Soldaten ihres Bekanntenkreises unterhielt, sah uns teilnahmsvoll an, doch schien ihr Mitleid von einer Spur Verachtung getrübt.

»Wer weiß, ob Sie wiederkommen ...«, sagte sie. Und dann ergänzte sie in sachlichem Ton: »Nehmen Sie Mäntel mit, Sie werden Sie gewiß brauchen.«

Das war nun zu guter Letzt noch der Anlaß für uns, die Koffer zu öffnen. Dabei kam uns eine unerwartete Fülle von Dingen entgegen, wie man sie aufs Geratewohl zusammenpackt, wenn ein Haus fluchtartig verlassen werden muß: Kleidungsstücke, Wäsche, Tischtücher, Vorhänge, Spitzen, moldauische Stickereien und eine ganze Sammlung jener langen, handgearbeiteten Tücher, mit denen sich die Frauen Bessarabiens den Kopf verhüllten und die auch als Ikonenschmuck Verwendung fanden. Ich entdeckte auch einen hinreißenden Persianermantel mit einem Muff und der dazu passenden Mütze. Das alles stammte gewiß noch aus der Pelztierzucht Onkel Anatol Gagarins.

Innerhalb kürzester Zeit war das Eßzimmer von den bunt zusammengewürfelten Schätzen übersät. Tante Anna betrachtete sie mit Interesse, Wera aber war so fasziniert, daß sie ihre Augen kaum von diesen Schätzen losreißen konnte.

Ich suchte mir einen schwarzen Tuchmantel aus und Emmanuel einen grauen, noch fast neuen Überzieher. Wir nahmen auch ein Necessaire aus Schweinsleder mit, das mich von diesem Tage an auf meiner langen Reise durch die Welt begleitete, die das Schicksal mir bestimmt hatte.

In dieser Ausstattung meldeten wir uns pünktlich zur verabredeten Zeit und mit ernsten Gesichtern auf der Kommandantur. Vor dem Eingang erwartete uns schon ein Wagen, mit zwei kleinen Pferden davor und zwei mit Karabinern bewaffneten Soldaten auf dem Kutschbock.

Und so sind wir ein weiteres Mal unterwegs, wieder in Begleitung bewaffneter Aufseher. Chotin zieht an uns vorbei, entfernt sich und verschwindet hinter einer Wolke aus Staub. Die lange Chaussee liegt vor uns wie ein breites, graues Band. Die Mühle des berüchtigten Banditen am Rand der verwüsteten Wälder Kapljowkas sieht aus, als wolle sie uns verhöhnen. Denn trotz ihrer morschen, aus den Fugen geratenen Bretter hat sie allen Stürmen getrotzt und sich als standfester erwiesen als all unsere schönen Herrenhäuser.

Unsere Soldaten sind wenig gesprächig. Sie sitzen nebeneinander auf dem Kutschbock, wechseln von Zeit zu Zeit ein paar Worte auf rumänisch, drehen sich bisweilen um, um sich zu vergewissern, daß wir noch da sind, zünden sich eine Zigarette an, rauchen schweigend und verfallen schon bald in den Dämmerzustand eines Halbschlafs.

Die Ebene dehnt sich ins Unendliche, Felder rauschen an uns vorüber, nichts als Felder. Nur hin und wieder durchqueren wir ein Dorf mit weißen, riedgedeckten Häusern hinter Kirschbäumen, oder wir sehen spärlich bewachsene Wälder, einen Wasserlauf, eine Radspur im Feld. Die Stunden ziehen sich endlos hin, und der Wagen holpert hart über die schlecht gepflasterte Straße. Mit ihren zerschundenen Beinen geraten die Pferde immer wieder ins Straucheln. Wo immer es möglich ist, verlassen wir die Straße und fahren am Rand eines Feldes entlang, ohne die Kulturen zu schonen.

Schließlich erreichen wir Nowoseliza am Pruth, die alte Grenzstadt zwischen Rußland und Österreich. Jetzt heißt sie Suliza-Nowa, und beide Ufer des Pruth gehören zu Rumänien. Früher war die Brücke das Bindeglied zwischen zwei Kaiserreichen, und selbst jetzt, wo es beide nicht mehr gibt, besteht noch ein frappierender Unterschied zwischen den beiden Ländern. Österreich-Ungarn hat der Bukowina die Erbschaft einer zu fest verankerten Zivilisation hinterlassen, als daß ein politischer Umbruch sie von heute auf morgen hätte auslöschen können.

So verliert unsere Straße zusehends ihren von Schlaglöchern geprägten Charakter, und der Wagen rollt nach einer letzten, heftigen Erschütterung so glatt und gleichmäßig über eine breite, von Bäumen umsäumte Straße, daß man meinen könnte, in einem anderen Fahrzeug zu sitzen. Die Pferde, zunächst noch scheu und zögerlich, heben die Köpfe und fallen in einen gleichmäßigen Trab.

Das österreichische Nowoseliza, wie man es noch heute nennt, ist eine richtige kleine Stadt und in nichts zu vergleichen mit dem trostlosen Flecken, den das russische Nowoseliza darstellt. Hübsche Häuser haben die früheren Elendsquartiere ersetzt, die Kaufhäuser, die Cafés und Hotels sind von westlichem Anstrich.

An einem Platz halten wir an, und unsere Aufseher geben uns durch Zeichen zu verstehen, daß wir uns in dem großen Café gegenüber stärken sollen. Emmanuel und ich sind von der luxuriösen Ausstattung wie geblendet. Alles in diesem Raum ist so sehr altes Österreich, daß man sich in die Zeit der Habsburger zurückversetzt fühlt. Unsere Soldaten sind uns gefolgt und setzen sich an einen Nebentisch; sie lassen uns nicht aus den Augen.

Im österreichischen Nowoseliza leben – wie übrigens auch im russischen – überwiegend Juden, doch ist hier Deutsch die Umgangssprache. Rumänisch wird weder auf der einen noch auf der anderen Seite des Pruth gesprochen. Und hier, im »westlichen« Teil, ist die Bevölkerung überzeugt, mit dem Untergang Österreich-Ungarns alles verloren zu haben, was sie je besaß. Die Sehnsucht nach der Vergangenheit scheint auf dieser Seite sehr viel tiefer zu gehen als auf der russischen.

Tschernowitz, die Hauptstadt der Bukowina, war damals eine sehr hübsche österreichische Stadt, in gewisser Hinsicht sogar ein zweites Wien, und zugleich auch die letzte Bastion Westeuropas gegenüber dem gigantischen Reich der Russen. Im Dreieck zwischen Polen, den Karpaten und dem Dnjestr günstig gelegen, verdankte die Stadt ihren Wohlstand und eine rege Handelstätigkeit dem Reichtum der Region. Begünstigt auch von einem kräftigenden Heilklima und einer wundervollen Höhenlage über dem Pruth und umgeben von einer ungewöhnlich schönen Landschaft, genoß

Tschernowitz alle Vorzüge einer sowohl von der Natur als auch von den politischen Umständen verwöhnten Stadt. Österreich hatte sie umworben und umsorgt, sie zur Universitäts- und Residenzstadt der Bukowina gemacht, ihr seine Kultur, seine Sprache, seine Lebenskunst und seine Heiterkeit vermacht.

Seit dem Anschluß der Provinz an Rumänien aber war vieles anders geworden, und Tschernowitz, obwohl noch immer im Besitz all seiner Vorzüge, hatte irgendwie die Seele eingebüßt. Weit entfernt von den Lebenszentren ihres neuen Vaterlands, getrennt von der großen Mutter Wien, an den Rand des riesigen Abgrunds versetzt, der Rußland hieß, überschwemmt von einem vielsprachigen Völkergemisch, zwischen zwei Welten plaziert, schien die Zukunft dieser Stadt äußerst ungewiß.

Die Sonne neigte sich bereits am Horizont, als unser tristes Gefährt endlich das Ziel seiner Reise erreichte. Tschernowitz kam uns fantastisch und erstaunlich sauber vor. Die geschäftigen und tadellos gekleideten Menschen auf den Straßen wiesen keinerlei Ähnlichkeit mit den Leuten auf, die wir von zu Hause her kannten. Unser Wagen hielt vor einem großen, grauen Gebäude an.

»Sieht aus wie eine Kaserne«, meinte Emmanuel und ließ seine Blicke über die finstere Fassade wandern.

»Aussteigen!« befahl einer unserer Wächter und sprang vom Kutschbock.

Wir folgten ihm zum Portal, dessen schwere Eisentür krachend hinter uns zuschlug. Wenig später standen wir in einem großen Hof, der durch eine Reihe gleichförmiger Bauten von der Außenwelt abgeschnitten war. Dann stieß uns der Soldat in einen dunklen Flur, wo ein weiterer Soldat an einem Tisch saß und in Papieren blätterte.

»Die Gefangenen!« verkündete unser Wächter.

Der Soldat hob den Kopf und sah uns mit einem abwesenden Blick an. Es war ein junger Mann mit einem blassen und traurigen Gesicht, bekleidet mit einem khakifarbenen Waffenrock ohne Abzeichen. Von der Selbstgefälligkeit rumänischer Offiziere hatte er nichts an sich, er schien eher bedrückt. Mit einem halb freundschaftlichen, halb spöttischen Lächeln fragte er dann auf deutsch: »Warum hat man Sie hergebracht?«

Emmanuel erklärte ihm, daß wir aus Chotin kämen und, da wir die Grenze illegal überschritten hätten …

»Ach, die Grenze!« unterbrach ihn der Offizier. »Ich verstehe.«

Was wollte er damit sagen? Und vor allem, wo befanden wir uns hier? Das Papier in der Hand, das unser Wächter ihm gegeben hatte, sah er in seinen Akten nach.

»Wo sind wir denn?« fragte Emmanuel.

»Wo Sie sind? Aber hören Sie, im Militärgefängnis natürlich!«

Dann schrieb er schweigend etwas auf, zog eine Liste zu Rate und erhob sich. »Folgen Sie mir.«

Über eine lange Treppe stiegen wir zu einem breiten Korridor hinauf, auf dem sich zu beiden Seiten Türen befanden.

»Hier«, sagte der junge Mann und öffnete eine der Türen, »das ist Ihre Zelle.«

Als er unser Entsetzen sah, fügte er mit einem Lächeln hinzu: »Ich bedaure sehr, daß sie nicht komfortabler ist …«

Mit einer Handbewegung deutete er auf das riesige Bett, das nichts als ein hölzerner Lattenrost war und die Länge einer ganzen Wand einnahm. Dann sagte er mit einem Blick auf das vergitterte Fenster: »Ich werde Sie nicht einschließen, wenn Sie mir versprechen, keinen Fluchtversuch zu unternehmen. Immerhin sind Sie keine Verbrecher im üblichen Sinn.«

Verbrecher? Nach dem ersten Schock konnte ich nicht mehr an mich halten: »Das alles ist doch nur ein Mißverständnis! Wir sind Flüchtlinge und keine Verbrecher! Wir haben eine provisorische Aufenthaltserlaubnis, und man hat uns versprochen …«

»Dafür kann ich doch nichts«, unterbrach mich der junge Mann. »Aber falls Sie das tröstet: Ich bin hier selbst in Haft.« Damit ließ er uns allein und schloß die Tür.

»Das ist ja eine schöne Bescherung!« rief Emmanuel und durchmaß die geräumige Zelle mit seinen Schritten. »Bei der Tscheka hatten wir es besser.«

Ich hatte nicht den kühlen Kopf meines Bruders und wäre vor Wut fast erstickt. Diese verdammten Rumänen! So sah sie also aus, ihre Justiz! Ihr Nachrichtendienst! Und die Protektion des Generals? Und die Bürgschaft Fräulein Tomaschewskis? Und die von Tante Anna? Das alles war wohl nur dazu gut, uns ins Gefängnis zu sperren! In heller Empörung lief ich von einer Zellenecke in die andere, als die Tür aufging und der junge Mann von vorhin erschien.

»Ich bringe Ihnen Gesellschaft!« verkündete er und trat einen Schritt zur Seite, um eine Reihe weiterer Gefangener einzulassen. Ein gebeugt gehender Mann in einem langen Mantel von militärischem Schnitt, wie russische Beamte ihn trugen, trat mit zögerndem Schritt als erster ein. In seinem breiten Gesicht, das den Slawen verriet und von einem dichten, roten Schnurrbart geziert war, stand das blanke Entsetzen geschrieben. Ihm folgte eine rundliche Dame, die ein Schneiderkostüm mit Pelzkragen und ein Schleierhütchen trug. An der Hand hielt sie einen kleinen, pausbäckigen Jungen mit einem von Sommersprossen übersäten Gesicht. Nach diesen beiden trat ein langer, hagerer Mensch ein, ganz der Typ jener kleinen jüdischen Ladenbesitzer, wie man sie in den Dörfern Podoliens überall antraf. Das Ende des Zuges bildete ein junger, blonder Bauer in einer Schafsfelljacke und mit einer Persianermütze, die er sich über die Ohren gezogen hatte.

Wie Emmanuel und ich eine Stunde zuvor, sahen auch sie sich voller Entsetzen um und schienen sich zu fragen: Wo um alles in der Welt sind wir hier?

»Oje!« rief der Jude angewidert aus. »Was haben wir denn hier?«

Mit aufgelöstem Gesicht stürzte sich die Dame auf mich. »Auch Sie, auch Sie? Mein Gott, was soll das alles heißen?«

»Du siehst doch selbst«, meinte ihr Mann, »daß wir hier im Gefängnis sind.«

Wie wir kurz darauf erfuhren, hieß das Ehepaar Dubrow und der Mann war, Ironie des Schicksals, der ehemalige Direktor des Zuchthauses von Kamenez-Podolski. Auch sie hatten Rumänien illegal betreten und nach einer Unzahl von Eingaben und Gesuchen geglaubt, daß ihre Angelegenheit zum Besten geregelt wäre. Bis mit einem Mal …

Der hagere Mensch im schwarzen Mantel war Händler in einer kleinen podolischen Stadt. Er hieß Stievel und war mit der Hilfe von Schmugglern aus Rußland geflohen. Dasselbe galt für Iwan Piguljak, den jungen Bauern. Sein Dorf lag am Ufer des Dnjestr, den er eines Tages zu überqueren beschlossen hatte.

So verschieden wir auch voneinander waren, klagte man uns doch allesamt ein und desselben Vergehens an: der Grenzverletzung. Das Schicksal, das uns erwartete, würde auch das der andern sein.

»Wie lange werden sie uns wohl hierbehalten?« fragte Frau Dubrow besorgt. »Es ist doch ganz unmöglich, daß sie uns die Nacht über in dieser Zelle lassen!«

»Unmöglich?« höhnte Herr Stievel. »Für mich steht das eindeutig fest.« Mit einem Blick auf den hölzernen Lattenrost fügte er hinzu: »Sie können schon anfangen, Ihre Betten herzurichten!«

»Dabei hatte man mir versichert«, schimpfte Herr Dubrow, »daß es sich um eine reine Formalität handele. Wir sollten uns angeblich nur zur Kontrolle melden und um unsere Pässe ausgestellt zu bekommen.«

»Vielleicht bekommen Sie die ja auch eines Tages«, meinte Herr Stievel, »doch heute ganz bestimmt nicht mehr.«

»Mama«, sagte der Kleine und zupfte am Rock seiner Mutter, »ich muß mal.«

»Da haben wir's!« rief Frau Dubrow aus. »Gibt es hier überhaupt eine Toilette?«

»Jetzt fängt es allmählich an, kompliziert zu werden«, bemerkte Herr Stievel.

»Es ist einfach unzumutbar, wie man uns hier behandelt!« schrie Herr Dubrow. »Schließlich sind wir keine Verbrecher!«

Ungeachtet seiner defätistischen Bemerkungen erwies sich Herr Stievel als der Findigste von uns allen. Er öffnete kurz entschlossen die Tür, streckte den Kopf in den Korridor und sah nach, ob die Luft rein war.

»Es ist verboten, die Zelle zu verlassen!« warnte Herr Dubrow in strengem Ton. Zweifellos kannte er die Vorschriften in einem Gefängnis besser als wir.

»Na und?« fuhr Stievel ihn an. »Wollen Sie etwa, daß Ihr Sohn sich in die Hose macht? Und nacheinander wir alle?«

Damit betrat er auf Zehenspitzen den Flur und verschwand. Minuten später kam er mit der Kunde zurück, daß es ein solches Örtchen tatsächlich gab, und zwar am Ende des Korridors. Dann setzte er seine Erkundungen fort, indem er unser Stockwerk zu beobachten begann. Dazu steckte er den Kopf erneut durch den Türspalt und zog ihn augenblicklich zurück, sobald er das Geräusch von Schritten hörte. Als er den Zeitpunkt für günstig hielt, schob er die Tür etwas weiter auf und verschwand zum zweitenmal.

»Na gut ...«, sagte Herr Dubrow zögernd. »Sollen wir gehen?«

An Stievels Entdeckung schien er selber nicht minder interessiert als sein Sohn. Auch wir andern gingen der Reihe nach durch den Flur und kehrten eiligst wieder zurück, ohne daß wir dabei einer Menschenseele begegnet wären. Das ganze Stockwerk schien wie ausgestorben.

Stievel blieb ziemlich lang verschwunden, so lange, daß wir schon fürchteten, man habe seine Ausflüge entdeckt, ihn in eine andere Zelle gesperrt und diesmal den Schlüssel umgedreht. Doch wir hatten uns getäuscht, irgendwann kehrte er gesund und munter zurück. Ein schalkhaftes, maliziöses Lächeln huschte über seine hageren Züge und verriet uns seine Zufriedenheit. Er ging direkt auf das hohe, vergitterte Fenster zu und blickte unverwandt auf den Hof hinunter, den man trotz der Dämmerung gut erkennen konnte.

»Ich kann mich nicht mehr auf den Beinen halten«, jammerte Frau Dubrow, »und Wassja müßte längst im Bett sein.«

Das Kind weinte vor Hunger und Müdigkeit. Da zog sein Vater den Mantel aus, hüllte den Kleinen darin ein und legte ihn dicht an der Wand auf das Bettgestell.

»Ob es hier wohl Läuse gibt?« fragte Frau Dubrow und verzog ängstlich das Gesicht. Schließlich aber streckte sie sich doch neben ihrem Söhnchen aus und legte ihren Kopf in die Armbeuge.

»Ach!« schrie Stievel plötzlich auf und stürzte zum Flur.

»Was hat er denn?« fragte Dubrow.

»Nun«, meinte Emmanuel, »wenn es eine Möglichkeit gibt, hier herauszukommen, dann wird er sie finden.«

Als es allmählich dunkel wurde, gingen hinter einigen Fenstern die Lichter an. Auch in unserer Zelle machte sich ein trübes Licht bemerkbar, das matt und gelblich von einer an der Decke festgeschraubten Glühbirne schimmerte.

Dubrow, der in einem ständigen Hin und Her die Bettkante abschritt und dabei unablässig Monologe hielt, sagte in gereiztem

Ton: »Diese Zelle entspricht nicht den Vorschriften! Sie ist nichts weiter als eine Stube für die Truppen, eine Schlafstelle für acht Soldaten, die auf diesem Bett Platz finden mußten. Eine Häftlingszelle muß Stühle enthalten, zumindest eine Bank. In dieser Zelle aber kann man sich nirgendwo hinsetzen, das Bettgestell reicht uns ja bis zur Brust. Da bleibt nichts anderes übrig, als sich hinzulegen oder stehenzubleiben. Eine solche Behandlung kann ich nicht akzeptieren! Und auf den Fußboden lege ich mich nicht!«

Seine begründete Kritik wurde durch den Eintritt eines Soldaten unterbrochen, der einen Eimer hereintrug. Aus der über den Rand ragenden Schöpfkelle ließ sich entnehmen, daß es sich dabei um Suppe handeln mußte, mit anderen Worten, um unser Abendessen. Der Soldat stellte den Eimer in der Mitte der Zelle ab und empfahl uns mit einer einladenden Geste, daß wir uns stärken sollten.

Iwan Piguljak näherte sich als erster dem Eimer und betrachtete eingehend die wenig appetitliche Brühe. »Tfu!« machte er, was soviel hieß wie »Pfui!« oder auch »Igittigitt!«

»Lieber sterbe ich Hungers!« erklärte Frau Dubrow, die vom Bett heruntergeklettert war, um einen Blick auf unser kärgliches Abendessen zu werfen.

Der Soldat wiederholte seine Einladung, indem er die Schöpfkelle ergriff und in dem Eimer herumrührte.

»Nein, nein, mein Freund«, sagte Dubrow, »das nehmen Sie schnell wieder mit!«

Diese Worte hatte Dubrow zwar auf russisch gesagt, aber mit einer solch unmißverständlichen Geste in Richtung Tür begleitet, daß der Soldat sie nicht mißverstehen konnte. Auch wenn dieser Eimer nur unseren Ekel erregt hatte, erinnerte er uns doch daran, daß es Abendessenszeit war. Wie sollten wir uns etwas anderes zu essen verschaffen?

»Ich frage mich, wo Herr Stievel bleibt«, sagte Dubrow.

In ebendiesem Augenblick erschien der Genannte in der Tür, und in den Händen hielt er zwei Laibe Brot, die er triumphierend zur Decke emporstreckte.

»Oh! Wie haben Sie das geschafft ...?« fragten alle wie aus einem Mund.

»Was ist schon dabei«, meinte Stievel in seinem schleppenden Tonfall. »Es gibt immer Mittel und Wege, wissen Sie ... Aber bedienen Sie sich doch, bedienen Sie sich!«

Der kleine Wassja wäre fast aus dem Bett gefallen, so gierig stürzte er sich auf das Stück Brot, das seine Mutter ihm reichte. Um etwas würdiger dazustehen, bemerkte Frau Dubrow: »Dieses österreichische Brot ist wirklich sehr gut ...«

Eine ganze Weile kauten wir schweigend. Dann bohrte Dubrow nach: »Ich muß Sie noch einmal fragen, Herr Stievel, wie haben Sie ...?«

Doch dieser wehrte die Frage mit einer vagen Handbewegung ab, die besagen sollte: Glauben Sie, was Sie wollen.

»Ach, war das gut!« sagte Emmanuel. »Vielen Dank, Herr Stievel. Aber da wir uns nicht setzen können, sollten wir uns jetzt besser schlafenlegen.«

»Nein!« schrie ich. »Nein! Auf diesem Bett schlafe ich nicht. Lieber bleibe ich die ganze Nacht über stehen!«

Mir wäre das wie eine Kapitulation vor meinen Verfolgern vorgekommen: Wenn ich dieses schändliche Bett akzeptierte, dann stimmte ich auch ihrem niederträchtigen Vorgehen zu.

»Ganz wie du willst«, meinte Emmanuel nur achselzuckend, »aber ich sehe keinen großen Vorteil in deiner Haltung.«

Er wollte eben das Bettgestell erklimmen, als unser junger, degradierter Zuchthausaufseher in der Zelle erschien, begleitet von einem anderen Militär, der, wie er selbst und vermutlich aus dem selben Grund, keine Rangabzeichen trug.

»Na, wie geht's denn so?« fragte unser Kerkermeister. »Ich wette, daß die Zeit Ihnen lang wird. Und darum möchte ich Ihnen vorschlagen, an einer kleinen Séance teilzunehmen. Das ist mein Kamerad Johann Schmidt, der mich hypnotisieren wird.«

»Was sagt er?« fragte Frau Dubrow, die kein Deutsch verstand. Als ich es ihr erklärte, erschrak sie. »Oh, ich mag so etwas nicht, ich gehe da nicht hin.«

»Warum denn nicht«, sagte ihr Mann, »schlafen können wir ohnehin nicht. Komm, laß uns hingehen.«

Stievel, Emmanuel und ich waren derselben Meinung, Iwan Piguljak äußerte sich nicht dazu.

»Die beiden langweilen sich gewiß zu Tode«, sagte Herr Stievel, »und versuchen, sich mit den vorhandenen Mitteln die Zeit zu vertreiben.«

»Warum hat man sie degradiert?« fragte Frau Dubrow. »Herr Stievel, Sie haben das doch bestimmt schon herausgefunden.«

»Aber nicht doch«, wehrte dieser mit hochgezogenen Augenbrauen ab, »das sind militärische Geheimnisse. Ich habe mir allerdings ausgerechnet, daß die beiden keine Rumänen sind, sondern aus Tschernowitz stammen.«

»Wie ist es, kommen Sie?« wiederholte der junge Mann. »Es wird ein Erlebnis für Sie sein. Hypnotiseure wie ihn trifft man nicht alle Tage. Ich spiele dabei das Medium, und Sie können mir Fragen stellen, sobald ich in Trance gefallen bin.«

»Das trifft sich gut«, meinte Emmanuel, »wir waren nämlich gerade dabei, uns Fragen über unsere Zukunft zu stellen. Vielleicht gelingt es Ihnen besser als uns, sie zu beantworten.«

»Ich würde doch ganz gern mitkommen«, sagte Frau Dubrow plötzlich, offensichtlich verführt von der Aussicht, etwas mehr über das Schicksal zu erfahren, »aber ich habe Angst, Wassja allein zu lassen. Er ist eben erst eingeschlafen.«

Iwan Piguljak erbot sich, auf das Kind aufzupassen, da er von diesen Hypnotisiergeschichten nichts verstand und sich lieber hinlegen wollte. Im Korridor war es dunkel und absolut still. In der Weite dieses riesigen und, wie es schien, unbewohnten Gebäudes hallten unsere Schritte fast unheimlich wider. Stievel ging dicht neben den beiden jungen Militärs, deren Degradierung ihn seiner Ansicht nach zu dieser Vertraulichkeit berechtigte. Es gelang ihm auch, sich mit Hilfe des Jiddischen und vor allem seiner beiden Hände verständlich zu machen und Fragen zu stellen, die ihm die zwei Österreicher auf deutsch beantworteten.

»Wie seltsam«, sagte Emmanuel, »wir scheinen die einzigen Gäste in diesem Haus zu sein. Ist dies eine Kaserne außer Betrieb?«

»Das werden wir bald erfahren, wenn Stievel das Gespräch mit den beiden Offizieren beendet hat.«

Wir gelangten zu einem großen Saal, der bis auf ein paar Stühle an den Wänden und zwei Tischen in der Mitte leerstand. Otto Werner, unser sympathischer Kerkermeister, machte Licht und bedeutete uns, Platz zu nehmen. Er selbst und sein Kamerad setzten sich in der Mitte des Saales einander gegenüber. Dort verharrten sie lange Zeit, schweigend und sich fest in die Augen sehend, bewegungslos.

»Ich glaube nicht an solche Mätzchen«, bemerkte Stievel dazu, »und was sollten sie sonst schon tun.«

Im Dämmerlicht hob sich das Gesicht Johann Schmidts deutlich ab, und je länger ich es betrachtete, desto größeren Eindruck machte es auf mich: dieses blasse, von einem kurzgeschnittenen Bart umrahmte Gesicht mit seinen regelmäßigen Zügen und den tiefschwarzen, schimmernden Augen. Der Blick aus diesen Augen war von einer Beständigkeit, die einen befangen machte und zugleich unwiderstehlich anzog.

Der Hypnotiseur tat nichts anderes, als das Medium anzusehen, ohne jede Berührung, ohne die geringste Geste, ohne ein Wort. Und mit einemmal verkrampfte sich Werners Gesicht, er stieß einen Klagelaut aus und ließ sich nach hinten fallen. Die Arme hingen wie leblos von seinem Körper herab, er selbst schien gänzlich willenlos und hatte sich allem Anschein nach seinem Hypnotiseur auf Gedeih und Verderb ausgeliefert. Falls er Komödie spielte, dann spielte er sie gut.

»Mein Gott!« flüsterte Frau Dubrow. »Er wird ihn noch umbringen …«

»Psst!« machte ihr Mann, den die Szene zu faszinieren begann.

Der Hypnotiseur schien Befehle zu erteilen, ohne sie auszusprechen, denn in der allgemeinen Stille war nur die heisere, kaum wiederzuerkennende Stimme Otto Werners zu hören. Er stammelte abgehackte Sätze ohne jeden Sinn und Zusammenhang, die wir nicht verstanden. Langsam, als fürchte er, das Medium zu wekken, stand Johann Schmidt auf und kam auf uns zu.

»Kommen Sie«, sagte er zu mir und nahm mich bei der Hand. Dann ließ er mich Werner gegenüber Platz nehmen, der mit geschlossenen Augen dasaß und nichts wahrzunehmen schien.

»Wer steht hier neben mir?« fragte Schmidt sein Medium.

»Ein Mädchen«, sagte Werner.

»Was erwartet sie im Leben?«

»Ein Weg.«

»Und dann?«

»Ein anderer Weg.«

»Und was noch?«

»Viel Schmerz und viel Freude … aber der Weg bleibt immer da.«

»Danke«, sagte ich, »das genügt, mehr will ich nicht wissen.« Obwohl ich es nicht wollte, hatte das Ganze mich doch tief bewegt, und ich ging wie benommen zu meinem Stuhl zurück. »Wer möchte dem Medium eine Frage stellen?« forderte Johann die Zuhörer auf.

Jetzt, wo er sich von seinem Medium abgewandt hatte, war er so wie zuvor und seine Augen hatten jenen Schimmer verloren, der einen fast erschrecken konnte.

»Los!« sagte ich zu Frau Dubrow. »Sie wollten doch wissen, was uns erwartet.«

»Nein, nein«, protestierte sie aufgeregt, »ich will überhaupt nichts wissen! Sagen Sie ihm, daß er den Ärmsten aufwecken soll!«

»Sie sollten sich beeilen«, insistierte Schmidt, »die Trance ist nicht von langer Dauer.«

Ich sah zu Stievel hinüber, aber der schüttelte nur energisch den Kopf. Diese Art von Informationen war nicht nach seinem Geschmack. Johann nahm wieder seinen Platz dem Medium gegenüber ein, doch hatte seine ganze Art sich verändert. Er hielt seine Hand und sprach liebevoll zu ihm wie zu einem Kind. Langsam stand Otto auf, taumelte wie von einem plötzlichen Schwindel erfaßt, stieß seinen Kameraden zurück und ging zur Fensterbank, um sich anzulehnen. Dort blieb er einen Augenblick stehen, den Kopf in die Hände gestützt.

»Was hat er Ihnen prophezeit?« fragte Frau Dubrow, »ich habe kein Wort verstanden.«

»Offensichtlich glaubt er, daß ich zum Nomaden werde …«

»Das werden wir vielleicht alle«, seufzte Dubrow. »Alle außer Stievel, der sich bestimmt in Tschernowitz niederläßt.«

»Und warum nicht?« fragte dieser leicht pikiert. »Ich habe Verwandte in der Bukowina.«

»Gewiß, gewiß … und wenn dies auch nur die Familie Ihrer Glaubensbrüder wäre, die Ihnen immer aus der Affäre helfen wird.«

»Na und? Wie Sie vielleicht wissen, irren wir seit zweitausend Jahren durch die Welt. Mit der Zeit hat man sich daran gewöhnt.«

Als wir in unser »Zuhause« zurückkamen, stellte sich erneut das Problem des Übernachtens. Wie sollte man auf diesem Rost schlafen können? Kein Strohsack lag auf den Brettern, nicht einmal aufgeschüttetes Stroh.

»Das wird eine harte Nacht«, bemerkte Stievel, der Wortspiele liebte.

Ein kleines Detail ergänzte noch dieses Bild, das ohnehin kaum dazu angetan war, die allgemeine Stimmung zu heben: Otto Werner, wieder im Vollbesitz seiner geistigen Kräfte, überzeugte sich erst von unserer Vollzähligkeit, um gleich darauf die Tür mit einer zweifachen Schlüsseldrehung zu verriegeln.

Auf dem Rücken liegend, verbreitete Iwan Piguljak friedliche Schnarchgeräusche, während Wassja neben ihm schlief, den Kopf im Überzieher seines Vaters vergraben, die kleinen Hände zu Fäusten geballt. Emmanuel und Stievel richteten sich ein, so gut es eben ging. Dubrow half seiner Frau, die Bettkante zu erklettern und den Platz neben ihrem Sohn zu belegen, ehe er sich schließlich selbst unter Ächzen und Stöhnen aufs Bett schwang. Ich saß auf dem Fußboden, an die Wand gelehnt, allein und fest entschlossen, in einen Schlafstreik zu treten.

Ich verbrachte eine fürchterliche Nacht, zerschlagen vor Müdigkeit und vor Kälte zitternd, hätte ich mehrmals fast zu heulen angefangen. Doch in der ersten Morgendämmerung fand ich mich zusammengerollt in einer Ecke liegen, der Schlaf war stärker gewesen als meine festen Vorsätze und hatte mich besiegt. Entsetzt fuhr ich hoch, noch ganz benommen und steif an allen Gliedern. Die anderen waren längst aufgestanden, und der Soldat stand schon wieder mit seinem Suppeneimer da.

»Der Kaffee!« rief Stievel sarkastisch. »Bedienen Sie sich, greifen Sie zur Kelle! Ich lasse Ihnen gern den Vortritt.«

Da aber, nicht anders als am Abend zuvor, niemand davon kosten wollte, trollte sich der Soldat gleichmütig und ohne zu insistieren in seine Küche zurück.

An einem Waschbecken auf halber Treppe konnten wir uns etwas frischmachen. Nach beendeter Toilette setzte Frau Dubrow ihr

Schleierhütchen wieder auf, ganz so, als sei sie überzeugt davon, daß unsere Häftlingszeit bald abgelaufen wäre.

Müde, gelangweilt und der Dinge eher überdrüssig, erschien Otto Werner mit einer Liste in der Hand zum Appell. Sein Verhalten war förmlich wie zu Anfang und erinnerte in keinerlei Hinsicht an die Ereignisse des Vorabends und seinen Trancezustand. Wer sich dagegen um so lebhafter darauf besann, war Stievel. Nach einem derart intimen, gemeinsam mit unseren Kerkermeistern verbrachten Abend fühlte er sich mit Werner auf gleicher Stufe, redete in familiärem Ton mit ihm, verlangte besseres Essen und bestürmte ihn mit Fragen.

Unserem Wächter ging dieses aufdringliche Gebaren am Ende so auf die Nerven, daß er ihn ziemlich grob abfahren ließ. Stievel schien zwar nicht beleidigt, aber er änderte insofern seine Taktik, als er seine volle Aufmerksamkeit jetzt auf das Fenster konzentrierte. Man hätte seinem Verhalten nach meinen können, daß er jemanden erwartete.

Ich beneidete Iwan Piguljak um seine unglaubliche Ruhe und Gelassenheit. Er regte sich über nichts auf, beschwerte sich über nichts, machte niemandem einen Vorwurf. Er wartete ganz einfach den Ausgang eines Abenteuers ab, in das er sich freiwillig gestürzt hatte, und verbrachte seine Zeit nicht damit, über die Rumänen herzuziehen.

»Wie ich erfahren habe«, sagte Stievel, ohne seinen Observationsbereich, den Innenhof, aus den Augen zu lassen, »wie ich erfahren habe, besteht die Gefahr, daß wir noch monatelang hier einsitzen werden, so lange, bis die Ermittlungen in unserer Sache zu einem Resultat gekommen sind.«

»Nein!« schrie Dubrow, »das lasse ich nicht zu! Ich werde Schritte unternehmen, die ...«

»Ach ja«, unterbrach Stievel ihn spöttisch, »und warum haben Sie das nicht früher getan?«

»Weil man mir versicherte ...«

»Man versichert immer, damit die Leute Ruhe geben. Die Falle sieht man erst, wenn man schon hineingetappt ist.«

»Wenn ich gewußt hätte ...«

»Dann wären Sie wohl in Rußland geblieben? Im Zuchthaus

von Kamenez-Podolski? Aber aller Voraussicht nach als Sträfling. Und mit weniger Chancen, wieder herauszukommen.«

Plötzlich sprang Stievel zur Tür, reckte den Hals, um besser hören zu können,lief zum Fenster zurück, bewegte den Kopf an den Gitterstäben entlang, ging wieder zur Tür und blieb dort stehen, stocksteif und zitternd.

»Was haben Sie denn?« fragte Dubrow.

Stievel gab keine Antwort. Mit einem Satz war er weg von der Tür, die sich im selben Augenblick öffnete. Ein Offizier mittleren Alters betrat die Zelle, gefolgt von einem Herrn in Zivil mit einer Melone auf dem Kopf und von Otto Werner, der eine Liste in der Hand hielt. Stievel stürzte sich auf den Herrn, schüttelte ihm überschwenglich die Hand und flüsterte ihm ein paar Worte zu, denen dieser aufmerksam lauschte und sich dann an den Offizier wandte, mit dem er Rumänisch sprach und ihn, wie es schien, um die Erlaubnis bat, mit Stievel unter vier Augen reden zu dürfen. Der Offizier gab ihm ein Zeichen seiner Zustimmung und konzentrierte sich dann auf die Überprüfung unserer Personalien. Als er damit fertig war, verließ er, gefolgt von Otto Werner, die Zelle.

Stievel und der Herr mit der Melone unterhielten sich eine ganze Weile auf jiddisch, mit den Rücken zu uns gewandt. Dann hielt der Herr ein Blatt Papier gegen die Wand und bedeckte es mit Notizen. Als er das Blatt zusammengefaltet und in seine Brieftasche gesteckt hatte, schüttelte er Stievel die Hand, rief uns ein »Servus!« zu und ging.

Stievels Aufregung war völlig verflogen. Gelöst und zufrieden erklärte er: »Das war mein Schwager, Herr Nudelmann.«

Wieder dehnte sich die Zeit, wieder quälten uns zermürbende Fragen. Worauf warteten wir eigentlich? Befaßte sich überhaupt jemand mit unserer Angelegenheit? Warum kam niemand, uns eine Auskunft zu geben? Zu der allgemeinen Erschöpfung und Ratlosigkeit kam ein peinigendes Hungergefühl, das uns noch deprimierter werden ließ. Iwan Piguljak versuchte, den kleinen Wassja abzulenken, indem er ihn immer wieder auf Bettkante hob und hinunterspringen ließ; nur so hörte der Junge zu weinen auf.

Emmanuel und Dubrow unternahmen einen Ausflug zu dem großen Saal, dem Schauplatz der Séance, und kehrten mit Stühlen zurück. Die Operation war ohne Zwischenfälle verlaufen, da sich die Büros und die Wachposten im Erdgeschoß befanden. Wir hatten also, wenn man so sagen darf, die ganze Etage für uns.

Es war gegen ein Uhr, als Herr Nudelmann wieder auftauchte, diesmal in Begleitung eines anderen Zivilisten, der ihm ähnlich sah. Mit seinem goldenen Kneifer, dem schwarzen Schirm und der prallen Aktenmappe sah er ganz nach einer wichtigen Persönlichkeit aus. Er zog seinen Hut, malte damit einen großen Kreis in die Luft, der uns alle in seinen Gruß miteinbezog, und verbeugte sich höflich. »Ich darf mich vorstellen«, sagte er, »Doktor Glaubach, Rechtsanwalt.«

Da der Besuch beider Herren Stievel galt, nahmen sie ihn auch gleich freundschaftlich beim Arm und entführten ihn in den Flur. Da standen wir nun mit unserer Neugier und mußten uns mit dem Anblick der drei durch den Korridor wandernden Gestalten begnügen, die einmal von links, einmal von rechts an unserer halbgeöffneten Tür vorbeikamen.

Sie wanderten noch immer umher, als der mit der Suppenverteilung betraute Soldat zum drittenmal mit seinem Eimer erschien. Diesmal aber sah es so aus, als ahnte er unsere hartnäckige Verweigerung seiner Brühe schon im voraus, denn er setzte sie wortlos in der Mitte der Zelle ab und ging.

Als Glaubach zusammen mit den andern zu uns zurückgekehrt war und den Eimer sah, hob er die Hände zum Himmel und rief: »Mein Gott, sowas!« Und dann, zu Herrn Nudelmann gewandt: »Sagen Sie doch den Leuten, daß diejenigen, die zusammen mit Herrn Stievel von mir verteidigt zu werden wünschen …«

Als Stievel die auf deutsch formulierte Aufforderung so weit übersetzt hatte, unterbrach ich ihn: »Wir sprechen beide Deutsch, mein Bruder und ich. Worum geht es?«

Hocherfreut, sich äußern zu können, ohne auf Stievels nicht immer verläßliche Übersetzung bauen zu müssen, gab Glaubach uns einen Lagebericht. Demnach hatte Herr Nudelmann, ein Kaufmann aus Tschernowitz, sich mit der Bitte an ihn gewandt, seinen Schwager, Herrn Stievel, zu verteidigen und für ihn seine Aufenthaltserlaubnis für Rumänien zu beantragen. Dr. Glaubach bot uns an, sich auch für die übrigen Gefangenen einzusetzen, und zwar zu folgenden Bedingungen: zweitausend Lei als Pro-Kopf-Pauschale für jeden einzelnen Klienten, wovon die eine Hälfte sofort, die andere nach der Entlassung zu zahlen sei. Die Dauer des Verfahrens, erklärte er, hänge von den rumänischen Behörden ab, ein günstiges Urteil könne leider nicht garantiert werden.

Trotz des hohen Preises, den der Anwalt für seine Intervention verlangte, und trotz der Ungewißheit, zu welchem Resultat sie führen würde, akzeptierten Emmanuel und ich die Bedingungen, was im übrigen auch unsere Leidensgenossen taten. Da Iwan Piguljak kein Geld bei sich hatte, versprach ihm Dr. Glaubach, sich seiner Sache auch auf Kredit anzunehmen, was diesen sehr für ihn einnahm.

Ohne eine Sekunde Zeit zu verlieren, begab sich unser Verteidiger ans Werk. Für jeden von uns legte er eine Akte an, die alle Auskünfte über uns und die Gründe unseres illegalen Grenzübertritts enthielt. Als Dubrow die Stellung erwähnte, die er in Kamenez-Podolski bekleidet hatte, brach Glaubach in Gelächter aus, das Dubrow ausgesprochen taktlos fand.

Emmanuel und mir gegenüber bekundete der Anwalt ein besonderes, uns etwas unangenehmes Interesse, als er erfuhr, daß wir aus einer Familie von Grundbesitzern stammten. Wie sehr unterschied sich doch diese Reaktion von dem Effekt, den dieselbe Information in der Ukraine hervorgerufen hatte!

Glaubach wollte uns eben verlassen, als Emmanuel ihn zurückhielt: »Herr Doktor, wir sterben vor Hunger. Könnten Sie uns irgend etwas zu essen besorgen?«

»Und Zigaretten«, fügte ich hinzu, da ich gern von Emmanuels Zigaretten rauchte und er selbst keine mehr besaß.

»Um Gottes willen!« rief Glaubach lachend aus. »So eine junge Dame und raucht schon!«

Dann drehte er sich noch einmal zu dem Suppeneimer um, zweifellos, weil er einen Scherz machen wollte, doch war dieser schon verschwunden.

Glaubachs Tüchtigkeit zeigte sich sehr bald. Schon nach einer halben Stunde kam er zurück, gefolgt von einem Kellner, der Platten mit geschnittenem Braten und einen Brotkorb bei uns ablud. Er selbst hatte Bierflaschen und eine Packung Zigaretten mitgebracht. Unter Glaubachs halb teilnahmsvollen, halb amüsierten Blicken fielen wir gierig über die Köstlichkeiten her.

»Entschuldigen Sie die etwas einfache Mahlzeit«, sagte er, »aber ich konnte zu dieser Stunde nichts Besseres auftreiben. Doch jetzt lasse ich Sie allein«, fügte er, von seinem Berufseifer gepackt, hinzu, »ich würde es gern sehen, wenn Sie noch vor heute abend hier herauskommen würden.«

»Noch etwas«, sagte Emmanuel, »wären Sie wohl so freundlich, dem Notar Tomaschewski in Chotin ein Telegramm zu schicken, damit er über unsere Unannehmlichkeiten Bescheid weiß?«

»Tomaschewski?« rief Glaubach überrascht aus. »Meinen Sie den Herrn Doktor von Tomaschewski?« Offensichtlich kannte er ihn. Als er erfuhr, daß dieser wichtige Mann der Vermögensverwalter unserer Großmutter war und unser künftiges Geschick in die Hand genommen hatte, verdoppelte er seine Zuvorkommenheit.

»Schicken Sie doch bitte auch ein Telegramm an die Baronin Dorff«, ergänzte ich. »Sie hat uns schon bei unserer Ankunft in Chotin geholfen und könnte vielleicht ...«

»Lassen wir Tante Anna aus dem Spiel«, unterbrach mich Emmanuel. »Wir haben ja gesehen, was ihre Unternehmungen bewirkt haben.«

Doch hatte Glaubach den Namen der Baronin längst in sein Büchlein notiert und sagte jetzt in zufriedenem Ton: »Sehr gut, sehr gut, das wird einen sehr guten Eindruck machen.«

Gegen fünf Uhr ließ man uns in das Büro im Erdgeschoß kommen, wo zwei Militärs mit düsteren Gesichtern uns einem strengen Verhör unterzogen. Einige ihrer Fragen brachten uns in Verlegenheit: Warum lebte unsere Großmutter, wenn sie doch Bessarabierin war, nicht in Bessarabien? Und weshalb waren unsere Eltern in der Ukraine geblieben, während wir in Rumänien um Asyl baten? Beide Umstände kamen ihnen verdächtig vor.

Als die Fragestunde auch für die andern zu Ende war, führte man uns in den Hof und stellte uns, anstatt uns in die Zelle zurückzubringen, hintereinander in einer Reihe auf. Ein für die Akten zuständiger Bediensteter trat an die Spitze des Zuges, zwei bewaffnete Soldaten wurden zu beiden Seiten postiert, und in dieser Formation setzten wir uns in Bewegung und marschierten quer durch die Stadt. Die Passanten folgten uns mit den Augen. Daß wir Verbrecher waren, die man ins Gefängnis brachte, lag auf der Hand. Nur die Anwesenheit des kleinen Wassja paßte nicht recht ins Bild.

Unser Spießrutenlauf, der kein Ende nehmen wollte, entfernte uns immer mehr vom Zentrum der Stadt. Die Abstände zwischen den Häusern wurden zusehends größer, die Straßen ruhiger. Schließlich landeten wir auf einem großen Platz vor einem gelb angestrichenen Gebäude. Eine Inschrift über dem Portal klärte uns über die Natur dieser Einrichtung auf: »Strafvollzugsanstalt«. Die alte österreichische Bezeichnung ließ sich unter dem flüchtigen Neuanstrich noch gut erkennen: »Gefängnis« hieß es da schlicht.

Man führte uns in eine große Eingangshalle mit einer Schalterreihe auf der einen Seite sowie Fenstern auf der anderen, die allesamt fest vergittert waren. Während der für uns zuständige Bedienstete einem der Beamten unsere Akten übergab, postierten sich die beiden Soldaten vor dem Eingang.

Wir hatten noch kaum begriffen, was diese neue Wendung der Dinge bedeuten sollte, als ein Mann in Aufseheruniform in einer der rückwärtigen Türen erschien, sich vor uns aufpflanzte und schrie: »Die Männer nach rechts, die Frauen nach links!«

Die brutale Stimme und das harte, unbarmherzige Gesicht dieses Mannes jagten dem kleinen Wassja eine solche Angst ein, daß er sich laut schreiend in die Arme seiner Mutter warf. Aber der Mann packte ihn bei den Schultern und stieß ihn grob auf die Männerseite.

»Lassen Sie ihn los!« brüllte Frau Dubrow und lief ihrem Jungen nach. »Sie sehen doch, er ist noch ein Kind!«

Ohne ihr Schreien zu beachten, zerrte der schreckliche Mensch sie zu einer Tür, gab mir ein Zeichen, ihr zu folgen und schlug die Tür hinter uns zu. Wir befanden uns nun in einem dunklen Korridor, von einer Grabesstille umfangen. Zu hören war nur der schwere Tritt unseres Kerkermeisters und Frau Dubrows Schluchzen.

Schließlich gelangten wir in einen fensterlosen, von einer elektrischen Glühbirne nur matt beleuchteten Raum, wo uns eine Frau in grauer Bluse und mit einem Schlüsselbund am Gürtel erwartete. »Übernehmen Sie!« brüllte der Aufseher und verschwand im Korridor.

Die Wärterin war eine kleine Frau mit verschlossenem Gesicht und schroffen, rabiaten Gesten. Als ich versuchte, mit ihr zu sprechen und unseren Fall zu schildern, schnitt sie mir harsch das Wort ab: »Schweigen Sie!«

Wie ein Raubtier, das sich auf seine Beute stürzt, fiel sie über uns her, riß uns die Kleider vom Leib und durchsuchte uns. Sie nahm uns Handtaschen und Uhren ab, sogar den Ehering von Frau Dubrow und den kleinen Kamm, den ich immer in der Manteltasche trug. Mit jedem Gegenstand, den sie konfiszierte, wurde ihr Zugriff rabiater und schließlich so brutal, daß man es nur als einen offenen Skandal bezeichnen konnte.

Kaum hatte sie mein Kettchen mit dem Kreuz bemerkt, als sie es mir schon vom Halse riß und mich dabei verletzte. Dann durchwühlte sie mit den Fingern unser Haar und zog alle Spangen, Nadeln und Kämmchen heraus. Das Haar fiel uns in Strähnen auf die Schultern, was unserem Äußeren, zusammen mit den übel zugerichteten Kleidern, etwas Groteskes verlieh.

»Vorwärts!« kommandierte sie nach beendeter Operation und schob uns in einen anderen Korridor, vorbei an Türen mit vergitterten Klappöffnungen. Vor einer dieser Türen blieb sie stehen und schloß auf. Aus dem Innern der Zelle drang aufgeregtes Stimmengewirr, es hörte sich an wie das Geflatter eines aufgeschreckten Taubenschwarms. An die zehn Frauen waren hier beieinander, die, kaum hatte die Tür sich geöffnet, zur Wand flüchteten und reglos wie auf ein Habtacht-Kommando stehenblieben. Ein widerlicher Geruch drang aus der Zelle und ließ uns unwillkürlich zurückweichen.

Offensichtlich aber hielt unsere Aufseherin die Zelle für überfüllt, denn sie schlug die Tür wieder zu und schob den Riegel vor. Wir landeten also in einer anderen Zelle mit nur drei Frauen darin, von denen zwei Zigeunerinnen zu sein schienen. Alle drei trugen Sträflingskleidung, unförmige Hemden mit braunen Streifen.

»Raus hier!« brüllte die Aufseherin die beiden Zigeunerinnen an, die offensichtlich in die Zelle nebenan gehörten. Dann stieß sie uns in das dunkle Verlies, die Tür fiel dröhnend ins Schloß, Schlüssel knirschten; wir waren gefangen.

Der lange, schmale Raum endete an einem Fenster mit mächtigen Gitterstäben davor. Zwei Holzbänke links und rechts an der Wand, Strohsäcke, aufgerollte Wolldecken am Kopfende. Eine Waschschüssel auf einem eisernen, dreibeinigen Gestell, unter dem Fenster ein kleiner Tisch und – schrecklichster aller Schrecken – ein Abortkübel in der Ecke.

»Mein Gott!« rief Frau Dubrow entsetzt aus. »Das ist ja ein Alptraum!«

Die in der Zelle verbliebene Gefangene wagte einen ersten Annäherungsversuch, um zu erfahren, wen sie vor sich hatte. Sie war eine junge Frau, klein und zierlich, deren Körper gänzlich unter ihrem Streifenhemd verschwand. Ihre unreine Haut, das ungewaschene, schlecht gekämmte Haar, ja die ganze Person verbreitete den Geruch nach Schweiß und Petroleum. In den Händen hielt sie ein Strickzeug und Wollknäuel.

»Für wie lange?« fragte sie, um ins Gespräch zu kommen.

Wie ich bald erfuhr, war diese Frage die unter Häftlingen gebräuchlichste Floskel, eine Art »How do you do?«

Ich erklärte ihr rasch, daß wir uns nur aufgrund eines Irrtums hier befänden und gewiß nur für kurze Zeit. Sie zuckte die Achseln. »Das sagen hier alle.« Auch seine Unschuld zu beteuern gehörte in diesen Mauern zum eingespielten Ritual.

Ich gab die Sache auf und trat ans Fenster, doch war es so weit oben angebracht, daß ich nur ein kleines Stück Himmel sehen konnte. Frau Dubrow ließ sich auf die Pritsche fallen und vergrub ihr Gesicht in den Händen. Ihr aufgelöstes, in unordentlichen Strähnen auf die Schultern fallendes Haar verlieh ihrer Verzweiflung einen leicht komischen Anstrich. Um zumindest den Anschein von Würde zu wahren, band ich das meine mit einem Schnürsenkel zusammen.

Eine ganze Weile sagte keine von uns ein Wort. Die junge Frau strickte und warf uns von Zeit zu Zeit neugierige Blicke zu.

»Könnte man das Fenster wohl mal aufmachen?« bat Frau Dubrow. »Man erstickt hier ja.«

»Das ist verboten!« sagte die junge Frau auf deutsch. »Verstehen Sie Ukrainisch? Dann könnten wir uns auf ukrainisch unterhalten, wenn Sie nicht Deutsch können.«

»Ja, gewiß«, sagte Frau Dubrow. »Was stricken Sie denn da?«

»Das ist für die Armee. Die Gefängnisleitung gibt den Frauen Arbeit, die sich hier ein paar Groschen verdienen wollen. Dann vergeht die Zeit auch schneller. Sie können sich auch eine Arbeit geben lassen.«

»Vielleicht sind wir eines Tages soweit«, seufzte Frau Dubrow. Da ich dasselbe befürchtete, sagte ich dazu nichts.

»Wenn Sie erst einmal im Gefängnis sind«, fing die Frau wieder an, die offensichtlich Lust zu reden hatte, »sind Sie kein menschliches Wesen mehr. Ich habe alles verloren, als ich hier landete. Wenn ich wenigstens eine richtige Verbrecherin wäre! Ich habe ja gar nichts Schlimmes getan. Aber beweisen Sie das mal! Das Unglück erwischt Sie ganz plötzlich, die Tür fällt hinter Ihnen zu und alles ist aus.«

»War es bei Ihnen auch die Grenze?« fragte Frau Dubrow.

»Die Grenze? Was für eine Grenze?«

»Nun, ich meine, der illegale Grenzübertritt.«

»Nein, nein. Bei mir waren es illegale Geschäfte. Schmuggel.« Sie drehte den Kopf zu mir und ergänzte mit einem schmerzlichen Lächeln: »Kukuruz geschmuggelt ...«

»Wie, Sie haben Mais geschmuggelt? Ein seltsamer Einfall für ein junges Mädchen wie Sie!«

»Ich war ja nicht allein, wissen Sie, nur haben die andern es geschafft, abzuhauen.«

»Haben Sie Familie?«

»Meine Mutter hat sich fast die Augen ausgeheult. Und meine Brüder haben mich verleugnet. Wie sie sagen, habe ich mir das alles selbst zuzuschreiben. Sie hätten mir ja gleich gesagt, wie gefährlich das sei. Mein Bräutigam hat die Verlobung gelöst, er will nicht, daß man in seiner Gegenwart über mich spricht. Die einzige, die mich bedauert und mich hin und wieder am Sonntag besuchen kommt, ist meine Mutter, Frau Ampel.«

»Und für wie lange sind Sie hier?«

Ich stellte die gewohnte Frage, als sei sie auch mir schon ganz selbstverständlich.

»Für sechs Wochen. Drei habe ich schon hinter mir, aber sie kommen mir wie drei Jahre vor.« Sie wischte sich verstohlen eine Träne ab.

»Weinen Sie doch nicht«, sagte Frau Dubrow, »Sie sind ja noch so jung und können sich Ihr Leben wieder neu aufbauen. Und immerhin haben Sie eine Dummheit gemacht. Im Gegensatz zu uns hat man Sie nicht völlig unrechtmäßig eingesperrt.«

Fräulein Ampel warf uns einen argwöhnischen Blick zu. Sie wollte zwar, daß man an ihre Unschuld glaubte, an die der andern aber glaubte sie nicht. Auch das war, wie ich in der Folgezeit lernte, eine allen Häftlingen gemeinsame Einstellung.

»Hat man Sie schon in den Keller gebracht?«

»In den Keller?« fragte Frau Dubrow erstaunt. »Weswegen denn?«

»Wegen der Verhöre. Dort unten werden die Spione verhört.«

»Aber wir sind keine Spione!« schrie Frau Dubrow fassungslos. »Ich habe Ihnen doch gesagt, daß wir Flüchtlinge sind, verstehen Sie denn nicht?!«

»Ist ja gut, ist ja gut. Nur halten sich die Spione gern unter Flüchtlingen versteckt. Und darum verfährt man so streng mit ihnen. Flüchtlinge sind immer verdächtig.«

Mit aufgelöstem Gesicht drehte Frau Dubrow sich zu mir: »Vielleicht hat Sie recht ... Ja, bestimmt hat man uns deswegen eingesperrt. Mein Gott, mein Gott, was soll aus uns werden? Und was kann man tun, um wenigstens das Kind zu retten?«

»Im Keller gehen Dinge vor ...«, sagte Fräulein Ampel, »vor allem in der Nacht. Da hört man oft Schreie ...«

»Seien Sie still!« fuhr ich sie an. »Das klingt ja fast so, als machte es Ihnen Spaß, uns Angst einzujagen.«

Als es Abend wurde und die Zelle im Dämmerlicht lag, hörte Fräulein Ampel zu stricken auf und spitzte die Ohren. »Man bringt uns das Abendessen, ich höre den Wagen im Flur.«

In der Tat war von draußen das Klappern von Geschirr zu vernehmen, ein stampfendes Geräusch von Schritten und barsche Kommandos einer Männerstimme. Gleich darauf erschien ein breites Gesicht mit Schnurrbart hinter der Türklappe. »Drei für Zelle fünf!« schnarrte der Mann.

Die Tür ging auf, und eine Frau, ebenfalls in Sträflingskleidung, kam fast im Laufschritt herein, um drei Blechnäpfe und drei Portionen Brot auf dem kleinen Tisch abzustellen. Dabei blieb die Tür einen Augenblick offenstehen, nicht länger als ein paar Sekunden, aber sie genügten mir, einen Blick auf die rollende Küche und den Bediensteten zu werfen, der mit einer Kelle aus riesigen Kesseln schöpfte und die in einer Reihe aufgestellten Blechnäpfe füllte. Unsere Aufseherin öffnete und schloß die Türen, während weibliche Häftlinge die Aufgabe hatten, die Rationen auszuteilen.

Gierig stürzte sich Fräulein Ampel auf ihren Anteil. »Essen Sie«, empfahl sie uns, als sie unsere säuerlichen Gesichter sah, »mehr gibt es nicht bis morgen.« Und zwischen zwei Bissen Brot fügte sie hinzu: »Am Anfang ging es mir genauso wie Ihnen. Aber was wollen Sie, man will doch schließlich nicht verhungern.«

Hunger hatten wir nun in der Tat, und dies schon seit langem. Frau Dubrow unterzog zunächst das Eßgeschirr einer eingehenden Prüfung, schnupperte dann an dem zerkochten Zeug und begann schließlich mit langen Zähnen zu essen. »So schlecht schmeckt es nicht einmal«, bemerkte sie, »und es ist wenigstens warm. Im übrigen muß es auch eßbar sein, wenn die andern alle davon essen. Los, fangen Sie an!«

Also erwiesen wir dem trostlosen Mahl die Ehre und fühlten uns danach wirklich besser.

Das einzige Licht erhielt unsere Zelle von einer kleinen, über der Klappöffnung angebrachten Glühbirne, die nur von außen an- und auszuschalten war und bis in die frühen Morgenstunden hinein brannte. Die Nachtaufsicht hatte so die Häftlinge jederzeit unter Kontrolle und konnte bei jeder Regelwidrigkeit sofort eingreifen. Diesem grellen Licht konnten wir uns ebensowenig entziehen wie den indiskreten Blicken der Aufseher. Daß sich auch der besagte Kübel in deren Blickfeld befand, war besonders peinlich.

»Wir sollten uns schlafenlegen«, meinte Fräulein Ampel. »Ich denke, daß Sie morgen Ihre Gefängniskleider bekommen. Merkwürdig, daß man Ihnen die privaten Sachen gelassen hat.«

»Schlafenlegen?« sagte Frau Dubrow. »Aber wie denn? Es gibt ja nur zwei Pritschen, und wir sind zu dritt.«

Da sie die Fülligste und auch die Älteste von uns dreien war, kamen wir zu dem Schluß, daß sie eine Pritsche für sich allein bekommen sollte und wir zwei anderen uns die zweite teilen würden. Nur war dieses Bett so schmal, daß wir uns nur ausstrecken konnten, wenn wir auf der Seite lagen, und auch das nur unter der Bedingung, daß keine von beiden sich bewegte. Weil sich aber die grob zurechtgezimmerten Latten hart in unsere Rippen drückten, war es unmöglich, in dieser Stellung lange auszuharren.

Hinzu kam, daß der Geruch nach Petroleum, den die Haare meiner Nachbarin verströmten, in Verbindung mit allen übrigen Düften so penetrant war, daß ich mich fast übergeben hätte. Allmählich wurde es immer kälter, und ich fror erbärmlich. Bei alledem war an Schlaf nicht zu denken, und ich überlegte mir nur, wie diesen Nöten abzuhelfen war.

Als Fräulein Ampel merkte, daß ich nicht schlafen konnte, erkundigte sie sich: »Geht es Ihnen nicht gut?«

»Nein ... aber da Sie schon einmal wach sind, lassen Sie mich herausklettern. Ich setze mich lieber auf den Fußboden.«

»Ist es vielleicht deshalb«, fragte sie bestürzt, »weil meine Haare so riechen? Ich habe sie mit Petroleum eingerieben, weil ich mir hier Läuse gefangen habe.«

Diese Mitteilung bekräftigte nur meinen Entschluß, unser gemeinsames Bett zu verlassen und mich zwischen die beiden Pritschen auf den Boden zu legen. Dort erwartete mich jedoch die nächste Tortur: der Gestank aus dem Kübel, der sich jetzt genau in Höhe meines Kopfes befand. Ich sehnte mich fast schon nach der Soldatenstube von gestern nacht zurück, dort hatte man wenigstens atmen können. Immer gibt es etwas, das noch schlimmer ist. Diese Feststellung aber vermochte mich nicht zu trösten, im Gegenteil. Was kam als nächstes? Der Keller?

Die Verteilung des Frühstücks um sieben Uhr früh verlief nach demselben Ritual wie die des Abendessens. Diesmal aber stand die Tür etwas länger offen, da eine der für diesen Dienst abgestellten Frauen, ein Häftling wie die anderen, gleichzeitig eine Wasserkanne in die Zelle stellte und den Kübel zum Ausleeren mitnahm.

Als man die Tür wieder verriegelt hatte, schlug Frau Dubrow vor: »Ob wir wohl versuchen sollten, uns ein bißchen zu waschen?«

Wir schütteten uns gegenseitig das kalte Wasser über die Hände und feuchteten die Nasenspitzen an: eine rein symbolische Handlung, da es weder Seife noch Handtücher gab.

Dann zog ich mir den Mantel, den Rock und die Bluse aus, um sie auszuschütteln, da sie von meiner Lagerstatt am Boden staubig geworden waren. Ausgerechnet in diesem Augenblick, als ich ungekämmt und mit nassem Gesicht im Unterrock dastand, ging die Tür auf und ein hochgewachsener, elegant gekleideter Mann in Zivil stand auf der Schwelle.

»Der Direktor!« flüsterte Fräulein Ampel mir zu und nahm sogleich eine ehrerbietige Haltung an.

»Bleiben Sie draußen!« rief ich erschrocken. »Sehen Sie denn nicht, daß wir noch dabei sind, uns anzuziehen?«

»Schweigen Sie!« brüllte unsere Kerkermeisterin mich an. Um ein Haar hätte sie mich geohrfeigt.

Ich wich ein paar Schritte zurück und sah mich verzweifelt nach einem Schlupfwinkel oder irgendeinem Gegenstand um, hinter dem ich mich hätte verbergen können. Meine Kleider lagen auf der Pritsche, die Decke war bereits zusammengerollt, und so blieb mir nur ein rascher Griff zur Waschschüssel, die ich mir wie einen Schild vor die Brust hielt.

Das muß ein äußerst komischer Anblick gewesen sein, denn der Direktor brach in schallendes Gelächter aus. Ich selbst aber fühlte mich gedemütigt wie nie zuvor. Von dem Augenblick an, wo ich nur noch eine Strafgefangene war, hatte ich offenkundig selbst auf die elementarsten Formen des Respekts kein Anrecht mehr.

Bei alledem drückte das Gesicht des Direktors jedoch nichts als Güte und Harmlosigkeit aus. Und ohne die geringste Andeutung, einen Augenblick nach draußen zu gehen oder auch nur die Augen abzuwenden, sprach er mich in einem freundschaftlichen Ton an, als wäre er aus dem einzigen Grund gekommen, mit mir zu reden.

»Ich bin über Ihre Angelegenheit im Bilde, im Augenblick aber heißt es, sich zu gedulden. Bis heute habe ich noch keinerlei Anweisungen in Ihrer Angelegenheit erhalten.«

Vermutlich trieb mich das Bewußtsein meiner grotesken Situation dazu, ihm unverzüglich die Meinung zu sagen. Und da ich mir nicht anders zu helfen wußte, ließ ich meinem Ärger freien Lauf.

»Wie ich mich freue, Sie zu sehen, Herr Direktor! Ich wollte Sie unbedingt sprechen! Würden Sie uns bitte erklären, aus welchen Gründen man uns wie Verbrecher behandelt und uns hier zusammen mit Dieben und Prostituierten gefangenhält? Als wir nach Rumänien kamen, haben wir Zuflucht gesucht, uns Gerechtigkeit und eine menschenwürdige Behandlung erhofft. Aber was erwartete uns hier? Verfolgung und Gefängnis! Wir haben geglaubt, daß man in diesem Land zwischen Banditen und den unschuldigen Opfern einer großen, nationalen Tragödie zu unterscheiden vermag, aber wir müssen erfahren, daß wir in Rotrußland weniger verfolgt worden sind als hier. Schön, wir haben die Grenze ohne Visa überquert. Aber wer hätte sie uns verschaffen können? Und was blieb uns denn übrig? Man hätte auf uns geschossen, wenn Sie es wissen wollen. Was hätten Sie an unserer Stelle getan? Wenn wir noch verdächtige Personen wären, aber ich kann Ihnen versichern, daß meine Familie die unselige Gastfreundschaft, die wir uns von diesem Land erbitten, hundertfach verdient hat!«

Mehrmals während meiner Tirade versuchte die Aufseherin, mich zum Schweigen zu bringen. Jedesmal aber hatte der Direktor ihr durch Zeichen zu verstehen gegeben, sie sollte mich ausreden lassen. Und so hörte er sich meine leidenschaftliche Rede auch bis zum Ende an.

»Hören Sie«, sagte er, als ich eine kleine Pause zum Luftholen einlegte, »ich weiß, daß Sie keine Verbrecher sind, doch liegt es nicht in meiner Kompetenz, Sie freizulassen. Gedulden Sie sich. Und lassen Sie sich sagen, daß Sie sehr gut Deutsch sprechen.«

»Herr Direktor«, sagte ich, schon ein wenig ruhiger, »ich protestiere trotzdem. Die ganze Nacht habe ich auf dem Fußboden verbracht, und das nicht zum erstenmal. Und wenn Sie wollen, daß ich mich gedulde, nun ... also dann ... dann soll man mir wenigstens Zigaretten bringen!«

Wiederum brach der Direktor in schallendes Lachen aus. »Na schön, wenn Ihnen das hilft, sollen Sie welche bekommen!«

Mit diesen Worten verließ er die Zelle und winkte mir noch freundschaftlich zu. »Mein Gott, mein Gott!« sagte Fräulein Ampel ein ums andere Mal. »Noch nie habe ich so etwas erlebt. Woher hatten Sie bloß den Mut dazu? Und warum baten Sie ihn um Zigaretten?«

»Ich weiß es nicht ...«

»Leider habe ich kein Wort verstanden«, seufzte Frau Dubrow. »Was haben Sie ihm gesagt? Haben Sie sich beschwert? Gut so. Ich befürchte nur, daß er über unseren Fall nicht informiert ist.«

»Doch, doch, er scheint alles zu wissen. Sonst hätte er mir auch nicht zugehört. Aber wenn ich daran denke, in welchem Aufzug ich vor ihm stand!«

Ein schrilles Läuten übertönte unser Gespräch. Fräulein Ampel sprang auf: »Der Spaziergang! Schnell, machen Sie sich fertig! Die Aufseherin wird gleich hier sein.«

Im selben Augenblick tauchte sie auch schon im Türrahmen auf. Diesmal war es eine robuste ältere Frau, mit einem Knüppel bewaffnet.

»Spazieren!« rief sie und zählte uns ab. »Zwei Neue.«

Ich zog mir rasch meine Sachen über und folgte Frau Dubrow und Fräulein Ampel in den Korridor, wo sich unsere weiblichen Mitgefangenen, die Arme auf dem Rücken verschränkt, in Zweierreihen aufgestellt hatten. Um Frau Dubrow und mich vor Schikanen zu bewahren, gab uns Fräulein Ampel mit gedämpfter Stimme ein paar Verhaltensregeln mit: »Behalten Sie stets die Arme auf dem Rücken ... verlassen Sie Ihre Reihe nicht ... sprechen Sie nicht miteinander, das ist verboten.«

»Mein Gott, mein Gott!« flüsterte Frau Dubrow. »Das ist ja ein wahrer Alptraum!«

Fräulein Ampel schlängelte sich zu den vorderen Reihen durch, um eine Freundin zu treffen, die sie nur zur Stunde des Hofgangs sehen konnte. Frau Dubrow reihte sich neben einer Zigeunerin ein, und ich befand mich schließlich an der Seite eines hübschen jungen Mädchens mit kindlichen, aber harten und verschlossenen Zügen. Sie warf mir einen feindseligen, zugleich neugierigen Blick zu. Überhaupt schien unsere Anwesenheit die allgemeine Neugier zu erregen, was sich an einem kaum hörbaren Flüstern zeigte. Unserer Sklaventreiberin entging es freilich nicht. »Ruhe!« brüllte sie und schwang den Knüppel.

Als alle Zellen geräumt waren, setzte sich der Zug in Bewegung. Zunächst ging es durch ein Labyrinth dunkler Korridore, dann Treppen hinauf und Treppen herab, bis wir endlich an unserem Ziel anlangten, dem großen, quadratischen Innenhof. Von hohen Mauern umgeben und im Zentrum der Strafanstalt gelegen, glich dieser Hof selbst einem einzigen, riesigen Käfig: ringsum, wohin man auch sah, nichts als vergitterte Fenster, in Reihen über- und nebeneinander.

Zwei Türme flankierten das Hauptgebäude und gaben ihm das Aussehen einer Festung. Und war das Bauwerk insgesamt von einer trostlosen Häßlichkeit, so fügten sie ihm noch etwas Bedrohliches hinzu.

Im Zentrum des Hofes warteten zwei kräftige Burschen auf uns, die unseren langsamen Marsch an den Mauern entlang zu überwachen hatten. Ich bemerkte, daß sie nicht nur mit ähnlichen Knüppeln bewaffnet waren wie unsere Aufseherin, sondern auch Revolver am Gürtel trugen. Ich betrachtete meine Nachbarin verstohlen von der Seite und fragte mich, was sie getan haben mochte, daß sie in ihrem Alter an einem Ort wie diesem gelandet war. Und so stellte ich ihr, die Vorschriften mißachtend, die übliche Frage:

»Sind Sie für lange hier?«

»Für immer«, sagte sie schroff.

»Das ist doch nicht möglich! In Ihrem Alter!« Ich war so erschrocken, daß ich unwillkürlich lauter sprach.

Sie zuckte gleichgültig die Achseln. »Das ist nun einmal so …«

»Aber wie nur … und warum …?« Mir fehlten einfach die Worte für die Frage, was sie getan hatte, um zu einer lebenslänglichen Freiheitsstrafe verurteilt zu werden. Aber sie gab mir selbst die Antwort und sagte in gleichmütigem Ton: »Ich habe meine Mutter getötet.«

Als sie sah, daß es mir die Sprache verschlug, fuhr sie fort: »Nur weil ich so jung bin, hat man mich hierbehalten. Sonst wäre ich da oben gelandet.«

Mit dem Kinn wies sie in Richtung der Türme, auf die wir uns eben jetzt zubewegten und die ich mir darum auch genauer ansah. Auf jedem ihrer Stockwerke befanden sich zwei voneinander getrennte Einzelzellen, hinter deren Gitterstäben ich Köpfe erkennen konnte. Unheimliche, vom Grauen gezeichnete Gesichter bewegten sich wie langsame Pendel von links nach rechts, hin und zurück – halbtote, in Käfige gesperrte Gespenster. Dieses Bild abgrundtiefen Grauens ließ sich nie wieder aus meinem Gedächtnis tilgen. Mörder saßen dort in lebenslanger Einzelhaft, ohne jemals ihre Zellen verlassen zu dürfen. Das Essen wurde ihnen durch die Klappe gereicht, es war verboten, sie zu besuchen oder ihnen etwas zu bringen. Lebendig Begrabene, Tote zu Lebzeiten. Nur das Eine war ihnen noch geblieben: mit den Augen die trostlosen Runden im Hof zu verfolgen, sich daran festzukrallen, als gäbe dieser armselige Beweis von Leben dem letzten Atemzug ihres eigenen Lebens Kraft.

Bis ins Innerste erschüttert, vergaß ich alle Vorschriften dieser Welt und stieß einen Schrei aus. »Ruhe!« brüllte die Aufseherin und bedrohte mich mit dem Knüppel. »Noch ein Wort, und ich bringe Sie auf meine Art zum Schweigen. Mit dem Stock, wenn Sie auf Worte nicht hören können!«

Ich schwieg und unterdrückte meine Gefühle unter dem spöttischen Blick der jungen Mörderin und den verängstigten Augen der andern. Gegen meinen Willen von den Schreckensbildern angezogen, ließ ich meine Augen über die Zellenfenster der unteren Stockwerke gleiten. Auch hier sah ich Männer, an den Stäben festgekrallt, stehend oder liegend, auf engstem Raum zusammengepfercht. Fahle, hohlwangige Gesichter unter kahlgeschorenen Köpfen, fiebrig flackernde Augen … Ihre Stimmen verfolgten uns mit Flüchen und Obszönitäten.

Als wir nach dieser einstündigen Wanderung, die mich geradezu an Dantes Inferno erinnerte, wieder in unserer verriegelten Zelle saßen, empfanden wir sie beinahe schon heimelig – alles ist eben relativ. Hier blieb uns zumindest der Blick ins Innerste des Gefängnisses erspart, war das langsame Sterben der Verurteilten unseren Augen entzogen.

Im allgemeinen haben wir eine nur vage Vorstellung von diesem Reich der Finsternis. Nur durch eine unglückliche Verkettung besonderer Umstände hatte ich die seltene Gelegenheit – um ein Haar hätte ich gesagt, die Chance –, dieses abgeschiedene, menschenunwürdige Reich im Inneren zu besichtigen. Die Tatsache, daß unsere Entlassung noch immer fraglich war und wir nichts über die Dauer unserer Gefangenschaft wußten, verlieh dieser Erfahrung den Wert einer gelebten Realität.

Bei der Verteilung des Mittagessens erwartete mich eine Überraschung: Man drückte mir im Auftrag des Direktors ein Päckchen Zigaretten in die Hand. Fräulein Ampel verschlug es den Atem. Völlig perplex, vergaß sie sogar den Suppennapf in ihren Händen. »So was! Nein … sowas kommt nur einmal in hundert Jahren vor …«, murmelte sie, sichtlich fasziniert.

Daß man mir zu Ehren eine solche Ausnahme machte, schien sie mehr als all unsere Beteuerungen von unserer Unschuld überzeugt zu haben. Jedenfalls hörte sie von diesem Augenblick an auf, uns bei jeder Gelegenheit zu versichern: »Sie werden sich schon noch daran gewöhnen …«

Wie zerschlagen von zwei schlaflosen Nächten und den Aufregungen der letzten Tage, fühlte ich mich mit einem Mal so müde und erschöpft, daß ich mich auf der Pritsche zusammenrollte und in eine Art Betäubungszustand verfiel. Die Stunden dehnten sich, die Luft in der Zelle, die sich während unseres Rundgangs merklich gebessert hatte, war so dick wie zuvor, und meine so tapfer erkämpften Zigaretten lagen unbeachtet auf dem Tisch, nach Rauchen war mir nicht zumute. Fräulein Ampel nahm sich das Strickzeug wieder vor, und Frau Dubrow saß nur regungslos da, den Kopf in die Hände gestützt und von Zeit zu Zeit tief aufseufzend.

Als das Licht hinter den Fensterscheiben allmählich trüber wurde, stellte sich erneut die Frage, wie das Schlafproblem zu lösen sei. Frau Dubrow schlug vor, eine Art Wachablösung zu organisieren und abwechselnd zu schlafen. Da wir aber keine Uhren mehr hatten, konnte ein solches System kaum funktionieren. Wir dachten auch daran, die beiden Pritschen zu einem einzigen, breiteren Bett zusammenzurücken, das uns allen mehr Platz verschafft hätte. Fräulein Ampel erbebte angesichts der Kühnheit dieses Vorhabens, doch war ihre Angst nicht von langer Dauer: Wie wir rasch feststellen konnten, waren die Füße der Pritsche mit dem Boden verschraubt. So beschlossen Frau Dubrow und ich, uns nebeneinander auf die Pritsche zu setzen und uns gegen die Wand zu lehnen.

Unsere Überlegungen wurden jäh unterbrochen, als plötzlich der Kopf eines Bediensteten in der Klappöffnung auftauchte und seine Stimme in den Raum hineinschallte: »Dubrow, Katharina!« brüllte er. »Wer von Ihnen ist Dubrow Katharina? Nehmen Sie Ihre Sachen und folgen Sie mir!«

Die Aufseherin öffnete, und Frau Dubrow stürzte zur Tür, völlig perplex und ohne sich in ihrer Hast noch einmal nach uns umzusehen. Da sie nichts weiter besaß als das, was sie am Leibe trug, erübrigte sich das Zusammenpacken.

Die Tür wurde wieder zugeschlagen, die Schritte im Flur entfernten sich. Was hatte dieser unerwartete Appell zu bedeuten? Wohin brachte man sie? Und warum hatte man mich hier zurückgelassen?

Von heftiger Unruhe ergriffen, erwachte ich aus meiner Lethargie. Hatte man sie wegen des kleinen Wassja abgeholt? Aus Mitleid mit dem Kind?

Als das miserable Abendessen ausgeteilt wurde, versuchte ich, etwas von der Aufseherin zu erfahren. Aber sie sagte nur lakonisch, sie wisse von nichts, was zweifellos nicht stimmte.

In dieser Nacht hatte ich zwar eine ganze Pritsche für mich allein, doch fand ich trotz dieses unerwarteten Komforts keinen Schlaf. Die dünne, völlig verdreckte Strohmatte schützte mich kaum vor den harten Brettern des Lattenrosts, und an dem stacheligen Kissen, das abscheulich nach Kloake roch, scheuerte ich mir den Nacken wund. Hinzu kam die Kälte, die mir in sämtliche Glieder fuhr und mir mit eisigem Griff die Kehle zuschnürte.

Die Bilder der Verurteilten, die in den Türmen eines langsamen Todes starben, standen mir unablässig vor Augen. Für mich gab es kein Verbrechen, daß eine solche Tortur verdiente oder gar rechtfertigte. Die mitleidsvollen Seelen, die für die Abschaffung der Todesstrafe sind und statt dessen lebenslängliches Zuchthaus fordern, ahnen ja nicht, wofür sie da im Namen der Nächstenliebe plädieren.

Das erste, graue Morgenlicht traf mich in einem wahrhaft bedauernswerten Zustand an. Bei meiner rasch verrichteten Toilette, genauer, bei den wenigen, das Gewissen beruhigenden symbolischen Bewegungen, wandte ich die Augen nicht von der Klappenöffnung und war bereit, mich beim geringsten Warnsignal auf meine Kleider zu stürzen. Die Haare kämmte ich mir mit den Fingern und brachte sie mehr schlecht als recht in Form, wobei ich mich an Fräulein Ampels Anweisungen hielt. Mein schwarzer Mantel, den ich seit unserer Abreise aus Chotin Tag und Nacht anbehalten hatte, zeigte die sichtbaren Spuren aller Wechselfälle, die uns seither widerfahren waren. Nur sein guter Schnitt bewahrte ihn davor, wie ein Putzlappen auszusehen.

Während ich in einem ständigen Hin und Her zwischen Tür und Fenster die Zelle durchmaß, kam mir die Idee, daß ich, wenn ich mich auf den Tisch stellte, durch die Gitterstäbe schauen und vielleicht auf den Hof hinunter sehen könnte, falls unser Flügel nach ebendieser Seite ging.

Ungeachtet der leisen, spitzen Schreie, die Fräulein Ampel in panischer Angst ausstieß, und selbst auf die Gefahr hin, abzurutschen oder den Tisch zu demolieren, kletterte ich hinauf, bekam den Fensterknauf zu fassen und schaffte es sogar, das Fenster einen Spaltbreit zu öffnen.

Ich hatte richtig vermutet, es war unser Hof, diesmal von Männern bevölkert, von Gefangenen, die in ihrer schrecklichen Sträflingskleidung und unter der Aufsicht mehrerer bewaffneter Wachleute verschiedene Arbeiten verrichteten. Die einen schüttelten Wolldecken aus, andere klopften Matratzen aus oder stapelten das Bettzeug auf kleine Handkarren.

Von der plötzlichen Idee gepackt, Emmanuel könnte einer von diesen Gefangenen sein, hielt ich Ausschau nach ihm, doch entdeckte ich weder ihn noch einen unserer Gefährten, es sei denn, man hatte auch sie in jene Einheitskluft gesteckt, in der sie alle gleich aussahen.

Zur großen Erleichterung Fräulein Ampels, die blaß und zitternd vor Angst versucht hatte, mit ihrem Kopf den Einblick durch die Klappöffnung zu verstellen, verließ ich meinen Beobachtungsposten.

Um mich aber daran zu hindern, mir weitere Kühnheiten dieser Art auszudenken, begann sie mir von tragischen Fällen zu erzählen, die sie im Gefängnis erlebt hatte. So zum Beispiel erzählte sie die Geschichte der Anca Petrescu, mit der sie zu Anfang die Zelle geteilt hatte.

»Stellen Sie sich dieses Unglück vor! Sie war in Untersuchungshaft, wegen Schmuckdiebstahls angeklagt. Das ganze passierte im Bukarest-Tschernowitz-Express, wo sie im selben Abteil wie die Frau eines hohen Beamten saß. Und die überraschte Anca mitten in der Nacht beim Durchwühlen ihrer Handtasche. Anca fiel aus allen Wolken und schwor, sie habe sich nur in der Handtasche geirrt, da die ihre der ihrer Reisegefährtin aufs Haar glich. Alles hätte mit einem kleinen Verweis erledigt sein können, wenn die Frau des Beamten nicht das Verschwinden ihrer Schmuckstücke festgestellt hätte. Da ihre Verdächtigung begründet schien, wurde die unglückliche Anca verhaftet. Ihre Verzweiflung kann ich Ihnen gar nicht schildern. Sie weinte Tag und Nacht, verweigerte das Essen und siechte mehr und mehr dahin. In seiner Empörung über den Vorfall lehnte ihr Mann es ab, die für ihre Freilassung verlangte Kaution zu zahlen, und überließ sie ihrem Schicksal.«

Diese Geschichte konnte meine Angst indes nur steigern. Würde auch ich das Gefängnis als weißhaarige Alte verlassen? Allmählich glaubte ich daran, daß wir verloren waren. Das Medium mußte sich geirrt haben, als es mir einen langen Weg prophezeite. Eingetroffen war das Gegenteil: Ich saß im Zuchthaus. Aber das ertrug ich nicht. Mir blieb nur die eine Möglichkeit, mich aufzuhängen. Der Fall Dubrow wurde offensichtlich als weniger schwerwiegend beurteilt, da man sie freigelassen hatte.

Ich fragte Fräulein Ampel, ob meine Haare schon weiß würden, im Augenblick aber konnte sie noch keine Veränderung feststellen.

Beim Hofgang hielt ich heute die Lippen fest zusammengepreßt und ging mit gesenkten Augen an den Zellen vorüber.

Und dieser Dr. Glaubach, warum griff er nicht ein? War er ein Schwindler, der unser Unglück dazu benutzte, uns das Geld aus der Tasche zu ziehen? Stundenlang lag ich reglos auf der Pritsche und wünschte mir nur eins: daß Mama niemals erführe, wie ich zugrunde gegangen war.

Es war am vierten Tag, als man mich endlich holen kam. Ich sprang auf, sämtliche Lebensgeister hatten mich wieder. »Also doch ...«, sagte Fräulein Ampel.

»Das ist bestimmt wegen eines Verhörs«, murmelte ich, weil ich nicht zu hoffen wagte. »Ich komme zurück ...«

Ich kam nicht zurück, und Fräulein Ampel habe ich nie wiedergesehen.

Zum letztenmal durchschritt ich dieses gottverlassene Labyrinth aus menschlichen Käfigen, ehe ich das Reich der Finsternis für immer verließ.

Beim Betreten des Vestibüls sah ich sie alle beieinander: Emmanuel, Herrn Stievel, die drei Dubrows, Iwan Piguljak und Dr. Glaubach mit seiner dicken Aktenmappe unter dem Arm.

»Schnell raus hier!« rief er munter. »Aber warten Sie noch einen Augenblick, ich muß noch die Formalitäten erledigen.«

Ich sah Emmanuel an: Er hatte sich nicht verändert und schien die vier Tage Kerker gut überstanden zu haben.

»Wo warst du?« fragte ich. »Und wie hat man dich behandelt?«

»Oh, genauso wie die andern. Ich hatte das Glück, Einbrecher kennenzulernen, wahre Könner ihres Fachs. Wir haben sehr interessante Gespräche geführt.«

Die Dubrows hingegen erzählten mir eine ganz andere Geschichte, als ich sie mir vorgestellt hatte: Sie waren in ein dunkles, feuchtes Loch im Souterrain gesperrt worden, wo sie schauerliche Stunden verbrachten, Schreie und Stöhnen hörten, in die sich das Geschrei des kleinen Wassja mischte.

»Kommen Sie«, sagte Glaubach, »es ist soweit, Sie sind frei. Im Hotel zum Schwarzen Adler habe ich Zimmer für Sie bestellt.«

Wir verabschiedeten uns von den Dubrows, die sofort nach Kischinew zurückkehren wollten. Stievel wurde schon von seinen Verwandten erwartet, und Iwan Piguljak begab sich auf den Weg zum Bahnhof.

Und so zerstreute sich die kleine Gruppe, die nichts als das Delikt einer Verletzung der rumänischen Grenze zufällig zusammengeführt hatte.

# Eine neue Heimat?

Also, wie war es im Gefängnis?« fragte Glaubach schelmisch. Wir saßen im Restaurant des Hotels an einem in Weiß und Silber schimmernden Tisch. Die Kapelle spielte Wiener Melodien, die Kellner gingen leise wie auf Zehenspitzen umher, das allgemeine Stimmengewirr verband sich mit den Klängen der Musik.

Noch vor wenigen Stunden in Zelle fünf und jetzt in dieser Umgebung – das war ein Wechsel, der mich fast schwindelig machte. Die Tragödie hatte sich in eine Märchenoper verwandelt. Dr. Glaubach konnte ja nicht ahnen, was mich bewegte.

»Warum sind Sie nicht einmal gekommen, Herr Doktor, um uns zu beruhigen? Es fehlte nicht viel, und ich hätte mich aufgehängt.«

»Oje!« rief er aus, »das wäre aber schade gewesen! Um die Wahrheit zu sagen, fürchtete ich mich vor Ihrer Reaktion. Ich war ein Risiko eingegangen und mir keineswegs sicher, ob mein Vorgehen zum Erfolg führen würde.«

»Wenn das noch länger gedauert hätte ...« Bei diesen Worten faßte ich mir an den Hals, wo sich deutlich ein roter Streifen abzeichnete. »Nein, nein«, beeilte ich mich hinzuzufügen, »das war noch nicht der Strick, sondern die Kette von meinem Kreuzchen, die mir die Aufseherin vom Hals gerissen hat.«

»Das tut mir leid«, sagte Glaubach bestürzt. Dann erläuterte er uns seine Strategie, die seiner Ansicht nach die einzig richtige war, uns dem militärischen Einflußbereich zu entziehen. Es galt um jeden Preis, die Sache vor ein Zivilgericht zu bringen. Nur so verlor das Delikt an Bedeutung, und er selbst konnte auf dem Gelände des Gemeinrechts besser operieren als im Dschungel der militärischen Erlasse. Mit seiner fachlichen Kompetenz und seinen Beziehungen war es ihm rasch gelungen, uns freizubekommen.

Uneingeschränkt aber war diese Freiheit noch immer nicht, denn wir waren gehalten, uns wöchentlich einmal bei der Siguranca zu melden, die uns auch weiterhin unter Kontrolle hielt. Erst zwei Jahre später gestand man uns die rumänische Staatsbürgerschaft zu.

Unsere Rückreise hatte zwar nichts mehr von den Zwängen und der Unerbittlichkeit der Hinfahrt an sich, doch war sie, ehrlich gesagt, kaum bequemer als diese, legten wir doch die Strecke in einer der berühmt-berüchtigten Ballagullas zurück.

Da Chotin über keinen eigenen Bahnanschluß verfügte und es zu dieser Zeit noch keine Autos gab, zumindest nicht auf den Straßen Bessarabiens, war die Verbindung zwischen den Städten einzig durch diese alten und altertümlichen Kutschen gewährleistet, sogenannte Phaetons, die je nach Straßenzustand mit zwei oder vier Pferden bespannt wurde. Zu jeder Jahreszeit, bei Schlamm, Schnee und Staub, holperten die ausgedienten und völlig überladenen Vehikel über die Straßen, stundenlang und von dem eintönigen Gebimmel der Glöckchen begleitet.

Ich hoffe von ganzem Herzen, daß es diese Form des Transports heute nicht mehr gibt und daß mit ihrem Verschwinden auch das unvorstellbare Martyrium der Pferde ein Ende gefunden hat. Ich hoffe, daß man heute keinem dieser entkräfteten Tiere mehr begegnet, die, von Peitschen getrieben, ihr Letztes gaben.

Die Plätze in einer Ballagulla unterlagen wie im Theater einer ausgeklügelten, fein differenzierten Rangordnung. Die beiden Plätze auf der Polsterbank repräsentierten die erste Klasse, und sie waren, im Prinzip, auch für zwei Personen gedacht. Doch gab es keinen Kutscher, der nicht regelmäßig versucht hätte, einen dritten Fahrgast dazwischenzuquetschen, was ebenso regelmäßig zu lautstarken Auseinandersetzungen führte. Auf der schmalen Sitzbank gegenüber, der zweiten Klasse, versuchte man von vornherein so viele Menschen wie nur irgend möglich unterzubringen. Waren diese Menschen schmal gebaut, nutzte man diesen Umstand entsprechend aus. Wem es nicht gelang, sich einen Platz auf der Sitzbank zu erkämpfen, machte es sich auf den Füßen seiner glücklicheren Mitreisenden bequem.

Schließlich gab es noch die billigeren Plätze auf den Trittbrettern oder hinten auf dem Gepäckträger. Auch der Kutschbock war in Abschnitte von unterschiedlichem Wert aufgeteilt, wobei der Kutscher zwar den für sein Hinterteil notwendigen Raum einnahm, aber auch keinen Fingerbreit mehr. Zu beiden Seiten saß ein Fahrgast, meist aber waren es zwei.

Zwei weitere Mitreisende, die der untersten Kategorie, saßen rittlings auf dem Schmutzfänger, eng aneinandergepreßt und die Kruppen der Pferde nur um wenige Zentimeter überragend. Wie es diesen beiden gelang, sich trotz der ständigen Holperei im Gleichgewicht zu halten, war mir selbst bei kurzen Strecken ein absolutes Rätsel.

Das Verstauen der Fahrgäste in einer Ballagulla war ein Akt, der jedesmal von höchster Aufregung und einem unglaublichen Geschnatter begleitet wurde. Nicht nur, weil die Anzahl der Plätze nie eindeutig festgelegt war, sondern auch wegen des Gepäcks, das den verfügbaren Raum bei weitem überstieg. Die Trinkgelder, die man dem Kutscher in Aussicht stellte, konnten keine Wunder bewirken, und so gelangte kein anderes System als das des Vollstopfens zur Anwendung. Während dieser ganzen Zeit standen die Pferde reglos da, ermattet, erschöpft und ohne eine Chance, je wieder zu Kräften zu kommen.

Beim Anheuern unserer Ballagulla hatten wir vereinbart, daß sie uns beiden, Emmanuel und mir, allein zur Verfügung stehen sollte. Da sich eine solche Regelung zu einem festgesetzten Preis treffen ließ, wollten wir uns diesen Luxus zur Feier unserer Entlassung auch gönnen. Um so wütender wurden wir, als uns der Kutscher kurz vor der Abfahrt fünf weitere Fahrgäste präsentierte! Gewiß, die Plätze erster Klasse blieben uns vorbehalten, doch darin hatte sich der Luxus unserer Reise auch schon erschöpft. Von allen Seiten bedrängt, die Füße plattgedrückt, die Nasen voller Staub und einem unbarmherzigen Gerüttel ausgesetzt, waren wir trotz alledem restlos glücklich.

Das Leben im freien Westen begann für mich in der schönen Hauptstadt der Bukowina, in Tschernowitz. Mit ihrer Universität, ihrer Oper und dem Musikverein, mit ihrem bischöflichen Palais, ihrer besseren Gesellschaft und Geselligkeit, ihrem Völkergemisch, ihrem Wohlstand und ihrer Lebensfreude bildete diese Stadt den Rahmen meiner Studentenjahre.

Doch wenn ich mir die Freiheit auch in Zukunft erhalten konnte, hat Tschernowitz die seine verloren: Diese letzte europäische Bastion vor den endlosen Weiten Rußlands wurde ein Vierteljahrhundert später von der Roten Flut überschwemmt. Der rumänische Stier, der im Bronzedenkmal auf dem Ringplatz 22 Jahre lang den österreichischen Adler mit den zerbrochenen Schwingen unter seinen Hufen zertreten hatte, wurde nun seinerseits gestürzt – er wurde ein Opfer von Hammer und Sichel, jenem Zeichen, das alle Bande zwischen der Bukowina und dem Westen zerriß.

Ich habe seinen Sturz nicht miterlebt. Getrieben von einem Instinkt, der sich in mir wie in so vielen andern regte, habe ich mich beizeiten auf den Weg gemacht.

Wie die Nomaden früherer Zeiten, traten auch die modernen Nomaden ihre Wanderung gen Westen an, und sie suchten auf der Flucht vor Tod und Sklaverei die Freiheit, nicht anders als ihre Ahnen. Die Freiheit war zum Sinnbild für das Glück geworden, kostbarer als alle irdischen Güter, teurer als jedes Vaterland.

# Epilog

Vier Jahre nach Emmanuel und mir haben zuerst unsere Schwestern, dann auch meine Eltern den Dnjestr überquert. Mein Vater und meine Mutter erlangten ohne nennenswerte Schwierigkeiten die rumänische Staatsbürgerschaft und siedelten nach Chotin über. Während meine jüngste Schwester Ella noch das dortige Gymnasium besuchte, schrieben sich unsere Zwillingsschwestern an der Kunstakademie in Bukarest ein. Emmanuel fand ebenfalls in Bukarest eine Stellung und ließ sich dort nieder.

Was mich selbst betrifft, so verließ ich, getrieben von Neugier und dem unstillbaren Drang, die Welt zu erleben, alles und alle und reiste mit Zustimmung meiner Eltern durch die Welt. Ein Jahr lang verbrachte ich mit unausgegorenen Filmprojekten in Berlin, einen Sommer mit weiteren, ähnlich vagen Vorhaben in Brüssel und landete schließlich in Antibes an der Côte d'Azur. Ich heiratete den Cousin meines Vaters, Fürst Wladimir Gagarin, der in seinem Metier, der Kunst des Gartenbaus, Nelken und Anemonen züchtete.

Der Zweite Weltkrieg bedeutete für die Länder Osteuropas eine tiefgreifende Umwälzung. Die Rote Armee fiel in Bessarabien ein, wenig später begannen die Deportationen der Bevölkerung. Man weiß nicht genau, wie viele Bewohner der überfallenen Länder von den Russen nach Sibirien verschleppt worden sind, doch sprach man von einer Million Polen und fünfhunderttausend Rumänen. Unter diesen Unglücklichen befanden sich auch meine Eltern, meine Schwestern und deren Kinder, die damals noch sehr klein waren. Ich selbst habe erst zwanzig Jahre später von dieser Tragödie erfahren, zu einem Zeitpunkt, als meine Eltern schon nicht mehr lebten. In irgendeinem sibirischen Dorf hat man sie begraben, wo, kann niemand mehr sagen.

Nach Stalins Tod sind die Deportierten, so sie überlebt hatten, in ihre Heimatländer zurückgekehrt. Auch meine Schwestern kamen zurück und ließen sich in einem Dorf in der Nähe Odessas nieder, wo sie als Zeichenlehrerinnen arbeiteten. Die beiden führten ein tätiges und sinnvolles Leben, gründeten einen Kinderklub, ein Theater und einen Malkreis, den sie unentgeltlich betreuten. Mit alledem brachten sie ein wenig Licht und Freude in das eintönige Leben der Dorfbewohner.

Keiner von uns hatte je den Wunsch, Wassilki wiederzusehen. Wir alle wollten uns ein ungetrübtes Bild des Vergangenen im Gedächtnis bewahren.

1904–1905 Im Geburtsjahr von Marie Fürstin Gagarin bricht der *Russisch-japanische Krieg* aus. Im *Frieden von Portsmouth* wird der russische Einfluß in Fernost gemindert. In der Folge unterstützt Rußland im Zeichen von *Pan-* und *Neoslawismus* verstärkt die Freiheitsbestrebungen der slawischen Völkerschaften Südosteuropas.

Noch während des Krieges schlägt eine Streikbewegung in Sankt
1905 Petersburg in die *Revolution von 1905/06* um. Ein *Kaiserliches Manifest vom 17./30. Oktober 1905* bringt dem Zarenreich die bürgerlichen Freiheiten, unter anderem das allgemeine Wahlrecht und die Bestimmung, daß ohne die Zustimmung der Reichsduma kein Gesetz verabschiedet werden darf.

1906 Unter Ministerpräsident Pjotr Stolypin wird eine Agrarreform in An-
1912 griff genommen. In Prag konstituiert sich 1912 die Partei der *Bolschewiki* als vorgeblich alleinige sozialdemokratische Kraft Rußlands. Damit ist die Spaltung in Bolschewiki und *Menschewiki* faktisch vollzogen.

1914–1917 Das Engagement auf dem Balkan treibt Rußland in den Krieg, der am 1. August 1914 mit der deutschen Kriegserklärung ausbricht. Die russischen Truppen erleiden vom ersten Tag an mehr Rückschläge, als daß sie Erfolge vermelden könnten. Nach dem Scheitern der ersten russischen Offensive unter General Brussilow im September 1916 nimmt die Demoralisierung der russischen Armee bedrohliche Ausmaße an: In Scharen kehren Fahnenflüchtige in die Heimat zurück.

1917 Am 12. März beziehungsweise 27. Februar (nach dem russischen Kalender) bildet sich infolge der *Februarrevolution* in Petrograd eine *Provisorische Regierung*. Drei Tage darauf dankt *Zar Nikolai II.* ab. Allerorten bilden sich *Sowjets* (Räte) der Arbeiter und Bauern, die gewissermaßen bereits eine Art Gegenregierung bilden. *Wladimir Iljitsch Lenin,* der 1917 mit deutscher Unterstützung nach Rußland zurückgekehrt ist, fordert zur Bekämpfung der Regierung auf und verlangt die sofortige Beendigung des Krieges. Am 20. Juli wird der Sozialrevolutionär *Alexander Kerenski* neuer Ministerpräsident. Dessen Weigerung, den Krieg sofort zu beenden, untergräbt seinen Rückhalt in der Bevölkerung. Mit dem Sturm auf das Petrograder Winterpalais beginnt am 7. November die – nach dem alten Kalender benannte – *Oktoberrevolution*. Am 22. Dezember setzen deutsch-rus-
1918 sische Friedensverhandlungen ein, die am 3. März 1918 zum *Frieden von Brest-Litowsk* führen. Sowjetrußland verzichtet in diesem Vertrag auf Polen, Finnland, die baltischen Staaten und erkennt überdies die
1917–1918 *Autonomie der Ukraine* an. Dort hat sich bereits im März 1917 die ukrainische *Rada* (das ukrainische Wort für Sowjet) konstituiert, die vom Juni an praktisch eine Regierung der Ukraine darstellt. Die Rada arbeitet zunächst mit den Bolschewiki zusammen. Im Dezem-